荔园国学丛书
主编／景海峰

思想引领人生

王立新—著

科学出版社
北京

内 容 简 介

本书共收录文章53篇，从儒学、宋明理学等古代哲学思想出发，包含哲学、历史、文学、艺术的各个方面，及其在世界各地的影响，同时有对点校、为学、立志等的醒目提示，是一部人文意味充足的文化传统与现代生活相关联的作品。

本书可供哲学、历史、文学等相关专业的学者、学生阅读。

图书在版编目(CIP)数据

思想引领人生/王立新著. 一北京：科学出版社，2019.4
（荔园国学丛书/景海峰主编）
ISBN 978-7-03-061080-5

I. ①思… II. ①王… III. ①人生哲学一通俗读物 IV. ①B821-49

中国版本图书馆CIP数据核字(2019)第074636号

责任编辑：郭勇斌 欧晓娟 / 责任校对：王萌萌
责任印制：张 伟 / 封面设计：黄华斌

科 学 出 版 社 出版
北京东黄城根北街16号
邮政编码：100717
http://www.sciencep.com
北京中石油彩色印刷有限责任公司 印刷
科学出版社发行 各地新华书店经销
*
2019年4月第 一 版 开本：720×1000 1/16
2019年4月第一次印刷 印张：20 1/2
字数：312 000

定价：128.00元

（如有印装质量问题，我社负责调换）

丛 书 序

深圳大学的国学研究始于1984年，在新一轮的国学热潮兴起之前，已着先鞭。

那是在改革开放的春天，伴随着深圳经济特区的建设，1983年9月即诞生了特区的第一所大学——深圳大学，并在建校的第二年便成立了国学研究所。当时，国学一词并不流行，国学之说尚有禁忌，为什么会用这个概念来命名一所人文学术研究机构？这就要从它的创办人汤一介先生说起了。汤先生时任北京大学哲学系教授，也是中国哲学教研室的主任，他在80年代初赴美访学时，接触到了海外中国文化研究的许多新信息和新理念，这在当时封闭的状况下是有很多新鲜感和强烈刺激的，也由此产生了许多新的想法。在他与夫人乐黛云教授一起回国之后，恰逢深圳大学正在筹办，于是应张伟校长的邀请，乐先生出任了中文系的主任，并创办了比较文学研究所，而哲学系暂不能成立，只好先办一个偏重中国哲学的研究机构，这便是国学研究所，由汤先生主持。国学一名，当时的人们并不熟悉，但具有家学渊源的汤先生却不陌生，中华民国时期的北大即有国学门，办有《国学集刊》，而矗立其间的“台柱子”便是他的父亲汤用彤先生。所以，当时用了国学之名，究诸原委，实有其缘，是不是有先见之明，就另当别说了。

国学研究所成立之后，恰是当时国内的文化大讨论如火如荼之时，在汤先生的带领下，国学研究所的同仁们投入其中，做了很多具有开创意义的工作。举其要者：一是创办了大型的国际性学术集刊《中国文化与中国哲学》，先后出版4辑，发文百余篇，在国内外学术界产生过广泛影响；二是召开了第一次全国东西方文化比较研究协调会议，集中了一批中心城市的知名学者制定规划，对80年代后期国内“文化热”的兴起起了重要的作用；三是与当时的国家教委古籍整理工作委员会联合举办了两届国际“中国学”研讨班，为全国30余所高校培训了100多名从事比较文化和汉学研究的青年教师；四是较早和海外的学术界建立了联系，特别是与香港的几所高校有了密切的交往；五是在古籍整理方面，参加了广东高校“岭南丛书”大型项目，并在古籍整理的电子化方面做了一些奠基性的工作。这些活动的开展，在当时都是借了改革开放的东风，在国内具有一定的拓荒意义，起到了引领风气的作用。国学所在深圳大学建校之初的80年代，也为学校的文科建设、特别是传统学术研究的积累，为提升学校的学术声誉，作出了重要的贡献。

到了90年代，随着市场经济的全面展开，在商业大潮的冲击下，高校的人文学术遭遇了寒流，传统学科一蹶不振，深圳大学的国学研究也一度沉寂了下来，几乎陷于停顿。正所谓斗转星移、时事难料，在学院内部的传统文化研究遇到顿挫、文史哲学科陷于生存困境之时，在市场经济活力的冲击和挟裹下，此时在社会上却悄然兴起了一股国学潮，传统文化在社会上有了复苏的迹象，国学理念也渐渐为社会大众所接受和熟知。这个翻转本身就很有戏剧性，而自90年代中期以来的国学热，伴随着中国经济的腾飞和大国地位的显豁，则演绎出了一场波澜壮阔的剧情，锣鼓铿锵、人腾马跃、各色粉墨、正谐相随，一幅好不热闹的场景，实为近代以来所罕见。

经过了20年的发展，国内的国学热，潮涨潮落，几度翻腾，浪花相逐，亦泡沫堆积，呈现出了远比最初的时候要复杂得多的面相，可以说是五光十色，令人眼花缭乱。到了今天，对国学的理解和国学之研究早已不是往昔的景象了，也已不具有解释的统一性，其边界宽泛得已经让人无话可说；无处不在的国学、无人不谈的国学，五花八门的杂乱样子，又几乎让人不忍置喙，不知从何处落脚了。清代学者凌廷堪（1755—1809年）在论及天下学术变迁之大势时，有谓：“学术之在天下也，阅数百年而必变。其将变也，必有一二人开其端，而千百人哗然攻之；其既变也，又必有一二人集其成，而千百人靡然从之。夫哗然而攻之，天下见学术之异，其弊未形也；靡然而从之，天下不见学术之异，其弊始生矣。当其时亦必有一二人矫其弊，毅然而持之。及其变之既久，有国家者，绳之以法制，诱之以利禄，童稚习其说，耄耋不知非，而天下相与安之。天下安之既久，则又有人焉，思起而变之，此千古学术之大较也。”（《校礼堂文集》卷23）而当此时刻，国学作为一种时代的表征和映照学术潮流之走向的标尺，是处在“将变”“既变”之际邪？抑或已经有了一点“天下相与安之”的苗头呢？这是需要我们去认真思考的问题。当然，如何认识、如何判断之，或者采取怎样的态度、怎样的行动来对待之，这是见仁见智的事情，不必强求一律，更没有必要摆出一副唯我独尊的架势来，判断权完全掌握在每个人的手中。

作为高校的国学研究，当然有它的学术持守，不能随波逐流；有它的学科规范，不应漫越无度；有它的独特责任，不必包打天下。做自己应该做的、做自己能够做的、做自己必须做的，是从事文史哲等传统文化研究和教学工作的高校教师的职责，也是时代所赋予的任务。深圳大学人文学院集中了文史哲三个学科门类的人马，在国学研究所和国学本科实验班的基础上，又于今年新成立了国学院，隶属于学校，挂靠在学院，实行一体两牌的互动机制，凸显出国学研究的平台性、基础性和融合性，以国学来寻求人文学科之间的内在交融和体制创新，以博雅教育为宗旨，努力为人文学科的发展与繁荣创造新的增长点。根据我院现有的学科优势和师资特色，新的国学学科架构，以教学为基础，以科研为导向，以社会服务为目标，努力寻求国学建设的突破口和国学发展的新路径，强调融合文史哲不同学科之间的力量，以凝聚起人文基础学科的创造力和吸引力，为提高深圳大学文科建设的水平作出应有的贡献。正是本着这样的想法和目标，我们在学校领导和相关机构的大力支持下，申报了“以国学为平台的人文基础学科融合与创新”项目，得到中央财政支持地方高校发展专项资金的资助。作为该项目的具体实施计划之一，我们编选了这套“荔园国学丛书”，集中收入我院教师在国学研究方面的新著，以贡献予社会。

深圳大学地处南国，荔子飘香，别号荔园。每年的六月份，荔枝成熟，挂满枝头，又是一年丰收时，也恰临毕业季。校园里，行将走入社会的学子们，身穿蓝袍，穿行于红荔绿荫之间，构成了一幅最美的图画。我们的“荔园国学丛书”正是伴随着这样的校园美景一同诞生的，愿它像学子们一样，带着成熟，带着希望，走遍天涯。

景海峰

2017年6月5日于荔园

自　序

中国历史悠久，学思难揣涯际。斟酌了好几个名字，诸如“经典与人生”之类，都觉不切卷意。最终以“思想引领人生”为题，主要也是告诫自己，在思想的引领下继续，继续。

本书内容，涵盖虽广，东海神圣、西洋贤哲，还有一些中国文化“子不语”方面的卑章屑句，以及从前为自己、为师友们所作序、跋之类文字，择其有劝勉自己、激励后学意味者，掺粗粮于细食，排编叠摞于此。然主旨与方向，实则朝向人生努力。

翻箱倒箧，未得玲珑之宝，但存往昔攀援之迹。自觉为学不易，读者诸君，或有披此万千恒沙，偶得点金寸银者，便是撰人之幸。

王立新

2017年11月30日

目　　录

经典与人生

经典，既是经典，又是经与典。经，是指历来被尊奉为典范的著作，原本是单指儒家的经典而言，比如，五经、六经、十三经之类，后来佛教的一些典籍也被称为经典，如《涅槃经》《华严经》《金刚经》《坛经》之类。后来意义上的经典，已经不局限于儒家和佛教的范围，很多专门行业的著作，因为在业内具有权威的地位和价值，也被称作经典，如《本草经》是医学业内的经，《茶经》是茶叶行业的经，甚至益智类游戏行当，也有经典，比如，唐代有个叫王积薪的人，写了一本围棋的战术方法之类的书，被看作围棋行业的经，叫作《棋经十三篇》。这一叫法本身，就等于把另一部不叫经的兵书，也当成了经典，这部兵书就是《孙子十三篇》，后来也被称为《孙子兵法》。《孙子兵法》是兵家的经，只是不叫《兵经》。类似的情况，还有很多，比如，在建筑行业，宋代有一位叫作李明仲的人，写了一本建筑原则与方法的书籍，叫作《营造法式》，是建筑行业的经。

典，也是被尊奉为准则和模范的古代书籍。

典比经久远，如《三坟》《五典》。《三坟》，传说是伏羲氏、神农氏和黄帝时代的书籍，用来描述天道运行规则的。《五典》，传说是少昊氏、颛顼、帝喾、尧、舜时代的书籍，记载的是有关人间生活的常道，就是日常生活的准则之类。那时只有“典”，没有“经”的说法。

经比典重要，所以一般的典籍不能称为经，虽然经就是典籍，但不是一般的典籍，是从被称为典籍的著作中精选出来的，是典中更具有规范意义和示范性质的作品。比如，平常我们所说的“四书五经”，其实都是经，但是起初只有五经是经，就是《诗》《书》《礼》《易》《春秋》，四书，即《论语》《孟子》《大学》《中庸》，这四部在宋代以后被看作儒家最重要的典籍，起初也只是一般的典籍，不是经。宋代理学大盛，理学家崇尚四书，四书才上升到经的位置上。四书其实只是五经的导引，因为五经的时间太久远，不容易理解，所以孔子、曾子、子思、孟子才给学生讲说五经。四书，其实就是结合社会人生的实际，讲解五经的代表性著作。由于四书比五经更容易懂，所以四书越来越被后来的人们看重。四书在一定的意义上，可以看成是春秋战国时期的大儒们，站在他们的时代基点上，解释五经的成果。就像朱熹的《四书章句集注》，其实也只是对四书的新阐释，或者新诠释。因为朱熹的工作，四书的可读性就更强了，更贴近宋代士人的生活实际，更适合宋代社会生活的趣味。一直到清代，科举考试都还在以朱熹的《四书章句集注》作为理解四书的标准。朱熹的《四书章句集注》，元代以后也被看作儒家的新经典，但是今天大家看朱熹的《四书章句集注》，又不容易理解了，不好懂。为什么？时代氛围不一样了，读者的知识背景和生活环境不同了。所以，朱熹的《四书章句集注》，也需要重新加以解释了。但是，解释朱熹《四书章句集注》的，不管做得怎样好，却再也不能成为经典了。道理很简单，崇尚中国自己思想的时代过去了，中国很难产生自己本土的大思想家，以中国的方式思考中国问题的杰出著作，难以唤起国人的崇尚，更不可能被国人当成经典来看待。

这类的经典在业内不断扩张，比如医学界，汉代张仲景的《伤寒杂病论》，唐代孙思邈的《千金方》，明代李时珍的《本草纲目》，等等，都成了经典或者准经典。经典的涵容量越来越大，经典的欣赏性越来越强，但是示范性和规范性越来越差。

从现在的角度来看，经典的范围更加广泛，不仅有中国古代的经典，而且还有外国的经典，如《圣经》《古兰经》等。

但是不论怎么说，经典都还具有相当高的品格，很多非常了得的作品，如《世说新语》《唐诗三百首》《红楼梦》《三国演义》《水浒传》《史记》和《资治通鉴》，王船山先生的《读通鉴论》，黄梨洲先生的《明夷待访录》，以及西方的《梦的解析》《历史的观念》《真理与方法》等，都只能说是优秀的典籍，最多只能说是正在走向经典，或者有可能成为经典。

说了经典，我们下面再来看人生。

什么叫人生，这个问题听起来有些莫名其妙，从古到今，大家都这样过来的，还有什么可问？要问！不问，就产生不了哲学，不问，就感受不到生命的光辉。

人谁不生？所以，简单地说，人从生下来，就开始了人生。你不能说只有知识分子的人生才是人生，没文化的人的人生就不是人生？如果不是人生，那是什么？是畜生？这不是骂人嘛，而且也不符合天地等视天下苍生的基本精神。所以大家都有人生。既然大家都有人生，那还有什么问头？有问头。

因为人生有清浊程度的问题，有些人糊里糊涂，连来去都没有想，就来了，就走了，活得比较浑浑噩噩，不如人家活得清明。

人生还有对生命意义和价值的认知深浅程度的不同。有人以为人生根本没有意义，只不过是活着来，死了走。就这么一点事。有人认为人的生命是有意义和价值的。不能白来走一遭，要活出个样来，要活出意义和价值来。

人生也有幸福不幸福的问题。有人活得很快乐，有人活得很痛苦；有人活得很充实，有人活得很空虚；有人活得津津有味，有人活得无聊至极。生活对于后一种人来讲，是一件十分迫不得已的事情。他不能在生活中发现快乐，他不会在生活中寻找快乐。他发现不了生活中美好的事物，他的情绪很低落，脸上经常阴云密布的样子。

经典有利于改善人生的品质。这是由人生的性质和经典的品格所决定的。

经典激发人树立宏伟的人生目标，可以改变人生的混沌状态。

经典颂扬美好的人生和事物，经典开阔我们的视野，增长我们的见识，洗亮我们的眼睛，净化我们的心灵，神化我们的思想，教导我们走向真善美的途程。

经典的权威性不是靠权力的运作得来的，也不是靠金钱买来的，因此，它在本性上有拒斥权力的干预和防御金钱诱惑的属性。它像“龙牡壮骨冲剂”，提高我们的勇气，给我们补“钙”，使我们能在权力和金钱面前挺直腰杆。

因为经典是经过时间考验的，所以，阅读经典，会慢慢激发起做大事业，使生命超越现实时间，也就是寿命的极限，获得更长久意义的冲动。有了这种冲动，个体的生命，就可与历史发生真实的关系，心中就会真正产生历史感和使命感来。

同样，由于经典明确指向精神价值，阅读经典，可以帮人脱俗，可以增加人的精神内涵，可以使人产生对高尚和审美的冲动，功利心就会不断消退，人就会越来越雅致，越来越高尚。

我不知道使用“品格”这个词汇，是不是能够恰当地表达我所要讲说的经典的各种重要特性，不过一时间似乎找不到更好的词汇，所以也只能暂时这样使用。

经典的品格，首先表现在经典的目标指向上。经典指向善、美、真，这是毫无疑问的，尽管各自的侧重点不同，比如，《论语》指向善，《庄子》指向美，《老子》指向真之类。当然，善中有美亦有真，真中有善也有美，美中自然也含有善和真，只是各自的侧重点不同而已。

以经典指向善的目标而论，如孟子的性善论和荀子的性恶论。孟子主张人性善论，说人天生就带着善的种子和根芽来到这个世界上，来到世界上以后，这种根芽被世俗生活慢慢地淹没了。所以人们经常不知道自己生下来就带有这种善根，需要环境和机缘的刺激，才能重新发现自己的良知。一旦发现，就要好好养护，这样人就可以发挥善的天性，成为善人、君子甚至圣贤。所以，人生的意义和目标，就是找回被世俗生活淹没掉的良知。就是说，人的一生，或者人生的过程，就是找寻良知的过程，就好像找寻一件丢失了的贵重物品一样。孟子称之为“寻找放心”。孟子举了个例子，说人丢了鸡狗，都出去寻找，良心丢了，却没有人真正理会。孟子很感慨，所以才提出要不断地去寻找原来就有，现在却丢了的良心。孟子把人得之于天的善根，归结为四个主要方面，称为仁、义、礼、智。说人有仁、义、礼、智四种善根，就像拥有四肢一样，完全是天生的，没看见一个人，生下来少了什么，或在成长的过程中，后生出一只胳膊或者腿来。那么人真有这种善根吗？从善的目标出发，希望人类社会走向公平正义，走向和谐幸福，于是就以人性本善来理论，人性善的目的，在于扬善。从理论上讲，谁也证实不了性善论是真实的，因为理论证明需要拿出证据，可是我们没有办法拿出任何证据。我们没有在出生之前，认真地审视一下自己，看看是不是已经充满了善性，然后再来到这个世界上。我们也没有看见其他人出生前的情况。所以我们没有办法证实。因此有些哲学家就认定：性善论只是一种假设，一种理论上的假设。就是说，假设人类的本性是善良的，然后在这个基点上再进一步说明人一定要回归善，创建充满良知和相互关爱的美好社会生活。如果是这样，那么人没有必要一定要走向善，因为人生在基点上的善，就是假设出来的，我们完全没有必要按照假象来生活，那样的结果，就会很不实在。

但是孟子说了，良心虽然摸不着、看不见，但是你能感受到，感受良心的存在需要条件，或者是机缘凑巧，或者是事件的刺激。比如，“见孺子入井，皆有怵惕恻隐之心”。眼见小孩子咕咚一声掉到井里去了，每一个身在现场的人，都会心忽悠一下，跟着的感觉就是：“完了，完了”，一个鲜活的生命，就这样“桑由那拉”了。你这个时候的反应和感觉，就是你的良心。有这种感觉，就证明你有良心，因为几乎每个人面临这种境况的时候，都会有差不多相同的感觉，所以这个事实，就证明了每个人都有良心。

性恶论的目的，在于制恶。荀子认为人性本来是恶的，他认为“人之性恶，其善者伪也”。当然他所说的恶，本不是很坏的意思，只是不是很好的意思。他强调“化性起伪”，这里的“伪”不是伪装，而是改造。其实两种立论的现实关怀有异曲同工之妙，但是性善论建基于先天的基础之上，性恶论则立根于对现实的省察。所以，虽然从功用上讲，两者都想为人类社会开创美好的未来前景，但是一个根据在先天，一个理由在现实，因此在理论上，两者没有可比性。

（这是 2011 年 9 月 18 日在深圳大学“诸子讲坛”开坛时所作的讲稿，后于 2012 年 3 月 12 日，以“与经典同行，享雅致人生”为题，发表在《天津日报》“超阅大讲堂”上。）

宗教之天、自然之天和伦理之天

中国古代哲学中的“天”，主要包括三种含义：宗教意、自然意和伦理意。此三意之天，可以简略称为三“天”。此三“天”在中国思想发展过程中的相互制约，尤其是相互转换与融合的过程，凝缩了中国古代思想发展的历史。本文即为分析和说明这一历史过程而作。

“天”作为中国古代哲学中的最基本而且最重要的观念，不仅经常出现，而且时时演进，甚至可以说，一部中国古代思想史，就是天的观念演进的历史。因此，对天的观念的把握，就成了把握中国思想史的关键之一。

一、天的基本含义

天作为中国古代哲学的重要观念之一，是极其复杂的，它的含义很多，但其基本含义不外有宗教意、自然意和伦理意三种。

1. 宗教之天

宗教意义，是天的最古老的内涵。有关天的宗教意义的形成，大约可以上溯到“鸿蒙开辟”的远古时代。那时我们的祖先已经模糊地意识到了自己与外界的差别，认识到了自己的渺小和孱弱。他们为了生存而抗争，又无法预见这种抗争的结果，对于自身能否依靠自己的力量生存下去，缺乏足够的信心。在这种情况之下，产生了依托外物，以寻求保护的宗教心态。这是中国宗教意义上的天的观念的历史开端。

天的这种宗教意义，在商周时期，有了较完备的发展。殷人崇拜天，以天为神，称之为“帝”，并赋予天以一元的形式和意义。“帝”也叫“上帝”，所谓“上帝”，就是居住在上天的神（即帝），其中，天是帝的住所。它高高地存在于上界之中，垂视下民。殷人观念中的上帝，主要有令风雨，降饥馑，掌福佑，主吉祥，作灾祸等功能。上帝有帝廷，设日月风雨等自然神为官。但殷王在祈天降福时，却必须首先祭祖，因为他们相信只有祖先才有资格，也才能够代为传达自己的心意。因此，在殷人的祭仪中，真正享祭的是自己的祖先，而不是上帝。殷人将天帝神与祖先神的崇拜紧紧地连在一起，这种观念叫作“祖先一元神”。周人则将上帝神与祖先神区别开来，他们依然将上帝看作至信神灵，当成神间的主宰。同时却将祖先神降为凡间的主宰，不再作为神灵来看待。但他们仍然让自己的祖先与上帝保持密切的联系。周人不再像殷人那样，使天与人之间混沦不分，天人之间已经有了明显的区别。这种天人相分的做法，在使天的观念清晰和独立的同时，也越来越能体现人的主观能动作用。殷人祭祀重求，周人祭祀重报，“祭祀之重报与重求相反。重求则培养人在神前自卑之意识，重报则神恩虽厚，我能致其诚敬以报，则可以减愧怍之意。当人在神前致其诚敬，而竭知尽情时，同时亦自建立其道德自我而潜具一人格尊严之自觉，遂不觉神人之高下迥殊”[①]。宗教之天在其发展过程中不断包含了道德的可能性。殷人本没有道德观念，道德观念是从西周以来产生的。据统计，《诗经》和《尚书》中，以天为至上神的记载，共约336处之多。如《毛公鼎》的“愍天疾畏”和《大盂鼎》的“畏天畏（威）”等。《尚书·洪范》中的“惟天阴骘下民”和《大诰》中的“予惟小子不敢替上帝命”，以及《诗经》中的“于斯万年，受天之怙”等，均是宗教意义上的天，在周初依然深入人心的明显证据。

宗教意义上的天，早在春秋时期即已受到怀疑和挑战。如史过的“虢必亡矣，虐而听于神”[②]，史嚚的“国将兴，听于民，将亡，听于神。神，聪明正直而一者也，依人而行。虢多凉德，其何土之能得”[③]，和郑国子产的“天道远，人道迩，非所及也”[④]等，已经对宗教之天发起了怀疑和攻击。但其真正

---

① 唐君毅文《论中国原始宗教信仰与儒家天道观之关系——兼释中国哲学之起源》原载于《理想与文化》民国37年三月号。转引自韦政通《中国思想史》上38页，台北：水牛出版社，1994年第11版。

② 《左传·庄公三十二年》，《春秋左传集解》第一册，上海：上海人民出版社，1977年第1版，第209页。

③ 《左传·庄公三十二年》，《春秋左传集解》第一册，第209页。

④ 《左传·昭公十八年》，《春秋左传集解》第四册，第1431页。

被彻底打破，乃是由于孔子所掀起的人文主义运动。孔子不仅打破了天的宗教观念，把天从上界拉回到人间，而且赋予天以新的道德的含义。虽然如此，天的宗教含义依然被明确地保留在一些思想家的思想中，如《墨子·天志上》就有“……以祭祀上帝鬼神，而求祈福于天”，甚至在董仲舒的“天人感应”中，这种观念也还有相当的遗存，东汉时期盛行的谶纬神学，更是这种天的宗教意义的泛滥。而在传统社会的下层，这种观念更是具有顽强的生命力，直到今天也还如此。

2. 自然之天

自然之天，原则上是应当与宗教之天同时存在于人的观念之中的。但因早期人类对于生存的恐惧，自然之天很早就被宗教之天淹没了。要使天真正摆脱神的束缚，非仰赖思想的批判不可。这一点也是郑国子产、孔子、王充、桓谭、张载、王夫之等思想家对历史的贡献。但这份贡献又是不彻底的，除了老子之外，历史上的思想家，多半在把天从宗教下拯救出来的同时，又立刻赋天以道德的意义。

《老子》二十三章说：“飘风不终朝，骤雨不终日。孰为此者，天地。”《庄子·大宗师》讲：“死生，命也。其有夜旦之常，天也。”不像老庄的自然之天那样纯粹，孔子思想中的天的观念，依然保存着宗教意义的残余，如“祭如在，祭神如神在”，“敬鬼神而远之”等，甚至像“天何言哉！四时行焉，百物生焉。天何言哉”这样的语言，都还含有对天的生生之德的道德赞美的意味。先秦儒家纯以自然论天的当推荀子。所谓“天行有常，不为尧存，不为桀亡。应之以治则吉，应之以乱则凶”[①]，就是纯以自然意论天。荀子认识到了天之必然性是可识而知并加以利用的，他因此提出了“大天而思之，孰与物畜而制之？从天而颂之，孰与制天命而用之”[②]的能动主张。荀子既强调天的必然性，又强调人的主观性，从而不是宿命论。而东汉王充虽以气言天，但却片面夸大偶然性，从而又将自然之天蒙上了不可确知的神秘主义色彩。

自然之天一直没有在中国思想史上占据重要席位，客观地讲，不是因为受了宗教的压抑，乃是因为伦理之天代宗教之天而兴起，并成了思想史的主

① 《荀子·天论》，王先谦《荀子集解》下，北京：中华书局，1988年。

② 《荀子·天论》，王先谦《荀子集解》下，第306-307、317页。

导，同时又深深地扎根到世俗生活中去了。但自然之天依然散见在很多思想家的思想之中。如《左传·昭公三十二年》中的“天有三辰，地有五行”。《国语·越语》中的“因阴阳之恒，顺天地之常，柔而不屈，强而不刚”。《管子·四时》中的“是故阴阳者，天地之大理也”。《吕氏春秋·大乐》中的“太一出两仪，两仪出阴阳。阴阳变化，一上一下，合而成章”。《太平经》中的“天，太阳也；地，太阴也。人居中央，万物亦然……天者常下施，其气下流也；地者常上求，其气上合也；两气交于中央，人者，居其中为正也”。

天的自然意，表明天是外在于人并与人对待存在的客观实体，它有自己的规律，称之谓道、性、命、理等。《老子》第一章说“道可道，非常道，名可名，非常名”，就是将天之自然规律视同于道。道家最崇尚自然，因此，作为自然律则的“道”，便成为道家哲学的最高范畴（在老子那里），也成了人生最高境界的代称（在庄子那里）。同时，道之作为天的自然规律，是通过阴阳二气的交互作用表现出来的，正如《周易·系辞》所说的那样，“一阴一阳之谓道”。

自然之天虽没有能够彻底独立地分离出来，但一直是关于天的思想的一根暗线，伏动在中国古代思想史的脉搏中，最后与宗教之天一道，在被改造和利用之后，共同汇入宋明理学之中，营造了中国思想史的辉煌。

3. 伦理之天

伦理之天，是从宗教之天中分离出来并经转化而形成的。此一转化自有内在可能性，如前文所引唐君毅之论，通过祭祀的重报，实现了从对上天主宰生杀的威权的匍匐慑服，到敬畏从而颂美的转化，进而使宗教之天转化为伦理之天。这种转化是以孔子等为代表的儒家人文主义运动所带来的直接结果。在实现这一转化的过程中，自然主义如老庄等，以及叔兴、子产等的怀疑批判起到了重要的推助作用。伦理意义上的天，实于周初开始萌芽，如《诗经》中的“上天之载，无声无臭”，《墨子·天志上》中的“则天亦何欲何恶？天欲义而恶不义”，《管子·君臣上》中的“是故天下有善，让德于天”等，都在表明这一点。较有代表性的，是《诗经》的“维天之命，于穆不已”。大意是讲：上天的敬穆之德，是无息运动和不停施与的。这既可以说是自身内涵和运动属性的客观描述，又可说是对天的生生之德的主观赞美。因此《周易·系辞》说“天地之大德曰生”。天的道德含义，主要就是指这种生生之德。此生生之德，刚健不息，于穆不已，是现实人生的楷模和标尺，现实人生必以此健顺之德为终极且当效法于此德。正如《周易·系辞》所说，“天行健，君子以自强不息”。

先秦时期，儒家人文主义运动的宗旨，即在于以德化之天为依据，重建社会人伦纲常，从而摒弃对天的盲目崇拜。但是，天的自然意义也因此而受到了严重的压抑。儒家以天德为法，欲修人德以效天德，因此就有了对于理想人生的道德假设——天人合一境界的不懈追求。在这一点上，孟子是最突出、最明显也是最典型的代表。孟子设定人性本善，人人都同样具有天赋的“四端”良知。这是人皆有之的、天命所赋的、不假外铄的本然天性。只是在外界物质利益的诱惑和不良社会风气的熏染下，人才会失却本性，这就是所谓“放失本心”。孟子认为，“学问之道无他，求其放心而已矣”。所谓求“放心”就是要找回失却的道德本心，就是要以人德配天德，所以《孟子·尽心上》说：“尽其心者，知其性也。知其性，则知天矣。存其心，养其性，所以事天也。”

在儒家的思想中，伦理之天是人类社会的道德之源，它是至善完满自为自适的道德实体，是人的现实行为的法度和示范，也是人的道德行为的权威督导。天从而被赋予了完整的道德意义。

二、三“天”汇通及伦理之天成立的根据和意义

1. 宗教之天、自然之天和伦理之天的内在沟通环节

如前所述，自然之天的观念虽从理论上应与宗教之天的观念同时产生，但因先民对于生存的恐惧，从而在心理上迅即被宗教之天压抑下去。但也正因这一点，使得二者在本根处具有了相同的时空。同时，二者之作为主宰或作为规律，又同样具有不可违拗，不可无视的共同属性。这是二者可以进行沟通和转换的天然基础。这种基础使得相互转换不再拥有更大的客观上的困难，而转换的困难主要来自人的心理上的障碍。由于对宗教之天的过分顶礼膜拜，使得统治者不甚重视现实的政治，不注重改变施政方针以适应社会发展。所谓“可怜

夜半虚前席，不问苍生问鬼神”大约可以借用来表明这种情况。但是，民怨需要消解，治术需要改善，生产需要进步，社会需要稳定和发展。这些要求都能成为天道与人道相争从而相分的现实而又直接的原因。这是二者发生转换的内在机要。而生产的发展和社会的进步，乃是不可阻截的自然历史进程。因此，宗教之天与伦理之天的分离就必然要发生，这是不以任何统治者的个人意志为转移的客观规律。西周之初，聪明的统治者已经意识到了这一点，因此提出了“周虽旧邦，其命维新”的政治主张。所谓“天命靡常，惟德是辅”，一方面是说给殷人的，即是告诉他们，你们的邦国之所以灭亡，完全是你们自己“不敬厥德”的恶行所招致。另一方面也是说给周人自己的，他们告诫自己，只有“敬德保民”，才能“祈天永命”。只有建立新的统治制度，才能确保社会稳定和江山永固。诚如王国维的《殷周制度论》所说：“殷周之间之大变革，自其表言之，不过一姓一家之兴亡与都邑之转移，自其里言之，则旧制度废而新制度兴，旧文化废而新文化兴。”春秋时期，王室衰微而诸侯渐兴，政治与军事的竞争愈演愈烈，是否能够最大可能地吸附人才和收取民心，已经成为列国诸侯存亡发展的关键。这与西周仅仅图谋自身统治的恒久性已大不相同。伦理之天与宗教之天的再度分离已是势所必然。而要实现这种新的分离和转换，除了客观上的社会历史进程的理由，还需要思想的再度翻新。因此，产生“天道远，人道迩，非所及也”吉凶由人的思想，也就成了很自然的事了。而由于社会发展（在当时表现为抢占土地和人口等）的需要，各国诸侯必须增加财力并扩充军事实力。要增加财力并扩充军事实力，就必须发展生产，而发展生产必须基于对自然的更加深入的认识（不管这种认识是感性的还是理性的，抑或是从感性到理性的）。这就使得宗教之天与自然之天也和宗教之天与伦理之天一样，再度发生了分化和转换。但在中国的历史发展进程中，这种转换是不彻底的，以至宗教之天与伦理之天、宗教之天与自然之天的观念长时间以互相糅杂和含混不清的方式，并存于市民社会中。但自然之天与伦理之天的情形却与上述二者的情况大不相同。自然之天与伦理之天从来就不相矛盾，自然的生养万物，即是天的生生之德；自然的万象森森和有序性，即是天的造化之妙，即是天心；自然的有规律有程序的运动，即是天的健顺之性，即是天道。因此，自然之天与伦理之天既未分离，也无须分离，亦不必经由转换即可融合。中国历史上缺乏科学精神的原因，本不在于自然之天与伦理之天的对峙和不能融合，而在于对治道的过分强调，即在于对社会稳定的强调压倒了对社会发展的要求，也就是对体系自身有序性的强烈要求，妨碍并阻塞了系统与外界的物质和信息交通。从表面上看，仿佛伦理压抑了科学，而事实上，压抑科学的是传统政治，因为传统伦理在中国的历史上，是只为政治服务的。在专制主义的时代里，“朕即国家”。除了君王的意志，一切对全体社会成员具有同等约束力的法令、法规均不利于对君主专制的强化。从这个意义上讲，不是古代中国缺少法律，而是根本就不需要法律。下层社会的情形也是一样，被认为有德的长者，完全可以在习惯的基础上，以自己的主观意志为准绳，衡量并裁决人世间的对错是非。在传统的中国社会中，道德实际上履行了终极法庭的职责，它不必说“驳回上诉，维持原判”，而是根本就不允许上诉，因为这是有利于政治上对于稳定的要求的。稳定压倒了一切。由此可见，压抑科学，妨碍其进步和发展的，乃是政治而不是伦理。如果科学获得了与政治一样的统治权力，伦理未尝不可以为科学服务。正因为伦理之天与自然之天本不存在矛盾，所以，修人德，即可以配天德，修人德即是配天德。由此乃知《易传》所谓“大人者与天地合其德，与日月合其明，与四时合其序，与鬼神合其吉凶”，既是要求，又是描述。而“存其心，养其性，所以事天也”也就成了天然的使命。虽然如此，伦理之天与自然之天的真正融合，却是在宋明理学中才真正得以实现的。

2. 理学——对天的观念的伦理化熔铸的完结

从宋代开始，中国的传统儒学，进入了一个崭新的历史阶段。有宋之初，儒家学者即已开始试用一种新的方法——借用佛道思想说明儒家伦理，试图为儒家伦理找寻宇宙论和本体论上的依据，从而为儒家伦理的必然性和合理性进行理论上的论证。这就是被称为“理学”（也称“道学”或“心性之学”）的新儒学。

新儒学学者们首先将道德律（不管是主张自律还是主张他律）看作自然的法则，将道、理、性、心等视为宇宙的本体，称之谓天命。然后再去论证本体的存在，即其实在性。在将本体等同于道这一点上，它们之间并不存在分歧，但在选择具体路径时，却表现了极大的不同。这种不同不是简单的称谓上的差别，而是思想路线和思想方法的迥然相异。

理本论者认为，“圣人论天德，概谓自家元是完全自足之物，若无所污坏，即当直而行之。若小有污坏，即当敬以治之，使复如初”[①]。他们将这种“元是完全自足”的被称为“天德”的道德本体叫作“天理”，简称为“理”。认为“天即理也”，“未有天地之先，毕竟先有此理”。[②]“天下只有一个理”[③]，“万物皆只是一个天理”[④]，天理无穷且又不已，万物因为分有天理而成为自己。在天理面前人人平等，无论尧舜还是庶人，都先天禀受天理之赋。天理既是超越的道德本体，又是现实道德行为的源泉和根据。它是形而上意义上的真实性与形而下意义上的实在性的统一体。主张理本论的学者将天理赋予人以善的天性的过程叫作“理一分殊”。分殊之际，“理”至公而无偏，分殊之后，“理”无残损亏欠。天理既是自然，因为“所谓天理者，自然的道理，无毫发杜撰”[⑤]；又是宗教，因为天理就是天的本质，天以此质命人，此之谓天命，天命就是天的命令。而尤其是道德，因为“天下的道理，元其所自，无有不善”[⑥]。天理就是仁义礼智信。理本论者就是这样使自然之天和宗教之天为伦理之天服务并使三“天”汇归于一的。

与理本论者将道德本体规定为外在于人的客观天理不同，性本论者将沟通主客观中介的“性”规定为宇宙和道德本体。性本论者认为，“性立天下之有”[⑦]，“万物皆性所有也”[⑧]。就是说，“性”规定并决定着事物的存在，天下没有无性之物，“性”是使事物成为事物的根本的也是唯一的原因。同时，“性”又是至善的道德本体，它既是超越的，从而不与现象界中善恶相对之善相对待而成对立面；同时又是被完整地灌注在人的与生俱来的道德本心中的。沉迷在生存欲求中的人们，只要能不断地在日常生活中发现良心的闪现，把握并扩充它，不断积累下去，就能在心用既尽的同时，成就本然至善的天性。

---

① 《遗书》卷第十一，程颢、程颐著，王孝魚点校：《二程集》，北京：中华书局，1981 年。

② 黎靖德编，王星贤点校：《朱子语类》卷一，北京：中华书局，1994 年，第 1 页。

③ 《遗书》卷第十八，程颢、程颐著，王孝魚点校：《二程集》，第 196 页。

④ 《遗书》卷第二上，程颢、程颐著，王孝魚点校：《二程集》，第 30 页。

⑤ 《上蔡语录》卷一。上海古籍出版社缩印本《四库丛刊》698 册 569 页。

⑥ 《宋元学案》卷十五，《伊川学案》上。转引自徐远和：《洛学源流》，济南：齐鲁书社，1987 年，第 147 页。

⑦ 《知言·一气》，胡宏著，吴仁华点校：《胡宏集》，北京：中华书局，1987 年，第 28 页。

⑧ 《知言·事物》，胡宏著，吴仁华点校：《胡宏集》，第 21 页。

在性本论者的思想认识中，三“天”归一虽仍属必然，但因其对于“尽心成性”的强调，从而强化了道德践履者的主观能动作用，宗教式的外在压迫感减轻了。

心本论者走了一条与理本论者完全相反的路线，他们将“心”规定为本体，认为“吾心即是宇宙，宇宙便是吾心”①，此心既是道德的本体，又是工夫的实体。它既是自然的天赋，又是至上的神圣使命。他们注重发明本心，强调“收拾精神，自作主宰”②。他们张扬了实践主体在道德践履中的自由，但却留下了主观意志任意来去，从而相当程度地脱离客观必然性的续余。道德的他律与自律之间的矛盾，如同理本论者一样，存在于他们的理论之中。

三“天”归一虽在理论上最后成就于宋明儒者，而在实际的生活中，早已表现为下层民众的普遍心态。在三“天”归一的背景下，古代中国变成了完全意义上的伦理的社会。

新儒学学者，虽然在为儒家伦理找寻宇宙本体论的根据上，立下了不朽的思想功勋，但他们同时为中国人的人生套上了几不可解的精神枷锁。在理学盛行的时代里，中国人的人生价值就只剩下道德一项，也只有道德，才是华夏民族唯一的生存意义。道德取代了感性，道德取代了理性，道德取代了法律，道德取代了政治，道德取代了科学民主，道德取代了自由意志，道德取代了一切。而在道德教育的实际运行过程中，由于政治的强化宣传和强制性的执行，使得传统的中国人，非但没有因为实现了道德上的进步而感到幸福和自豪，反倒失去了行动上的甚至心理上的自由，变成了道德的奴隶。这是与新儒学学者的原初愿望不相一致的，也是和以孔子为代表的先秦儒家的思想宗旨相背离的。理学家本欲以理救人，却被咒为“以理杀人”。

这个悲剧性的结局，或许就是诡谲的历史理性，与儒家崇高而理想的道德愿望所开的一个令人不愿意接受，但又不得不接受的玩笑。

（本文主体部分曾以“三‘天’归一——中国古代思想发展的凝缩”为标题，发表于《湘潭大学学报》1999 年第 1 期。）

① 《年谱》，陆九渊著，钟哲点校：《陆九渊集》，北京：中华书局，1980 年，第 483 页。

② 《语录下》，陆九渊著，钟哲点校：《陆九渊集》，第 455 页。

自然生态与心灵生态

引　子

我们生活在一个前所未有的生态严重失衡的时代里，与若干年前生态平衡遭受严重破坏的程度相比，今天的情况已经更加严重，而且这样的状况还在不断快速地加剧。人类虽然并不甘心生活在失衡的生存状态中，但一时间又不能迅速地解决这种困窘状态，无可奈何之下，我们只能暂时机械地在失衡中寻找平衡，莫名其妙地过上了一种失衡中的平衡生活。这到底是一种进化的必然，还是人为的追求增长所带来的恶果呢？

空气、水和土地越来越充满毒性，使得生物物种越来越稀少，大家在心理上还不断地升腾起一种发展和富裕的自豪，似乎世界原本就是为了人——这一个物种的生存而单独设立，这到底是人类矢志不移地追求来的幸福，还是人类很久以来就已经误入歧途？

放眼望去，各种公路、各种铁路已经延伸到地球的各个角落，农村的庄稼地里品种单调，杂草越来越少，连昆虫都快成了稀有的生物。我们对疯狂发展的现代城市熟视无睹，拥堵不堪的汽车，使得我们根本无心关注周围的风景，心情只是烦闷和急切。较好的城市绿化也都基本是人工的自然，在广阔的草坪上，没有蝴蝶，更没有昆虫，这只能叫绿化，而不能叫作生态，因为这是一种无生的状态。各种野生动物的濒临绝迹自不待言，就连家畜也有绝种的危险。听起来蛮滑稽，但这都是真实的现状。由于生态的严重失衡，气候反常，各种奇异的病症不断出现，为了满足工业的发展，地上、地下的资源即将被开采净尽，石油、矿产、森林和水资源等越来越匮乏，各种污染越来越严重，生存资源在世界各国和每个国家内部的阶层之间分配也越来越不均衡，已经不断地造成国家与国家之间，国家内部不同收入阶层之间的严重隔阂，人类的安全和社会的稳定都正在面临着全新的威胁和挑战。

这究竟是人类追求的目标呢，还是人类的内在自我意识的强化和无限度地追求所谓发展所带来的恶性结局？发展，尤其是经济和科学技术的发展，是否有极限，是否应该被划定极限？

破坏了原有的自然生态，又以必要的人工生态作为补偿，将来的世界会成为完全人工式的自然吗？这种状况果真是人类所要追求的终极目标吗？是人类渐渐毁弃了自己的自然家园，正在"向死而生"，还是"适彼乐土，爰得我所"，找到了新的更加美好的家园呢？

以上的说法，绝不是危言耸听，再照这样下去，人类将变成新的种类，还是加快自己作为自然中的一类的自我毁灭速度？人类目前所走的道路，到底是通往乐土的新区，还是恐龙、猛犸象之类覆亡的旧域？如果说恐龙和猛犸象的覆亡主要是由于自然环境的变迁，那么人类目前的处境和未来的遭遇，到底是人类自己造成的，还是与恐龙等一样，来自自然的变迁？我们不能不思考这样的问题，我们已经到了不得不郑重地思考这样的问题的时刻！

人类与恐龙和猛犸象不同，是有反思能力的动物，虽然我们到现在为止还不能说生存环境的日益恶化，就是人类追求发展所带来的恶果，而与自然环境的变迁毫无关系。但是我们必须反省自己，也到了一定要认真反省自己的时候了。至少，我们必须承认，环境恶化的严重性或者人类的自我困境，相当程度上，有人类自己的原因。是我们自己走入误区，或者缺少前瞻性及处置不当等造成的结果。

自从1972年，罗马俱乐部的研究报告《增长的极限》发表，提出"人类困境"的概念，并强调要对此进行长期不懈的研究；1972年斯德哥尔摩的联合国人类环境会议，又提出了"可持续发展"的观念；1989年的联合国环境规划署理事会，经过反复磋商，通过了《关于可持续发展的声明》，到现在已经30年。30年来，人类的困境不但没有缓解，而且还在不断地快速加剧。2009年和2010年的哥本哈根世界气候大会议和坎昆世界气候大会议，几乎没有取得任何实质性的成果。究竟是人类立意要毁灭地球并跟地球一起毁灭，还是人类之间不能真正达成谅解，而必须像狼一样只能以齿爪相对？

假如我们还想走出这样的误区，那么，中国古代的传统思想资源，或许能为我们提供十分必要和行之有效的参照。

中国先贤对于自然的态度

中国的先贤对于自然生态的看法，集中表现在他们对于宇宙和谐的强调。而这里所谓的看法，毋宁说是态度。看法只是一种认知，态度则更为深入，是“融化”在了生活之中的日常言行和生存模式。这种对于宇宙的态度，代表了中国古代先哲对人类在宇宙中的实际定位的认识，也可以叫作对于自己在自然中或者宇宙内的自知和责任。

中国古代先哲对于宇宙和谐的追求，可以道家和儒家为代表来加以说明。

首先让我们来看道家的说法。

老子有一句非常经典也非常普通的话语，就是“道生一，一生二，二生三，三生万物。万物负阴而抱阳，冲气以为和”。紧扣今天的主题，我以为老子这句话语，至少含有以下两层非常重要的意思：一是万物都是由“道”所生，都是通过“道”生出来的，所以，“道”比万物都重要，而万物自然包括人类在其中。

二是万物生存的方式原本就是“和”，“不和”不仅会严重消减我们的幸福指数，甚至会进一步威胁我们的生存。

人既是万物中的一种，同时又是由“道”所派生，那么人肯定不比“道”重要，人也不应当有凌驾于“道”之上的想法。如果产生了这样的想法，只能表明人类的不自量力，如果相信人是宇宙的主宰或者唯一目的，那就更加表明了人类的狂妄无知。那么老子这里所说的“道”，到底是什么东西？“道”就是自然，“道”就是原初的样子，“道”就是宇宙的和谐本身，就是宇宙的和谐原则。地比人大，天比地大，“道”比天大，“人法地，地法天，天法道，道法自然”。人的权力再大，也没有“道”大，“道”就是自身的自然而不加人为改造的常态，而不是被人类肆意改变的变态。

庄子也强调：“天地与我并生，万物与我为一。”天生万物，本来没有高下之分，都是平等的，天地不是为了让人类独出万物之上，才生出了人类。人只是万物中的一类，人不是万物的主宰，一旦脱离了动物的群类，就将失去最基本的属性而成为不知为何物的一种怪物。庄子虽然以“天地与我并生，万物与我为一”为人生的最高境界，但这种所谓的最高境界，实际上也仅只是人类的出发点，原本如此，因为失去了，便朝向这个方向复归，复归成功，就达到了最高的境界。没有所谓人类原本没有，而强硬地伸展出去，达到某一个目标，才成为最高境界的事情。对于人类来讲，只不过是将因为不断地向外追求，从而丢失掉了的最初的本然状态找回来，从自发的状态变成自觉的状态，这就是最高的境界。最高的境界不在外面，就在自己的身上。从这样一点上来讲，“万物有灵论”，远比“人类是万物之灵”的观念更实在，更应当受到深切的瞩目。“人类是万物之灵”的观念的出现，虽然激发了人类自我意识的觉醒，但是同时，也不断地刺激且至今仍在刺激着人类自以为是和自高自大的狂妄情绪的增长。人类由此出发，一步步走向了藐视自然、蔑视自然甚至无视自然、敌视自然的道路。把对于自然的强力毁坏，当成了自己的伟大功绩，在这一点上，崇信科学万能的科学主义最是甚嚣尘上。

这种情况的源头，可以追溯到16世纪的欧洲，在“给我一个支点，我能撬动地球”和“知识就是力量”等观念的引导下，人类凭借数学和实验科学的成就，在心理上把自己从自然中彻底剥离出来，将自然看成是外在于人的，人可以任意征服并且通过这种征服来显示人的力量的对象。为了不断满足人类的经济增长和科学发展的“需要”，从此展开了对大自然越来越肆无忌惮的掠夺、侵伐和毁坏。一切对于外在环境的破坏，一切对于自然资源的残酷掠夺和侵伐，都成了“为人类谋幸福”这样的堂而皇之的名目下的正当行径。从此有生命的动植物再无宁日可过，无生命的自然资源如石油、矿产、煤炭、水和空气等，也都再也不能安稳地度日。

庄子说：“泽雉十步一啄，百步一饮，不蕲畜乎樊中，神虽王，不善也。”这些被人类捕捉到的野鸡，再也不能像在自然中一样，饮啄自如，放旷逍遥了。人类为了自己的幸福，整治得各种动物要么无家可归，要么有家难回。同时人类也如同这些沼泽地或者湿地上的野鸡一样，被关进了自己制造的不必疲于劳作，就能凭借科学的力量获得食粮和安逸的“幸福的笼子里”，成了“笼子里幸福的鸟儿”。人类被自己的成果所束缚，所奴役。庄子对于人类“役于物”的警告，成了人类生活的现实。人类在“役物”的过程中，不断地陷入“役于物”的境地。被外物包括科学甚至尤其是科学所奴役，成为科学的工具和奴仆，到底是人类的聪明还是人类以聪明的方式陷入了愚蠢呢？

庄子编排过一则朝三暮四的故事，这个故事在中国几乎是家喻户晓，妇孺尽知。说楚国有一个养猴子的人叫作狙公，狙公对猴子说，我每天早上给你们每个家伙分发三个栗子，每天晚上再给四个。所有的猴子都大发雷霆，表示了极大的不满。狙公无奈，马上改口说："那就早晨给四个，晚上给三个。"这下可把猴子们乐坏了，猴子们不懂可持续发展的观念，只要自己现在多得，不顾自己将来因为匮乏而少得。今天的一些人依然在高速发展的观念的驱动下，依仗科学的利器，恨不能把地上和地下的所有资源，都在一朝一夕之间开采净尽，根本不把子孙后代是否还有资源可以利用放在心上的做法，比这些猴子高明吗？我们还有什么资格来笑话这些猴子们？

老子说："反者道之动，弱者道之用。"道的目标是返还到原初的状态中去，而它发生作用的方式不是强势的威压、改造和征服，而是温和、柔弱的顺应、适应。人类想要通过自己超强的努力实现自己的长久，也许永远只是梦幻。正如老子所说："天长地久，天地之所以能长且久矣，以其不自生，故能长生。""飘风不终朝，骤雨不终日。孰为此者？天地。天地尚不能久，而况于人乎？"狂风暴雨这些强势的自然现象都不能长久，是什么力量使它们不能长久？是天地。天地本身都不能长久，何况天地所生的人类？相比人类，天地就算长久了，但是天地的长久，不是因为天地自己想要长久，自己为自己的长久而设计而努力，而刚好是因为它不自以为计，不为自己的长久而努力，所以才能获得长久。人，既为天地所生，为什么不效法天地，为什么总是自以为计？这样的谋求长久，到头来也许正好毁了本来的长久，失去了原本属于自己的长久，而使自己在宇宙中的存在过程更加短暂。

以上是道家对于人类的忠告，如果人类不想真正把这种忠告当成警告，那么人类的困境和生存的危机就会越来越加剧。

与道家相比，中国传统儒家对待自然的态度也是一样。

孔子说："天何言哉？四时行焉，百物生焉。天何言哉！"天什么都不用说，春夏秋冬就会按时到来，按规矩轮转，万物就在这样的条件下生长繁育，天用说什么吗？人也一样，为什么非要通过强力的人为性造作，才能表现自己，表明自己存在的力量和价值呢？儒家关于天人关系或者人与自然的关系的说法，在《周易》的系辞里有这样的表达："大人者，与天地合其德，与日月合其明，与四时合其序，与鬼神合其吉凶。"必须与天地、日月、四时和鬼神保持和谐一致，才能成为真正的“大人”，也就是大君子。这是儒家的天人合一的观念，与道家的因任自然的天人合一想法有所不同的是，儒家强调的是在道德上的与天合一。道德上的与天合一，就是说人要在道德上努力维护自然的和谐，参赞天地的化育，而不是毁坏天地的生机。《周易》说“生生之为易”，儒家天人合一的美德，就是参赞天地化育的生生之德。天地既以生生为大德，人就应当襄助天地，助成这种生生万物的美德，从而保存住天地的万有生机，并且使这种生机更加顺畅而不受阻隔地体现出来，而不应当单纯追求人类自身的富庶和幸福，抑制或摧毁这种生机，造成这个世界的单调和暗淡。

孟子说：“牛山之木尝美矣，以其郊于大国也，斧斤伐之，可以为美乎？”都砍光了，哪还有美丽的山川！从前的美景，现在已经是“若彼濯濯”，变成了光秃秃的一片不毛之地。

南宋时期的大儒胡五峰先生说：“天地根于和，日月星辰根于天，山川草木根于地，而人根于天地之间者也。有其根，则常而静，安而久。常、静、安、久，则理得其终，物遂其性。”天地本来都是由“和”所造就，人是天地所生，人若不“和”，即是违逆天性；违逆天性，肯定不得善终。妥善地保护好“和”的善根，就会保持长久的宁静，能够保持长久的宁静，就会赢得长久的平安和平安的长久。失去或者舍弃这种“根”，也就是失去了与天地万物之“和”，我们就不会再有常、静、安、久的生活。

《周易・坤》卦中说：“积善之家，必有余庆。积不善之家，必有余殃。”为了子孙后代的安康考虑，我们也应当尽最大可能减少对其他生灵的杀伐和对自然的毁坏，减少对环境的污染，减低对能源的消耗，只有这样，我们的后代才会有真正的安宁和幸福。

与自然生态紧密相连的心灵生态

世界上不仅自然有生态，心灵也有生态。请大家注意，我今天所讲的心灵生态，虽然涉及人的心理，但不是心理平衡意义上的心理学问题，而是人类在心理上如何对待自然万物还有自然本身的伦理心态问题，是生态伦理问题，或者说是自然道德问题。

心灵生态也许是人类所独有的，这一点自然是人类的骄傲，同时它也会给人类带来痛苦。动物没有我们今天讲说意义上的心灵生态，它没有人类的这份骄傲，但也不用承受人类的这份痛苦，而更重要的也许还在于，动物因为没有这种意义上的心灵生态，所以，它也不必担负人类对于自然生态所应担负的责任。

人类对于自然生态的破坏，可以换一个中性一点的词汇，叫作对自然生态的干预。人类对自然的破坏的程度，很大程度上取决于人类对自然干预的目标和力度。人类是有自觉意识的动物种类，要想让人类不干预自然，恐怕也是不可能的，关键在于人类干预自然，最重要的是要达成一个怎样的目标，还有，就是以怎样的方式干预自然，以多大的力度干预自然。而怀着怎样的目标，其实就是怀着一种什么样的心态，也就是心灵的生态。到底是把自然当作敌对的对象，还是把自然仅仅当成可以利用的资源；是把自然当成自己生存的家园，还是把自然当成不必因为对人有好处，从而才有价值的存在？

如果把自然当成敌对的对象，那么对于自然的毁坏也就没有什么可以惋惜。如果把自然仅仅当成可利用的生存资源，那也可以少付出一些不必要的怜悯。如果站在这样的两个基点上，人类就没有必要吝惜自然，为了谋求最大的利益，人类就可以任意妄为，似乎也就没有什么值得遗憾的了。

因为人类是自然的一员，它不是外来的掠夺者或者入侵者。所以，人类对于自然干预的目标，虽然是为了人类，但同时不能不为自然考虑。人类是在自己生存的地球上谋求幸福和生存，而自然的承受能力肯定是有限的，现在已经不是哪个国家的资源多和哪个国家的资源少的问题了，而是就这样一个地球，一个小小的地球，一个资源十分有限而又一直被不断开发、攫取，所剩不多的地球。

记得我们小时候学毛泽东同志的诗词，有一句话叫作“小小寰球”，听起来觉得很惘然，为什么？我们小时候，中国极不发达，连门口以外一百里的地方都很少去过，连美国、古巴、苏联和阿尔巴尼亚在哪里都不知道，每天嘴里却在不断地背诵着“小小寰球”，今天想来，真是滑稽。但是现在的情况，真的使我们清晰地感到地球太小了，没有足够人类任意折腾的更大的空间。当然，换个角度，我们也可以说，人类太厉害了，太了不得了，太牛了，也太能折腾，太能造害了。把一个我们小时候大得不可想象的地球，几十年之间就变成这样渺小的“小小寰球”了。

所以，我们对于自然的干预的目标，一定要建立在地球是我们生存家园的意义上，甚至还要进一步，自然本来就有生存的权利和自由，不必非要能为人类的生存和发展提供资源，才有存在的必要和意义。自然存在的理由和权利，不是人所赋予的，人也没有权利和资格决定自然是否有存在下去的理由和必要。只有在这样的意义上，我们才会对地球本身赋予真挚的同情，发施真正的爱心和拯救，就像保护和爱惜我们自己一样。不能随意毁坏它，要把对于地球的保护和合理利用直接上升到道德的高度，并且要用强有力的法律手段，保护地球和地球上的与我们生存有关的和无关的事物。我们要对自己的生存家园负起必要的责任，就像宋代的大儒陆象山说的那样："宇宙内事，即吾心内事；吾心内事，即宇宙内事。""宇宙即是吾心，吾心便是宇宙。"要把宇宙的事情当成自己的事情，要对宇宙负起真心诚意的责任。这才是人类对于宇宙应当遵循的准则和应当采取的态度。

南宋大儒胡五峰说："有毁人败物之心者，小人也；操誉人成物之心者，义士也。油然乎物各当其分而无为者，君子也。"就是说，怀揣伤害别人和败坏事物的心理的人，只是小人。而胸怀成就别人，成全外物的心理的人，乃是义士。最高的一层则是：不做人为的干扰和破坏，让别人和外物都按照各自的目标去生存发展，不把一切外物都当成自己实现主观目的的工具或者手段和玩物，这才是真正的君子。儒家的天人合一的理念就是这样，它要成就自身的美德，但是这种自身美德的真正成就，不是靠陷害别人和征服外物，而是要把自己的成就，放在别人的成就和外物的顺性发展的基点上，与他们的成就一同成就，用今天的话语来说，可以叫作双赢，更确切地讲应该叫作多赢。就是人类在向前的生存和发展过程中，要做到宇宙中没有输家！千万不能把自己扮演成宇宙主宰者的角色。

在中国历史上，曾经有一位武将，感觉人间的官员职务不够表明他的权力，他的权力欲之高，想要统治整个宇宙。这个人叫作侯景。侯景原来是东魏的将领，投降南梁后，逼死梁武帝萧衍，后于公元550年九月，自立为王，又加封自己为"宇宙大将军"，并且给自己规定了权力目标为"都督六合诸军事"。当时的皇帝，这个人也许是中国历史上最有学问的皇帝，就是南梁的简文帝萧纲。连萧纲这么大学问，古今上下、地理人文，无所不通、无所不晓的人，都感到非常吃惊，着实被吓了一跳，对身边的人说："将军乃有'宇宙'

之号乎？”

什么叫作宇宙？宇宙是中国本有的词汇，中国古人以为：“上下四方之谓宇，往古来今之谓宙。”好家伙，这官儿可真叫大，不是硕大，不是巨大，也不是最大，数学上叫作无穷大，无限的时间之内和无垠的空间之中，他最大，要多大有多大，大到不能再大，大得都没边没沿了。看完了他的官儿有多大，我们再来看看他的权力范围有多广，叫作“都督六合诸军事”。都督就是总管、总统帅的意思，“六合”是什么？六合就是上下左右前后，也叫上下四方，六个方向向前无止境的延伸之总和。这不是万人之上，这是万物之上，这是万有之上，甚至是万无之上。

庄子说：“六合之外，圣人存而不论。”就是说，上下四方，或者前后上下左右是没有边际的，连圣人都不敢议论，谁还敢议论？只有最无知、最疯狂的魔鬼才敢于论说，而侯景不仅敢于论说，而且敢于主管，责任意识真强啊！连魔鬼都不敢做的官儿，他也敢做，连魔鬼都想不到的称号，侯景都能想到！“宇宙大将军”统帅的军兵自然应该包括狼虫虎豹之类，这位侯景将军其实更确切的名号应该叫作“禽兽大将军”，而他所管辖的疆域则包括有生命的和无生命的，甚至包括不是东西的东西，不是物的物。

侯景于一年以后，杀掉梁简文帝，自己称帝，又半年而被擒伏诛。距离自称“宇宙大将军”的时间只有一年半。宇宙是无情的，历史也是无情的，它不会任由任何权力欲过于旺盛的贪婪者在空间中胡作非为，也不会给他在时间上更久的存在下去的机会。

我们不应当像侯景一样对待宇宙，我们要努力争取在宇宙这个大家庭里，与其他民族甚至其他物种和睦相处，以达成大家都是赢家的结局。不要相信这个世界最后谁能成为赢家，如果大家都输了，那就没有赢家，宇宙万物原本就不是专为某一个国家、某一个民族或某一个集团、某一个个人而设立的，如果哪一个国家或者哪一个民族、哪一个集团一定要追求最后只有自己才是赢家，那么结局是非常肯定的，就是只有他才是最大的输家。如果人类之间依然保持长久的猜忌和争竞之心，一定要追求我一定超过别人，我一定能把天地的资源尽量囊括到自己的囊箧之中的目标，那么人类就会集体输掉，就会以集体毁灭的方式被自然彻底地清洗掉。

我们要学会限制自己的占有欲和权力欲。要学习宋明理学的风范。宋明理学家都强调“存天理，去人欲”，这个说法虽然在“五四”时期备受诟病，但是，宋明理学家确实看到了人的欲望的本质。人的欲望是无止境的，而且是越得到满足就越高涨，就像皮球一样，你不拍它，它还不动，你拍它一下它就会顺势跳起来，越拍跳得越高，直到你不能控制。不要总是想着无止境地扩展自己的生存空间，尤其不要总是想着不断地提高自己的物质生活水准。其实生活质量的好坏，并不取决于占有资源的多寡和拥有权力的大小。最关键的是你怎样看待生活，你为生活设定了什么样的目标。如果大家都去追逐最高权力，那这个世界还有安宁吗？别说安宁，连起码的安全都会失去。如果大家都追求最富，那么这个世界同样没有安宁，因为财富总量就那么多，地球上的资源就这么些，你不可能把星星和太阳都拿来放在自己的府库中。好事不能都被你一个人或者一个国家占尽。

唐代大文豪柳宗元写过一篇短小的散文，叫作《蝜蝂传》，说有一种小虫子叫作蝜蝂，生性喜欢捡拾遇到的各种东西，然后把这些东西全都放在自己的背上。当这些东西重到不能承受的时候，小虫就被压倒在那里，动弹不得。有过路人同情它，就把这些东西帮它从身上卸下来，可是当它能够走动的时候，它就又像从前一样，把这些东西拾起来，重新放在自己的背上。终于走到山崖边上，滚落下去摔死了。直到这时，它才停止捡拾，停止聚敛。人世间有许多人就像这个可怜的小虫子一样，拼命敛财聚物，至死方休。之所以落得这样悲惨的结局，实际上都是欲望太盛，不知限制自己的欲望，最后终于被欲望所毁掉。

限制欲望是一种美德，限制成功了，就会得到一种快乐，一种不再无限制地向外求索所带来的安宁和平静的快乐。

在这一点上，我们还可以从各种宗教里，学习这种美德。宗教虽然有禁欲的倾向，但是限制欲望是保持人类社会平稳健康发展的基本前提，是人类阻止自己无端向外掠夺的根本依据。

其实破坏自然、他人和外物的心理起因，就是因为强化了自己的欲望，为了满足自己的欲望，外物和他人就都成了妨碍和猎物。这样的结果，不仅使自己永远陷入不能满足的空虚之中，同时肯定也是要受到惩罚的。

《六朝怪谈》里讲了一则这样的故事，说是有一个商人心中始终想着采尝野花的味道，一天傍晚，一位美丽的女子刚好从他停泊的舟前经过，于是就上前与人搭讪："天这么晚了，一个姑娘家走路多不方便，还不如在我的船上住一夜，明天一早再赶路。"没想到对方竟然爽快地答应了，这一晚上这位商人折腾得一夜没睡，他翻来覆去在那烙饼，辗转反侧，睡不着，心里有鬼呀。第二天早上，人家要走了，赶紧上前继续搭讪："你叫什么名字呀？""嘻嘻，不告诉你。""家住何地呀？""嘻嘻，不告诉你。"不告诉就不告诉吧，我送你一件礼物，于是把自己辛苦赚来的一个金镯子戴在女子的手腕上。女子走了，商人就在后面尾随着。眼见这位女子进了一所宅院，隔了一会就去敲门。出来一个男人，上前问道："我来找一位住在这里的漂亮女子。""这里住的都是男人，没有女子。不信你自己进来找。"找遍了所有的地方，没见到这位女子，最后找到了猪圈里。看到了手镯，赶紧上前说："亲爱的……"啊！原来是头老母猪，手镯正戴在它的前蹄上。

这件事一点都不怪这头母猪，这头母猪修行得挺好，所以有时可以显现人形，而这位商人本来是人，却差点成了母猪的老公。为什么会这样，因为心中有鬼，心中有贼。贼是什么，就是心中的贪欲。

明朝的大儒王阳明曾经领兵镇压过江西一带的农民起义，他管这些起义的农民叫作"山中贼"。平定农民起义本来也不是一件容易的事情，但是相比清除心中的贪欲还是要容易一些，所以王阳明说："破山中之贼易，破心中之贼难。"难在哪里？难在人们经常不以自己过分的贪欲为贼，同时又总是侥幸这是自己心中的事情，别人不知道。世间有很多怀有这种比贼还凶猛的贪欲之人，总以为别人看不到或者看不懂，于是就暗地里纵容自己，使自己心中的贼氛越来越重。我到过江门，瞻拜明朝的大儒陈白沙，看到一则明朝的皇帝写给地方官员的训示："尔俸尔禄，民膏民脂。下民易虐，上天难欺。"就是说你的俸禄，都是百姓的膏血，不要再施暴于民，鱼肉乡里了。不要以为这些百姓愚昧无知，不知道你所干的勾当，上天是欺瞒不过的。中国的道教在劝说世人为善时也常说类似的话语，叫作"举头三尺有神灵"。你不要自以为自己的所作所为非常隐秘，神不知鬼不觉的，实际上上天无时无刻不在照临你，监控和督查你的言行。任何人都不要侥幸自己可以逃过上天的眼睛。不要像古代的贪官一样，把别人都看成自己的生存资源和掠取的对象，要把别人看成自己的生存环境和生存伴侣，有了别人，我们才不会孤单，世界才不会单调乏味和了无生机。

结题和展望

我们应该对宇宙和宇宙中的事物，包括他人甚至动植物都怀有一份真诚的敬畏之心。这份敬畏之心，其实就是良知的自我监控。

不要怀有过分的贪取之心，更不要怀着侥幸的心理。对待他人，对待宇宙万物，我们都应当怀有一颗真正的爱心。北宋时期的大儒张横渠先生提出了一个“民吾同胞，物吾与也”的说法，就是说，百姓都是我的同胞手足，天地万物也是我的同类，而不仅是我的生存所需的供养之物和生存的外在环境，这些外在的事物，也与我的血脉紧紧相连。这就要求人类不能把外在事物仅仅当成自己的生存资源，还要给他们必要的和足够的尊重。尊重的方式，就是人类不要采取对自然敌对的态度，用今天的话来讲，就是要建设生态友好型的人与自然的关系。

怎样才能做到这样，张横渠先生写了一篇文字，叫作《太和篇》，什么叫“太和”，“太和”又是一种怎样的状态？晚明时期的大思想家王船山先生在解释张横渠的这篇文字时说：“太和，和之至也。……未有形器之先，本无不和；既有形器之后，其和不失，故曰太和。”就是说，“太和”是最高的和谐，在人类没有发明“改造天地”的利器之前，天地本来没有不和谐；人类虽然发明了“改造的利器”，但却不使天地失去原有的和谐。这就是“太和”，“太和”就是最完满的和谐，同时也就是最高的责任和最伟大的善行。

其实不仅中国古代的圣贤，西方的智者和印度的哲人也同样主张人与自然的和谐相处，将人与自然的和谐，看成是宇宙的最佳状态。俄罗斯的宗教哲学家费奥多洛夫和索洛维约夫都有这方面出色的论述，索洛维约夫甚至认为，包括耕种土地，都不仅是为了人类自己的生存，而是由人类帮助土地进行料理，目的是使土地能够保持长期的活力，并使土地得以不断地更新和复活。

人类从受害于自然，到受益于自然，再到现在开始毁坏自然，接下去是毁灭自然并与自然的消失同步毁灭，还是保护自然，回归自然，使自然重新焕发生机，同时也使人类在自然的新的生机之下，赢得“凤凰涅槃”一样的再生，那就要看我们对待自然的心态了。也就是说，我们的心灵生态，或者我们的心灵深处对待自然的根本态度，将决定我们人类自己的未来。关键就看我们能否做出明智而长远的，而不是愚暗而短近的抉择。《尚书·太甲》说：“天作孽，犹可违；自作孽，不可活。”

人是宇宙间唯一有理性并且可以借用理性思考的动物，人类在生存发展的过程中，不可能不对自然发生干预，而且程度也会越来越深，这也是自然法则。但是，人类如何能在发展自己的同时，不毁坏天地本有的和谐，这真是一个大难题。但是正因为它是大难题，所以一旦解决好了，也就是人类真正的丰功伟绩，比历史上任何伟大的民族和伟大人物的任何功绩都要伟大。借用佛教的话语，我们要发大慈悲心，用自己悲天悯人的情怀，体现并表达我们本有的爱心，发挥我们本有的爱的潜能，表达我们友善的宇宙情怀，保住自然的环境和自然的生机。那么，自然就会记下人类的丰功伟绩，即使人类有一天绝灭了，自然也绝不会忘记人类的自我克制和自我节制的美德，人类就将作为善的象征，被正大地书写在宇宙的发展史上，而不仅是人类的发展史上。这是人类的光荣，也是宇宙的骄傲！

（本文是作者于2010年10月9日，在“深圳市民文化大讲堂”所作演讲的录音整理稿。2011年3月14日，以“心灵生态决定人类未来”为标题，发表在《天津日报》“超阅大讲堂”栏目。）

德国哲学家看待中国哲学的三组向标

自从1275年马可·波罗第二次受到忽必烈的接见，游历中国，写下游记，欧洲人开始对中国产生了极大的兴趣。[①]之后，西方商人、旅行家和传教士大批涌入中国本土。与商人注重利益和旅行家注重山川地貌的兴趣完全不同，传教士非常重视对于中国文化和民间风俗的了解。他们将自己在中国的见闻和对中国文化的感觉写信告诉西方人，西方人对中国文化的真正自觉的了解，大致应该从这个时代以后开始。到了十六七世纪，这种了解已经相当普遍而且也相当深入了。传教士对中国的观感和对中国文化的转借，诱发了西方世界的知识精英甚至是哲学家们对中国的极大兴趣，他们开始用中国文化作为参照系来重新审视和裁衡自己的文化和哲学。

莱布尼茨和沃尔伏对中国哲学的看法

德国哲学家莱布尼茨（Gottfried Wilhelm von Leibniz，1646—1716）与清圣祖康熙皇帝（爱新觉罗·玄烨，1654—1722）的时代大致相当。早在莱布尼茨时代以前，西方传教士就已经纷纷来华传教，并传播西方近代科学技术，他们都得到了康熙王朝的优厚礼遇。从马可·波罗到利玛窦，西方人已经开始了对中国的认识和了解，康熙和乾隆时代，西方人对中国的了解前进了一大步，这和传教士们对于了解中国的热情和努力直接相关。就在传教士了解中国的同时，他们也把西方近代的科学技术等带入中国，使中国对于西方也有了相应的了解。在中国与西方各国的文化交流过程中，哲学与宗教作为重要问题渐渐浮现出来，成为令人关注的最主要和最有根源性的差别地带。

---

① 勒内·格鲁塞：《草原帝国》，李德谋、曾令先编译，重庆：重庆出版社，2009年，第191-195页。

以莱布尼茨和沃尔伏（Christian Wolf，1679—1757，也有翻译成沃尔夫和沃尔弗的，莱布尼茨的学生）为代表，首先确立了对中国哲学的肯定和赞扬的格调。

据说莱布尼茨少年时代，即对中国产生了浓厚兴趣，而且将这种兴趣一直保持终生。莱布尼茨广泛搜集有关中国的材料和相关报告，试图向中国借镜，利用中国传统思想的资源，来推进自己深信的哲学体系[①]，以为他所创立的"普遍之学"奠基。直至今天，莱布尼茨仍然是"西方哲学家中最了解中国和中国哲学的哲人"[②]。中国哲学首先是作为莱布尼茨的普遍哲学所以成立的例证来被阐释和说明的。[③]但是，就在他这样做的同时，他发现了中国哲学的优长。"我们与他们（指中国）都各有自己的知识，可用来与对方作有用的交流。在知识的深层和哲理学方面，我们超过他们"，"在实践哲学方面，他们确实比我们更有成就。这指的是道德学和政治学的规律"。中国的道德学与政治学可以更好地导引人类走向太平和社会的安定。[④]这种观点在莱布尼茨1689年7月19日写给传教士闵明我的信中有另外的雷同表述："您把我们的数学传给了中国人，反过来，中国人通过您将他们经过长期观察而获得的自然界的奥秘传授给我们。物理学更多地以实际观察为基础，而数学恰恰相反，则以理智的沉思为根基。后者乃我们欧洲之特长，但在实践的经验方面，我们实不如中国人。"[⑤]莱布尼茨还对宋明理学有很深造诣，他不仅有效地消化和利用了理学家尤其是朱子关于理气关系的说法，来为自己的"普遍之学"的形上学作辅助，而且也深入地研究了《伏羲八卦图》和邵尧夫的《六十四卦方位图》，以为与自己所创立的二进制的算法不谋而合。面对很多传教士的自身感受而后得出的中国人不信宗教和中国没有宗教的说法，莱布尼茨利用他们的材料，仔细钻研，得出了中国人是信神的，中国也有宗教，中国的宗教是"自然神教"的结论，

① 秦家懿编译：《德国哲学家论中国》，台北：台湾联经出版事业公司，1999 年，第 10 页。

② 秦家懿编译：《德国哲学家论中国》，第 11 页。

③ 秦家懿编译：《德国哲学家论中国》，第 12 页。

④ 莱布尼茨《中国信息》中的话语，转引自秦家懿《德国哲学家论中国》第 12、13 页。莱布尼茨的这部著作，也被翻译为《中国近事》。

⑤ 见夏瑞春编：《德国思想家论中国》，陈爱政等译，南京：江苏人民出版社，1989 年，第 17 页。

为此他专门撰写了一篇《论中国人的自然神学》的文章。莱布尼茨还对中国当时的康熙皇帝大加赞赏和弘扬，以为康熙帝是“空前伟大的君主”[①]。

与莱布尼茨前后呼应，沃尔伏也对中国极尽赞赏。

沃尔伏说：“中国人的智慧自古以来遐迩闻名，中国人治理国家的才智也令人钦佩。”“几百年来，人们一直赞颂着中国哲学。”[②]“中国人善于正确运用自然的力量，因此，在道德才智方面享有崇高名誉。”“中国人值得称颂的地方还有：他们总是出于一定的学习目的去掌握知识，而且从不放过任何一种能促进学习的东西。”[③]“亲爱的听众，我已经把古代中国人的哲学基础展现在你们眼前，不论是在其他公开的场合，还是在这个庄严的会议上，我都要讲，中国人的哲学基础和我个人的哲学基础是完全一致的。”[④]

莱布尼茨和沃尔伏对中国哲学的肯定主要在道德方面，“要描述中国人的律则，与世上其他人相比，是多么善美的（地）导引人走向太平与社会安定，实是不容易的事。他们的目的，是尽量地减少人与人之间的不和”[⑤]。沃尔伏也如莱布尼茨一样，宣称孔子是“至高神为照顾人类，而特派到世上来的”。沃尔伏说：“孔子是在特定时间出生的，当时他的国家风气已经开始腐化，惟有他，才能挽回一切。所以我们不能不怀疑至高神是有特别使命交给他的。”[⑥]莱布尼茨和沃尔伏对于孔子和儒家伦理的弘扬，主要在于儒家对于和谐社会的理想和为此种理想所做的努力及其成就，而上引沃尔伏的话语则与蔡元定的“天不生仲尼，万古如长夜”如出一辙。莱布尼茨和沃尔伏两人，构成了德国哲学家对中国哲学看法的第一组向标。这组向标主要指向中国传统儒家的伦理哲学和中国传统社会的政治成就，两位哲学家不仅对中国传统儒家极尽褒扬，而且对作为中国传统儒家伦理根基的性善论，也有相当的触及。沃

① 莱布尼茨《中国近事》中语，见夏瑞春编：《德国思想家论中国》，陈爱政等译，第6页。

② 沃尔伏：《关于中国人道德学的演讲》，见夏瑞春编：《德国思想家论中国》，陈爱政等译，第29、32页。

③ 沃尔伏：《关于中国人道德学的演讲》，见夏瑞春编：《德国思想家论中国》，陈爱政等译，第38页。

④ 沃尔伏：《关于中国人道德学的演讲》，见夏瑞春编：《德国思想家论中国》，陈爱政等译，第45页。

⑤ 秦家懿编译的《德国哲学家论中国》所引莱布尼茨语，第13页。

⑥ 秦家懿编译的《德国哲学家论中国》所引沃尔伏语，第32页。

尔伏似乎意识到了中国传统儒家只论性善而很少谈论性恶的情形，但他习惯地用“理性”一词来表示这种感觉，认为“人的理性的不完善的一面，如同一个泉眼，从里面源源不断地流出恶习、耻辱和罪恶。可是中国人的目光从不盯在这方面，他们总是注意理性完善的一面，这样他们就可以认识自身自然的力量，从而达到自然力量所能让他们达到的高度”。沃尔伏说，西方的一些人士因此而批评儒家，说他们没有对人的“不完善的一面”进行认真考虑，“没有去过问如何克服人的邪恶的弊端”[①]。实际上，有关儒家这一“缺陷”，一直是近代尤其是当代的自由主义者批评儒家的重要根据。儒家确实只重视对人性中善的资源的积极开发，而忽视了对人性中恶的一面的说明和阐述，他们对克服人的邪恶的弊端也确实缺少必要的论证与说明。但是问题是儒家本来就是主张性善论的，而且认为只要人充分发挥人性中善的资源，人就可以因为一心向善而不再有邪恶，更不会去从事邪恶。当然，问题还有另一面，有些人坚持不为善的教化所动，一心为恶，对于这样的人，儒家确实缺少必要的措施。如果儒家仅仅是伦理学或者伦理哲学，那么劝善可以被看作他的使命，制约现实之恶的任务则可以交给政治和法律。但是在动机上制约邪恶依然是伦理学和伦理哲学不可推卸的责任。而且，儒家不仅是伦理学和伦理哲学，而且是政治学和政治哲学。这样，有关于此，就不能不说是儒家的一个疏失。

从以上的引述可以得出以下结论：

一是莱布尼茨和沃尔伏对中国哲学的了解，主要在文化、哲学、宗教和政治等领域，他们试图全面审视并引进中国文化，为德国和欧洲的哲学、文化和政治发展提供重要的参照。他们认为中国确实在这些方面取得了令世人瞩目的卓异成就，甚至可以直接供欧洲人效法。

二是他们对中国文化和中国哲学的了解主要集中在儒家方面。他们对孔子的实践哲学极尽推崇，认为儒家的主张，应该成为人类史的楷模，莱布尼茨甚至认为人类要想彻底摆脱互相敌对的状态，要想实现互相合作和互助互惠，就必须遵循孔子的教诲，按照孔子的实践哲学行事。

---

① 沃尔伏：《关于中国人道德学的演讲》，夏瑞春编：《德国思想家论中国》，陈爱政等译，第 33、34 页。

三是他们还没有来得及对儒家在向后的实际进程中所出现的历史偏差进行缜密细致的分析和研究。而儒家以外的其他各家哲学，如道家和禅宗以及墨家等，还没有完全进入他们的视野。因此，这个时期西方人对中国儒家与道家和佛教等对比性研究，还没有正式起步。

四是莱布尼茨对中国宗教的了解，大致仅限于自然神教，而没有涉及佛教、道教（当然，广义的道教其实主要就是自然神教，虽然其中人文教的内容不断增多，但也正因为这一点，道教才显得驳杂而缺乏必要的统一性教主、教规和教典）。

五是他们对中国政治的了解，还仅限于康熙朝这样的一个时代，甚至可以说，他们的目光没有注意到中国的全部历史，他们对中国历史进程的了解还相对匮乏。他们以为康熙帝的统治就是按照孔子的学说进行统治的范例，而他们对康熙帝的好感，一方面是由于康熙帝允许传教士自由出入，自由传教，另一方面又从传教士那里学习近代西方的科学知识，康熙帝对西方人的态度，应该说非常友好。同时，康熙时代签订的中俄《尼布楚条约》，是大清王朝在获得全胜的情况下，采取相当的忍让与宽容的态度签订的，中方在利益方面做出了极大的让步。这一点甚至使莱布尼茨看到了人类政治的希望。

康德和黑格尔对中国哲学的贬斥

到了康德和黑格尔时代，德国哲学家对中国哲学的视角和态度完全变了，他们不再像莱布尼茨和沃尔伏一样崇尚中国哲学，而是把中国哲学作为一种不成形的哲学原初形态来对待，这一点实际上是由于他们和莱布尼茨等的立足点不同所导致，并不完全出于中国哲学自身的原因。

有关儒家是政治学和政治哲学这一点，莱布尼茨和沃尔伏颇有同感。

与莱布尼茨和沃尔伏相对照，康德和黑格尔对中国哲学的态度几乎是完全相反的。

康德认为，“宗教在这里（指中国）遭到冷遇”[①]。康德说老子的哲学体系

① 康德有关中国的口授记忆，见夏瑞春编：《德国思想家论中国》，陈爱政等译，第 66 页。

是怪异的，并指责老子将善看作虚无，说老子的“虚无”，是“摧毁一切悟性的概念，也是思维的末路”[①]。康德将佛教与老子哲学当成同类看待，以为佛教也主张并代表虚无主义，“并将虚无视为幸福之源，而对道德毫无感受”[②]。康德又说，整个东方都没有哲学，“他们的导师孔夫子的著述所教，只是给王子们听的道德教训”。“但是中国人的头脑中，并无‘德性’、‘道德’等概念。”在康德看来，若要在头脑中产生和存有“善”的概念，就必须先有某种学问，“而中国人对此毫不知情”[③]。

踵接康德，黑格尔在《哲学史讲演录》中，并没有把东方哲学放在正式的内容之中，只是在正式地讲说他所谓的哲学之前，约略地陈述了一下东方的思想文化情形，并且明确声称：“东方哲学本不属于我们现在所讲的题材和范围之内，我们只是附带先提到它一下。”[④]为什么会有这样的说法？是不是黑格尔身处西方人的哲学讲堂，习惯性地把西方哲学史简单地叫作哲学史呢？如果是这样的话，那么黑格尔这样的说法只是为了寻求简洁，没有任何可以用来作为话题的必要。但接下去黑格尔自己又说：“我们所以要提到它，只是为了表明我们何以不多讲它，以及它对于思想，对于真正的哲学有何种关系。当我们讲到东方哲学时，我们应该要讲到哲学；不过在这一点上应该注意到，我们所叫做东方哲学的，更适当的（地）说，是一种一般东方人的宗教思维方式——一种宗教的世界观，这种世界观我们是很可以把它认作哲学的。”[⑤]在这样的话语里，包含了东方哲学之所以被称为哲学是很勉强的原因，但东方人也是他们的同类，一点不说，似乎于理讲不过去。而之所以哲学史很少讲到东方哲学，即使讲到也只是一点点，就是因为东方哲学被称为哲学有些过于勉强了。

在讲到中国哲学时，黑格尔又说：“中国人和印度人一样，在文化方面有很高的名声，但无论他们在文化上的名声如何大、典籍的数量如何多，在进一

① 秦家懿编译《德国哲学家论中国》所引康德语，第 170 页。

② 秦家懿话语，见其《德国哲学家论中国》第 170 页。

③ 秦家懿编译《德国哲学家论中国》第 171 页。

④ 黑格尔：《哲学史讲演录》第一卷，贺麟、王太庆译，北京：商务印书馆，1959 年，第 115 页。

⑤ 黑格尔：《哲学史讲演录》第一卷，第 115 页。

步的认识之下，就都大为减低了。”[①]为什么会这样，潜台词的意思就是：中国人缺少哲学，中国典籍的哲学意蕴不够浓烈，一句话，就是这些典籍多半是文化性的而不是哲学性的。

在谈到孔子的时候，黑格尔又说：尽管孔子的著作在中国最受尊重，而且“孔子的教训”也曾在德国的莱布尼茨和沃尔伏时代“轰动一时”，但是，那只是一种道德哲学，而这种道德哲学根本就不高明：“我们看到孔子和他的弟子们的谈话，里面所讲的是一种常识道德，这种常识道德，我们在哪里都能找得到，在哪一个民族里都找得到，可能还要好些，这些毫无出色之点的东西。”黑格尔虽然把孔子作为东方哲学家列出，但实际的结论却是：“孔子是一个实际的世间智者，在他那里，思辨的哲学是一点也没有的。”黑格尔甚至说：“西塞罗留下给我们的‘政治义务论’便是一本道德教训的书，比孔子所有的书内容丰富，而且更好。我们根据他的原著可以断言：为了保持孔子的声誉，假使他的书从来不曾有过翻译，那倒是更好的事。”[②]对于老子，罗列之后，黑格尔的结论是：“假若哲学不能超出上面的表现，哲学仍是停在初级阶段。”[③]尽管黑格尔还罗列了一些《易经》内容，但是他的结论依然如故：“在这些概念的罗列里，我们找不到经过思想的必然性证明了的原则。”[④]

总之一句话：中国人不懂哲学，中国多文化而少哲学，甚至是有文化而没哲学。

莱布尼茨、沃尔伏、康德、黑格尔四位德国的哲学家分成两组，对中国哲学的看法迥然不同，究竟是什么原因导致了这样的结果呢？

首先是一个哲学以外的原因——国家的强盛程度，莱布尼茨生活在康熙时代，他所了解到的多半是康熙时代中国的情况，对于中国的传统学术的看法，也与其对于康熙王朝的态度相映成趣。沃尔伏也生活在康雍乾时代，其时中国正处在封建国家的强盛时期。同时，沃尔伏作为莱布尼茨的学生，又深受其师的影响，而且沃尔伏作为一个充满道德热情的人，自然会对孔子的学说产生崇敬。莱布尼茨与沃尔伏对待中国哲学的态度，实际上又与清王朝当时对待

① 黑格尔：《哲学史讲演录》第一卷，第 118 页。
② 黑格尔：《哲学史讲演录》第一卷，第 119-120 页。
③ 黑格尔：《哲学史讲演录》第一卷，第 129 页。
④ 黑格尔：《哲学史讲演录》第一卷，第 124 页。

传教士的礼遇和“厚待”有直接关系，尤其是康熙皇帝，之所以被莱布尼茨赞誉为“空前伟大的君主”，重要的原因之一，也是“他对欧洲人颇怀好感”。康熙帝亲政以后，力排众议，破除习惯势力的干扰和阻挠，“公开允许基督教在中国自由传播”。“正是康熙帝的这一雄才大略，才使得欧洲的技术和科学更加顺利的（地）输入中国。”莱布尼茨说：“我之所以视他为英明的伟人，因为他把欧洲的东西与中国的东西结合起来了。”“他从科隆耶稣会士汤若望的学生，比利时耶稣会士南怀仁那里接触了欧洲的科学。在他之前，整个中华境内大概还无人对此有所了解。这样，他以其广博的知识和先见之明，远远的（地）超过了汉人和满人，仿佛在埃及金字塔上又添加了一层欧洲的塔楼。”[①]莱布尼茨对康熙皇帝的这种看法，主要来自传教士的影响，“我还记得，意大利杰出的耶稣会士闵明我在罗马以钦佩的口吻亲口对我赞美过这位君王的贤德圣智。他谈到他的言行公正、对人民仁爱备至、生活节俭、自制等美德。他强调说，康熙帝的求知欲强烈到简直难以置信的地步。”[②]康熙皇帝对于西方传教士的“厚待”和他自己虚心向西方传教士学习的精神感动了这些传教士，使他们对康熙帝产生了无比尊重和敬仰的情怀。同时，当时西方的传教士并没有怀揣掠夺和窥窃的用心，中西方的文化交流，完全是在对等和友善的前提下进行的。这种情况在康熙帝过世以后已经发生了变化，尽管雍正帝和乾隆帝基本依循康熙帝的做法，但是已经发生了西方传教士在中国提出不遵守礼敬孔子、不祭拜天地的要求，并且发生基督教徒直接插手干涉中国内政的情况。罗马教廷于1704年11月20日订立“禁约”，禁止中国的天主教徒遵守中国的法令和习俗。雍正皇帝为此曾下令，禁止北京以外的传教活动，且有拆毁教堂的和驱逐传教士的事情发生。两个不同文化体系的原则差别开始显现并且呈现出了难容的征兆。不过情况并不算太严重，乾隆皇帝又通过努力使这种局面得以相对地缓和。所以基本没有影响沃尔伏对于中国的良好情绪。而且西方教会的罪恶不断被披露，教会在西方人的心目中受到很大怀疑，这一点对于沃尔伏来说，对他宣扬孔子和中国文化大有帮助。

康德时代的情形就已经大不相同了。这个时期西方的科学技术显然因为

---

① 莱布尼茨《中国近事》中语，见夏瑞春编：《德国思想家论中国》，陈爱政等译，第6、7页。

② 莱布尼茨《中国近事》中语，见夏瑞春编：《德国思想家论中国》，陈爱政等译，第7页。

快速的发展，已经在整个西方社会的生活中占据了绝对的上风，对工具理性的赞誉声弥漫欧洲上空。同时，启蒙运动也大大地激发了西方人的自信甚至自负和狂妄，科学的成就使西方人对科学深信不疑，科学主义与理性主义一道充斥欧洲的社会。科学发展推动了工业的发展，工业生产力量的增强，和由此带来的生活状况的改变，加固了西方人的自负自大情结。而中国相比之下发展速度缓慢，甚至在社会稳定、经济发展和科学进步方面几乎反不如康熙时代。西方人对待中国的态度的转变，不能不与这种两个文化系统社会状况的对比有直接的关系。中国由强盛而渐呈衰落和西方的迅速发展，与西方人对于中国的态度的转变在时间上基本是同步的，中国和中国哲学的价位在西方人眼目中的前后差别之所以如此之大，大约也与西方社会势力增长迅速，而中国社会止步不前具有关系。其实这一点在沃尔伏时代就已经约略显现："中国人的智慧与中国的杰出政治都曾享有盛誉。不过，根据今日可得的报告，这智慧和政治上的英明，似已没有以前那样令人敬佩。"[①]只不过这种"似已没有以前那样令人敬佩"的事实并没有在根本上摧毁沃尔伏对中国的好感和对孔子学说的一贯敬仰。但是到了康德和黑格尔那里，情况就大不一样了，他们没有像沃尔伏追随莱布尼茨一样追随沃尔伏，相反，由于康德对沃尔伏哲学的不留情面的严厉批判，不仅使得沃尔伏的哲学元气大伤，同时也使得沃尔伏对于中国的看法和对孔子学说的推崇，连同他的哲学一起被搁置在了一边。

不过这只是问题的一个方面，使中国哲学从互相参照的对象到不成其为哲学的转变，即由合法的变为不合法的或者不能被算在哲学之内，还有另外一个重要的原因，那就是对哲学本身定位的标准问题。这个标准是最终判断中国哲学是否具有合法性的最关键的症结所在。

按照康德和黑格尔的标准，哲学是思辨的，哲学的前提要靠思辨来论证，哲学的表述方式必须是思辨的，思辨是哲学的最重要的甚至是根本特征。思辨性格不明显，就不能称为哲学，思辨程度不够，哲学的属性就不健全。

按照这样的标准，中国哲学自然不在其视野之内，至少不能在其主要的视野之内。尽管名家哲学和老子哲学拥有类似的特点，但是它们也并不以被黑格尔所认定的完整的理性形式和思辨过程来从事论证，于是自然也就会被康德

① 秦家懿编译《德国哲学家论中国》所引沃尔伏语，见第 146 页。

和黑格尔认定为非哲学，就算客气一点，至多也只是准哲学或者前哲学。

无可否认，任何一个人在评价任何一个问题时，总不免受到他个人的经验和习惯的指使，也会受到他所生活的当下环境的暗示，同时又不可避免地受制于他之为他的那个民族的文化传统和历史习惯的引导。康德和黑格尔显然也在这样的人群之中，他们对于中国哲学的判定，显然也如同他们判断其他问题一样，摆脱不了上述诸种因素的制约。尽管他们很伟大，很思辨，但是他们也像寺院里的木鱼一样，游荡不出高大雄伟的寺院高墙。庄子说："井蛙不可以语于海者，拘于虚也，夏虫不可以语于冰者，笃于时也，曲士不可以语于道者，束于教也。"康德和黑格尔在论说中国哲学时，尽管过于自信，却不期被两千多年前的中国先哲所说中，他们也如井蛙、夏虫和曲士一样，只能站在他们的地域之上，囿于他们时限之内和历史文化传统之中，以他们固有的历史传统为背景，表述他们的时代精神，述说他们的评价标准。诚然，问题还有另一面，如果井蛙、夏虫和曲士不以他们所受的超越不了的限制讲话，那么他们又怎么可以叫作井蛙、夏虫和曲士呢？井为蛙设了圈套，蛙则将井奉为圭臬；夏为虫设定时限，虫则只为夏歌唱；教使士曲，士为教直。井蛙、夏虫和曲士，在设定的局限之内为这种局限而高唱颂歌，否则他们或它们就无法履行责任，这是他们既定的天职，逃避不掉这种天职自然是他们的可悲，竭尽所能履行这种天职，未必不是他们或者它们的崇高。他们或者它们为了造就他们的环境和文化而竭诚尽忠，他们在可悲的生存中展现着自己的忠诚信义，他们的崇高也许正是他们的可悲，正如他们的可悲正是他们的崇高一样。他们的可悲铸造了他们的崇高，他们的崇高表现着他们的可悲。

康德和黑格尔在西方哲学史上的辉煌成就和不可替代的历史地位，遂使他们对于中国哲学的判定成为几乎是立法者的声音，中国哲学从此被抛弃在哲学领域之外，中国哲学不再像在莱布尼茨和沃尔伏那里一样具有合法的身份和地位，并与其参照价值一起，被送进了古老的博物馆。

那么，同样是德国的哲学家，莱布尼茨和沃尔伏为什么会对中国哲学如此看重，而康德和黑格尔却又这般无视中国哲学呢？他们拥有同样的历史文化背景，站在同样的国度之中，只是生存的时代稍有前后之差异而已。

问题就出在这里，就在这短暂的时间差异之中，历史在进行着微妙的变化。这种微妙的变化，影响了康德和黑格尔的视野，转移了他们的注意方向。

因此，庄子眼目中的井蛙、夏虫和曲士，不能仅像《庄子》所直接描述的那样去理解。三者并不是分立而不相关联的，三者之间存在着互相牵制、互相影响和互相促动的内在作用原理。同样一个井底之蛙，晴天和阴天的情绪就不一样，冬天和夏天的生存方式和感受方式也不一样。同样一个曲士，受到的教化即使是一定而难于改变的，却会在不同的时期和不同的形势之下，表现出不同的热衷和执泥。

中西方文化或者表达智慧的方式的差别不是在康德和黑格尔那里才被认识到，莱布尼茨和沃尔伏对此种差异的认识并不比康德和黑格尔更浅一些。莱布尼茨说："我们与他们（指中国）都各有自己的知识，可用来与对方作有用的交流。在知识的深层和哲理学方面，我们超过他们。"这位伟大的哲学家又接着说："在实践哲学方面，他们确实比我们更有成就。这指的是道德学和政治学的规律。"这与黑格尔认定中国缺乏或者没有思辨，实际上是同一种性质的表达。至于他们的表达，一个令中国人心里很舒服而另一个却令中国人感觉很刺耳，那是情绪上的事情，不在本文探讨的范围之内。本文作者想在这里说明的，是两位杰出哲学家的心态和目标。他们通过自己这样的表达，究竟要实现一种怎样的目的。

以莱布尼茨而论，他要借中国之镜以照自己，妍其所妍而修其所丑。当时普鲁士需要这样的帮助，借重中国和中国传统，为自己的民族精神作论证，从而提高普鲁士在德国和德国在欧洲的声誉并增强德国人的民族自信心，加强其内在的凝聚力。普鲁士从1660年摆脱波兰宗主国控制，1701年成为独立邦国，并与奥地利并驾齐驱，是当时德意志境内最大的邦国。德意志虽于1871年才正式以普鲁士为中心和核心，完成统一联邦的历史进程，但从17世纪晚期以来，德国人一直为德意志的统一而谋划、设计。普鲁士威望的确立和不断提高，是德意志民族自信心增强的标志，也是德国人心中既久的理想。为了实现国家统一的宏伟理想，德国的哲学家们不仅奔走效力，而且创立了属于自己民族精神永久性支撑的德国古典哲学。德国古典哲学的创立过程，既与德意志民族国家统一的要求相适应，同时也与德意志民族精神的凝聚和创立相一致。甚至可以说，德国古典哲学就是德意志民族精神的理性表述。在沃尔伏的时代里，新德意志的精神构建过程正在紧张地进行，所以包括威廉一世的儿子腓特烈大帝，还在利用传教士写给中国皇帝的汇报中所描述的罗马教廷的罪恶为说辞，以相当程度的被理想化了的中国为剑棍，向罗马教廷的权威投掷，反抗并摆脱罗马教廷的权威和控制，从而树立自己民族和国家的尊严。[①]本着这种树立新权威的客观要求，他们需要其他民族的资源的帮助，远方一向被描述得既崇高而又神秘的中国，最适合充当这种角色。所以，沃尔伏即便看到了当时中国的政治和由此体现出的治世的智慧已经“大不如前”，却仍然义无反顾地宣传孔子，张扬中国传统儒家伦理的合理性、合法性和可行性。而腓特烈大帝也就因此而对沃尔伏十分敬重，并师从沃尔伏的学生约翰·笛亨（Jean Deschamps）学习哲学。当腓特烈登基时，沃尔伏还将自己论自然法的新著献给这位君主，使他感到非常高兴，“他盛赞沃尔伏的智慧和贡献”，并就此向沃尔伏阐述了一段哲学王的理想和实际运行方略。在腓特烈看来，“哲学家应以说理诲世，而君主们则应以身作则而范世”。腓特烈还因此赚到了哲学王的荣衔。[②]实际上包括伏尔泰对腓特烈和沃尔伏，以及当时德国的赞誉——“沃尔伏教学，哲学王治国，德意志拥戴他”[③]，都不是柏拉图在《理想国》中所描述的哲学王的原本形象，而更像中国的“内圣外王”。因为沃尔伏对腓特烈的所谓教导，主要是道德的，而伏尔泰盛称的德意志拥戴他的那位腓特烈大帝，实在不是想借用理性来炫耀自己，而是想用“正义和道德的化身”来装扮自己。“除非是哲学家们当上了王，或者是那些现在号称君主的人像真正的哲学家一样研究哲学，集权力和智慧于一身，让现在那些只搞政治不研究哲学或者只研究哲学而不搞政治的庸才统统靠边站，否则国家是永无宁日的，人类是永无宁日的。”[④]

柏拉图这样的话语中自然可以蕴涵道德和正义的内涵，但其主要所指，显然是他自鸣得意的对理念的热诚和用概念演绎以证实的能力，是一种抽象的

---

① 腓特烈作有《中国皇帝的使臣菲希胡发自欧洲的报告》，夏瑞春编：《德国思想家论中国》，陈爱政等译，第46-60页。根据友人赵东明教授的说法，这是腓特烈自己编造的，如同卢梭的《波斯人信札》里面的波斯人一样，只是为了表达内容的需要，而未必实有菲希胡其人及发给中国皇帝报告之事。不过不管怎样，腓特烈通过抨击罗马教廷以提升自己和德国的地位与声誉的用意是显而易见的。

② 转引秦家懿的话语，见《德国哲学家论中国》第57、58页。

③ 转引秦家懿《德国哲学家论中国》第58页。

④ 转引自北京大学哲学系编：《西方哲学原著选读》，北京：商务印书馆，1981年，第118页。

能力，而不是身履道德、持守正义的定力。

从莱布尼茨、沃尔伕到康德、黑格尔对于中国哲学的看法的根本转变，似乎可以看出德意志民族精神的自我成长过程。也正是这种民族精神的自我成长的需要，引发了莱布尼茨和沃尔伕对于中国哲学的热情，他们对中国哲学充满好感和敬意。同样，也是由于德意志统一国家和对于国家统一所需的民族精神确立的需要——他要表明自己的个性和崇高，因而又导致了康德和黑格尔对于中国哲学的小视甚至蔑视。尽管费希特并没有对中国哲学投以更多的关注，但如果他有些关于中国哲学的知识，假使他感到需要，那么他同样会说出一番他需要的对于中国哲学的看法，因为他的《告德意志同胞书》的用意与康德、黑格尔对于中国哲学的评价在这样的意义上，具有目标上的一致性。尽管《哲学史讲演录》和《告德意志同胞书》对于德意志民族精神营造的实际需要的强度和力度有很大不同。

上述之论，只是要说明，德国的这些哲学大师们对于中国哲学的看法，是与德意志民族精神的确立有直接关系的，正是德意志试图摆脱罗马教廷的控制，树立自己的新权威以便自己主宰自己国家的命运的时代要求，导致了他们向外寻求支持，和因为强调自己的优秀而导致了他们对于中国哲学前后迥异的判断。他们在为自己的国家和民族立言！当德意志需要借镜于中国，从而去抗衡罗马教廷的权威时，中国哲学是伟大的和有学习借鉴意义的，他们甚至可以效法中国哲学。而当他们摆脱了罗马教廷的威压，自己的权力和意志已经畅行无阻之时，他们要甩掉中国哲学这面古老而又深邃的镜子，刚好中国当时的政治地位和影响力急剧下降，向一个落后而贫弱的国家学习，不符合德意志民族的性格，也不符合新生的德意志国家的意志！德意志的哲学家不可能走一条完全与自己国家的发展和成长需要相违背的道路。德国哲学家对于中国哲学的评价，是与德意志国家新权威树立的要求携手同行的，中国哲学在德国哲学家心目中的地位之飘忽不定，并不是中国哲学自身的问题。就像衣服的面料一样，它随时根据不同的裁剪而呈现出不同的样式，但是之所以有这些不同的裁剪样式，主要还是由衣服的穿主的愿望而决定的。

但是，不同的穿主，却有着对衣服面料的共同认识，中国哲学的特点和主要内涵，在德国的哲学家心目中，本不缺乏这种认同，比如说中国哲学缺乏思辨性，中国哲学强调道德践履等。黑格尔在这一点上并不比莱布尼茨更清楚，因为他显然没有比莱布尼茨对中国的了解更用心，更清楚，更深入。莱布尼茨以为中国人在实践方面或者在践履道德方面确实强于他们，而黑格尔则说孔子的《论语》只是记述了一些随便什么人都能说出来的一般性的生活中道德行为要求，甚至说《论语》流传世间，不仅不能为孔子赢得荣誉，反而更能让世人真切地感受孔子的浅薄和无意义。这一点并不足以表明黑格尔的事业和胸怀不及莱布尼茨阔大，因为黑尔格和莱布尼茨在德意志的地位和身份不同，莱布尼茨是优秀的哲学家，而黑格尔则是哲学领袖。黑格尔之不能再像莱布尼茨一样看待中国哲学，与他的这种"举天下无不在下风"的地位有很大关系。也正是因为他的这种地位，使得他对于中国哲学的评价，几乎成了无须再加讨论和证明的真理性的定论。随着黑格尔在西方社会影响的日渐扩大，黑格尔的思想模式也就成了西方人对于哲学看法的标准，黑格尔对于中国哲学的看法遂在更广泛的空间中流布，并且跨越了时间，成为之后西方学人看待中国哲学的示范或者典型。于是，中国哲学在西方哲学界的形象再也不会像在莱布尼茨和沃尔伏那里一样，受到尊重和推崇了。中国哲学是不合乎世界哲学公法的地域性形态，它不具有像黑格尔哲学一样的普适意义，而且也不具备其他西方哲学类型一样的普适价值。它最多只是适合于中国，或者再向外延伸一点，但终究不能跨越"东方"的界限。中国或东方在哲学的普适意义上，因其没有为"这个世界"提供普遍适用的有意义、有价值的探讨和奉献，从而不应该占有一席之地，或者更干脆一点说，按照黑格尔或者西方的标准，中国甚至整个东方，因为缺乏思辨性格，根本就没有哲学，也没有办法产生哲学。东方民族在生之本性上就缺少哲学的天赋，他们或者不配谈论哲学，或者根本就无法真正懂得和了解哲学。

在人类文化交流的历史上，早期的情形往往不外乎此。当年莱布尼茨、沃尔伏对于中国的学术是这样，俄罗斯哲学家们原本也是这样。但是通过向对方借镜看清自己之后，自我意识就会很快觉醒，走自己的路，创立表达自己民族的精神、寄托自己民族愿望的哲学之欲望就会油然升起。长期的附庸地位是任何一个民族都无法忍受的，也不应当忍受，否则她便不配作为一个独立的民族。所以，康德和黑格尔确实不同凡响，所以，俄罗斯的宗教哲学家基列耶夫斯基在创立自己的"哲学新原理"时，就自然会，也一定会强调指出："德国哲学家不可能在我们这里扎根。我们的哲学应当从我们的生活中发展起来，应当从当前的问题中，从我们人民和个人生活的主导利益中创造出来。”[①]相比中国人，俄罗斯人警醒较早，而且很快就创立属于自己的以东正教为主旨和中心，以关注现世人生并包含终极关怀的宗教哲学，费奥多洛夫、索洛维约夫、布尔加科夫、洛斯基、弗兰克、别尔嘉耶夫和舍斯托夫，一系列灿若群星般的宗教哲学家前后相继，遥相呼应，共同营造了俄罗斯的民族精神。

现在，我们转回头来，不再站在黑格尔的立场上，或者回避黑格尔的立场，同时也不单纯站在中国自己的立场上，而是站在人类的立场来重新审视中国哲学，我们就会发现，中国哲学确实有其独到的优异之处。那么这些优异之处究竟是什么呢？

人类这个动物种群，或者这个由原本即是动物的种群所组成的社会，究竟是有目的的还是无目的的？如果有目的，这个目的是上帝设定的还是人类自我设定的？如果是人类自我设定的，人类为什么要设定这样的目的？设定这样的目的究竟要实现什么样的目标、达到一种什么样的结果？东西方社会究竟有没有共同的目标？如果有，那么东方人和西方人都各自为这个目标做出了什么样的奉献？

无论是基督教设定人有原罪，还是中国传统儒家认定人类有与生俱来的优秀品德，都旨在为人类寻求更加美好的前景，都在为人类自身谋求真正的幸福。离开了人类的幸福，人类的一切努力不管是东方还是西方，也不论是耶稣，或者康德、黑格尔、孔子还是释迦牟尼，或者穆罕默德和老子，都将是没有意义的。人类的目的并不在于人之外，不必非要经过理性思辨或者实证科学的验证，没有人不知道人是感性的生存者，他以感性的方式接触外界并产生对于外界的认知和评价，尽管这些认知和评价需要进一步加深为理性，从而牢牢地把持住，并传递下去。但是理性不是人类的生存目的和生存价值本身，这是显而易见的事实。理性的意义正在于它可以被用来调节感性，限制对于感性在根本的意义上既是难于实现的，同时也不是人本身内在的本有之目的。理性对于感性的限制正是为了使感性能够更加顺畅地实现。对于任何一个人类中的个体的限制感性的要求，乃是为了不使其个体的感性要求妨碍或者毁坏其他社会成员感性目标的实现，而不是为了使全体社会成员的感性都不能顺畅地

① 转引自徐凤林：《俄罗斯宗教哲学》，北京：北京大学出版社，2006年，第1页。

得以实现。理性只在这样的意义上才有意义，才有正面的价值。正是在这样的意义上，中国哲学有着黑格尔的思辨模式或者西方的理性主义传统所压抑不住也淹没不了的价值和意义。同时它也拥有西方由理性主义发展出来的科学主义所不能替代的优异和卓越。

沃尔伏指出："我们知道，所谓哲学，无非是一门幸福的科学。"[①]德国哲学家为了德国人民的幸福创立了古典哲学，制造了属于他们自己的哲学王的人间神话，无论如何，腓特烈大帝也不能和中国的康熙皇帝比美。这不是在争民族的意气，而是在陈说一个事实。当康熙帝以战胜者的姿态与俄罗斯谦逊地签订了满含充分礼让的《尼布楚条约》的时候，莱布尼茨似乎看到了人类的希望，"如果说人类对于这种恶（指人类互相为狼，自己加剧自己的痛苦）还有救药的话，那么中国人较之其他的国民无疑是具有良好规范的民族"[②]。"其他民族无权把自己的东西强加给中国人"[③]，正如中国并没有把自己的意志强加给入侵而没能成功的俄罗斯一样。那么是不是黑格尔和西方的其他哲学家将他们自己的东西——意志或者判断标准强加给中国人了呢？

尽管腓特烈大帝并不是真正的哲学王，但是中国的皇帝包括康熙帝，距离哲学王的理想一样遥远。哲学王是理想，是几乎不能实现的理想，也许只因实现不了，所以才被称为理想。不过透过对腓特烈大帝哲学王的美誉的赋予，我们看到的不仅是德国人的自负和他的邻居的赞美，德国人并没有糊涂到将哲学的能力直接等同于美德的程度。"美德源于智慧。"[④]莱布尼茨的说法几乎是西方人共同的认识，苏格拉底大约就是这种认识的始作俑者。中国的情况则大不一样，韩非子和李斯甚至秦始皇，可谓并非浅智，但是他们不是令人称颂的美德的拥有者或者携带者。反倒是以残害生民以呈一己之私智或者就是祸国殃民的独夫民贼。"贤贤易色，事父母，能竭其力；事君，能致其身；与朋友交，言而有信。虽曰未学，吾必谓之学也。"[⑤]智慧尤其是知识，并不能直接

① 沃尔伏《关于中国人道德学的演讲》中语，见夏瑞春编：《德国思想家论中国》，陈爱政等译，第32页。

② 莱布尼茨《中国近事》中语，见夏瑞春编：《德国思想家论中国》，陈爱政等译，第5页。

③ 莱布尼茨《中国近事》中语，见夏瑞春编：《德国思想家论中国》，陈爱政等译，第21页。

④ 莱布尼茨《中国近事》中语，见夏瑞春编：《德国思想家论中国》，陈爱政等译，第7页。

⑤ 《论语·学而》。

导致美德，而缺乏知识的人未必没有道德。西方哲学家主张智慧可以直接导致美德，中国的先贤们则强调要努力使仁智合一。从苏格拉底开始，就强调用智慧来分辨美丑善恶，认为只有增长智慧的能力才能认识美德，同时只要增长智慧，似乎就可以成就美德。强调智慧的重要意义，这是西方哲人对于人类的奉献，他们有功于斯世，他们因此而应该受到人们的赞赏，他们享受哲学家的美誉可谓当之无愧。但是，中国的先贤们更加精细，他们对于增长智慧的强调，除了增长智慧以辨识美丑善恶以外，还强调将美德的培养与知识能力的增长分别开来，因为他们清晰地看到了知识水平或者思想的能力与美德的拥有之间，并不存在一一对应的关系。所以，他们在强调知识的积累的同时，还要着重强调美德的培养。孔子说："德之不修，学之不讲，闻义不能徙，不善不能改。是吾忧也。"[①]有知识，有智慧，有思想或者思辨能力，不一定就能在分辨是非善恶的基础上"为善去恶"，也不能直接导致人朝向至善的方向努力。孔子因此忧虑并且感叹："已矣乎！吾未见能见其过而内自讼者也。"[②]道德的自我认知，自然须靠知识和智慧或者由此而锤炼出来的思想的能力，但是道德水平的提高，却不是知识和智慧所能直接带来的。它需要的是道德的自觉，人的内在的道德自觉与人的知识和智慧既不能直接对等，也不存在直接的对应关系。以为单纯的通过知识的增加，智慧的增长和思想能力的提高就能直接导致道德水平的提升，对于中国哲人来讲，这样的想法太过于天真、幼稚了。知识、智慧和思想能力，确实可以有助于明辨是非善恶，但那必须是对于有内在成德愿望和道德自觉的人来说，方才能有正面的意义。对于那些缺乏道德自觉，或者不具有成德愿望的人来说，往往还可以用知识、智慧和思想来文过饰非，闪避舆论的责罚而满足自己不德的贪欲，从而造成道德实践中的假象，干扰甚至阻碍人们对于道德和道德生活的追求。这种认识就是中国的智慧，或者更确切地说，这只不过是中国人关于道德的一般性智慧。而中国人的智慧绝不仅止于此。

智慧可以为人类指明方向，人类可以通过智慧而选择更加美好的生活。但这只是愿望，人类社会中的所有成员，并不都按照这样的路数来行事。德是

---

① 《论语·述而》。

② 《论语·公冶长》。

体，智是用。“用者用其体，而即以此体为用也。”其实这也只是一端而已。胡五峰说：“天理人欲同体而异用，同行而异情，进修君子宜深别焉。”[①]智慧发生作用，还有顺人欲而行的另一路向，没有成德愿望，不考虑他人和全社会利益的自私自利者们，往往也会使用智慧来满足自己无限的贪欲，从而败坏知识的声誉、智慧的声誉，扰乱人心，构成道德进步的阻力。而且知识水平越高，思想能力越强，如果缺乏对道德的自我约束，对社会和民众造成的危害就越大。同时，有成德愿望，又有内在的道德觉悟，不即意味就能成就道德。成就道德或者促成道德的进步，还要具备道德进步的能力。这个能力需要培养，需要锤炼。这就是道德的功夫。有认识道德与否的能力，不即表明就有成就道德的能力。中国哲学有关道德功夫的理论和实践，在西方哲学中是很难见到的。不要说宋明理学的“静默以观未发时气象”“存天理去人欲”“察识涵养”“主一持敬”之类，就是孟子的“养气”“知言”“求放心”这些早期的修养功夫，西方人并不了解，也很难理解，更不要说实践这些功夫了。这也是中国哲学为有成德愿望的善士提供的有效成功途径。不做功夫，就培养不出真正成就道德的能力，就算能够识别善恶，面对善的彼岸，也只能望洋兴叹，而无法真正达到善。这一点是西方哲学家多半没有注意到的。他们过于相信理性或者思辨的作用，而忽视了道德实践的真实功夫，所以到了最后，连康德这样的道德哲学的大师都不得不唉声叹气地说：“人为什么是善的，这是理性所不能回答的问题。”其实问题还不止于此，“人怎样才能成为善的”，同样是理性的力量所不能单独解决的。西方人甚至现代的中国人，往往会把鹅湖之会上朱熹和陆象山的分歧简单地看成是为学的方式和方法的问题，实际上这是双方在争论修养功夫的不同路数及其有效性的问题。“易简功夫终久大，支离事业竟浮沉”，讲的是直截了当的修养，而不致在兜圈圈的过程中遗失修养功夫的根本目的在于成德。而“只愁说到无言处，不信人间有古今”，讲的是如果过于简单直接，很可能因为不能有效地继承古圣先贤们关于修养功夫的启迪，从而失去必要的借鉴而使修养的目的落空。这是异常庄严和异常重要的争论，将这样严重的话题简约为学习研究方法上的差别，这是对中国哲学的严重误解。“学苟知本，

① 朱熹、张栻、吕祖谦《知言疑义》所引，见胡宏著，吴仁华点校：《胡宏集》，北京：中华书局，1987年，第329页。

六经皆我注脚。”这是讲修养功夫和修养过程，不能简单地理解为单纯的“诠释”经典的方法原则和路向选取。陆象山不至于狂妄到四书五经都只能作为自己的解说词的程度。中国的这些圣经，都是为成德而设的，为成德而立说，苟能成德，六经自然也就可以成为注脚，设若不能成德，则永远都只能在也应当在六经面前匍匐、跪伏。“收拾精神，自作主宰”，不是要抛弃圣经，任自己妄为，而是不要把圣经仅仅当成教条来亦步亦趋，根据自身的不同于别人，包括古圣先贤在内的特点，结合自己的亲身感受，找准用力方向，选择有效的突破口，发挥自己践履道德的主观能动性作用，不要把经典当成束缚，而要将经典有效地转化为适合于自己的有效借鉴。只有这样，才能成就人生之善，从而成就人生本身，并由此完成天赋的道德使命，实现道德框架下的真正意义上的天人合一。

沃尔伏说，中国人是在善中感受幸福的。“他们快乐了，也让别人去享受同样的快乐，他们喜欢的东西，也让别人欢喜，如果别人愿意。他们不喜欢的东西，也不勉强别人去接受，如果别人不愿意。”[①]这正是孔子的“己欲立而立人，己欲达而达人”和“己所不欲，勿施于人”的忠恕之道。忠恕之道的事实基础是将心比心，这是在长期观察、了解人类共同要求的前提下得出的结论，陆象山的“人同此心，心同此理”既可以作为忠恕之道的解说，也可以作为忠恕之道的理论前提。

就此而论，中国人为人类贡献了获得幸福的崇高方式，这一点显然应该是中国人和中国哲学对于人类具有普遍意义和价值的奉献，这是中国哲学最重要的普世价值之一。

雅斯贝尔斯和海德格尔对中国哲学的取用

与儒家相对应，道家的深邃和对审美主体的自由意志的强调，则是中国哲学不同于西方哲学的另一种风景。即使黑格尔这样藐视中国哲学的西方哲学

① 夏瑞春编、陈爱政等译《德国思想家论中国》第 41 页中的沃尔伏原文为“他们的快乐，别人应当享受，他们喜欢的东西，别人应当欢喜，他们不喜欢的东西，别人也应当去恨”。我想这显然是翻译错了，这样的翻译显然与沃尔伏对中国哲学尤其是孔子的推崇不一致。而孔子的原意也不是这个样子，因此本文作者在正文中改正了这段翻译，然后才加以使用。

大师，也不能不承认老子的哲学具有一定的思辨性。1868年，当第一部英文版《老子》被湛约翰（John Chalmers）翻译出版之后，立即受到了欢迎，尤其是传教士更加喜爱。实际上，在此之前，西方人就已经对老子有所“研究”了。根据湛约翰的说法，“1820年之前，西方人一直不太清楚老子这个人。这一年雷默沙出版了老子的传记和这位圣人的著作，这些作品激发了西方汉学家对道家的兴趣”①。

经验告诉我们，人类历史上不同文化之间对于对方的任何接受，总是通过诠释来实现的，接受本身就是诠释，诠释也即意味着接受。对于诠释者来说，对于诠释对象的诠释，总是伴随着接受而进行的，问题只在接受的方式和程度。接受者总是按照自己习惯的方式来诠释被接受的对象，在没有充分了解接受对象之前，总是要将这一对象与自己熟悉的事物相类比，以便使自己能够对接受对象产生相应的了解，然后再根据需要，采取适合和适量的方式予以接受。1831年波希尔在自己的著作中将老子的哲学理论与谢林的哲学理论相比较，就是出于这样的意图。实际上，中国的哲学家在早期接受西方哲学时同样是自觉不自觉地、正式非正式地采取了同样的方法——与自己熟悉的本民族的哲学家相比较。今天的所谓比较哲学、比较文学、比较文化学及各种名目繁多的比较学科，都是出于接受的目的而设置的。只不过因为从前的积累，使得他们的这种工作更加具有了自觉的性质。

在进行了初步比较之后，西方人产生了对老子的评价。黑格尔对于老子的说法，实际上只是在初尝《老子》的情况下作出的，当时黑格尔并不懂得甚至根本就不了解《老子》。对老子论说最多的西方哲学家要数雅斯贝尔斯（Karl Theodor Jaspers，1883—1969），这位哲学大师在存在主义的精神世界里取得了令人羡慕的成就。这位杰出的哲学家关心存在的价值和意义，把价值和意义当成存在的本质，因此，在他看来，现实的生存者们并不是存在，只是存在着。但是这种“存在着”，正是导向存在的“预设和前提”，预设和前提的意义是它将导致“存在着”走向存在，从而成为真正的存在。“我不是生存者，而是可能（导向真正存在）的生存，我没有自我，而是正在（通往）达到自我（的路

① M. G. 马森（Mary Gertrude Mason）：《西方的中国及中国人观念 1840—1876》，杨德山译，北京：中华书局，2006 年，第 253 页。

上）。”[①]雅斯贝尔斯关怀人的精神自由，在他看来，“人类的生存状况最初受到外界环境和条件的限制，人在摆脱外在限制的超越中获得内在的自由，这是从知识的客观对象到个人生存意识的超越。人的生存意识，诸如焦虑、烦恼和畏惧等状态，表现了精神所受到的约束。进一步的超越，使人认识到真实的自我，在内心深处获得心灵的安宁”。但是人类并不能获得终极意义上的心理安宁，因为当意识到死亡时，也就意识到了生存本身的局限性，而对于这种生存本身局限性的认识，则会意识到这种有限性对意识构成的限制，人类真正的终极意义上的自由就只能有赖于上帝。[②]尽管如此，这位哲学家依然不倦地关怀现实的“存在着”的人们。为此，他对轴心时代的文明倍加赞颂，因为“人类一直在靠轴心时代所创造的一切而生存。每一次飞跃都要回顾这一时期，并被它重燃火焰。轴心时代的潜力的苏醒，和对轴心时代的潜力的回忆和复兴，提供了（人类生存和发展的）无穷的动力”[③]。本着对人类轴心时代的敬仰，雅斯贝尔斯关注到了老子和他的哲学思想。

雅斯贝尔斯认为，老子的“道”是囊括了宇宙论、政治学、伦理学的形上学概念，他将老子的“道”放在有限的对立面上，当作超越了有限的无限之存在来看待，它既超越了所有有差别的存在物，而成为它们赖以产生的本原，又不因为超越了有限而成为空无。雅斯贝尔斯所理解的老子的“道”，虽然可以叫作无，但却“并非空无所有意义上无，而是大于存在、产生存在意义上的无”。以“有生于无”的形式所表现出来的老子的“道”，既是所有存在的“始源和目的”，同时，“道”自身“则是个本真的存在”[④]。应当说，雅斯贝尔斯对于老子“道”的理解，远较我们中国人自己在甚至雅斯贝尔斯之后的20世纪80年代的理解更为真切感人。当时我们国内正在对老子的“道”究竟是唯物的还是唯心的，这个没有哲学意义的话题，进行着尽管无聊，但却充满热情甚至

① 卡尔·雅斯贝尔斯：《时代的精神状况》，王德峰译，上海：上海译文出版社，1997年，第151页。括号内的文字是本文作者根据雅斯贝尔斯的思想趣向添加的，不是翻译者的原文，是本文作者的理解。转引自赵敦华：《现代西方哲学新编》，北京：北京大学出版社，2000年。

② 赵敦华：《现代西方哲学新编》，第228页。

③ 卡尔·雅斯贝尔斯：《历史的起源和目标》，魏楚雄、俞新天译，北京：华夏出版社，1989年，第14页。括号内的文字依然是本文作者所添加。

④ 夏瑞春编：《德国思想家论中国》，陈爱政等译，第218、219页。

激情澎湃的争辩。直至今天，依然有讲授中国哲学的教师，拿着那时的所谓成果——以论文和图书出版物形式留存下来的“腐乳霉肉”误导中国的青年。当然，对于老子的这种解说方式，并不是站在哲学的立场上，在那样一个特定的时代里，老子和孔子一样，都是作为饥肠辘辘的政治之胃所需要的熏肉来被出卖的。与雅斯贝尔斯站在对于存在关怀的立场来看待老子相比，我们对不起自己的先贤，因为先贤告诫我们生存的秘密，我们却无视生存的意义而只为生存争斗。

雅斯贝尔斯以卓越的眼光，看清了老子的“道”是“浑然一体的一”，“所有此在物皆由于道而存在”，“道超然善恶之外，却助益无穷”。[①]雅斯贝尔斯通过对老子一身二任的“道”（既是以不可见的形式存在的实体，又是所有可见存在物的生主和本原）的认识，看到了老子的“道”的哲学中蕴涵的深邃之理：“创生的道自身，具备世界存在的基本要素”，“具体事物的进程是在世界的进程中实现的”[②]。他又敏锐地看到了老子的道，在伦理学的意义上，首先是以无为作为伦理学的基础，而后，伦理学的目标仍然是无为，只有在无为的状态下，并且只有真正实现了无为，才能实现真正的“与道合一”，无为的境界的实现，是与道合一的目标实现的标志。

雅斯贝尔斯还通过老子的“知者不言，言者不知”的特定表达，来申说可以言说与不可言说的关系，“事实上，所说的每一句话都不能尽意。人们只要把握住了这样的话语，也就把握住了对象。因此，老子必须超越言辞和对象，这即是为领悟真理而达到不可言说的境界，即为了真，每句话都必须在不可言说的东西中消失”[③]。雅斯贝尔斯看到了老子上述话语所表现出的哲学悖论，因为老子既有如此的说法，为什么还要写出这样的著作来呢？但是，这位杰出的存在主义大师同时也利用了老子的悖论，阐发了间接言传和言说本不可能的哲学事实：老子的那些写下来的言论，“超越了自身，通过对不可能言说的东西的沉思而接近自己的主旨”。他称赞老子的这部书，是人类历史上的“第一部伟大的间接言传，真正的哲学思想，总是依赖于这种间接言传的”。雅斯贝尔斯还明确指出，人的思想，只有通过言传，才能为他人知晓，完全沉默，

① 夏瑞春编：《德国思想家论中国》，陈爱政等译，第 223 页。

② 夏瑞春编：《德国思想家论中国》，陈爱政等译，第 225 页。

③ 夏瑞春编：《德国思想家论中国》，陈爱政等译，第 245 页。

意味着什么也听不到，因此，即便事实是不可言说的，但却仍然不得不说，因为“我们依赖于说和听”。“认识在传播时，无论为自身的理解还是为他人的理解，都得进入适合理解的、有所名称的、确定的和有所指的思考。那种哲学的，不可言说的认识，由于它只同自己说话而陷入了自相矛盾。”但是，“人也只有通过这种同自己的谈话（首先是思想者自己谈话），才能完全了解哲学”[①]。

我们不得不叹服雅斯贝尔斯的睿智，他之所以能够与远隔千山万水且已经过世两千余年的中国先哲进行如此深入而又畅达的对话，完全是由于他与老子对存在的共同关怀，是对现实的“存在着”的忧虑和担心——忧虑他们如何走向真正的存在——绝对的自由的生存状态和能否成为真正的存在的挂怀，才使得他们有这种虽然悬隔千古，但却有如面对式的对谈。迄今为止，只有雅斯贝尔斯才是老子在异国他乡的故知，真是“海内存知己，天涯若比邻”。

老子对于存在的关怀与其关怀方式的别致和深邃，显然是中国哲学的又一重要特质，也是中国哲学又一具有普世价值的杰出奉献，这一点从雅斯贝尔斯同老子的默契中即能得以证实，尽管雅斯贝尔斯对老子的理解仍然是不够全面的。

至于庄子，雅斯贝尔斯似乎并不十分了解，他把庄子简单地理解为“效法老子”的人，他没有意识到庄子为人类心灵的自由所打开的审美之门，而只是将庄子看成是用讽刺的方式来演绎老子的具有超越凡俗之想象力的文学家。[②]实际上，雅斯贝尔斯这样的理解也不是没有根据的，至少像《庄子》中的“我与若辩”，就非常像是对《老子》的“知者不言，言者不知”的讽刺性演绎，甚至演义。不过很多中国的学者却没有看清这一点，以为庄子的说法是否认客观真理的存在，而将老子的上述说法看成是反智的和阻碍历史进步的。

在本文作者看来，《庄子》最重要的意义，在于将自由置于人类全部价值的最高等位上，它以非凡的艺术表现手法，唤醒了人们对于自由的渴望和追求自由的热诚。他和老子一样，最关心的只是人类的生存状态，他怕“存在着”忘记自己是走向真正“存在”过程中的阶段，他更担心人类在“生存着”的现

① 夏瑞春编：《德国思想家论中国》，陈爱政等译，第 246 页。

② 夏瑞春编：《德国思想家论中国》，陈爱政等译，第 250、252 页。

实中迷失掉，而找不到通往真正的“存在”的回家之路。道家哲学的返璞归真，在《老子》那里是用“复归于婴儿”的直接话语来体现的，而在《庄子》那里，则是以人为的行动所造成的对人类本性的伤害的反面形态，艺术化地被展现出来的，中央之帝混沌的美好而不幸的遭遇就是一例。同时，自由被《庄子》描述为小大俱足，只要无待，就能逍遥。《庄子》说，人类之在宇宙间，就如同小石、小木处在大山里一样，他很小，也很弱。这一点并不妨碍他追求并获得自由，人类实在没有必要也没有可能君临万物之上，“鹪鹩巢于深林，不过一枝；鼹鼠饮河，不过满腹”。人类永远只能是宇宙中的一小部分，是宇宙系统中的存在物。离开系统或者试图通过征服和消灭系统来为自己谋求幸福和自由的做法，既是愚蠢的，又是残酷的。当今科学技术的力量之庞大，简直令人不敢相信，甚至来不及相信。但是就在它使人类的物质生活状况得以前所未有地改变或者改善的同时，人类并没有感到自己因此而更加自由，人类的精神状态不仅没有丝毫的改善，反而陷入了更大的困惑。交通发达为行走提供了便利，也使得不同文化体系的交流更加方便，但是文化的神秘感消失了，艺术的独立创造的空间被挤掉了，精神的困顿程度加剧了。没有了神秘感，人类的生活就显得异常乏味。人们没有因为物质生活条件的改善而感到幸福，相反，由于资源掏空般的使用所带来的能源危机和由于生产、建设速度的加快所带来的环境污染，以及化学肥料的普遍使用所造成的动植物物种的渐渐减少，人类感受到了从未有过的孤独和恐慌。加之科学使战争不断升级，人类对自己的命运越来越没有把握，越来越缺乏信心。人类已经走上了自己堆置的积薪之上，但是人类还没有也不可能在彻底的意义上实现真正的自由，所以，人类成不了《庄子》描述的“至人”。尽管你还可以站在高高的棕榈枝上，宣称你是动物的灵长，但我们确实没有烈火焚身而感觉不到热的神仙功能。正是在这一点上，《老子》的“生而弗有，长而弗宰，为而弗恃”，对于消解由理性主义泛滥而演化出来的科学至上的偏斜的论调可以提供相当的矫正，它可以用来限制人类自高自大的恶劣情绪的进一步发展，为维护完整的宇宙秩序和和谐的人类生存环境做出卓越的奉献。实实在在、遽遽然然的人类，什么时候才能真正像从前的庄子一样，在自己对于自由追求的途程中，一日之间忽然化成翩翩起舞、自由自在的蝴蝶呢？人在做了好梦之后，是不愿意起床清醒的，我们能够指望人类“觉而后知其梦也”的醒悟吗？

与雅斯贝尔斯将老子直接作为参照，并从中受到启发和激励，将其对于存在的开掘推向深入相比，海德格尔的做法是相同的。海德格尔除了受到日本现代的哲学家九鬼周造、田边元、三木清还有西田几多郎、铃木大拙等的思想的有效启示之外，更重要的是通过这些日本的思想家及中国的学者萧师毅等深入地了解了老子、庄子和禅宗的思想。老庄禅的思想，从而成为海德格尔存在主义思想的重要的异域资源。“在中国或者更大范围的东亚文化中，海德格尔发现了对他而言的‘完全他者’”，“正是这种‘完全他者’逐渐转变了他的思想，并以这种方式使他不断前行”[①]。

有关海德格尔和东方思想的关系的相关研究表明，海德格尔在发表《存在与时间》之前，就已经相当熟悉《老子》，并受到《老子》的重要影响，这种影响助成了以《存在与时间》为标志的海德格尔“自尼采以来对于西方形而上学传统的最有力的‘解构’”[②]。海德格尔要解除哲学长期受到的来自理性主义传统和思辨哲学的符咒，重新以直接面对存在的方式来理解存在，在他看来，存在深深地隐蔽在存在者的背后，虽然它必须首先以存在者的方式存在。据称这一点与老子的思想不期而遇。海德格尔曾与中国学者萧师毅共同翻译了《老子》，尽管只是翻译前八章，但海德格尔对《老子》通书是非常了解的，《老子》第二十八章有：“知其白，守其黑。”海德格尔的解法是“洞若观火的人会将自己隐蔽在黑暗之中”[③]。假使我们熟悉《老子》，那么我们就可以借助对于《老子》的理解而理解海德格尔晦涩的话语，如“澄明的光耀同时是一种在其自身的自我——遮蔽——而且是在最为隐秘和深邃的意义上”。海德格尔借助《老子》来论说他的“澄明（Lichtung，对所有在场与不在场的敞开[无]）”。海德格尔还努力理解庄子，借助《庄子》，海德格尔指出：“完美之道的本质被深深隐藏；其边际消失在幽冥之中。”同样，受到《老子》和《庄子》的反智主义主张的影响，海德格尔提出了“对知识的狂热是有害的”说法。研究海德格尔与东方思想关系的学者还为我们提示了海德格尔受到禅宗思想影响的一些情况：据说海德格尔通过读日本禅宗专家铃木大拙的《论禅宗》的

① 莱因哈德·梅依：《海德格尔与东亚思想》，张志强译，北京：中国社会科学出版社，2003 年，第 91 页。

② 莱因哈德·梅依：《海德格尔与东亚思想》，张志强译，第 121 页。

③ 莱因哈德·梅依：《海德格尔与东亚思想》，张志强译，第 213 页。

第一卷而了解了一些禅宗的思想，"'如果我对这个人的理解正确的话'，海德格尔说道，'那么这正是我设法在我的所有书中要表达的'"[①]。还有很多相关证据，表明海德格尔的思想确实与东方思想，尤其是老庄和禅宗的思想，有着很深的隐蔽着的亲缘关系。《老子》书中"无"的观念，对海德格尔表述存在主义的哲学思想起到了极其重要的作用，有些研究者如莱因哈德·梅依，甚至认为这是造成海德格尔存在概念的最基本动力和最基本的根据。实际上，海德格尔从前期的"此在敞开存在的视域的思想"，到后期表达更多的"存在之真理的自行展开"[②]，无不受到道家和禅宗，尤其是《老子》的思想的重要影响。《老子》成了海德格尔存在主义思想及其前后期思想转变的有力的外在助援。

但是，海德格尔自己却讳言其受到东方哲学影响的事实，当他受到日本哲学家西田几多郎《善的研究》的影响时，他说西田的学说是西方式的；[③]当雅斯贝尔斯在他于1949年8月寄赠给自己的著作中发现了东方哲学的影子的时候，海德格尔予以坚决的否认。[④]但是研究者却指证海德格尔与东方思想尤其是老子和庄子的关系，指出海德格尔至少在以下四个方面通过重新组合的方式将东亚的思想纳入自己的体系。

第一是海德格尔非常喜欢老子和庄子的观念，尤其是马丁·布伯的《庄子》德译本。而且海德格尔还通过跟一些很强的对手如三木清、田边元、九鬼周造等的谈话，与他们共同探讨东方思想。第二是海德格尔曾经要求中国学者萧师毅与他共同翻译《老子》，尽管没有全部译出，但是海德格尔却通过这次合作，更加深入地了解了《老子》，"并且得到了许多对东亚思想的有价值的理解"。第三是"存在于海德格尔作品，尤其是后期作品中的与东亚思想平行的对应关系，已经被大量地辨认出来"。第四是"海德格尔曾对《老子》第15章的摘录，进行了颇具自己风格的释义和诗意的重写"。[⑤]

---

① 莱因哈德·梅依：《海德格尔与东亚思想》，张志强译，第 182 页。

② 有关海德格尔前后思想的主要特征及其变化，参见赵东明：《自然之意义——一种海德格尔式的诠释》，载景海峰编《传薪集》，北京：北京大学出版社，2004 年，第 292 页。

③ 莱因哈德·梅依：《海德格尔与东亚思想》，张志强译，第 168 页。

④ 莱因哈德·梅依：《海德格尔与东亚思想》，张志强译，第 171-172 页。

⑤ 莱因哈德·梅依：《海德格尔与东亚思想》，张志强译，第 18 页。

研究者据此得出结论，说“海德格尔的作品曾受到东亚思想资源意义深远的影响”。指出：“在某些特例中，海德格尔甚至大规模地、有时几乎是逐字逐句地从德译道家和禅宗经典中挪用了主要观念。”[①]

那么海德格尔为什么不承认这样的事实呢？伽达默尔解释说：“海德格尔那一代学者的学术品格，不愿意对自己不能以原始语言阅读的相关文本发表哲学议论。”[②]研究者并不满意伽达默尔的解释，以为这显然是在回护，态度“并不坦率”[③]。

海德格尔与莱布尼茨和沃尔伏所处的时代不同，海德格尔经历了康德和黑格尔对于中国哲学和东方哲学的“彻底”否定，尽管他对中国哲学和东亚思想的理解已经较黑格尔不知前进了多少，但他仍然不敢轻易“造次”，这样会影响他本人和德国国家的哲学形象。与海德格尔相比，雅斯贝尔斯之所以能够诚恳地正面肯定《老子》的学说，可能与两位哲学家对于个人自我身份的定位有关。与雅斯贝尔斯只将自己看成是关注存在的哲学家相比，在海德格尔的内心中，可能拥有一种类似于黑格尔的想法——他在将自己的哲学当成德意志的国家哲学的同时，也将自己当成了德意志甚至整个西方哲学的尊严的化身。这一点可能是海德格尔不愿意承认他吸纳了道家和禅宗思想的心理症结。这种症结如同他所言说的存在一样，是深深地隐藏在现象的背后，在海德格尔谈论自己思想的时候，他经常缺席。但是在海德格尔否认自己的思想中拥有道家和禅宗的深厚资源的时候，这个缺席者却以微露端倪的方式表现出了细微的踪迹。

但是，这只是问题的一个方面，问题的另一个方面则在于：海德格尔的问题原本来自西方，出于对西方思辨的形上学传统的厌腻，走上这样一条以揭示存在为主旨的思想之路的动因，绝不可能也绝不应当在于道家和禅宗，而应当在于对于西方哲学历史传统的重新反思。尽管这种反思可能导因于科技对世界的统治、经济增长对生活价值的消解和世界大战中人的生存状态的危机，以及纳粹之罪恶的最终显露，同时也确实受到一个完全是一个“他者”的东方传统的重要刺激和诱发。海德格尔对于道家和禅宗的“挪用”，严格意义上来说

① 莱因哈德·梅依：《海德格尔与东亚思想》，张志强译，第3页。
② 莱因哈德·梅依：《海德格尔与东亚思想》，张志强译，第138页。
③ 莱因哈德·梅依：《海德格尔与东亚思想》，张志强译。

只是借用，借助道家和禅宗以实现自己的哲学目的。有关这一点，实际上研究者并不是没有发现，像“海德格尔的澄明（Lichtung）可以被视作西田‘无的场所’的德国版本”[①]和“海德格尔的立场在于把来自东亚传统的动力融进自己的思想努力之中，从而为东西对话提供一个决定性的刺激”[②]等话语，已经清楚地表明了海德格尔的真正立场。海德格尔并没有站在道家和禅宗的立场上说话，道家和禅宗再优异，也没有办法成为海德格尔作为现实存在的生命的真正皈依。尽管他充分地看到了理性主义和科学主义的流弊，它们构成了海德格尔的生存烦恼和生命之“畏”，但他不想逃离西方，也没有办法逃离西方，就算是暂时挂褡在道家和禅宗的客房里，但那也绝不会是永久的栖息地。西方和西方的传统，才是海德格尔永久安放“舍利”的“寺院”。而且海德格尔实际上的立场仍然是西方的，“在各种场合，海德格尔确实认真地考虑过东西方对话问题。然而，他的哲学基本思想与倾向阻碍了他对这个问题的深入探讨”[③]。

海德格尔对待《老子》的态度及其隐讳受到道家和禅宗思想的启发的做法，实际上在仅仅处于利用不同的思想资源这一点上，与熊十力对待柏格森哲学的做法有相似之处。熊十力“只不过是从西方人的论述中获得某些复杂于自己传统的启示，并且使这种传统得到现代的诠释与印证而已”[④]。与熊十力借助西方人的论述而使自己的传统得到现代的诠释与印证不同，海德格尔不是为了使西方的传统“得到现代的诠释和印证”，而是突破自己固有传统对于自身哲学发展的巨大限制。创造新的哲学传统，是海德格尔内心最大的冲动和企望。但是这种传统无论如何仍然是西方的，就像道家与儒家的主要指向虽然不同，但道家仍然是中国的，只有在儒家处于整个社会的主导地位之时，道家的意义才能更全面、更深刻、更彻底地展现出来。如果不是因为儒家的主导性地位，道家在中国的意义就是片面的、狭隘的和偏执的。如果不是因为从希腊以来的西方理性主义传统到黑格尔的思辨哲学，那么海德格尔的存在主义就是

① 莱因哈德·梅依：《海德格尔与东亚思想》，张志强译，第 167 页。

② 莱因哈德·梅依：《海德格尔与东亚思想》，张志强译，第 15 页。

③ 马琳：《海德格尔东西方对话观探微》，《求是学刊》，2006 年，第 5 期，第 15 页。

④ 景海峰：《熊十力与柏格森》，载庞朴主编：《儒林》第一辑，济南：山东大学出版社，2005 年，第 135 页。

怪异的、莫名其妙的和不可理喻的。海德格尔作为“非理性主义”的绚烂花朵和熊十力依然作为儒家的传统果实一样，都还是自己的生存之树上——西方的和中国的固有传统中结出的，脱离了这样的传统之树，他们都将因为缺乏必要的养料而无法开花结果。两人对待自己的传统的不一致的态度，只能被看作一个是坚定不移地沿着传统的路数接着说传统，一个则是逆着自己的传统的路数反思自己的传统，实际上既未能离开传统而同时仍然是逆行式地持续自己的传统。

认定海德格尔因为受到道家和禅宗的刺激和启发，而使用类似于直接的方式来展开自己的存在主义哲学以背离希腊以来的西方传统，并由此成为老子的“传人”之类的看法甚至想法，未免失之主观。同时也并没有意识到这样的效果，是海德格尔根本就没有办法达到的。即便他有这样的哪怕是强烈自我期望，进入另一个“完全他者”的传统之中，并成为这个传统的继承人，在根本的意义上几乎是不可能的。受到刺激和启发已经相当不易，不管你对对方的语言多么精通，只要你不是这个传统养育出来的，你永远没有办法进到这个传统最深刻的和最精致的层面中去。他对这个“完全他者”的传统的直觉，一定会有相当的偏差，甚至误解。当然，误解在不同文化传统间的交往过程中，不仅是不可避免的，而且也是完全必要的，否则这个“他者”就没有办法对你自己的传统产生刺激并发生哪怕是参照的作用。使用直觉，在中国不是熊十力的特权和特别的发明，也不仅“是整个现代新儒家所根本依托的方法”[①]，因为这是中国古已有之的传统。在西方，这种直觉的方法也不仅归属于海德格尔，柏格森、雅斯贝尔斯、克尔凯郭尔，甚至尼采、陀思妥耶夫斯基等都在使用这样的或类似的方法。使用直觉的方法似乎已经成为这个时代的特征。人类走到了这样一个时期，直觉对于哲学甚至其他学科，就自然而然地成了主要的研究方法。不能因为看到海德格尔使用了直觉的方法，就以此认定他是非西方的，更不能因为看到他借用了道家与禅宗，就遽以为他是中国的。

但是海德格尔确实受到了道家和禅宗思想的影响，尽管海德格尔“保守”了自己翻译《老子》和利用东方思想资源的“秘密”。德国学者和其他东西方

① 景海峰：《熊十力与柏格森》，载庞朴主编：《儒林》第一辑，第135页。

学者关于海德格尔与道家及禅宗等关系的研究，认为海德格尔“与道家和禅宗的教诲保持共鸣的努力”，导致人们“必须将关注转向‘完全的他者’”。这种关注虽然原本只是希腊的方式，“但是所看到的将不再是希腊的，而且也不再可能是希腊的”①，“海德格尔与东亚世界的接触”，“使他感觉到自己在被这个世界所吸引，而‘这个世界也乐于接纳他’”。这样的研究结论，一方面有实事求是的一面，另一方面也有西方的立场隐蔽在此项研究的背后，尽管研究者自己未必自觉。海德格尔并不想，也根本没有放弃西方的立场。

就上述三组德国哲学家对于中国哲学的看法而论，莱布尼茨和沃尔伏赞誉中国哲学，目标主要集中在儒家的伦理哲学理论和伦理政治的实践两个环节上。通过对儒家伦理的提倡，可以树立新君的形象，政治的效法可以帮助国家统一。国家统一需要道德新君凝聚人心，道德新君权力的畅行则又仰赖国家统一的政治格局。因此，莱布尼茨和沃尔伏等赞誉儒家的伦理政治哲学，实际上与德意志实现国家统一的愿望完全是平行共进的。中国哲学主要是儒家伦理哲学，成了德意志国家统一的愿望的直接的效法和帮衬。康德和黑格尔贬斥中国哲学，目标针对的是中国哲学的整体特征，他们“是其所是而非其所非”，他们对中国哲学的内涵缺乏真正的了解。德意志需要属于自己的精神价值，在回归西方理性主义传统的同时，彻底确立以思辨为根本特质的自己的国家哲学，以显示统一的德意志所具有的绝对独立性。这是康德和黑格尔未必自觉的特殊使命。中国哲学因此遭受了彻底的轻视甚至无视。雅斯贝尔斯和海德格尔借重中国哲学，目标在道家和禅宗，这是对现代人生存状态的忧虑和对生存奥秘、生存意义的终极关怀所诱发。其意义已经远远超越了德国的国界，甚至也超越了东西方的文化界限。中国哲学尤其是道家与禅宗由此具有了新的意义，为存在主义哲学提供了有效而深刻的启示和诱发。

通过德国哲学家对中国哲学的取舍态度，我们既可以看到德国知识分子心理趣向的变迁，也可以看到德国甚至西方国家在16世纪直至今天的社会发展变化的影子。同时还可以通过他们对于中国哲学的不同认识，来反观中国社会和中国哲学自身的特质和发展实际，在为中国传统哲学的诠释和发展找寻

① 莱因哈德·梅依：《海德格尔与东亚思想》，张志强译，第 91 页。

新的路径的过程当中，德国哲学家对待中国哲学的态度和看法，为我们提供了自我认识和自我发展的非常有益的启示和借鉴。

（本文发表于景海峰主编《拾薪集》上，北京大学出版社 2007 年 7 月出版。）

南泉普愿禅师的人生智慧

《五灯会元》将南泉普愿列在南岳下二世马祖道一禅师法嗣之下，按照一般意义上的禅宗授受的标准，应该是菩提达摩—慧可—僧粲—道信—弘忍—慧能—怀让—马祖道一—普愿的传授法嗣。而其所传者有赵州从谂禅师、长沙景岑禅师、鄂州茱萸禅师、子湖利踪禅师、白马昙照禅师、云际师祖禅师、香岩义端禅师、灵鹫闲禅师、洛京嵩山和尚、日子和尚、苏州西禅和尚、陆亘大夫、甘贽行者等。

宋普济和尚所撰《五灯会元》以普愿为唐时郑州新郑人，俗姓本王氏而“幼慕空宗。唐至德二年依大隗山大慧禅师受业，诣嵩岳受具足戒。初习相部旧章，究《毗尼》篇聚。次游诸讲肆，历听楞伽、华严，入中百门观。精练玄义。后扣大寂之室，顿然忘筌，得游戏三昧”。

宋释赞宁所撰《宋高僧传》同样有称“释普愿，俗姓王，郑州新郑人也。其宗嗣于江西大寂，大寂师南岳观音让，让则曹溪之冢子也。于愿为大父，其高曾可知也，则南泉之禅有自来矣”。至德二年出家，“苦节笃励，胼胝皲瘃，不敢为身主，其师异之。大历十二年，愿春秋三十矣，诣嵩山会善寺嵩律师受具，习相部旧章，究毗尼篇聚之学。后游讲肆，上楞伽顶，入华严海会，抉中百门观之关钥，领玄机于疏论之外”。

普愿承继道一而又有发展。《祖堂记》载道一的两个重要命题，其一为：“汝今各信自心是佛，此心即是佛心。”另一为：“凡所见色，皆是见心。心不自心，因色故有。”

从第一个命题看来，虽然“即心即佛”实从“一切众生皆有佛性”中转进而来，并不是道一的发明，但道一坚持从这一说法，仍然有重要意义。这是为使禅宗的偶像化、非经院化和非仪律化所作的进一步努力，是对依靠“自力解脱”的禅宗宗旨的进一步强化。这个“即心即佛”的禅宗宗旨，其实也是道一禅学的根本基础和全部前提。

从第二个命题来看，道一以见色为见心，并不是说色即是心，从而认定心与色无别，进而导出色即是佛的结论，而是认定心因色见，色可以显心。三百年以后的著名理学家胡五峰在讲述道与物的关系时曾经指出："道不能无物而自道，物不能无道而自物。道之有物，犹风之有动，犹水之有流也，夫孰能间之？故离物求道者，妄而已矣。"这段话颇能作道一"心不自心，因色故有"主张的解说。色故非心，但色中有心，心因色见。心故非佛，然佛因心显，心能体佛，可与佛为一。相对于儒家的天人合一理想，佛家也可以有人佛不二的宗旨。其实这样深刻的体会早在怀海就已经提出，他说："自古及今，佛只是人，人只是佛。"这种说法在佛教系统内显然是惊世骇俗的，类似于孟子的"途之人皆可以为禹"和庄子的"道在屎溺"之在儒家和道家的信徒中的反响。只不过"途之人皆可以为禹"讲的是对主观努力的强调，而"道在屎溺"强调的是道的遍在性而已。不过儒家毕竟没有直接说凡人即是圣贤，庄子也没有讲道就是屎溺。因此，怀海的说法确实有令人吓煞的感觉。不过退而论之儒家也完全可以讲"自古及今，圣人本是凡人，凡人亦是圣人"。为了强调主体的修养，所以只说到"途之人皆可以为禹"。如果怀海从僧众的修为角度说，也可以讲"凡人皆可成佛，佛本由凡人而来"，只是为了警策而故发绝论而已。

与马祖道一和百丈怀海相比，南泉普愿又有发明，普愿针对"即心即佛"提出了"非心非佛"的主张："江西马祖说'即心即佛'，王老师不恁么道，'不是心，不是佛，不是物'。"为什么提出这样的主张？"若言即心即佛，如兔马有角；若言非心非佛，如牛羊无角。你心若是佛，不用即他；你心若不是佛，亦不用非他。"在普愿看来，马祖道一之所以提出"即心即佛"，乃是为了救治很多一心只是向外部求索的修行者，那样就将导致佛与人无缘、人与佛无关的结局。如此则坐禅和礼佛都将无助于人的道德水平的提升和宗教境界提高，佛就会在根本上与人绝缘，修行者也将因此而永世沉沦，不得超升。普愿同时还针对以知识为道的僧众俗习，提出了"智不是道"的主张。指出："如今多有人唤心作佛，认智为道，见闻觉知皆云是佛。"普愿并不是从根本上排除知识，而是强调必须转识成智，方能增强慧力，否则就将永远参不透道的玄机，悟不到佛之真谛。普愿为了使门徒能够转识成智，经常使用出人意料的方法，提醒僧众要培植自性、发挥自性，同时还要将所学的佛教义理适时地加以运用，能够临机处断，才算真有所学，也就实现了转识成智。

《五灯会元》记载普愿为消解东、西两堂和尚的争心，开杀戒力斩一猫的故事。“师因东、西两堂争猫儿，师遇之，白众曰：‘道得即救取猫儿，道不得即斩却也。’众无对，师便斩之。”且看东、西两堂的僧众，当时该有多么狼狈！平日习学无数佛经法典，到了关键时刻却救不得一只可怜的猫儿。普愿斩猫并不是有意藐视旧有佛法，而是为了消除两堂和尚的争竞之心。争竞之心不消，自性就会永被遮蔽下去，成佛则将无可指望。俗念塞心的众和尚们，未审自己所争夺者并不是一只猫，争茅塞以闭心的灵光，自性在争斗中愈加被遮蔽而不可见了。争夺猫的事实，表明众僧根本就没有真正发现原本清静的自性。普愿挥剑斩猫是假，借斩猫以活人才是真。但是这种做法未免已经过当，众僧自性既然固弊到如此程度，如何能够了解斩猫的真正意图？最多不过被理解为为了佛院的安宁，免得因为一只猫影响了正常的生活秩序而已。此一斩法只能救大智慧者，不过既是大智慧者，何须如此一救！

南泉普愿主张于日常生活中体会道的存在，提出了“平常心即道”的主张，发明了于日常生活中体会道的存在的修养理论和修养方法。至其弟子辈则更加将道归于平常心。长沙景岑以“要眠就眠，要坐就坐”“热即取凉，寒即向火”为平常心，使平常心更加生活化，更易于使人感受道的存在远不是高深莫测的，也不是远不可及的。它就在身边，就在现实的生活之中。只要认真体会，就能得道，就能成佛。只有这样，凡夫俗子才能见性成佛，百丈怀海所谓“佛只是人，人只是佛”才是可能的，而不是哄骗大众前来依佛就教。

南宋初年，福建崇安人胡安国（1074—1138），因躲避战乱携家眷来到湖南湘潭、衡山一带，教授生徒，传播理学，开创湖湘学派。湖湘学派是理学在宋室南渡后的第一大宗。胡安国过世以后，其子五峰（1105—1161）相父之志，创立性本论理学进路，将湖湘学派推向发展的高峰。

胡安国与胡五峰都于佛教有较深刻的研究，同时，父子俩人又都与佛徒有较为深入的接触，尤其禅宗南岳一系。胡文定有《南泉斩猫偈》，胡五峰有《题上封寺》《题法轮寺》《示澄照大师》《和僧二首》《和马大夫辟佛五首》《西林寺廓然堂有怀》等，胡致堂亦有《示上封长老洪辩》《示龙王长老法讚》《示法轮宗觉》等，表明胡氏父子与禅宗南岳一系的关系是十分密切的。胡致堂在

《先公行状》中明确指示胡安国“壮年尝观释氏书，亦接禅客谈话，后遂屏绝”。胡氏父子究竟受了禅宗怎样的影响？今举数例略作分析，以见湖湘学派对佛教的吸纳与批评。

首先是胡文定的《南泉斩猫偈》。《五灯会元》作如下说：文定公胡安国，草庵居士，字康侯。久居上封，得言外之旨。崇宁中过药山，有禅人举南泉斩猫话问公，公以偈答曰：“手握乾坤杀活机，纵横施设在临时。满堂兔马飞龙象，大用堂堂总不知。”又寄上封有曰：“祝融峰似杜城天，万古江山在目前。须信死心原不死，夜来秋月又同圆。”朱熹以为《南泉斩猫偈》有五首，“胡文定公答僧五诗，公子侍郎所书以授坟僧妙观，而妙观之所摹刻也”。《湘潭隐山涌田胡氏七修族谱》和《闽楚胡氏九修家乘》则分别作《南泉斩猫偈》和《寄上封秀和尚》。看来这可能是当年上封秀和尚讲述南泉斩猫的故事给胡安国听，并问胡安国的感受，胡安国答以偈言五首。《五灯会元》所录只是其中两首。不过从这两首诗即可看出胡安国的禅宗素养是很高的。他把禅宗的公案和当时的朝政，以及个人的遭遇联系起来，别有一番新的寓意。在这第一首诗中，南泉手中所操持的“金刚玉宝剑”掌握了杀活之机（猫之死活和人之死活）——死猫活人之机。同时也象征了自己所坚持的《春秋》大义，正如同南泉手上的金刚玉宝剑一样，乾坤死活，全在此机之中。而国家民族在面临为难的时刻，正如猫的生死悬于一时一样，东西两堂和尚的兔马之状，亦有如满朝文武一般，临机不能施设，平日所学全都是口中空言而已。众僧不知无用之用才是大用，也就与满朝文武的不知《春秋》的实际功效没有什么两样。

胡安国在南宋的理学家中，是强调于平常处体会道的存在的最典型代表。当然这一点是他从谢良佐处得来，不过显然也加入了自己的体会。胡安国对于南泉普愿的“平常心是道”的主张是从心里真正认同的，对于普愿的弟子们如长沙景岑的“要眠就眠，要坐就坐”和“热即取凉，寒即向火”更加有真切的体会。当弟子曾茶山问他什么是精妙处时，他回答以“无非精妙处”。平常即是精妙，精妙无不在平常中体现，平常无不即是精妙。曾茶山复问如果一个人脱离了现实的伦理关系，独自一人居处空山，“道”在哪里，何以体现时，胡安国回答说：“冬裘夏葛，饥食渴饮，只此是道。”这种回答显然是“平常即是精妙”的另一种表述方式。胡安国接着谢良佐讲下学上达，修养功夫必须从一点一滴的身边小事做起，“道须是下学上达始得，不见古人从洒扫应对做起”？

尽管朱子对由谢良佐而来的这一说法有不同的看法，但作为湖湘学派修养功夫的最基本特色是有着非常重要的启迪意义和现实可能性的。胡五峰接续乃父，强调于日用间察识涵养，胡安国“燕居独处，未尝有怠慢”，故能于“容貌、颜色、辞气之间消人贪鄙”。

由南泉普愿所创立的“平常心是道”的修养原则，显然对湖湘学派产生了重大影响，这也是三教合流的时代，理学从佛学中吸取营养的一个实实在在的范例。

（本文为参加首届中韩南泉普愿学术研讨会的论文，后以“南泉普愿禅师的人生智慧兼及湖湘学派与禅宗的关系”为标题，发表在《池州师专学报》2003 年第 6 期。）

感谢上苍，给世界生下一个孔子

有一句广为流传的成语，叫作“出类拔萃”，这句成语出自孟子对孔子的评价。孟子说：“出于其类，拔乎其萃。自生民以来，未有盛于孔子也。”出于其类，是说孔子是从自己的同类——普通人中成长起来的。拔乎其萃，是说孔子远远地超越了他的同类——普通人，而成为他们的生活和生命的导师。盛，是因为充满光辉而显赫的意思。孔子的生命是充满光辉的，他在后来者心目中的地位和影响，是显赫无比的。孔子的盛大，确实是前所未见的。人们出于无限爱戴和无比崇敬的心情，尊奉他为圣人。圣就是道德崇高，人格完美而又睿智多能，无所不通的意思。

其实孔子原本只是一个普通人，尽管他是贵族出身，但是到了他的时代，家境已经十分贫寒，只能靠自己的劳动谋生。所以孔子从小就学会了很多贵族家的子弟不会，也不必要会的生活技能。他给鲁国的权贵季氏家做过委吏和乘田等，帮助季氏管理粮食出纳和牛羊蓄养。孔子三岁丧父，从懂事开始，就与母亲相依为命，17岁时，母亲又告别了人世。孔子在孤独和困苦中，从未懈怠，他的意志不仅没有消沉，反而愈加坚定。他要成为一个君子，一个对大家有用，对民族和文化有大用的君子。为了这个崇高的理想，他吃尽了千辛万苦。从15岁开始立下宏图远志，为了实现自己内心中的伟大而崇高的理想，他坚忍不拔地努力学习。向历史文献学习，向政府官员学习，向生活本身学习，向生活中遇见的所有人学习。他终于成为这个世界上最有学问的人之一。这就叫作“出于其类，拔乎其萃”。

孔子的成功，向世人昭示了一个简单但却深刻的道理，就是一个人如果不想在庸碌无为中打发掉几十年的时光，而是想活出一种有意义、有价值的人生，那就必须尽早确立宏伟、正大的人生理想。有了理想，人生就有目标，就有动力，就有用不完的精力和使不完的气力。

当孔子从他所生活的世界里吸足了“营养”之后，他长成了，他开始回报这个世界了。他希望自己崇高的理想，能够在这个世界上成为现实。为此，他周游列国，奔走呼号。他希望所有的君王和官吏，都不要仅仅为了自己的统治而蔑视生民的生存权利，他希望统治者们真正把老百姓的生死祸福放在心上，他希望政治能在实现这种理想的过程中发挥积极有效的作用，尊重生命，使天下苍生都能过上安全、幸福的生活。他同样希望每个生存在这个世界上的人，都要互相关心，互相爱护，互相帮助。不要只想着自己的利益，要多为他人着想，要以仁爱的情怀，对待与自己一样生存在这个世界上的人们。他要让这个世界充满善良，充满爱，充满信任，充满温馨和关怀。他希望在这方面，统治者和知识分子要起带头作用，用自己实际的行动，赢得世人的尊重，赢得世人的信赖，引导世人走出自私自利，放弃尔虞我诈，让人与人之间，恢复信任，造就崭新的友爱同类的良好社会风气。

在周游列国之前，孔子首先到了齐国，与齐景公谈政事，以为行政的要义，就是坚守“君君臣臣，父父子子”的伦理原则，齐景公转移孔子的话题，把孔子的伦理原则，当成了政治的原则，大称其善。以为假使君臣父子互相倾轧，即便有美食佳物，也轮不到自己享用了。

齐景公本来想重用孔子，但是当时齐国的宰相晏婴害怕孔子威胁到自己的地位，就给齐景公进言说：孔子是鲁国人，不会为齐国真正尽力。于是孔子只得离开齐国，回到了家乡。之后，孔子在鲁国作了短期的宰相，杀了一个乱政的大臣，叫作少正卯。孔子杀了少正卯，鲁国大治，齐国害怕鲁国强大威胁到自己，就把很多珍玩和美女送给鲁定公，鲁定公从此沉溺酒色，不问政事。孔子无奈，辞职出走，开始了漫长而艰辛的列国之游。

从52岁到68岁，孔子一直在列国间周游，试图寻找机会，施展自己的政治抱负。孔子到过卫国、齐国、陈国、蔡国、曹国、宋国、郑国、楚国等地，欲入赵国而未能成行。实际上，孔子所到过的地方，主要是今天的河南、山西、山东三省之间，方圆最多不过五百里。

孔子周游列国期间，历经艰险磨难，曾经被匡人围堵。鲁国阳虎曾经暴虐过匡人，孔子因为长相与阳虎相近，所以被匡人误认为阳虎，险些丧命。孔子脱难于匡，在曹国和宋国之间，又被宋国司马桓魋追杀，后又受困于陈、蔡之间。当危险步步临近之时，孔子泰然处之，仿佛无事一般，表现了一个圣者的大智大勇。

在卫国，孔子受到了卫灵公的宠姬南子的召见。南子大约是当时天下最艳丽、最妖娆的女子，虽然隔着廉笼，但是美丽和魅力都从廉笼的缝隙里投露出来。南子还故意把金饰、玉佩弄得叮当作响。孔子一时间有些心旌摇动。这一情况被孔子的弟子子路看到了，子路就指责孔子的定力不足，动心于美人。孔子赶紧发誓说：如果我真有出格的想法，天就将厌弃我！

其实孔子只是动心于南子的美丽和魅力，真的没有非分的他想。不过这件事使孔子悟出一个道理，就是向往美的心思是人的本能，这种本能的力量是如此的强大，以至于难以抗拒。所以孔子后来看到卫灵公与南子同乘一车，招摇过市的时候说："吾未见好德如好色者也。"这句话经常被后人误解，以为孔子反对好色。其实这句话的真实含义应当是："好色是人的难以抑制的天性，如果人能以好色之心好德，还愁道德不能崇高完满吗？"

当孔子在列国间周游，寻找实现自己政治理想实现的机会的时候，各国的君王们当时都在忙着争夺土地和人口，相互厮杀。当时的社会奉行功利至上的原则，孔子以道德救世的主张没有被各国君王所采纳。

但这次周游列国，却使他的学说广为世人所知。他也因此受到了中原各国的广泛尊重与爱戴。他的价值理想也被举世所认可，而且已经深入人心，成为中国人内在的心理愿望，一代一代地传流下来，传递下去。孔子不畏千辛万苦而周游列国，不是为了去做官，而是想借助权力的拥有者们，实现自己让世界充满爱的理想。他是真正的爱的使者，也是真正的勇者。

孔子的奋斗经历同样告诉人们另一个简单而又深刻的道理，一个真正有理想的人，是一定要努力去实现自己的理想的，无论经历什么样的艰难险阻，都不应该动摇，更不能放弃。只有这样，才能证明你真正有理想，而不是做出有理想的样子给别人看。

孔子为人间播撒了爱的种子，他的精神和意志，通过他的学生们，一代一代地传流下来，成为后世儒者们的行为准则。这些后世的儒者们，虽然分处不同的历史时代，但都敢于为民请命，维护社会正义，关怀天下苍生。他们都是中国的脊梁，他们用自己的行动，实践着孔子以来儒家的人生、社会理想，他们是孔子点燃的圣火的传递者，他们把孔子的精神，传给了历史。

孔子全面审视并重估夏商周三代文化，取精用宏，构建了以仁为核心，以礼乐为特征的充满人道主义和人文精神的崭新文化系统，为中国文化注入了无限的生机和活力，也奠定了中国文化以人为本的根本基调和核心精神。他是真正的大师，而不是一般的学者。孔子是中国文化核心精神的缔造者，是中国文化的根本象征，他是圣人！

感谢上苍，给中国生下一位孔子！

说孔子是圣人，不是说他像天神一样，高高在上而远离人间。圣人入于俗而不流于俗，高于俗而不离于俗。孔子作为中国的圣人，不是从天上掉下来的，而是地上生长出来的。他和普通人一样，就生活在世俗生活中，是这个世界把他培养和造就成为圣人，没有这个世界，他就成不了圣人。孔子从未脱离世俗世界，他也不想脱离世俗世界。这个世界既然养育和造就了他，他就要用改造的方式，报答和回馈这个世界。他要让世俗世界变得高尚，变得不再停留在低级趣味的生活状态中。他以一颗平常心生活在这个世间，不炫耀自己的高明，不放弃自己的努力，他曾经带给生活在自己身边的人以无限的慰藉和希望。他也给后来的人们带来了无限美好的向往。

孔子是全才，他不仅发明了仁的原则，改造并重新铸就了礼乐文化，他还精通诗画艺术，对音乐更有独到的默契。他是诗人，是乐师，也是歌手，还是杰出的诗歌、音乐理论家和评论家。他喜欢音乐，用音乐辅助伦理教育，把崇高的伦理价值追求，融入悠扬完美的音乐和典雅优美的诗歌之中，收到了后世的教师所不敢奢望的教育效果。

孔子经常跟学生们在一起弹琴，在一起歌唱，在一起讨论音乐、诗歌和绘画。孔子最喜欢的一首乐曲叫作韶乐，那是崇高的政治伦理理想，与刚健典雅的音乐艺术的完美无瑕的结合。

如果缺乏对《论语》的真切了解，便很难想象作为圣人的孔子，竟然还是一位温厚、诙谐、可爱的长者。《论语》中记载了很多他和学生们之间的故事。宰予学习偷懒，白天睡觉，孔子幽默地责备他，说他“朽木不可雕也”；冉耕得了疥疮，孔子伤心地慨叹说“德行这么好的人，怎么得了这种讨厌的病症”；樊迟问孔子怎样种庄稼，孔子骂他没出息，说我这里是教种地的地方吗？如果你一定要学，为什么不去找经验丰富的农民呢？

有一次孔子来到一个叫作武城的很小的地方，他的学生子游正在那里做守令，每天用古典的音乐演唱伦理歌曲，用来教化百姓。孔子听到了音乐，就笑着对他说：“割鸡焉用牛刀？”意思是说，治理这样一个巴掌大的地方，还用得着这么庄严盛大的音乐吗？子游回答说：过去我曾经听您说“君子学道则爱人，小人学道则易使”。说您不是曾经讲过嘛，为官者学习古典的仁爱之道，就会爱护百姓；百姓学习古典的仁爱之道，就懂礼听话，难道您自己忘记了吗？孔子马上觉察了自己的错误，说：各位学生朋友们，子游说得对呀，请你们记住他的话吧，把我刚才说的，当作玩笑吧。这是多么令人钦敬的老师啊！

还有一次，孔子问几个学生的人生理想，当学生们各自说完之后，学生们请问老师的理想。孔子没有夸夸其谈，没有居高临下，而是实实在在地说，我的想法跟刚才的一位学生（曾点）的想法一样，希望能有那样的一个时刻，乘着明媚的春光，到家乡的沂水河里洗个澡，然后沐浴着春风，与几个老人和孩子一道，唱着欢快的歌，一路走回家去。就这么简单明快，但这简直就是一幅和谐、愉悦、轻松、闲适的美好人生画图。

尽管孔子热爱人生，对这个世界充满无限的希望，他终于还是走了，就像所有的人都要走一样。但是，孔子光辉灿烂地活了一回，他像流星，陨落在中国的大地上，他的光芒至今仍然照耀着人间世界，他的热度，还将永远地温暖着这个他曾经为之奋斗的人间世界。他不只是中国的，而且是世界的。

孔子的理想和奋斗精神，早已传遍了世界。不仅东南亚各国的文化血脉里，流淌着孔子的血液，就是欧洲文明中，也同样夹杂着孔子的基因。早在十六七世纪，孔子的学说就已经在欧洲广为流传，当时德国的哲学家们甚至认为，这个世界要想安宁，人与人之间要彻底摒弃如同狼与狼之间的怨恨和争夺，就必须依靠孔子的仁爱思想。

在当今的世界格局下，有识的世界之士，再一次将赢得人类和平、赢得人间友爱的希望，寄托在孔子的爱人主张之上。尊重他人，爱护同类，将心比心，成人之美，坚持理想，但不强人所难。这些孔子的弥足珍贵的思想，早已深入人心，而且也必将更进一步唤醒人们的良知，自我克制，协同合作，为使人类走向和平共处，和谐发展，让人间真正成为家园和乐土而不懈努力。

感谢上苍，给世界生下一位孔子！

（本文是在若干年前给学生开设讲座的讲稿基础上整理而成。）

不为理想的学习，不会有长久的动力

有一个人，是中国的圣人，他就是孔子；有一部书，是中国的圣典，它就是《论语》。在世界读书日到来之际，“超阅大讲堂”邀请我来给大家讲解一本经典，我想讲《论语》是再佳不过的选择了。

孔子的人文主义情怀

儒家是中国人文精神的代表，而孔子则是人文精神的导师，他不是一个宗教的教主或自然神灵。孔子是凡间养成的，是由一个普通人通过艰苦的修养，慢慢长成的。他不是天国的使者，他没有带来上天规定的模式，要人类一定按照模式怎样怎样，才能解脱痛苦，摆脱现世的罪恶，或者走向天国，超越现世的自身，达到超脱生死轮回的永生。儒家讲的不是这样一回事，孔子也不是这样一位教主。尽管孔门弟子极其推崇他们的老师，说他们的老师是“天纵之将圣”，又赋予他那么多学识和本领，说他们的老师是被上天驱使成为圣人，他自己想不成都不行。但这只是孔门弟子的说法。

孔子自己不同意这种说法，他不认为自己是这个世界上最了不起的人，不需要再学习，更不需要向他人学习。孔子时刻强调向别人学习，“三人行，则必有我师焉”，跟谁在一起，都有可学的东西；“十室之邑，必有忠信”，无论在哪里都能学到东西。孔子从小就爱学习，整个一生就是在不断的学习中度过的，他是学习的典范，学习的楷模。人们经常说他是圣人，而他自己却不断地说：“圣则丘何敢。”意思就是人们说我是圣人，我是不敢当的。这可不是孔子故作谦虚，也不是孔子缺乏自信，他自己知道自己已经相当了得，但他也知道自己的了得是“学不厌”“教不倦”的结果，是主观努力的成功，不是先天就铸造完成的，不是上天的特殊眷顾，而是主观不懈努力所取得的收获。这就是人文精神导师的风范。他不具有先天的完满性，他不断地向周围的人和身边的事物学习，向历史学习，学习古代的文化典籍，在学习的过程中，不断地获得成长，不断地超越原来的自我，不断地使自己的生命更加充实、更加饱满、更加充满光辉。

孔子也不是自然主义的神灵或神圣，你不可以叫他神仙。怎么讲？在中国讲自然主义的圣灵，多半都有道家的气息。道家的创始人老子和庄子本身，也都被后世当成了自然主义的圣灵。跟其他的神灵不同，作为祖师，他们思想深刻，境界高远。但是他们的想法，跟人文主义的圣人想法几乎是完全不一致的。比如，老子强调的是因循自然，同时又对人类文明的发展所造成的对人类本性的伤害，始终保持一种强烈的怀疑和批判态度。但是他们不是反对人类的一切智慧，他们本身就是智慧的化身。他们反对的是科学技术的发展、社会组织的建立和人类文明的进步给人性造成的负面影响。《老子》里面“绝圣弃智”的话语大家都知道，老子看到了人类自身的活动，反倒使人越来越脱离人的本性，越来越不像人，所以他强调“道法自然”，提倡“复归于婴儿”，提倡向人的本性复归，要返璞归真，要见素抱朴。每个人都要复归于婴儿式的本真，人类社会也要恢复到“小国寡民”的状态中去。因为只有在这样的一个状态中，人才会放弃过分的贪欲，尤其是不必要的相互竞争，到达一种无欲、无求、无争、无斗的和谐状态。人和人之间完全是在一种自然的状态下生存，“鸡犬之声相闻，民至老死不相往来”。为什么不往来？一往来，人和人之间就会产生争执。比如，在同一个班级，班里面有入党的，有提干的，有得奖学金的，有评三好学生的。社会中其他各方面的争执，都与此相类似。只要有这些名目，就会招惹人们去争夺，要想使人不争夺，干脆就把这些名目都去掉。不要设立什么高低、优劣，“不见可欲，使民心不乱”，不让大家看到竞争可以有更多现实的好处，大家就都不去竞争了。不去竞争就不会打架，就不会发生战争等残杀性的事件。老子认为竞争伤害了人的天然和谐本性，竞争会无止境地激发人的“斗”念，就是与天斗、与地斗、与人斗的念头。与天斗和与地斗，就会不断地伤害自然，破坏自然，破坏自然原有的宁静，甚至彻底毁掉自然。与人斗的结果，就是各种阴谋诡计不断升级，各种杀伤性武器不断升级，升级到原子弹，升级到一下子就可以毁灭整个人类。这是老子和庄子所不愿意看到的，所以他们坚决反对社会组织的进一步“完善”，反对“文明”的“进步”。在老子和庄子看来，人类所谓的“文明”和“进步”，都应当打上引号，甚至直接就是违背人的自然属性的，是对人的残害和摧折，只是打着文明和进步的旗号而已。

庄子在对待文明和科技的态度上，跟老子是完全一致的，只不过他表达的方式更加审美化，而不像老子那样哲学化。庄子编排过一则“混沌”的故事，说是在茫茫的大海上有三个王者，一个是南海之帝，叫作“疏”，一个是北海的王者叫作“忽”，而位居中央的海上之王叫作“混沌”。南海之帝“疏”与北海之帝“忽”经常互相往来，经过大海中间的时候，每每受到中央之帝“混沌”的照顾和款待。两个王者就想报答中央之帝“混沌”的恩德，他们看到这位“混沌”竟然没长五官，看不到美好的色彩，听不到美妙的声音，尝不到美味佳肴，于是他们就像塑造普通人一样，决定为他“打造”出五官来，每日在“混沌”的头上凿一个孔，到第7天凿完了7个孔，“混沌”却被凿得一命呜呼了。为什么会这样？因为“混沌”本来就不适合过那种什么都看得见，什么都听得着，什么都品尝品尝的生活，他本身就是混沌的，只可以在混沌的状态下生存，而且他在混沌的状态下本来活得很好，没有什么不满足。只是社会中那些先尝到禁果的人，按照自己的感受来改造人家，结果害死了人家的性命。这个“疏”与“忽”，看来真是够疏忽的了，竟然没有了解人家的本性，就开始妄加改造，本想以德报德的目的，也就无法实现了。

孔子不这样看问题。他认为人虽是自然所生，需要按照自然的规则来发展，但是像老庄一样无为的因循自然的做法，并不完全符合人的自然本性。人是由父母所生，就应当对父母尽孝报恩，这也是自然的。人要敬爱父母，从而敬爱长者和贤者，这也是自然的。人都爱护自己的亲人，从父母、子女、兄弟到其他亲人，那就应当体会别人也是一样的，因此要把这份爱推广到爱护别人，进而再加推广，推广到爱护自然事物，使他们都能过上安全、安宁和安康的生活。而为了使人类过上真正幸福的生活，必须有必要的规范来约束个体的行为，不使个人追求幸福的行为影响甚至妨碍他人获得幸福。所以一定要有文明，文明一定要发展，这是孔子的情怀，充满了人文主义的气息。

孔子的人生感悟

孔子的一生充满了人文主义的色彩，他在总结自己一生的成长历程时指出：“吾十有五而志于学，三十而立，四十而不惑，五十而知天命，六十而耳顺，七十而从心所欲，不逾矩。”从15岁开始立下远大的志向，为了实现自己的人生理想而努力学习。“志于学”，不是立志学习，而是为了所立之志学习，学习的目的性非常强，不是乱学一些技能性的东西，而是为了理想、围绕理想而学习。不像现在的很多家长，把孩子送到各种机构里去胡乱学些技能，今天学下棋，明天学弹琴，后天又去学外语、跆拳道等，完全没有任何目的，只是有钱、有时间，于是就无端浪费，同时也把孩子搞得疲于应付，苦不堪言。不为理想的学习是一件很郁闷的事情，不会有长久的动力，也很难坚持下去。孔子为理想而学习，所以才有内在的动力，才能长久不变地坚持下去，而且越学越快乐。因为这样的学习，能够使人感受到朝向理想前进的快乐。怀抱理想，矢志不渝，这是真正的人文主义者最显著的标志，没有理想，就谈不上人文；理想不明确，人文品格就黯淡，理想动摇了，人文的情怀就会丧失掉，就不会再有对于这个生存世界的由衷关怀和眷顾。30岁前后有了独立的尊严，这种独立的尊严是独立人格所带来的，独立的人格则是在长期学习、体会的过程中慢慢生长出来的。独立的人格与尊严，给自己带来了令世人信赖的地位和影响，人也就因此而能挺然独立在这个世界上。到了40岁时，就不会被世界上的事物外在的现象所迷惑，不会因为社会的污浊而丧失自我。50岁时，越来越知道人的生命的客观限制，不是想做的事情都能有机会做成，懂得了生命本身内在的、客观的限制，也就知道收摄精力、凝聚精神，把时间都用在有意义的事情上了。60岁时就可以辨识别人话语中真正的蕴含，听其言而能知其所指的真正用意。到了70岁的时候，一切言行都能从容不迫，而且都能在不经意之间合乎道的原则，不再有偏差，更不会有背离道的情况了。

这是孔子用语言所表达的自己的人生历程，孔子在实际的人生中，也是这样走过来的。早年立志做一个君子，从而勤奋好学，学习古代的典籍，学习古代的礼法，学习生活，还向自然学习，向身边的人和事物学习。30岁左右的时候，因为有独立不倚的人格，有独立的见解和对生活独特的理解，从而受到了世人的普遍尊重。40岁时，混乱的政局和人心世风的日渐下滑，也不能使自己受到鼓动和刺激了。50岁时，因为自己想要借助政治来实现人生理想的道路并不顺畅，从而知道在鲁国这样下去会无端地浪费时间、浪费生命，于是就带着弟子们去周游列国，看看有没有机会和可能实现自己的政治抱负。在周游列国的过程中，因为见到了各色各样的国君、政客和各类人等，辨识各种人的话语背后隐藏的动机和目的的能力，也就培养和锻炼出来了。回到故乡的时候，已经快70岁了，一切言行，都那么顺畅而又自然得中规中矩，不用再像从前那样，不需要经过主动的克制，就能自觉地合乎道的原则和要求了。丰富的人生阅历、宽阔的文化视野、深邃的理性思考，已经使自己的人生到达了感性经验、理性认识和修养功夫的顶峰，“已然凌绝顶，一览众山小”，“居高声自远，不必藉秋风”了。

在整个人生过程中和对人生自我总结的话语中，我们看到了孔子作为人文主义的精神导师，身上所体现出来的人文主义品格。而这些人文主义的优秀品格特点，也在《论语》一书中得到了明确和充分的表达。

下面我们就来看看《论语》到底是怎样的一部书。

人文主义的经典

《论语》是中国人的圣典，是中国圣人留下的不朽教诲，处处洋溢着不朽的人文精神。说它是圣典，一方面是讲它在中国经典中的首当其冲的机要地位，后世的儒家经典都是沿着《论语》的轨迹，甚至在某种程度上，就是站在不同时代和不同角度对《论语》的诠释和引申。另一方面，就是《论语》确立了中国社会生活的目标，定下了后世中国社会以伦理和道义为主调的生活格局。同时也为后来的知识分子关怀社会、关怀人生、关怀宇宙，指明了方向，奠定了基础。我可以分几个方面来说明这个问题。

从教育的角度讲，孔子兴办私学，确立了成德之学的愿景，中国后世的教育，就是为这一愿景的实现而做出的长期不懈的努力。因为教育的目标被确立为使人成为人，所以一切工具性的教育、实用性的教育和功利化的教育，始终不能在中国的土地上肆虐无阻。“汝为君子儒，勿为小人儒”，尽管社会生活的实用性和由于社会风气等原因所造成的功利化倾向，无时不对教育产生负面的影响，但是中国教育的主流和总体的方向，始终没有被社会彻底同化掉。强调树立远大理想，强调为宏伟的人生目标服务，强调为改造社会和人本身服务的教育传统，一直是中国教育的主调。兴办私学的结果和教育宏伟目标的引领，为历朝历代培养了很多优秀的士大夫，这些卓异的读书人，“居庙堂之高则忧其民，处江湖之远则忧其君”，以天下为己任，为保护良善、惩治奸恶，为国家民族的长久性发展做出了重要贡献，留下了足以感召后来者崛起的精神遗产。同时也传承了历史文化，在增强中华民族精神凝聚力，提升中国人人生品位等方面，为中国社会树立了永垂不朽的历史丰碑。

从政治方面讲，孔子强调为政以德，强调德化政治的人道主义功能，强调伦理对政治和政治行为的指导性作用，反对横征暴敛，反对欺压良善，反对把伦理当成政治和政治行为的工具或者装饰品，一句话，强调政治的伦理化，反对伦理的政治化。经过历朝历代知识分子的不懈遵循和努力，相当程度地阻止了专制政治的残暴，为天下生民赢得了一定的生存空间。尽管儒家在这一方面的成就并不十分显著，但是如果没有儒家的努力，中国历史上的政治情况就会更加糟糕，生民的苦难就会更加深重。同时，孔子教育出来的儒家知识分子，保持了在朝救世、在野干政的优良习惯，即使身在垄亩，一样心系天下，议论朝政，指斥朝政之非，相当程度地阻遏了中国王朝政治向更加邪恶的深渊下滑。

在人与人的关系方面，孔子和儒家强调尊老爱幼、关爱他人、互相帮助、和谐相处，为中国社会添注了仁爱的气息，为人间社会填充了可留恋性的主要内容。“仁者爱人”，只有感受到人与人之间友爱和互助的气息，生活才会充满希望和乐趣。同时，孔子还强调知识分子要成为社会的楷模，要坚持正义，要高标准要求自己，要为社会空气的净化做出力所能及的努力，而不能与不良的社会风气同流合污。“邦有道，榖；邦无道，榖，耻也。”国家清明，社会风气好的时候你有地位，不愁衣食，朝政混浊、豺狼当道的时候，你还不愁衣食，照样有地位，那就是耻辱，那就是无耻。因为你没有操守，你跟污浊的社会政治同流合污。孔子教导读书人要保持独立的品格，要坚守人生的正义原则，不能为了生存而放弃理想和信念。由于儒家的提倡，中国人特别看重君子，特别厌憎小人。中国社会能够被赞誉为礼仪之邦，主要就是靠孔子的楷模和后世孔子继承者们的榜样。“君子之德风，小人之德草，草上之风，必偃。”

一部分率先觉悟起来的知识分子，要把移风易俗当成自己的使命来对待，要在改造社会风俗、提升社会生活品质方面做出表率作用，他们的言行，自然会起到必要的引导作用，必然会对普通民众发生感召的效力，长此以往，整个社会风气就会逐渐向好的方向发展。

作为人文圣人的孔子及其意义

作为人文精神的导师，孔子从中国社会中走来，是中国的历史文化养育了他，是中国的社会生活造就了他，他又转过来，回到中国的社会生活中去，实现他救世和救民的理想。他是圣人，但他也是凡人，他是来自凡人的圣人，他是从来没有脱离凡俗世界的圣人。他胸怀一颗伟大的凡心。他出于俗而不流于俗，高于俗而不离于俗。他不谄媚流俗，不与流俗同流合污；他要改造流俗，使社会生活更加高尚，更加完美。他是生活的智者，也是生活的导师，他是中国人精神生活的伟大导师，也是中国社会的人文救星。所以宋代的儒者蔡元定说："天不生仲尼，万古如长夜。"如果没有诞生这样一位伟大的精神生活的导师，中国人可能依然会在蒙昧中度日，就会像在暗夜里行走一样，看不到必要的人文曙光。

孔子的生命充满了光辉，《论语》一书充满了智慧。在世界读书日到来之际，我们重温圣人的伟大教诲，感受圣人的伟大生命，显然是有非凡意义的。希望大家有事没事都来读一读《论语》，感受一下圣人的生活热忱和生命热诚，这样做，不仅会使我们学到很多知识和智慧，更重要的是，会使我们增强生活的信心和勇气，会使我们更加真切地体会到，作为一个自觉的中国人，是一件多么令人自豪和值得骄傲的事情。

（本文发表在《天津日报》"超阅大讲堂"，2011 年 4 月 25 日。）

人类的孔子

我们一直习惯性地把孔子说成是中国的圣人，这种说法并没有错，但是如果仅仅把孔子说成是中国的圣人，就容易小视了孔子，忽视掉孔子对人类的意义。

当然，孔子必须首先是中国的圣人，否则的话，他和他的思想连家门都出不去，又怎么能谈得上对整个世界的影响和意义？

一、孔子和孔学在中国本土的影响和遭遇

事实上，孔子确实首先是中国的圣人，之后才成了世界的圣人，他的思想对中国，以及东西方的整个人类社会，都产生过并且还在产生着深远而重大的影响。

孔子生活在春秋末期，在他还很年轻的时候，就成了他的家乡——春秋时期的鲁国的贤人，之后不久，影响渐渐扩大，成了闻名齐、宋、曹、陈、蔡、楚、晋、卫等国的“天下”的贤人。战国时代以后，随着孔门弟子及其再传、三传、四传弟子们对其思想的传播，孔子的名声更大，影响面更广了。

秦始皇焚书坑儒，孔学受到政府的抑制，这一点也从反面证实了孔子和孔子学说的力量。专制政府出面禁锢，显然是因为这种思想太有力，太不利于专制主义者“天下第一”的独裁地位。汉高祖到泰山封禅，祭祀孔子，孔子的地位被政治统治者以法令的方式认可，这是专制主义者看到了孔子思想可以被他利用，以巩固自己的独裁统治。汉武帝“罢黜百家，独尊儒术”，孔子的思想成了统治阶级的意识形态，同时也成了专制主义统治者用来统治黎民百姓的旗号和借口。

汉唐时期，虽然孔学的社会地位一直很高，但是因为没有特别有影响力和

震撼力的后世继承者，孔学的真正精神——怀疑和批判精神，在诵读经书的过程中渐渐被忽视，甚至被遗忘了。孔学成了专制统治的思想工具，连孔学强调个人修养的内在道德自觉，也在这样的历史氛围中黯淡下去了。

宋代儒学复兴，孔学重放光辉，如日中天。不仅成圣成贤的个体人格修养的内在自觉得以重见天光，而且借助对现实政治的怀疑和批判，借用奉天法古的原则，以期达到救助天下苍生的人道主义精神，也在相对宽松的政治环境中得以复苏。明朝灭亡以后，清代的儒生放弃孔学提斯精神、涵养生命的深邃内涵，陷入对孔学中的事实和《论语》等儒家经典的章句的训诂和考据。

“五四”新文化运动期间，国人深受东西列强压迫已久，以为中国之受制于东西方列强的主要原因，在于学习孔子的思想，进而产生的不思进取的保守心态所导致。于是开始在思想、文化、科技等诸多方面，全面学习西方，将孔子看成是落后、保守、怠惰的象征，对孔学和传统儒学实施了全面而又尖锐的理论批判。这是孔学自秦始皇以来遭受的第二次人为的厄运。“文化大革命”期间，全国开展批孔运动，孔学再遭第三次厄运，也是有史以来最严重的厄运。

中共十一届三中全会以后，强调思想解放，孔学不再被指控为影响中国历史前进和发展的最大历史障碍。改革开放以来，中国的经济进入快速挺进的轨道，表明中国特色的思想文化和生活习惯等的内在要素，却相当匮乏。中国缺少真正能够体现自身特色的文化与文明的显著精神要素。伴随着西方人希望认识中国真正的原貌的客观要求，国内出现了所谓的“国学热”。普及传统，讲诵经典，设立书院，开办国学讲习班，等等，一时间呈现出1949年以来所不曾见过的社会风潮。孔学作为国学的最根本的、也是最核心的内容，同时也作为国学最明显的外在标志，再度受到世人正面的关注和弘扬。孔子又回到了中国，成为中国人心目中了不起的历史人物。

迄今为止，由于“五四”新文化运动和“文化大革命”期间批孔运动的影响，孔子还没有真正在中国的广土众民中重新生根。不过形势确实有些看好，为了建设和谐社会，为了中华民族的伟大复兴，为了共圆中国梦，全国各大城市满街都贴满了孔子的语录，确实成了今日中国街道上的普遍风景。

这是孔子在中国的遭遇，中国的圣人，也是中国的恶人，是中国人心目中最好的人，也是中国人心目中最坏的人。解释这种现象的一句最恰当不过的汉语成语，就是“此一时也，彼一时也”。

二、孔子和儒学在东方国家的传播与影响

以上是孔学在中国的简单遭遇。我们不是说孔子是世界的孔子吗？那好，我们再来看看儒学在世界上的传播和遭遇的简单情况。

儒学很早就传到了东亚各国和南亚部分国家。汉高祖和汉惠帝时代，儒学已传入朝鲜半岛，很快就在那里生根发芽，在朝鲜半岛的整个三国时代（百济、新罗、高句丽）里，儒学迅猛发展，儒家的五经已经成为整个朝鲜半岛的王朝太学里的主要学习内容。朝鲜半岛不仅学习孔子和儒家的思想，还把儒学当成儒教，用以指导国家的建构和国民的教育。高句丽国的建立者东明王，提出“以道而治”的主张，作为遗训，传流给后世的君王们。中国宋代以后，随着程朱理学的传入，朝鲜半岛又迎来了儒学发展的崭新时期，整个朝鲜半岛上，儒学派别林立，大家辈出。在中国的明朝时期，随着阳明心学的再度传入，朝鲜半岛的儒学发展，又揭开了新的历史篇章。半岛上出现了两位具有历史性意义的杰出儒学大家：李滉（1501—1570）和李珥（1536—1584）。李滉就是著名的李退溪，而李珥则是闻名遐迩的李栗谷。两位著名儒学大家的诞生，标志着朝鲜半岛的儒学（当时也叫理学）发展，达到了登峰造极的历史新高度。目前朝鲜半岛北部，就是今天的朝鲜，因为崇尚社会主义，尤其是金日成的“主体性哲学”，而使儒家的思想暂时被搁置一边。而在朝鲜半岛的南部，就是今天的韩国，儒学依然如故，受到整个韩国的崇尚，儒学的精神和儒家的言行规范，依然是韩国人必须遵循的人生伦理准则。

日本的儒学，是通过朝鲜半岛传入的，大约在公元5世纪初，主导朝鲜半岛的三国之一的百济国，应日本之邀，派博士到日本，给日本带去了《论语》。儒家思想就此进入日本国。不久之后，儒学就成了日本治理国家的理论依据。中国的宋元时期，日本当时是镰仓幕府时代中期，中日文化交流频繁，中日僧人纷纷携带儒家经典和宋代理学家们的儒学新作进入日本，在传播禅宗的同时，日本再次得到儒学的滋养，儒学在日本迅速传播并且发展起来。在日本的江户时代（1603—1867），日本的朱子学大盛，之后朱子学和阳

明学平分秋色，再之后日本古学复兴，进入了与朱子学并驾齐驱的思想时代。儒学赢得全盛，并且成了占据日本统治地位的思想。再向后，日本人把儒学当成自己的精神支柱，把整合儒学尤其是阳明心学，与固有的神道设教、强调武运的传统糅合起来，加以“稻作文化”所导致的强大的心理反抑制力，酿成了军国主义外侵式的精神指向。这一点在日本著名的哲学家西周的思想里，就能找到痕迹。日本的很多当代学者，如池田知久等都公开认为日本军国主义里面有儒家的成分，尤其是阳明心学的要素。而像伊藤博文、山县有朋等政治人物，则完全是故意利用儒家思想，以期达到为自己的军国主义张本的目的。他们所谓的“和魂汉才”（和魂——大和民族之灵魂），实际上并不是中国的儒家传统和大和民族的基本精神的正向融合，而是强调武力征服的日本心态，利用了中国儒学的忠孝思想，尤其是忠君的思想，把儒学的忠君思想，当成了效忠天皇的“圣训”，儒学被当成了服务于日本征服世界的思想工具。目前，儒学在日本一样备受重视，还在发展和转换的过程之中。

现在我们再来看看越南和东南亚其他国家的儒学传播和发展情况。

儒学自秦汉时期，就已传入越南。这句话似乎还不够确切，因为在秦汉时期，越南的中、北部就是中国的郡县，自然应该是儒学的有效“使用”范围。在整个汉唐时期，越南境内的士子和行政官员都学习儒学，饱读儒家经书的代不乏人。

公元968年，主管属于中国南汉政权的整个越南北部地区的中国将领丁部领，结束了越南北部的长期征战，统一了越南北方。公元973年，就是中国的宋太祖赵匡胤的开宝六年，丁部领的儿子，当时南汉的静海军节度使丁琏，派遣使节到东京汴梁（今天河南开封）祝贺宋太祖平定南汉国，宋太祖任命丁琏继续担任静海军节度使，同时封丁部领为交趾郡王，承认了丁部领对越南北部的统治地位。越南从此成了“独立”的国家。

此后越南与中国交往频繁，儒学在越南家喻户晓。在中国宋真宗到宋徽宗的时间里（1000—1125），越南称为李朝。李朝国王下令，在越南境内设立文庙，以祭祀周公和孔子。并且确立科举考试制度，以儒家经典为主要考核内容。继李朝而起的陈朝，时间大约相当于中国的宋钦宗赵桓到明惠帝朱允炆的时期（1126—1402）。陈朝一样崇尚孔子和儒学的思想，从中央到地方，普遍设立学校，教授儒家的经典，传播儒家的思想学说。而此后的后黎朝期间（大约相当于中国明宣宗朱瞻基到清高宗弘历也就是乾隆皇帝的时代），历任后黎朝的皇帝都尊崇孔子和儒学，把儒家的思想当成治国安民的理论基础，把儒家的典章制度当成政治和行政建构的历史依据。甚至用法律的手段，强行要求全体民众，必须遵循儒家的道德规范。由于政府的大力提倡，越南境内出现了一大批优秀的儒学思想家和优秀学者，如阮荐、黎贵惇、吴士连等，还出现了一大批儒学的著述，如《春秋略论》《书经衍义》《四书约解》《易经层说》之类。接下来的阮朝，同样推崇儒学，直到1884年越南沦为法国的殖民地，儒学在越南境内的光辉，才开始渐渐暗淡下去。

越南在传播和学习儒学的过程中，把儒学的思想，结合自己本国的实际，做了相应的改造，比如，把中国儒家的忠君、孝父的说法，改换成了“尽忠于国”和“尽孝于民”，等等。

毗连越南的老挝、柬埔寨、缅甸和泰国，也都不同程度地受到孔子和儒家思想的影响。

就在越南南面的新加坡也一样，自古深受儒家思想影响，太远的不必说了，19世纪，新加坡人就以读孔孟书为高雅的习尚，在治理国家方面，一向强调人文教化的理念，1965年，新加坡独立以后，孔子和儒学的思想，在新加坡一直拥有崇高的地位，李光耀总理当时就说过：为了不使新加坡被享乐主义、功利主义和极端个人主义葬送掉，学校一定要开设孔子和儒家的课程，以为改造社会人心之用。

马来西亚同样崇尚孔子和儒学，马来西亚对于孔子和儒家思想的了解，大约通过越南继续南传和“郑和下西洋”之类的诸多渠道。马来西亚现在有著名的“孔子研究院”，院长陈启生先生，跟在下已经是老相识了。我到过马来西亚，在书店里看到过孔子和儒家方面的不少书籍。马来西亚主要使用三种语言，除了通用语马来语之外，还有英语和汉语。书店里的书，也主要是这三种语言写的。

印度尼西亚一样受到了儒学的影响。一般研究者总是觉得印度尼西亚受到孔子和儒家思想的影响，主要是18世纪以后，尤其是由19世纪的商船所带来，其实还要早得多。晚唐、五代，尤其是北宋以后，“爪哇国”经常来宋朝进贡，赠送礼物，大宋朝也回赠礼品，其中一定有孔子和儒家的经书之类。孔子和儒家思想在印度尼西亚虽然没有像越南、朝鲜半岛和日本那样深入，但是影响确实从五代以后明显存在。20世纪50年代，印度尼西亚还成立了“印尼孔教总会”之类的组织。

孔学和儒学对菲律宾显然也曾有过很大影响，虽然后来菲律宾在长期被殖民的历史过程中，完全浸泡在基督教文明里，但是儒学的影响，至今依稀存在。

儒家对南亚和西亚也有相当的影响。不必举更多的例证，仅就今日的伊朗和伊拉克、科威特等国，在元朝时，原本就是元帝国的属国，国名叫作“伊儿汗国”，也叫“伊利汗国”。主宰者是叱咤风云的元世祖忽必烈的亲弟弟旭烈兀。元朝虽是蒙古族建立，却把大兴儒学作为治国、治世的根本，旭烈兀是完全照着忽必烈的指示办的，能不推广孔子和儒家的思想吗？旭烈兀死后，第二任伊利汗国的国君还只能在受到忽必烈的册封后正式成为主宰者。这位主宰者的名字叫作阿八哈，是旭烈兀的长子。忽必烈册封阿八哈之后，阿八哈还下达过一份敕令，就是告诫全体大臣的命令，敕书上盖有“辅国安民之宝”的印玺。伊利汗国实际统治地区差不多包括今天的北非和西亚全部土地，南亚的伊朗，西亚的伊拉克、科威特、叙利亚、黎巴嫩、沙特阿拉伯和整个巴勒斯坦地区，儒家的思想显然曾经对这些地区产生过影响。直到第六代君主合赞，为了得到伊斯兰教的支持，改信伊斯兰教，儒学的影响不断减弱，但是依然存在。从旭烈兀1256年占据巴格达建立国家，伊利汗国传九帝，历时100多年，比元朝的寿命还长。期间儒学在北非、西亚的影响一直没有消失。

在日本、韩国、马来西亚、新加坡、越南等东亚和东南亚国家里，孔子的地位和影响，在历史上就一直呈现为正面和正大的形象，至今没有发生很大的变化。明清时期的伊斯兰思想家们，有很多人也在用孔子和孟子的思想解读穆斯林经典《古兰经》。有很多佛教徒，甚至藏传佛教的高僧，也用孔子的思想来验证佛经，或者用佛经的说法，来解释孔子的思想。

总的说来，儒学对于东亚和东南亚的影响大，对南亚和西亚也有影响，但是因为在整个伊斯兰教地区，随着旭烈兀一系统治的最后瓦解，儒学的影响渐渐在历史中消退。儒学影响的深远程度，显然不及东南亚，尤其是东亚地区。

三、孔子在西方社会里的此起彼伏

以上是儒学在亚洲地区影响的一般情况。其实欧美各洲也同样受过儒学深刻的影响。

明代晚期，通过传教士们的翻译，儒学真正开始为西方人所知。最早翻译并向西方传播孔学和儒学思想的传教士，应该就是那位赫赫有名的利玛窦（1552—1610）先生。接下去之后，金尼阁、闵明我、卫方济等西方的基督教传教士们，继续从事孔学与儒学的翻译和介绍工作，孔子引起了欧洲大陆众多极其优秀的学者和思想家们的重视。

普鲁士王国最著名的古典哲学家、杰出的数学家和物理学家莱布尼茨（1646—1716），是欧洲思想界崇拜孔子的先驱。这位人类历史上不世出的天才人物，对人类文明和人类科学的发展，做出了不可磨灭的贡献。作为伟大的智者，莱布尼茨盛赞孔子是人类精神生活的导师，并大力在欧洲宣传孔子。与莱布尼茨同时赞赏中国和孔子的，还有英国的政治哲学家霍布斯（1588—1679）。莱布尼茨的弟子，当时普鲁士王国的另一位了不起的哲学家沃尔伏（1679—1754），在宣传孔子思想方面，更是不遗余力。他们师徒一致认定孔子为人类树立了楷模，人类要想和谐共处，共同发展，非要学习孔子的思想不行。

17、18世纪之交的欧洲，掀起了一股上层社会追捧孔子的思想、文化和舆论宣传的浪潮。期间，热情最高，贡献最大的当属法国的启蒙思想家伏尔泰（1694—1778）。这位名副其实的欧洲启蒙运动的导师和领袖级人物，因为致力于孔子和孔子学说的宣传，被盛赞为“欧洲的孔子”。当时美洲新“开发不久”，整个美洲也都与欧洲一样，充满了学习孔子的热情。中国的形象，在当时的美洲地区，与在欧洲一样高大，好像中国就是人类未来的希望标杆，就连中国人自己深感压抑的专制政治，也被西方人认定为“温和”的、“家长式”的“开明君主制”，而不是真正实质上的绝对集权专制。西方人把中国人的生活描写得像田园诗一样，悠闲、宁静、热诚、互助，平安、吉祥，等等。几乎把所有人类美好的词汇，都赋予了孔子和中国人。

可是好景不长，不久之后，孔子在欧洲的地位遭到撼动，1723年前后，沃尔伏因为在一次公开的讲演中美化孔子，有借助孔子诋毁基督教的嫌疑，遭到同事的抵制。当时的普鲁士国王腓特烈一世还为此下令：沃尔伏必须在48小时之内离开普鲁士。而瑞典国王却希望请他去做“摄政顾问”，刚刚兴起的俄罗斯，也给沃尔伏送去了安慰，彼得大帝请他到圣彼得堡大学的学士院担任副院长。

1740年，普鲁士国王腓特烈一世过世，腓特烈二世上台，又把沃尔伏请回普鲁士的哈勒大学，并下令全普鲁士各大学都要公开宣讲沃尔伏的哲学。沃尔伏不改初衷，依旧致力于孔子的宣传，他说：“中国的三代（指夏商周）君王，都是哲学家，这些国王哲学家的身上都有充分的哲学储备。他们用哲学的方法，塑造了中国的政治和政府。”

沃尔伏还说：“中国人有一种风俗，就像孔子和孟子的作品中表达的一样，当政府或者国家面临一件艰难的事情的时候，皇帝和政府总是要去询问哲学家，在中国的三代时期，哲学家就是国王和政府的议会。”这种话语特别能够体现沃尔伏学习《论语》之后的心得，因为孔子确实不断地在赞美三代时期的政治，孔子和孟子以及后来的宋明时期的儒家学者，确实把三代时期的政治描绘得太动人了。

到了沃尔伏的再传弟子伊曼努尔·康德（1742—1804）的时候，欧洲对中国学问的态度已经大变，不再以中国为优异，伴随着欧洲大陆尊孔的热浪，又袭来一股反孔的热潮。就连康德这位深受中国孔学影响，从而被后来的德国哲学家尼采称为“哥尼斯堡的中国人”的哲学大师，也没有说中国哲学和孔子的好话。康德甚至说“中国人的头脑中从来就没有美德和道德的概念”。到了黑格尔时代，情况更加糟糕，黑格尔（1770—1831）认为孔子完全没有可能跟苏格拉底相提并论，他只是一位有生活经验的长者，向年轻人讲说生活的普通道理，根本没有任何哲学性，孔子所讲的，只是一些“极度乏味的迷信和简单的举止行为规范”。而且黑格尔发现，孔子的学说，“忽视了人的自由”。处于康德和黑格尔之间的普鲁士思想家赫尔德（1744—1803），更加藐视孔子和中国以及中国的思想学术。他尖刻地把中国比喻成“正在冬眠的土拨鼠，甚至就是经过防腐处理的埃及木乃伊”。

孔子在欧洲大陆的形象彻底倒转过来，从人类生活的精神导师，忽然间坠落到是普通、迷信，甚至无知、无能、无深度，但却很固执己见的腐朽、顽固的代名词。孔子的形象在美洲的情况就更糟糕，紧随欧洲的反孔、排孔浪潮，美洲也把孔子从天上拉回到了地下，或者更确切一点说，是从天堂打落到了地狱。

在19世纪后半叶的美国，孔子和中国人的形象，就是懒惰和保守，不思进取而坐享其成。美国人对孔子的如此看法，跟当时移居美国的华人的表现有重要关系。当时移居美国的华人，层次多半很低，品质多数很一般。而这些人为了华人圈的联系，多半在口头上念诵两句孔孟的话语。美国人把他们当成所有中国人的标本，并就此认定：孔子的思想，是禁锢中国人创造力的根本原因。中国人之所以不思进取，就是因为学习了孔子的教条。

1872年，美国的一家叫作《大陆月刊与西部杂志》的报刊，登载文章称："中国人的大脑，就像中国女人的小脚一样，已被彻底地包裹束缚，成了严重的畸形。他们将大量精力，用来细致品读孔孟的幼稚言行和陈腐道理。"美国人还认定，孔孟思想在中国的广泛推行，导致对中国文学创造力的严重禁锢，说在孔子之后，中国就再也没有出现一位像样的文学家。美国的《文牍月刊》，甚至把初到美国的华人不能融入美国社会的问题，算在了孔孟的身上，说孔孟的思想，是妨碍这些中国人接受美国先进思想的主要障碍。《文牍月刊》还煞有介事地举例说明：一位华人小孩儿，因为父亲的疏忽，没有学会孔孟之道，对孔孟的思想知之甚少，反倒形成了这个小孩儿顺利地接受美国先进思想，从而融入美国社会的有利条件。当时的美国人甚至把一些移居美国的华人身上的所有被放大的缺点，全都归罪于孔子，一时间，懒惰、保守、贪婪、好色、狡黠、欺诈，全都被算在了孔子的头上。

到了19世纪末和20世纪初，孔子和中国文化的形象在欧洲和美洲再度经历新的变化，西方人又开始重新审视中国文化。以德国为例，德国的大哲学家们，特别是存在主义的哲学大家如雅斯贝尔斯、海德格尔等，又开始重新抬高中国文化。不过这一次，他们抬高的主要目标不是孔子，而是老子和庄子。与此相类，美洲人也开始对中国文化重新生出好感，孔子的形象大为改观。1895年，《华盛顿邮报》著文称：孔子的思想，"仍然是当今世界的准则"。另一家报纸则发表文章指出："尽管信心不能造就完人，但以孔子等圣人为榜样，却能把时钟拨快5分钟。"意思是说，孔子有催人奋进的客观功效。

1903年6月，《波士顿环球报》发表文章称：逆境磨炼人的意志，逆境成就人的美德和天才。文章用以说明问题的例证是孔子，说"孔子早年贫穷，只是一个小店主”。1912年，美国《芝加哥论坛报》载文称“孔子是一个睿智者”，并由孔子的睿智，导出“伟大来自于母亲”的结论，说孔子是因为得到了母亲的智商，才取得了巨大的成就。文章还就此宣称：“创造母爱，才是上帝最伟大的行动。”1915年，《波士顿环球报》发表工程师雷德菲尔德的文章说：孔子出生时，其父已71岁高龄，孔子因此遗传到了他的父亲的丰富阅历和智慧，从而成长为圣人。这位工程师宣称：男性年龄越大，生育的孩子越聪明。他还拿出1000美金作赌注，让全世界的生育专家找出反面的证据，他坚定认为自己的结论是颠扑不破的真理。他说孔子的儿子一点儿成就和影响都没有，一生没有获得任何功名，主要的原因，就是因为他出生时，孔子才只有19岁，他从孔子那里，没有遗传到任何优秀的东西。

优生专家都不同意他的说法，可是又拿不出有效的反面证据。

1975年，正当作为孔子故乡的中国大陆全面批判孔子的时候，美国的很多报纸，却在宣传孔子的思想：有鉴于当代社会人与人关系的疏离状态的日渐严重，人心变得越来越冷漠，大家都以自我为中心而不顾他人的感受等的严重情况，《芝加哥环球报》著文称：“倡导孔子的仁爱学说，可以有效根治以上痼疾，而提倡孔子的己所不欲，勿施于人的原则，更可以增强人类之间的互爱、互敬、互谅、互让和互助的优良品质。”该文称颂“己所不欲，勿施于人”，是孔子为人类开创的“黄金准则”，说这项准则可以当成人类各种信仰的人种和民族的共通性的原则。根据我的了解，美国的一些中小学，现在都有选择孔子的言论，当成课文的情况。甚至在一些小店铺里，遭到男友大声呵斥的女孩子，竟然以“孔子说，不许对女孩子大呼小叫”为理据，进行自我防护。

眼下的情况更与从前不同，西方出现了很多了不起的汉学家，包括整个欧美地区，甚至澳洲地区，都有很多西方学者对孔子学说有深入的研究，不过他们解说的孔子，跟我们理解的不完全一样。我们也没有必要，更没有可能一定要求人家如何理解孔子。

对于西方国家和西方人赞扬孔子或者贬抑孔子，大家首先不应该采取欣喜若狂或愤激作气的态度，这是我这次设立“人类的孔子”这样一个标题的真正用心。如果我们总用情绪化的倾向看待别人的态度，孔子在将来还会大起大落。我们应当学会理解，理解别人和我们自己，为什么会这样看待和对待孔子。只有这样，我们才能进步，而不是总在情绪里颠来倒去，七上八下地折腾个没完没了。真正摆脱情绪的困扰，我们的民族和社会才会渐渐成熟起来。我们经常说“理解万岁”，但是很少有人真正想过：理解为什么“万岁”？理解并不简单地等于同情或者原谅之类，那些还都在情绪上。我在这里说出几条看法，提供给大家思考：

理解能够帮助我们学会客观的态度，排除主观情绪的困扰；

理解可以为我们打开通往对方思想和心灵世界的窗户；

理解就是学习，理解了东西就是学到了东西，理解了别人，就等于从别人身上学到了东西；

理解可以帮助我们拓宽视野；

理解能够帮助我们开阔胸襟；

理解还可以减少很多不必要的暴力冲突。

刚刚过世的南非前总统曼德拉有一句名言：“原谅了敌人，就等于宽恕了自己。”这是绝对伟大的话语。曼德拉真心信奉自己的格言，用自己真正宽容的行动，解除了南非黑人、白人之间的长期仇怨，把南非这个国家带进了真正和谐美好的生活境况之中。仅就这一点而言，曼德拉就是当代世界上最大的伟人之一。只有诚心诚意地向这样的人学习，我们的国家和人民才能获得实质上的进步。

总把别人对不住自己的事情放在心上，就是对不住别人，同时也是对不住自己。始终处于仇恨中的心理，会抑制生命的创造力，会阻碍我们学习新知，也会严重妨害我们体会和享受生活。心中始终装满仇怨的人，不仅是心胸狭隘的人，也是很愚蠢的人。因为仇怨的情绪，显然是阻挡幸福来临的真正的森严壁垒。

孔子说：“不怨天，不尤人。”我们应当永远记住这样的伟大教诲。

孔子和孔学在东西方社会的影响，充分表明了孔子早已不再局限于自己的山东故里，也早已不再局限于自己的故土中国，他早已被世界化、人类化了。因此，我们必须说：孔子是人类的孔子，只有这样，才符合实际，也才能使孔子的思想在更广阔的空间里和时间的长河中发挥更加积极有效的作用。如果我们仅仅说他是山东的乡贤，或者仅仅说他是中国的圣人，都会缩小了孔子。

就在我刚刚给潇湘之声频道讲完这一讲的时候，中国建筑第五工程局有限公司的董事长鲁贵卿先生为我提供了另一个例证，几天前瑞典的客商到他们公司参观，一进大厅就见到了矗立的孔子铜像。公司讲解人向人家介绍说“这是孔子”，人家马上给他更正说：“不，是孔夫子。”人家似乎仍然比我们更加敬重孔老夫子。

所以我说，孔子应该属于人类，他是人类共同的精神生活的导师，也是人类仁德与智慧的精神DNA宝库的无私奉献者。孔子是属于全人类的，而不仅是属于山东或者中国的。

（本文是在湖南人民广播电台潇湘之声频道为听众讲说《论语》的录音整理稿。）

圣人如何享受生命的时光
——孔子“恭而安”的幸福生活

这是本次来湖南人民广播电台讲说《论语》的最末一讲。潇湘之声的《声音图书馆》也将在下周全部播放完毕，而鄙人往常讲《论语》，确实没有明确讲说这个内容，因为这段时间，对孔子的“恭而安”的人生状态倍感亲切，好像真是在生命的深处，意识到了这种境界的不可企及和无与伦比，所以才来粗浅地说说对这个问题的体会。

世以温良恭俭让为孔子圣德光辉，但是最早听到这句话，却是在“文化大革命”期间，意义也是截然相反的。在我很小的时候，耳朵里就灌满了毛主席语录，“革命不是请客吃饭，不是做文章，不是绘画绣花，不能那样雅致，那样从容不迫、文质彬彬，那样温良恭俭让。革命是暴动，是一个阶级推翻另一个阶级的暴烈行动”[①]。很显然，“温良恭俭让”，在这里是被批评的对象，就是要求所有的革命者都要在内心深处彻底摈弃这种梦呓般的幻想。应该说，孔子的这句话语，比之自己在“文化大革命”中被“踏上一万只脚，叫他永世不得翻身”的遭遇，显然要幸运得多。

“温良恭俭让”一语，出自《学而》篇中孔门弟子陈亢与子贡之间的对话。“子禽问于子贡曰：‘夫子至于是邦也，必闻是政，求之与，抑与之与。’子贡曰：‘夫子温良恭俭让以得之，夫子之求之也，其诸异乎人之求之与。’”陈亢字子禽，司马迁在《仲尼弟子列传》中，把他当作孔门弟子，另有一说，认为他是子贡的学生，而不是孔子的弟子。《论语》中有陈亢对子贡说“孔子真的比您强吗”之类的话语，看来真像是子贡的学生，也可能是司马迁搞错了。子

① 毛泽东：《湖南农民运动考察报告》。

贡复姓端木，单字名赐。

这段话语的意思，就是陈亢问子贡：孔子到哪个小诸侯国去，都能了解那个邦国的政治情况，是他自己“不耻下问”得来的，还是别人主动告诉他的？子贡说：孔子“温良恭俭让”，这样的人生状态和心态，使得别人都能主动地来告诉他，不必亲自一一去问询。

朱熹在《论语集注》中解释这句话时说：“温，和厚也；良，易简也；恭，庄敬也；俭，节制也；让，谦逊也。五者，夫子之盛德光辉接于人者也。”这样的说法，是讲孔子因为自己的“人格魅力”光彩照人，于是别人就主动来跟他亲近，他也就因此了解了很多真实的情况。

这是就这件事情本身而言，但是“温良恭俭让”，却早已飞出这件事情和这句话语之外，成为孔子“盛德光辉”的一种典型性的话语描述。

我今天要把话题转移掉，转移到孔子的人生状态和他与生命的关系问题上来。

孔子一生虽然奋斗不止，为了实现理想而辛苦奔波，但是他的生活是很幸福的。因为他深深懂得，理想只是实现幸福的一个重要条件。追求理想，是为了使生活的格调更高远，更有公益性。追求理想，绝对不是为了毁弃人生的幸福。

孔子追求成圣，同时修得道德的力量和道德的品格，使生命变得伟大和崇高，从而使人生的幸福建立在更多人都能幸福的基础之上。同时不为了大多数人的幸福而舍弃自己，在提高大家的德性内质的同时，与大家同享生活之乐。

孔子徜徉于绘画、音乐和诗歌的意境当中，他的人生充满诗情画意，弹琴和歌唱，是他的人生的另一主调。这一主调决定了孔子的日常生活是充满诗意，而且也是极富音乐性的。他生活在诗歌和音乐的世界里，他和他身边的人们，都被诗情画意所笼罩，他们经常陶醉在音乐所营造的艺术世界中。

由于德行的修养和对诗歌与音乐的把握与享用，他和弟子们生命的幸福程度，达到了前所未有的高度。

虽然德行和艺术都不直接就是幸福，但是幸福少不了德行和艺术。只有在德行完好的前提之下，徜徉在艺术般的生活情境中，人生，才会呈现最佳的幸福状态。

孔子究竟给了学生一种怎样的感觉，在这些学生的心目中，孔子是一个什么样的综合形象呢？我们再来分析下面一段话语。

《子张》篇中有一句经由子夏的口中说出的话语："君子有三变，望之俨然，即之也温，听其言也厉。"

说是一个真正的君子，你去跟他接触的时候，心里对他的感觉，会发生三次比较明显的变化。开始一看，"哇，很严肃，有点吓人"。当你有了跟他比较近距离的交往以后，心里的印象改变了，不再觉得他不好接近，而是感觉很温和、很和善了。但是当你听到他讲话的时候，又会在心里产生新的判断："这个人一丝不苟，态度认真严肃，不容侵犯，不敢亵渎，不能怠慢。"

非常明显，子夏已经把老师孔子的日常生活状态，抽绎成了"君子"的普遍标准。这样的抽绎，显然是为了提升学道者的人生品格，因此也就具有了普遍的意义，从而不再局限在对孔子一个人的赞美和崇拜，个体的特征被提炼成了普遍的原则，这是了不起的理论贡献。

但是，正是因为这种普遍的抽象，反倒使得被从个体的经验中抽绎出来的"特征"，失去了相当一部分鲜活的个性特点。这个被抽绎出来的普遍的"标准"，与孔子本身的生命状态相比，也就显得有些僵硬或者板滞，其中的灵动、鲜活的个性，收放自如的弹性和韧性都被"蒸发"掉了很多。

《述而》篇中说："子温而厉，威而不猛，恭而安。"

"温"，就是温和，就是温暖，就是温润，就是温馨。孔子待人很温和，因为温和，所以学生和朋友们跟他相处才感到温暖，才感到温馨，才感觉和蔼和亲切，每天都能跟孔子温润地生活在一起，是一件多么幸福快乐的事情！但是孔子的温和，不是无原则地哄人，更不是一天没正经的，只是在那里嘻嘻哈哈一个劲儿傻笑。他很严肃，也很严正。他很庄严，这就是"厉"。从态度上讲，孔子是温和的，但是同时也是严肃认真，不会轻易苟且的。这是从一个角度看。从另一个角度看，孔子很有威严，有时会很严厉，但却不凶狠，就算是批评，也不会伤到人的尊严，不会使人感到受了伤害。这就是"威而不猛"。以上两个角度，都是他跟别人相处时的状态，而他自己所表现出来的，则是"恭而安"。

什么叫"恭而安"？恭就是哪怕自己一个人独处，都是很恭敬的样子，恭敬什么呢？恭敬天地，恭敬出于天地的自己的生命，恭敬天地间的一切生灵和事物。由于恭敬，孔子平居的时候心里很安静，情绪很安宁，整体人生状态很安详。不像现在的很多人，一天到晚不知道究竟为了什么，整天就是瞎忙。身影急促，心情急迫，情绪急躁，总好像有多大的事情在干，其实都是些鸡毛蒜皮之类的小事儿，或者根本就是没事。没有正经事干，又不愿意读书、思考、体会人生，所有的空闲时间，好像都是自己人生的累赘和负担一样，闲得手忙脚乱，心神不宁。

就是干正事的人也一样，经常把自己弄得太忙，没有时间和心思回头瞻顾或者驻足回味。生命在活动，生命在奉献，但是自己却不能真实地体察到，精神随着身体四处奔跑，疲于奔命，连感受自己活着这件事实的功夫和心情都没有，那一定不会是幸福的。

幸福是对自己生命的意义和价值的肯认，当然这是初起的状态，幸福同时是并且尤其是对自己生命活动的脉搏、节奏等的自我感觉。这种感觉的获得，仰赖于一定的时间和条件，可是有一点一定是非常重要的，那就是你要给自己留下一点儿空闲的时间，还要给自己找到一点儿相对宁静的空间。

体会人生和感受幸福，一定需要有一个人独处的时候，没有独处的时候，就不会产生对于生命的真实感受。非要找一个或几个伴一起吃饭说话，一起逛商场、看电影，一起游赏玩乐之类，都不太可能真正得到这种对于生命的自我感受。一个人必须养成独处的习惯，这是真正的自立、自主、自强的表现，连一个人独处都感到寂寞，感到无聊或者感到恐惧，是不可能有独立不倚的人格的，没有独立不倚的心理品格，人就不能真正感受到生命的深层乐趣。

生命本身就是意义，就是快乐，就是美。在生命的活动的意义和价值的层面上，感受生命的伟大与崇高，虽然是圣贤和英雄豪杰们非常动人的一面，但是圣贤、英雄豪杰也是人，在根本的意义上，大家都是生命，而且也都只有这一次生命。从这个角度上看，生命的恬淡自适和生命的通畅闲舒，那才是具有更加普遍意义的生命的意义和价值。

其实生命本身就有意义和价值，不一定非要成就伟大的事业，建立不朽的功勋。中外历史上不乏叱咤风云的豪杰，也有崇高伟大的圣贤。但是他们中的绝大多数人，只有对于成就的自豪，只有运用权力和享受快乐的自足，仍然不能“恭而安”，离最高层面的幸福，相差依然很遥远。无论是秦始皇、成吉思汗，还是拿破仑、希特勒，还有很多中外的大艺术家和大文豪，甚至很多宗教的教主，他们似乎直到死的那一天，心情依然都没有彻底地平和，他们活得和走得都不够安详。只有像孔子、苏格拉底、庄子、莱布尼茨、斯宾诺莎、张横渠、程明道、胡五峰、朱元晦、康德这样的人物，似乎才真正到了“恭而安”的人生境地。就连伟大的孟子和船山先生，在世之时和临终之际，生命苦苦挣扎的迹象都还十分明显。

到了“恭而安”的境地，人就不再计较利害，不再系心得失，不再分别剖判，不再争长道短，不再比强较力，不再忌讳生死，不再牵挂今生来世。一切都放下了又都还在努力着，一切都不再较真但却一点也不马虎，心思完全淡然了，但却充满奋斗的乐趣……任何宗教、哲学、伦理，只要还在坚持主张，只要还在言说自己的优异，就永远也无法达到这样“仰之弥高”的人非人、神非神的状态。政治、经济、军事、管理之类，就更不值一论。这就是人文，这就是人文宗师的伟力，所谓“至圣”，早已不再是宣传和张扬，而只是实实在在地、平平淡淡地、潇潇洒洒地客观描述。

“恭而安”的感觉真好，那才是既属于所有生命的共同意义和价值的最高人生境界，同时也是属于个体生命的最愉悦、最平和、最宁静、最安然的状态。只有“恭而安”，才能细致感受天地间的一切，细心品味人生的感觉，这是体会人生，也是享受人生，更是赞美人生，是一种难以名状的真实的生命之美。这种状态，只有在真正地“知天命”之后，才会呈现出来。

恭敬地让生命自己在那里活动，然后自己根本无心地在一旁观察、体贴、品味，这样的境界才真正可以叫作“乐天安命”。我过去讲，知天命，就是知道天底下生命本有的局限，其实还应该包括对于生命的自我感知、自我赏玩、自我陶醉。欣赏天地合力造就出如此精密而神奇的生命——它既有自我认识、自我反省的能力，又有自我实现、自我欣赏的本能。任何一个生命个体对于自我的默默欣赏，都是对天地创造生命的礼赞，都是使自身生命融入天地的大化流行过程的优异奉献。

“恭而安”，是孔子给学生们的综合印象，也是孔子自己生命的实际境况。“恭而安”，才是对生命的最高尊重和礼赞，才是人生最高幸福的不必张扬，也遮蔽不了的自然朗现。

（本文是在2013年12月，应湖南人民广播电台和中国建筑第五工程局有限公司联合邀请，在潇湘之声频道给听众朋友讲说之后的整理文稿。）

孔子的仁、礼观念并及儒家的历史命运

孔子创立仁的哲学，赋予人生以伦理的意义，这是对中国思想史最伟大的贡献之一；同时，他又改造周礼，并结合春秋时期的实际特点，创造性地将礼的观念，从阶级政治的意义，转换为纯粹的伦理规范，开创了中国历史上真正的以伦理为核心的人文主义时代。但其可行性却受到中国历史实际的阻隔，仁政的理想与专制主义者们牟利计功的欲望相冲突，其结果是儒家成了中国传统政治祭坛上的牺牲者。

相关研究表明，仁的观念在孔子之前，很少有道德的内涵，仁之成为道德的内核或人之所以为人的准则，主要是孔子的创制①，这是孔子对于中国思想史的伟大贡献。同样，礼的观念在孔子时代虽很盛行，但孔子能以创造性的方式促成其由阶级的意义向伦理的意义转化，也是对中国思想发展史最伟大的贡献之一。

一、仁之内涵

孔子讲道、德、仁、礼、勇、信等，于各个方面都有创新，但其核心的观念是仁。如果没有仁的观念，孔子的学说就缺少统一一贯的取向，就如同设门户而不置关键，就有画龙而不点睛的遗憾。不仅如此，更为重要的是，后世的儒学，则会因失去原初的动力而无法顺畅地发展，无法在与其他各家互相竞争

---

① 《尚书》中的类似于“予仁若考，能多才多艺，能事鬼神”，很难确定是否真有道德的内涵。这里的仁，解为内在的“材质”之能或更合适。而《诗经》中的“其人美且仁”，显然是指体能与姿态，更不具有真正的道德意。《左传》与《国语》中的仁的观念虽有明显的道德意义，但其中多有引述孔子者，或当为受孔子的影响所致。故仁的观念之被用于专指道德，看来应该是孔子的发明与创制。

中站稳脚跟。总之一句话，儒家就不会有那样强大的生命力，或许很快就会萎靡并衰落下去。

一般教科书上解孔子仁的观念，主要都是用“仁者爱人”、“克己复礼为仁”和“己欲立而立人，己欲达而达人”诸条，其实这都是就表现说仁，并不是说仁本身或就本体说仁。第一条与第三条事实上是仁的表现，第二条是实现仁的方法、途径或结局。仁在孔子的学说体系中占有核心的优先地位与价值，仁是“天生德于予”[①]的完满自足的道德内在，是“天之所赋予我者”的“非假外铄”的完满浑融的内在道德自我。《论语》中没有直接这样表述的话语，但其意则不时渗漏，综合审思，不难发现这才是孔子仁的真正本义。而有关于此，《中庸》则有明确的说法：“子曰‘仁者，人也’。”所谓“仁者人也”，就是说仁就是人之所以为人的理由和标准，就是人天赋的内在本质的不可改易和不容偏离的原则规定性。人与仁在本质上是同一的，也只有在内在的本质上与仁合一，人才可以称作人，人才有可能成为人。孟子于此有至深的体会，“仁也者人也，合而言之道也”[②]。朱子《孟子集注》卷14于此句之下称：“仁者，人之所以为人之理也。然仁，理也，人，物也，以仁之理合于人之身而言之，乃所谓道者也。《中庸》所谓‘率性之谓道是也’。”应该说这个注释是很到位的，虽然不免理学家的矫情的味道。仁，就是性，人之所以为人的天赋道德善性，而人尽管在本质上与仁是一致的，但其经常的存在状态却是物的形式。将经常性的物的形式与超越的先验本质相合一，即是人之成为人的标志，也是人之走向人的必由之路。同时，仁又是人的内在本有的生存动力和生存的价值指向。按照朱子的说法，人之作为物与作为理的仁的合一，就是道。道是天，人之得于理或人与仁的合一，就是人心回归道心，人心同于道心，此即是“率性之谓道”的真正含义。率性而同于道，就是天人合一。天人合一是儒家道德哲学的终极指归，也是儒家追求的最高人生理想境界。此一理想境界之设定，或此一人生目标之确立，首功在于孔子。这也是孔子伟大而不可及之处。孔子要求人们“依于仁”，是出于对“我欲仁，斯仁至矣”的深信不疑。孔子认为真正的君子“无终食之间违仁”，原因就在于仁是人之所以为人的本质，

① 此数条均在《论语》，杨伯峻注本，中华书局 1980 年 12 月版之《颜渊》《雍也》《述而》篇。

② 《孟子》杨伯峻注本，中华书局 1960 年版之《尽心下》（以下只注书名及篇名）。

违背或逃离了本质，人就不再是人，人也就无法成为真正意义上的人了。人之为人，就失去了孔子认定的道德意义上的价值向度，人就真正成了一群社会化的生物，与牛羊犬马无别，从而无法在文化的意义上或价值的意义上进行分辨。

人之自我虽是道德的主体，但这只是天赋的“本能”，若要真正地成为道德的载体或与天道合一，还必须经由一番有序而艰苦的修养工夫，没有这一条，人与仁的合一，在现实上是根本无法实现的。

人之成为人并不是主体的自我选择，而人之为仁同样在原本的意义上并不出于自我的选择。这是仁的天定性。人必然要走向仁，这是天定的必然性。以偶然的个体之在无选择的情况下出现在人类社会之中，尽管他（她）有生存的欲望，但其内在的对于单纯的生存本身的超越——走向善美的内在固有要求，促使任何一个人都不能例外地走向意义和价值，尽管各自所能达到的程度各不相同，但只要有这点精神，人就是一个人。因为这样的人是在努力向仁靠近。孔子所谓“里仁为美”[①]的真正含义和真正秘密都在这里。

人是自身生存的主体，人也是超越生存的价值主体。主体的意思并不像20世纪80年代哲学界讨论的那样狭窄。中国文化是主体性文化，无论儒家、道家还是佛家在这一点上都是相同的。尽管各家对主体的理解和限定并不完全一致。人作为主体并不仅是认知意义上的，而尤其是伦理意义上的和审美意义上的。最高的审美境界应该是忘记了认知的善美交融。认知只是为善美服务的，或者只是走向善美的过程甚至手段。弗洛伊德说：“人类心血最大的成就，乃是他自己的人格。”人生目的之在终极的意义上绝不在于认知，而在于趋善成美。这里的主体的意义，同样并不仅在于他（她）是理想的设计者和行为的操持者，而在于他（她）的受天之命从而成为天之使者，亦即天使。人是天使，人原本即是天，人即为物，便成了天之使节，天以生生善性赋予人，人循天而感而思而动，最后回归于天——成就完满的道德，从而成为天地间之最美且无伦者。人的主体性是他（她）的偶然性中所包含的必然性。必然性是人之向善趋美的天定法则，是人于天地之间所无法逃离的。人是善与美的原则主体，也是向善趋美的行动主体。即是行动的主体，便不得不尽最大

① 上引《论语》话语，前两条在《述而》，后两条在《里仁》。

的努力向善趋美，以实现自然生命的偶然性与道德善性的天定性的最终合一。孟子所谓“尽其心者，知其性也；知其性则知天矣”[①]表达的就是这样的意思。

仁是生生的发动体，生生是仁的运行过程。有仁则必能生生，有生生，即表示仁在运行，在养育万物。宋儒谢上蔡以生意论仁[②]，其用意在此，侯仲良说“仁如一团元气，化育流行，无一息之间断”[③]，也是基于对仁与生生的关系的真切体会。正因为仁“无一息间断”，所以君子才“无终食之间违仁”。而生生之为德，正体现仁的“化育流行”，其神美精妙是无法用言语至达的。这就是说仁是不能彻底被定义出来的，它需要的是体会。感受到了，就觉其真切，感受不到，反倒觉得不真实，不牢固。因为中国文化的实质是生命的或者精神的，精神的意思不是分析辨别意义上的思想，分析辨别意义上的思想是相对行为或客体存在而言的，可以称作思维。精神则表现为一个“活”字。此一“活”字非同寻常，有此一“活”字，斯能体现人于天地之间的生生气象。此一“活”字，方显出善美之在吾心中不曾泯灭，方表明我与仁未曾脱离。如此，则“人者仁也”的规定性才能得以证实，“我欲仁，斯仁至矣”才有可能成为现实。生生即是天德，也是天之赋予我的良知良能，人生的目的就在于尽人力所能以迎合天。这不是被动的，而是本然的，即便你不自知觉。是主动的又不是人可以随意按照自己的想法去设定或驱动的。王船山先生说：“圣人尽人道而合天德。合天德者，健以存生之理；尽人道者，动以顺生之几。”[④]这不是口号，也不是号召，而是体会，对生命本然的质态、量态的体会，对生命本然意义和价值所在的体会，也是对生命应该担负的责任的体会。这就是使命感，这就是延续中国文化的生命精神，这就是维护所谓圣道。“合天德”，是人的本质，被客观地规定了的本质，也是人生的善美之极致。“尽人道”是人的使命，也是被客观地规定了的，是人的行为甚至生存本身是否拥有意义和价值的客观标准。王船山张扬“健”，因为“健”即是天之本然的生生之态，

① 《孟子·尽心上》。

② 参见《上蔡语录》之卷一，上海古籍出版社出版的四库丛刊本第 698 册 569 面。

③ 黎靖德编，王星贤点校：《朱子语类》卷 101，北京：中华书局，1994 年，第 2575 页。

④ 《周易外传·无妄》，见王夫之：《船山全书》第一册，长沙：岳麓书社，1988 年，第 890 页。

又是天之运行的常式。“健”不失，则生之理存，人的行为便可以顺着生生的仁善之几而动，这就是“尽人道”，合于天德，即表示已经尽了人道，尽了人道，同样表明已经合了天德。这种表面不自知觉时的被动，自觉后便会感到原本就是主动。有了这样的体会，乃知孟子所谓“夭寿不贰，修身以俟之，所以立命也”①，并不是消极的和被动的，而是积极的和主动的。这里的命，不是宿命，而是使命。修身以俟天命是使天之命，所以立命更是自我将道德的他律转化为道德的自律的使命。而无论寿命长短，都不放弃努力完成使命，这是何等积极的人生态度！这也应该是孔子“不知命无以为君子”的真正用意所在。

总之，孔子的仁是天地之善、美的凝聚，是无体之体，它在无形之中以不声不响的方式发生作用。天又将仁无偿地赋予了人，其在人，则是涵天地美、德的积极性的主体——体会天道的主体，践履和弘扬天道的主体，在道德上虽依天而犹能自主自立自行之主体。如此，则“天何言哉？四时行焉，百物生焉，天何言哉”就不是仅仅描述一种自然的现象，而是通过对自然的必不可逆的有序性的肯定，赞美其造物的神功与圣德。即对于生生之赞美。因此，孔子的仁原本就通于《周易》的生生，而不是后生妄臆或附会。

二、仁之与人

现实化了的人，对于道德是有选择的权利与余地的。你可以引导你自己的自然之躯向善或向恶，或不论向善还是向恶，只要活着就行。我们这里只就向善一向上说，因为只有这一向，才是人之为人的方向。而根据上述所论，既然人在天德面前不是被动的而是主动的，所以人在履仁的过程中，就应当选取积极的态度，这是人的选择。而人即于道德上能够采取积极的态度，其成德就是自我成就，其伤德则不可推卸的责任也完全在于自己。

孔子说：“为仁由己，而由人乎哉！”“君子求诸己，小人求诸人。”而所谓“由己”“求诸己”，“不只是静态地说明实现仁的工夫，要由自身出发，或由自己做主而已，而是在表明，实现仁的首要工夫，是经由自觉反省的动态过

① 《孟子·尽心上》。

程，在这过程中，必须时时提斯，念念警策”[1]。“时时提斯，念念警策”就是积极主动态度的最明显的表现。同时也是能否近仁成人的关键性保证。曾子的“吾日三省吾身，为人谋而不忠乎？与朋友交而不信乎？传不习乎？”[2]只是曾子个人将孔教的反省内容结合自身的体会，反省的内容自不必完全局限于此，但反省的愿望和态度却应以曾子为典范。因为曾子强烈的自我反省的愿望和认真不懈的反省态度，实在是成仁的必要心理保障。缺少这样的保障，成德是不可能真正实现的。如果一个人连反省的愿望都没有，或在态度上应付了事，更严重的是做给别人看，以眩人耳目或要誉乡党，则不仅不能成德，且已伤德、害德了，成为德之贼了。同时，反省的目标主要在自身之内，而不是经常到外部找原因，甚或怨天尤人。为仁由己而不由人，就是说成德与否主要在于自身，在于自身对于价值取向的设定和朝向价值方面努力的诚心与耐力等，只有“求诸己”，才是成德的正路，而一切等待外援或怨天尤人则不仅不能成德，就连起初的态度都与成德相背离，其结果显然定然会南辕北辙，从而走向目的的反面。

孔子主张人们要相当程度地限制自己的行动——纯粹的自然的生物性行动，强调非礼毋视听言动，但更重视在心灵上下功夫。孔门弟子在这一方面都有很大的实际收获。尤其颜渊，受益最多，造诣和涵养也因此日渐丰厚。孔子夸赞说：“回也，其心三月不违仁。”颜渊确实非同寻常，“一箪食，一瓢饮，在陋巷，人不堪其忧，回也不改其乐”。颜渊何以能如此，其所乐者何事？颜子因道而乐，非乐道也。为对于道的体会和由此而产生的内心满足而乐。这是自我发现而尤其是成就的快乐。颜渊在心灵上下苦功，达到了三月不违仁的境地，从而拥有了因自我修养而带来的自我成就，又因自我成就而快乐。这是对本真的道德生命的回归，也是对现实的自然生命的超越，是自我成就，是自我创造，是创造性和成就感的综合满足而带来的快乐。没有相应的体会，便无法体会甚至理解这种快乐。

孔子教人以仁，不仅是要每个个人在道德上成就自己而已，重要的还要将这种修养推展开来，放送出去。否则，如果仅仅局限于自我成就，最多也只会

① 韦政通：《孔子》，台北：东大图书公司，1996 年，第 156 页。

② 以上五条《论语》话语，分别出自《尧曰》《阳货》《颜渊》《卫灵公》《学而》。

成为道德上的自了汉而已。“更严重的情况，是促使道德主体的自我封闭。修养工夫如进入这一地步，个体精神因缺乏与人群的互动，会因此而日趋僵化，终至枯竭。”[①]这个结局是不堪设想的，也是不符合孔子的原教精神的。因此，道德的修养虽然是为我的，但却并不是完全自为的，必须在与人群的互动关系中进行、实现并返还给人群，对人群发生影响和作用。因此，才有“里仁为美，择不处仁，焉得知”！同时还必须使“己欲立而立人，己欲达而达人”成为修养原则和行动准则。

孔子教导人们，要与仁者相处，努力接近仁者，要在心理情感上与仁者为邻，如此才能近朱者赤，受其熏陶，为其感化从而走向君子仁人。如果经常与不仁者在一起，那么就会近墨者黑，离仁越来越远。这是最不智慧的，而成德的希望也会因此而渺茫。天底下仁者很多，“十室之邑，必有忠信如丘者”，随时随处见君子或近仁者，则随时随处与之亲近。有如此多的参照与效法，经由内心的艰苦努力，成德是完全可以做到的。如此则儒家“人皆可以为尧舜”，才不是虚设的，而是完全能够在理论和实践中讲得通的。“己欲立而立人，己欲达而达人”、“己所不欲，勿施于人”和“修己以安人”、“修己以安百姓”[②]就是自我修养的向外推展与放送，由亲亲而仁民，由仁民而爱物，仁覆天下的使命渐得实现。人在成仁的途程中，不断向善靠近，最后与仁合一。所以，“仁者人也”，同时又是终极目的。

三、礼的转化

孔子生长在保存古礼最好的鲁国，从小又“尝陈俎豆”，于古礼可以说既喜欢又熟悉。但是孔子一生对礼的重视，却不仅是偏爱，更主要的乃是恢复周文的历史文化责任。

周文是礼，春秋时期各个诸侯国虽屡有僭越的行为和事情发生，但各个诸侯国却都经常讲礼，礼在各个诸侯国中的地位都很高。这是为什么？春秋时期的诸侯国之所以讲礼，而且把礼看得非常之重，如有：“礼，经国家，定社

① 韦政通：《孔子》，第164页。

② 以上数条《论语》话语，分别出自《公冶长》《卫灵公》和《宪问》。

稷，序人民，利后嗣者也。”[①]又如：“礼，上下之纪，天地之经纬也，民之所以生也。”[②]道理并不复杂，孔子主张的是礼治，而诸侯国强调的是礼制。礼制是阶级意义上的等级秩序，是统治者赖以实现统治的名器或法器，是用以强制人使其不致僭越阶级意义上的等级，破坏统治秩序。礼治则主要是用以劝善的，是以道德的内容与方式来实现对人类社会生活的伦理意义上的规范，以避免弱肉强食和以强凌弱。诚然主要也是为了维护等级的秩序，但这种等级的秩序，完全是伦理意义上的，在原则上已经超越了西周以来的阶级意义上的等级的界限。“礼治”与“礼制”的严格差别，主要在于“礼制”是以礼为制的制度化，制度化了的礼具有相当的法令或至少也是管理规范的意义和效力，“礼制”的实行靠的是制度、规章的普及与推行而实现。而“礼治之所以可能，重点不在制度，而是靠有德之人，所以是一种道德政治，与以宗法为基础建立起来的封建政治（即礼制），本质上有所不同。这种不同代表孔子是在其仁学的基础上，对西周的礼制做更进一步的转化”。事实上，“孔子所振兴的周文，绝不是在现实上业已解体的阶级制度，而是赋予了道德理想和道德精神的周礼，在给予周礼以仁的根据的同时，也转化了周礼的内容。转化了的周礼仍保留了上下尊卑、君君臣臣，亲亲尊尊等观念，那已不是阶级性的观念，而是伦理意义的观念。我们说孔子的政治思想，是一种道德政治或伦理政治，主要理由在此。这也是孔子对传统礼法在观念上的一大突破，有关礼的创新的思考，也要从这里去把握。孔子所以能在理论上对礼制做出创造性的转化，最主要的关键，是在作为人的道德主体的仁的充分自觉”。[③]

孔子的礼，虽是在周礼的基础上发展出来，但它已不再是阶级意义上的等级观念，而是亲亲基础上的等差伦理观念。作为亲亲基础上的伦理观念之“礼”，是纯粹的道德的观念，而不是统治与被统治的阶级压迫的观念。孔子以礼为治，用礼以治，在直接的意义上与周代之礼尤其春秋时期各个诸侯国强调的礼是有原则区别的，其要点重在教化与感化，而不在于强令施行。这是作为等差伦理和等级制度的礼的关键分野所在。剖判二者的差别之最主要的根据也正在这里。

---

① 《左传·隐公十一年》。

② 《左传·昭公二十五年》。

③ 以上两条引述，见韦政通：《孔子》，第156-157、166页。

不过二者却是可以在实际的层面上互通的，二者在理论的立意上虽有原则差别，在实践的过程中，却经常被混淆。这种情况在孔子生时，就已经出现过。《颜渊》篇有："齐景公问政于孔子。孔子对曰：'君君、臣臣、父父、子子。公曰：'善哉！信如君不君，臣不臣，父不父，子不子，虽有粟，吾得而食诸？'"在这一段对话中，齐景公从自身的地位和利益出发，完全是阶级的等级立场，对孔子的伦理意义上的君君、臣臣、父父、子子的意思根本没有丝毫体会，两人的用意也完全不相同，但二者却在实际的功效上拥有相当的一致性。所以齐景公以为孔子说得好，要不这样的话，天下有多少粮食都得被他们抢光，哪还有我吃的份！孔子不是给齐景公送粮来的，而是来告诉他吃粮食要做"人事"，但客观的效果就是不管齐景公是否做"人事"，孔子的话都能起到为他送粮的作用。所以齐景公才非常赞同孔子的君君、臣臣、父父、子子的理论。他不必要明白孔子创立这种理论是为了什么，也不管是伦理的还是审美的抑或认知的，只要不妨碍他吃粮饮色他就不反对，只要能被他利用，对他有好处他就拥护和赞成。相反，孔子的伦理学说，反倒让人感觉是为等级制度服务的。因为效果已经显示出来，有多少清醒者能够认真分析和体会孔子的动机与帝王的目的原本不一致？这是儒家于近世之受诬枉的重要的原因，为儒家洗雪冤耻的真正钥匙也在这里。不过这很可能是跳进黄河也洗不清的事情。不管洗清洗不清，学术的研究总要本着实事求是的精神，是则是，不是则不是。孔子确实不曾立意为专制主义做军师，儒家思想被当成为统治阶级服务的过程，正是孔子的伦理之礼被利用来维护现世的统治而成为阶级之礼的美妙外衣的历史。

礼制不同于礼治，秦政不同于周政。秦政非仁政，而是霸政。仁政以德服人，霸政是以力假人。秦政之实，于经济为一"苛"字，于民力为一"尽"字，于民权为一"夺"字，于民生为一"弃"字，于人权为一"无"字。独于民族国家为一"存"字。尽管周政未必就如后世儒家所宣传的那样，可以一"仁"字代之，但相对宽松，或许当为事实。不过这也是为统治之能长久服务的，历代之政，要在一"权"字上，非民权，而君权也。

仁政不免于刑，但却不仗于刑。故孔子曰："道之以政，齐之以刑，民免而无耻。"虽然民众仍然不懂得耻辱，但也可免于违法乱纪。因此仁政虽不倚赖刑罚，但却并不废弃刑罚。霸政则虽宣传仁爱，但却不施行仁爱。其所依靠的就是严刑峻法。仁政与霸政的目的不同，仁政是要实现一人间之伦理天堂，霸政是要使人间成一刑罚的牢狱。在霸政的统治下，民众免于违法乱纪是出于恐惧，不是真心服从，道德水平也不会因受到惩罚而有所提高。而在仁政的体系内，民众则既不违法乱纪，又知耻，知善恶，道德水平在罪错受惩后有所提高。这就是孔子的"道之以政，齐之以刑，民免而无耻；道之以德，齐之以礼，有耻且格"的真实含义。在中国的历史上，虽有儒家对道德修养的恒久不懈的提倡，国民的道德素养仍积久而不能提高，主要就是在霸政统治之下。霸政虽可免民一时之犯，但民众对于罪错并不会产生真正的悔过感。惩戒的结果虽然令人恐惧，但面对惩戒的后悔其实根本就不是后悔，而是恐惧。如果说其中也有后悔的成分，那只是对自己当初犯错时的行为之不慎以致败露从而受罚感到后悔，并不是就罪错本身后悔，不是后悔自己不该做，而是后悔自己做得不严密、不谨慎。从而只是怕受责罚，而不是真心悔过，冀望于改正。礼制之惩戒着于身，礼治的责罚入于心。着于身者产生恐惧，入于心者造成痛苦。这都是自然的心理反应。只有心灵因罪错而痛苦，才有望于在道德上有所提高。这也是"知耻近乎勇"的意韵所在。所谓"勇者不惧"最主要的恐怕还是指在道德上的不因惧怕犯错误而不作为，不怕面对错误而使心灵苦痛，不怕改正错误而使自己丢面子。只有这样方能冀望于道德上的真正提高。道德是不咎既往的，这不是饶恕自己，而是不限制自己。道德是活的，人的生命也是活的，道德同样更应当是使人的生命变得更加具有活力的东西，一旦拘泥于既往，被既往所束缚，就不可能走出罪错的误区而朝向道德的明天。被既往之罪错限制住，走不出从前的误区，并不是道德的要求，也不是修德者应取的态度，其所表现的不是好德，而是怯懦。这就是不勇。缺乏重新振作的勇气，自暴自弃而已。成德不怕犯错，不犯错甚至根本就与成德无涉，过而能改，则必于成德有进，"过而不改，是谓过矣"[①]，才是真正的不求上进。掩饰或故意蒙蔽别人，以逃避罪错的责任，就是无耻。不以无耻而羞愧，正孟子所谓"无耻之耻，无耻矣"[②]。

不过无论如何，孔子之礼不仅于个体修身成德有直接有益的功效，于社会

① 以上两条引述，见《论语》的《为政》《卫灵公》篇。

② 《孟子·尽心上》。

同样可以维持秩序，避免强暴。

四、仁与礼之关系

人皆知孔子的仁与礼的关系是体与用的关系，或者仁是本而礼是末。礼是仁之华，仁是礼之实。由仁而导出礼和因礼而返诸仁，是孔子并行不悖的两条伦理路线。

就前者而言，孔子以仁为礼之光源，礼为仁之光束，礼由仁中发出，因而礼只能以仁为内核，按照仁的原则来制定，一切不符合仁的原则的礼仪、礼法都应该在仁的框架内重新更改制定。因此，一切现实的非仁的规矩和刑罚都应当废止，而代之以合理的、仁爱的新的约定。尽管这些约定依然具有相当的束缚性和制约性，但方向改变了，导向了有利于民众的生存和成德的方向，即所谓“道之以德，齐之以礼”的方向。这是自觉依仁而履礼，最后“从心所欲不逾矩”的修养路线，发施于治，就是仁政的思想路线。

而就后者看来，则是一条先服从现实的礼的规定，而后再理会礼中的仁的味道，由礼而返回仁。就个体修养而论，这是从循礼到知循礼到乐循礼的过程。乐循礼，即已知礼中含仁，故而乐循之，所谓乐循礼，其实已是循仁。这也是一条行之有效的修养途径。高智者或可选取前者，而平常人从后者入手，也会有相当的收获，也有可能成就尧舜的境界。但后者落在现实政治上，则是强调以礼为约束，张扬它的合理性、制约性和规范性，进而极有可能将礼的节文法制化，礼法，就是礼在参与维护现实社会秩序之后渐具法的效力的历史情形。这种情形之不可避免，一方面是礼本身的约束性具有走向极端的内在肌理，同时更是政治本身对秩序的要求所决定。政治一旦发现某种理论对自己的运行有效力，则会不遗余力地提倡和推广，久之则成为一种不可回转的定力。礼充当了法的身份，发挥的作用已不再局限于约束和规范，而是强制和惩罚了。礼走向了自身的反面，化而为刑政了。其在现实的意义上也就因此而无法返归于仁了。这正是荀子的隆礼发展至韩非、李斯助成秦之严刑峻法的内在必然性。秦政事实上就是“道之以政，齐之以刑”。民虽免而无耻，非但如此，且又怀恨，贾谊对秦王朝的短命原因，已经说得很明白：“一夫作难而七庙隳，身死人手，为天下笑者，何也？仁义不施，而攻守之势异也。”[①]虽然这只是秦王朝短命的个中原因之一，但却不能不是其中最主要的。

由此可见，由仁而礼的路线，于修养和施政都能在理论和实践中行得通（这只是在学理之推演的意义上，真正落实到实践上同样行不通），而由礼而仁的路线在施政中，却极易走向原初目的的反面而不能回转，从而成为假仁义的霸道之有力的佐助。这是儒家在历史上被玩弄的现实，统治者对儒家的歪曲与利用都是儒家自己希望落实仁政和经世致用的内在要求所导致。儒家要想改造社会，命运就不会不如彼捉弄它，儒家如不想改造社会，与儒家的强烈的实用性原则本身又不相一致，如此，则儒家便不再是儒家。因此，儒家在历史上受统治者的愚弄并进而遭到人们的诋毁，都是其自身原本固有的，是其改变不了的历史宿命。就像西西弗斯神话里面的大力神一样，推动着石头，又被石头所羁押，儒家推动着历史，又不断地受到历史的责难，其根本的原因就在这里。

那么何以儒家不走前一条路，即由仁而礼的政治路线？答案就是一句话：走了，但行不通。政权是君王的，至少君王都这样认定，而且顽固得不可逆转。他怎么会将自己的政权任由别人摆布？无论你是圣人还是神仙，也无论你如何教诲诱导，他都不会主动放弃自己的权力和利益。他们或许会做出一点样子，但那只是有限的，并且绝非出自真心。因为现世的君王都不可能是孔子所设定的圣人，他们都是血肉之躯，都有七情六欲，而且因其对权力与利益的眷恋，欲望更无限制，更不可阻遏与遏止。政治人物在心理上都比一般人有更加强烈的恋权情结，并且有强烈的控制和压制他人意志的本能愿望，让他去听命一个儒生或者受他的理论所左右——孔孟程朱等在他们的心目中不过就是这样的角色，尽管这些儒家学者自命都很高——这根本办不到，这样的设想或路线的选择，也只能是儒生们单方面的一厢情愿而已。只有等到真正的圣人做了国君，仁政才有可能真正地实行，但现实的君王中不会有真正的圣人，真正的圣人也不会去做现实的君王。所以从仁心到仁政的路线在现实中行不通。因此，儒家就只能像推石头一样地去推动历史，受到石头的反向碾轧，实在是在所不免。如此我们不难设想，由传统的内圣中开出所谓新外王的说法，是多么

① 贾谊《过秦论》中话语。

的幼稚可爱，又是多么的异想天开。

历史上的君王，假仁义之美名，行专制以谋一己之私利，“屠毒天下之肝脑，离散天下之子女，以博我一人之产业”，“敲剥天下之骨髓，离散天下之子女，以奉我一人之淫乐”[①]多半在本心中不存仁义的观念，或至少是不受仁义观念的制约。由仁心而仁政的路线之所以仅能在学理的推断中相对顺畅而在实际中同样行不通的原因，也就在于其所依靠的仁德之君在本质上是不存在的。他们只不过借助仁义以使己私之行更加冠冕堂皇而已。按照儒家仁为天赋的理论，虽然君王原本也是人，故当有仁心，但实际的物质欲望的诱惑对于生身的牵引力之大是儒家所不曾认真设想和正面、正式对待的。到得最后，儒家也只能是落得这样的感伤和无奈的慨叹：“人而不仁如礼何！人而不仁如乐何！”[②]而事实上，儒家已经不可避免地成了中国传统政治祭坛上的牺牲者。

（本文发表于《湘潭大学学报（哲学社会科学版）》2002 年第 5 期。）

① 《明夷待访录・原君》，见黄宗羲：《黄宗羲全集》第一册，杭州：浙江古籍出版社，1985 年，第 2-3 页。

② 《论语・八佾》。

孔子，中华民族的文化族徽

献给读者的这部作品，是我给本科学生讲授经典精读课《论语》的讲稿。因为课程时数的限制，不可能对《论语》进行逐字逐句的阐释，所以我就选择了以思想为纲领，在《论语》中选取相关言论加以论证和说明的做法。这样，《论语》的细枝末节，就没有必要一一出现在文稿当中，这是首先要向读者说明的。

孔子是中国文化的徽号，是中华民族的文化族徽，两千五百多年以来，孔子的思想一直是中国人立身处世的内在准则，也是中国社会生活的价值标尺。没有孔子，中国就很难被称为文化中国。在中国的历史上，确实有许多相对暗淡的时期，是孔子的思想，使中国历史一次又一次地走出灰暗，走向光明。孔子的恩荫，伴随中国人走过了无数艰困的岁月，激励中国人多为他人着想，多为社会着想，多为民族国家着想，多为人类的幸福和前途着想。“天不生仲尼，万古如长夜”，孔子的思想是中国人的精神支柱，是中国人的价值向导，是中国人道德力量的真正源泉。

本书主要介绍孔子的实际人生和孔子的教育思想、政治思想、伦理思想，至于孔子的历史思想、文学思想和艺术思想等，并没有全面涉及。有关孔子的思想的具体内容，读者们可以通过阅读，获得较为详尽的了解。

当此中国社会走向现代化，走向全球化的历史时期，重温孔子的思想，非但不觉得过时，反倒使人感到格外亲切，这也正是孔子和孔子的思想，具有恒久价值的最好说明。

（本文是拙著《圣者凡心——王立新讲论语》的序言，2008 年 3 月作。该书 2010 年 4 月由岳麓书社出版，2013 年第二次印刷，2017 年修整后重新于岳麓书社出版。）

圣者凡心的拟议

经过反复不断的修改，这部书稿终于可以面世了。因为用时过久，似乎已经没有了当初的喜悦和冲动。所以我只想在这里说明一点相关的情况。

本书是在讲稿的基础上整理而成，所以口语化的倾向较重，文雅的编排相对稍弱，这是本书的第一个不足。既然是讲稿，所以深度可能也相对有限，而且个别地方可能有伸展太长或抻拉过远的嫌疑，这是本书的第二个不足。因为讲授时间的催迫，选择材料也不尽完全精当，难免出现挂漏或者选用不当等情况，这是本书的第三个不足。当然，最关键的，可能还是作者的生活阅历有限，所以对孔子思想中有些看似简单，而实在是深刻警绝的地方，似乎理解不透，这可能是本书最大的不足。还有，就是理解错误的地方可能也在所难免，热诚期望读者批评指正，本人将因此受益。

感谢深圳大学，感谢章必功校长，没有他的规划和倡导，我不会以这样的方式给学生开设《论语》课程。虽然我很早就有这样的想法，但可能会拖很长很长的时间。感谢刘洪一副校长，感谢教务处徐晨处长和其他相关同事的热心帮助。另外，还要郑重感谢陈椰同学，他为我录音并将录音转成文字，做了很多工作，付出了艰辛劳动。

本书的名字，是作者与责任编辑蒋浩共同拟定的。之所以叫这样一个名字，主要是因为作者所理解的圣人，本来就是个凡人，是凡人中的圣人。孔子虽然是圣人，却拥有一颗凡心。正像孟子说的一样："出于其类，拔乎其萃。自生民以来，未有盛于孔子也。"出于其类，是说孔子是从自己的同类——普通人中成长起来的。拔乎其萃，是说孔子远远地超越了他的同类——普通人，而成为他们生活和生命的导师。盛，是因为充满光辉而显赫的意思。孔子的生命是充满光辉的，他在后来者心目中的地位和影响，是显赫无比的。孔子的盛大，确实是前所未见的。人们出于无限爱戴和无比崇敬的心情，尊奉他为圣人。圣就是道德崇高，人格完美而又睿智多能，无所不通的意思。

“出乎尔者，反乎尔也。”圣人从普通民众中成长起来，又返回到世俗生活中去，为普通民众服务，教导并且引领他们走向更善、更美、更真，一句话就是更好的生活。

孔子是人文主义的圣人，不是宗教的教主。因此，他不是高高在上，人们对于他，既不会像，也不必像对待耶稣、真主或者释迦牟尼佛陀那样，只需仰视，只需膜拜，而不需要理解甚至批评（禅宗例外，因为禅宗是充分儒家化和道家化了的中国佛教）。人文的圣人，原本并不具有唯我独尊和非我莫行的性格，他不具有专断性和强烈排他性的品质。人文的圣人，是入于俗而不流于俗；高于俗而不离于俗。他为俗世的净化和健康发展而努力，也为俗世的和平与幸福而祈祷。但他绝不会谄媚流俗，更不会与流俗同流合污。他要改造流俗，以便让这个世界更崇高、更完美。

孔子之所以令人感觉亲切，正是因为他有世俗性的一面，他也有世俗中人的喜怒哀怨和悲欢离合；而他之所以受到后世的敬仰，则完全出于改造世俗社会的宏伟目标和不懈努力。圣人热爱世俗社会，圣人也眷恋世俗社会，圣人对世俗社会的希望，全部凝聚在他对于世俗社会的改造的目标和努力之上。而这种改造，绝不是让世俗社会失去生活的属性——完全成为一种观念，或者一种形上的真理。他的目标，不是取消世俗社会的世俗性，他不是让人成为神，而是让大家成为有充分爱心和正义感的好人。他的人性化的倾向是十分浓烈的。他要使人活得更善良、更友爱，而不是更怨恨、更仇视；他要使人活得更快乐、更幸福，而不是更干瘪、更抽象。他能够遭到后世的批评，实际上也出于这一点。圣人不是老虎屁股，谁都摸不得，圣人是可以被批评的。后世很多对于孔子的批评甚至批判，其实并不是一件坏事，如果圣人不能接受批评，而只能被崇拜，那他就会失去平民化的品格，而真正成为宗教的教主。这一点，正是儒家民主化的人文主义品格，而不是宗教的品格。孔孟和后世儒家都强调“人皆可以为尧舜”，圣人谁都学得，不论什么人，只要努力修养自己，都有成为圣人的可能。这也是儒家民主化的人文主义品格的最重要表现之一。

因此，想要理解圣人，就不仅要努力提高自己的人生境界，增强自己的道德修养，还要有一颗凡心。也就是说，不仅要有不断向上的努力，而且还要不断地俯身向下。无论走到多么高的位置上，都不要忘了自己原本就是一个凡人。也就不会忘记，自己曾经受惠于凡人的事实。这样才能常怀感激之心，而不是敌视世俗社会。如果能够做到这样，你就会让人感觉亲切，而不是令人望而生畏，敬而远之。如此，你离圣人就会越来越近……

纷乱地写下上面一段文字，权当是后记。

（本文为《圣者凡心——王立新讲论语》之后记，作于 2010 年 1 月。）

学习《论语》，改变气质
——从理学家们的几个典型事例说起

今年8月份，应大连市图书馆白云书院的邀请，去做了一个《宋太祖仁德政治风范》的讲座，期间书院的马迪老师跟我说她读《论语》的那句“祭如在”时，竟然泪流满面。这是近些年来遇见的最真实的范例，着实感人。我听了以后，深受感动。读《论语》和其他经典，就是要用真心去体会，这样才能读出经典话语背后的真意味，也通过《论语》或者其他经典话语，把自己抑制的真情感倾诉出来。只要你用真心去对待《论语》，《论语》就会给你真实的感受。马迪老师的说法，其实为我们提供了一个用心读《论语》的真实范例。

我们离历史太远了，我指的不是时间，而是心态。

自“五四”新文化运动反传统开始，中经“文化大革命”批孔，以至到了今天，情况越来越严重。严重的程度，使得我们既不懂思想文化传统究竟为何物不说，还毫无缘由和根据地指斥传统无用。近年来随着所谓的国学热，学国学也成了一种时髦。但究其所学之实，大多也只是看图说话和“说文解字”式地对待国学经典。好像知道了某句经典的“话语意思”，就是了解了经典，懂得了国学一样。还去给人讲授，甚至办班。

可怜的现代人，只在口耳间“传习”经典，何曾有一日将某句经典安在心里“温暖”过它！既不用心去“温暖”它，它又如何能真真确确地感动你，感召你，感染你，感化你？

读经典不是玩高雅，更不是求有用。实实在在地用真心、用诚心去感受经典，目的只是为了解自己的人生，了解自己所属其中的类的生存实际，了解这个“类”，跟宇宙自然的真实关系。了解了之后，才有可能诚实地去面对世界和人。消除人生的虚矫，抛却现世的伪装，让自己变得越来越真实，越来越诚恳，越来越豁达，越来越通脱。到达这样的境界，气质自然就变化了。去年见你时，还是一身俗气，今年见你时，俗气较少了；去年见你时，还装得很可怜，今年见你时，诚实得可爱了。这叫变化气质。山河大地没有变，你的人变了，有了“年年岁岁花相似，岁岁年年人不同”的效果。

经典可以帮助人变化性格，改变气质。而气质的变化，虽然需要通过阅读经典来帮衬，可最关键的还是自己的用心。有没有改变自己甚至改造自己的愿望，想不想从腐臭不堪的庸俗死海里超拔出来，过一种自知、自觉、自足，和有自我成就感的人生，关键还在用心。如果用心只在功利，总想着外在的权力、地位、财富、美色、名声、成果等，便永远也不会活出属于自己的真人生。

只有用生命去体贴经典，用真心去面对人生、面对自己，才能真正感受到经典的韵味和魅力，才能使经典对人发生真实的效用，引领自己走出习惯性的人生误区和盲区，走向真实无妄、愉悦自足的自己。

“《春秋》学”大专家胡安国（1074—1138）经常教导子弟和学生们说：“学，以能变化气质为功。”

气质不变化，经典就是白读了。

大理学家程颐（1033—1107）说：“今人不会读《论语》，未读时是此等人，读了后又只是此等人。便是不曾读。”既然读不读都是一个样子，那又何必去浪费时间和精力去阅读经典呢？谈到自己读《论语》的体会时，程颐又说：“颐自十七八读《论语》，当时已晓文义，读之愈久，但觉意味深长。”只有真正体会到“意味深长”，才能使《论语》对自己的人生，发生持续不断和长久不息的效用。

朱熹（1130—1200）在《论语集注》的开篇，借用程颐的话语来表达自己对读《论语》的看法：“读《论语》，有读了全然无事者，有读了后其中得一两句喜者，有读了后知好之者，有读了后直有不知手之舞之，足之蹈之者。”读完了“全然无事”，就等于不曾读。读了以后抑制不住自己的兴奋，手舞足蹈起来，那才是读到了好处，体贴到了《论语》跟生命的契合，仿佛自己的人生，完全被《论语》给揭示了一般。

朱熹跟程颐一样，都是那种读到了“不知手之舞之，足之蹈之”程度的《论语》精神的生命契合者。

我们今天已经不可能，也没有必要都像理学家们那样，就如同张栻（1133—1180）在《癸巳论语解序》中所说的：学者一生，“所当终身尽心者”，莫先乎

《论语》。可是既然要学点《论语》，就得用力，就得“尽心”。否则的话，就不必非要做出一副学习《论语》的样子，用以消磨和耗费有限的光阴。

上面说得或许太玄，再举两个实际的例子：

胡安国的侄儿胡宪（1086—1132）回忆说，自己的叔父胡安国，年轻时性子很急，当湖北提学的时候，看门的士兵一次因为懈怠耽误了一点小事，胡安国非常生气，直接上去拳打脚踢这个士兵。士兵不服气，两人几乎当场厮打起来，实况很尴尬。胡安国无可奈何，回到办公室里，摘抄《经》《传》中有“宽恕”字样的句子，每天念诵、把玩，“从此遂不性急矣”。胡宪也是理学家，而且还是朱熹的老师。

有关胡安国早年性急，后来学习《论语》和其他经典，变得性格冲淡、平和的情况，胡安国的长子胡寅的话语，可以作为另外的证明：“公性本刚急，及其老也，气宇冲淡，容貌雍穆，若无喜怒者……”胡寅（1098—1156）也是理学家。

看来“学，以能变化气质为功”，不止是胡安国说给别人的，自己也努力做到了。

另外一位理学家吕祖谦（1137—1181），也曾因读《论语》，改变了自己的性格和脾气。吕祖谦自己回忆说：小时候性子暴躁，因为饮食不可口，就生气地把饭碗都打破了。后来身体一直多病，闲在床上手不释卷地读《论语》，一段时间之后，乱发脾气的毛病改掉了。这就是《论语》的效力。

“学，以能变化气质为功。”

这个目标确实有点高，不是一般读《论语》的人可以轻易达到。尤其是长期以来，我们主动割断了自己跟历史的联系，我们跟历史和传统，已经有很深的心里隔碍，这些都是阻挡我们深入了解经典的“铁丝网”和“地雷阵”。但是，只要我们先去掉自己的世俗心、功利心、虚矫心，不装给人看，不作弄自己，不求通过读《论语》去获得什么，实实在在、真心诚意地去读，一点一点慢慢地去读，总会有实际效果的。

孔子说：“有能一日用其力于仁矣乎？我未见力不足者。”这是圣人的教诲，也是圣人的体会。

（本文为作者在2017年10月18日，于署名“江南提学”的博客上所发博文。）

孔孟教育思想与实践的启示

人类是不能脱离教育而存在和发展的。就亲代对子嗣的生活经验与技能的传授而言，这是人类的高明之处，也是人类之发展到今天的唯一成功的最有效的手段。诸如奔跑、飞翔，以及摄食、筑巢等的精密技术的遗传，虽是动物世界的专利，但这并不是依靠教育来实施的。因此，在动物种属内质未发生根本性变异之前，也就是说迄今为止，蜜蜂的巢筑得与其远古时代的祖先依然别无二致，没有任何改变。而人类却从栖息森林向地穴、半地穴和地面平房、楼房演进着。毫无疑问，这种演进还将继续，直到人类最终完成自然“赋予”的使命从而在地球上消失的那一天为止。这就是教育的功力。人类通过教育，一代一代地向后人传递并改善生存技能，适应和改造环境的能力不断增强，从而成了大自然的宠儿。不仅如此，人类还利用教育这一最有效的手段，纯洁和美化自己的精神，使人类社会的生活绚丽多姿，色彩纷呈。没有教育的民族是毫无希望的民族，没有先进的系统化教育的民族，前途自然也不会有完善和美满的未来。舍却教育就等于回归动物世界。

中国不仅是一个教育历史悠久的民族，而且重教之风较早地成了时尚。灿烂的古代文明，如不仰仗教育是无法成就的。

《说文解字·卷三·教》称：“教，上所施下所效也。”即是说，教是上所施、下所效的传授过程。这样就有了先知后知，先觉后觉的差别。因此，孟子才说：“天之生此民也，使先知觉后知，使先觉觉后觉也。”①

既然如此，“先知先觉”就自然是“先生”所应刻意追求和必须达到的境界。否则，教育之过程必将如毛泽东同志所批评的那样，“以其昏昏，使人昭昭”，这显然是不切实际的模拟。今人所谓“想给人一碗水，必先有一桶水”云者，

① 《孟子·万章上》。

意同于此。尚贤政治之所以历久不衰，原因即在这里。先生永远只是尊者。

那么什么样的人可以做先生呢？

这也是本文所要说明的第一个问题，即教育者应当具备的条件。

“天下有达尊三：爵一、齿一、德一。朝廷莫如爵，乡党莫如齿，辅世长民莫如德。”①这几乎是不可变的原则，虽然其中尚有一些值得重新反思之处。

官位、年龄和德行，三者是尊的标志。这里的核心问题是学识，无学识无以为长官，无学识百年虚度，无学识德行无以确定。

诚然，我们承认，在今天有很多南郭先生，滥竽充数，挤进了领导阶层，使三尊之首的爵在人们心目中的地位发生了摇撼。而由于地大人众的原因，教育鞭长莫及和执行中的诸多失误，使得许多齿衰发鹤之人并不拥有更多的知识和经验。德行也几乎很难确定其固定的标准。所有这些更加坚定了我们“举贤任才”的信心，不如此，则没有民族的前途可言。正如孟子所言，“不信仁贤，则国空虚”②。

按照孟子的设想，充当先生的人，必须聚德才于一身，求真向善，养就一身“浩然之气”。必须具有识别真假的能力，必须勇于追求真理，“舍身成仁，杀生取义”必须做到“贫贱不能移”其信念，“富贵不能淫”其诚心，“威武不能屈”其意志。只有这样，才能做到“其身正，不令而行，其身不正，虽令不从”。③

孟子所设定的先生的标准自然太高远了，但却是我们当先生的人所应倾注身心努力追求的。先生的标准既然已经确定，那么教育的实施也总该有个前提。为什么要进行教育，怎样进行教育？儒家的宗师们对此亦颇出高见。这是本文所要说明的第二个问题。

人与人之间本无太大的差别，只是后天学习才拉开了距离。孔子指出：“性相近也，习相远也。”这是一个放射耀目光芒的命题。因为它界定了教育的对象是人类社会的所有成员，并且指出了教育使人性距离拉开，从而阐明了教育的重要意义。

长时期以来，有许多同志一直以为孔子是先验论者，咬定孔子所谓“唯上智下愚不移”和“生而知之者，上也”的只言片语，并将其作为孔子的“天才

① 《孟子・公孙丑下》。

② 《孟子・尽心下》。

③ 《论语・子路》。

论”和“唯心论”的依据。其实这是一种误解，至少是太片面，太武断。

孔子之所以首创私学，兴办教育，使教育深入社会平民之中，原因就在于他坚信学习或受教育能够改变或弥补人类天性的不足，使“下愚”受启而发，改变愚昧的状态。正所谓“性相近也，习相远也”。孔子确曾断言“生而知之者，上也”，但孔子一生从未提及任何人是“生而知之”的圣人。《列子·仲尼》篇中，描述孔子答问于人，孔子否认了“三王”“五帝”和他本人是圣人。都说：“圣则丘弗知”，“圣则丘弗敢”。孔子更多的是讲学习的重要意义。指出：“学而知之者，次也。困而学之，又其次也。”①他自称“我非生而知之者，好古敏以求之者也”②。只有处于愚钝状态而不思学习的人才是愚昧的人。“困而不学，民斯为下矣。”③

其实《论语·季氏》中所载的“生而知之”“学而知之”“困而学之”“困而不学”是孔子对于人的智能等级的心理学划分，这也正是孔子“因材施教”的理论前提。

第三个要说明的问题，就是教育实施过程中的若干方法。

孔子界定了并且践履了“学而时习之”的教育原则。在《论语·述而》中他说：“学而时习之，不亦乐乎？”经常复习是实现知识掌握的非常重要的手段。这一点已为孔门弟子作为座右铭铭刻在心中。曾参著名的“三省吾身”的修养方法之一就是“传不习乎？”每天都要反省这样一个问题，所学的东西自然就能够得以巩固。《论语·为政》中讲“温故而知新”。其实这是很准确的。没有足够知识的储备，接受新东西是极不容易的。这在我们每每接触新学科时，都会有深刻的切身感受。孔子非常重视培养学生举一反三的能力，他说：“举一隅不以三隅反，则不复也。”④既然没有举一反三的储备和灵性，那就不能再把更新的东西传授给他。这一点就应当是今天盛行的留级制度的理论根据。

以学业为主，兼及其他的原则，在孔子的思想中也占有相当地位，孔子为学生订立的主科课程就是“礼、乐、射、御、书、数”，但他还指出：行有余力，则可学文，并且还要学习其他一切有益于德行修养的东西。所谓“三人行，

① 《论语·季氏》。
② 《论语·述而》。
③ 《论语·季氏》。
④ 《论语·述而》。

必有我师焉。择其善者而从之，其不善者而改之”。即是指的这种内容。《史记·孔子世家》载：“孔子以《诗》《书》《礼》《乐》教，弟子盖三千焉，身通六艺者七十有二人。”这就是所谓“三千弟子，七十二贤人”的来由。毛泽东同志曾经指出：“以学为主，兼学别样。”中肯地讲，这不是毛泽东同志的独创，而是古代精神的现代式阐发。这就是所谓“教育必须同生产劳动相结合”的理论根据。

马克思主义经典哲学认为，实践是认识的唯一来源；实践是认识发展的终极目的；实践是检验认识之是否正确的唯一标准；实践是认识发展的根本动力。因为社会的发展是在实践过程中实现的，严格地讲，社会的进步就是实践本身的进步。因此以推动社会进步为己任的教育，必须重视实践。加强实践环节，一方面可以使学生检验从先生之所学的正误，另一方面还有利于在实践中发现新问题，使学校对社会有直接贡献的可能性。虽然这种直接的贡献远没有间接贡献来得广泛而且深远，但作为直接的效益既有经济上的，又可以扩大学校在社会上的知名度，还可以补充学校内部实践或实验环节的不足。既有这样的意义，就难怪历代思想家如此重视“知行合一”，重视实践对于教育的重要意义。唐代思想家韩愈在《师说》中讲：“师者，所以传道、授业、解惑也。”这几乎是永恒的真知灼见，但是他缺少了对实践环节的重视。这种原因是极易查询的。因为韩愈是正统儒家知识分子，正统儒学所重视的实践仅限于道德践履之上，对于直接的生产劳动向来持轻视态度。孔子就更甚，简直采取了一种蔑视的态度。当樊迟问孔子稼穑之法时，孔子很不高兴地说：“吾不如老农”“吾不如老圃”。樊迟讨了个没趣。樊迟退出之后，孔子对其他在场弟子说：“小人哉，樊须也！学也，禄在其中矣；耕也馁在其中矣。”这是孔子教育思想中的严重缺憾，但原因却是深刻的。中国历来重视文类教育，这是极其优良的传统，但这传统之中又有相当的不足，轻视自然科学，更轻视直接的生产劳动，这就使得中国的土壤上不易培植出像古代希腊社会中的科学与民主精神。学是一切之长，学是万业之尊。只学而已，不必参加什么生产劳动。关于这一点，宋真宗赵恒有一段露骨的自白：“读读读，书中自有千钟粟；读读读，书中自有黄金屋；读读读，书中自有颜如玉。”看来不必在这里继续对这段格言说三道四，因为实践已经作了回答。传统的读书人，甚至高等学府的先生们，虽然胸中有万卷书，但囊中却无万元钱，吃饭穿衣虽然不成问题，但漂亮女子已不再倾慕这些“大人先生”们了。

以上所述并不是讲孔子不重视实践，因为孔子的教育思想主要是以德行为主，因而其所重视的实践也就只能是道德的践履。因此孔子要求学生“博学之，慎思之，审问之，明辨之，笃行之”。“笃行”就是践履。从这里我们可以看出孔子是很重视学与思的关系的。

孔子说：“学而不思则罔，思而不学则殆。”必须学而思之，思而学之，学而不思等于捡了一堆废品，思而不学等于海底捞月。

在强调思学并重，思学统一的前提下，孔子主张对学生采用启发式教学。孔子说：“不愤不启，不悱不发。”[①]启发也不是开课就启，始问即发，而是在学生“百思不得其解”的时候，才去启发他，否则就不叫启发，学生自然也就没有收获。今天的教育者们力反“填鸭式”教育，高呼“启发式”教育。殊不知其中好多人不知启发的时机和条件，更不想“填鸭式”的优点。其实教育过程就像培育小孩子一样，只不过是精神上的。不填食到一定程度是绝然收不到启发之效的。“启发式”也并不是包医所有学生的灵丹妙药。“因材施教”本身就是个活的东西，“填鸭式”虽然僵化了一些，但丢弃“填鸭”的“启发”又何尝不有形而上学片面化的嫌疑？！走极端是我们许多人惯常的思维方式，“中庸之道”批了那么多年，其实“中庸之道”不是麻木不仁的老好人哲学。孔子说“中庸之为德也，民鲜久矣”。其实我们离开“中庸”确实太远了，孔子的所谓“执两用中”其实只是个道德践履的行动原则。宋代大儒朱熹对此作了精当的解释：“无过无不及也”，也就是不偏不倚。就像几何学上的“黄金分割点”一样。社会科学并没有自然科学那样精确，更何况作为“黄金分割点”的0.618也还只是个近似数呢？

由此看来，如何摆正“填鸭式”教育和“启发式”教育的位置确是一个十分重要的教育课题。它必须而且必将进一步妥善地被解决。

除了“因材施教”以外，“寓教于乐”也是孔子所提倡的优秀教育原则。这可以说是今天许多照本宣科的先生们之要戒。学校虽然清静些，但也并不是真正意义上的“世外桃源”。社会的变迁，历史的发展，无疑会对教育提出这样那样的要求，同时也会产生这样那样的影响。

---

① 《论语·述而》。

钦钱重商的时尚随着“加快经济建设的步伐”像山一般突然压来。学子们自然要有不同的反应，尤其在青年学生思想尚未完全成熟，心理尚未在真正意义上完善之时。加之各种其他原因的综合作用，现代的教育的确暂时面临了相当的困境。仅就学生的学习状况而论，就是十分令人忧虑的。厌学已经过去，代之而起的弃学、混学。有的学生甚至认为四年下来像做了一场可怕的梦，梦中总是被考试压得喘不过气来。

那么如何调动学生的积极性？为什么在同样的环境中有的先生只有靠点名记平时成绩逼迫学生进教室，而有的先生的课程总是座无虚席，而且经常有外班、甚至是外校的学生前来听课呢？

这当然首先取决于社会大环境、先生的理论水平、学术功底，还有知识拥有量。但是有一个很重要的问题就是讲授方法。是不是按照“寓教于乐”的原则实施的？深刻、广博、敏锐、机警，还有幽默。这些都是上好一堂课的最重要的条件。有时一堂课要倾注一生的学识和积蓄。照本宣科，了无生气，讲来讲去先生本人都打起了瞌睡，如何能使学生的注意力集中起来。强迫并不是通用的有效手段。先生必须了解学生的心理，照顾学生的心理，使其在兴奋和愉悦的前提下完成对所授知识的接纳，做不到这一点，显然不能成为一名好的先生。

当然这绝不是将学生厌学、混学、弃学的原因全部推到教师身上，但作为教师是不能不负相当一部分责任的。

教书与读书都是苦差事，因此我们便不能在苦中求苦，要寓苦于乐，在忘我和愉悦的状态下完成传授与接纳，实现教与学的统一，收到良好的教学效果。其实苦与乐的统一，也是人生的全部内涵的缩写。

总之，中国古代的许多思想家，都有许多关于教育的精辟论述，重温这些教诲并不是复古，是发展教育所必需的。历史每前进一步，都要首先倒退半步，这就是辩证法。总以为今天的月亮才有光辉，其实是一种大误解。

“今人不识古时月，今月曾经照古人。”

我们是从历史中走来，又相当程度地沿着历史的路走下去，不总结历史经验，占有优秀的思想资源，是很难获得进步的。

（本文是作者 1993 年 11 月前后所作，收在北京大学出版社 1996 年 10 月出版的《未名论集》中。）

儒家伦理的作用方式

从历史发展的实际情况来看，儒家伦理发生作用的方式主要有两种：一是通过政治运作或参与政治运作对古代政治进程和历史发展发生作用，一是通过教育对个人人生和社会生活发生作用。

众所周知的“君君，臣臣，父父，子子”，并不是因为孔子的一句提倡，即能在历史上发挥重大的社会政治功能，从而横亘在中国历史的上空，圣灵般地笼盖中国两千余年的社会发展。儒家伦理在历史上发生作用，主要是通过不同的创造性的转化而间接实现的。

儒家伦理对中国古代政治发生重要作用，首先是通过齐景公对孔子话语的误解或创造性的转化而实现的。孔子一生都在为了维护人伦秩序的正常化而努力，复兴“周礼”是孔子最重要的心理动力和行为目标。儒家伦理在其真正的开创者孔子那里，应该说更多的还主要是朝向人伦新秩序的重新确立这一外在目标上努力。虽然孔子极其强调个人的内在道德品质。孔子自觉地要将他所开创的新的人伦秩序应用于社会生活，但孔子却缺乏这种将自己所创造的新伦理推广到政治、文化和社会生活等领域的条件，换句话说，孔子没有推广新的人伦之理的“权力”，他必须借助必要的外在支持。孔子的“君君，臣臣，父父，子子”的说法，首先受到为政者齐景公的高度赞赏，齐景公的“善哉”，不是简单的话语承接或者礼貌的顺势夸赞，而是发自心底的嘉奖。尽管这种嘉奖因为齐景公的身份和地位的相对不足，从而并不能使孔子和后来历史上的孔学门徒们获得绝对的满足，但是儒家的伦理在中国古代政治生活中的地位，确实是由齐景公的这一赞扬而不断被重视，其在中国古代政治生活中的地位也因此而越来越重要，直至不可替代。在齐景公看来，孔子道出了他作为统治者的最深层的心理愿望，孔子成了他的代言人。

齐景公把孔子的“君君，臣臣，父父，子子”的伦理等差原则，错误地理解为“君君臣臣，父父子子”政治等级秩序的原则，这一点在他的“设若君不君，臣不臣，虽有粟，吾得而食诸”的话语中，已经显露无遗。尽管孔子当时可能因为感觉到齐景公的误解而心存不满，而齐景公本人对于自己的这种误解也许并没有真正的自觉。但是这一意外的错解，却建构起未来两千余年中国政治与儒家伦理剪不断、理还乱的关系。这既是汉语本身可能产生奇异理解的功能变异，同时也可看作历史理性的一种诡谲的设计。孔子也当因为齐景公的误解而兴奋，因为他找到了推广新伦理的外在助缘。这是孔子周游列国的最大收获。

我们可以将齐景公的话语朝两个不同的方向理解：一是齐景公无意中本能地误解了孔子的语意，将孔子的伦理等差原则误解为政治等级秩序的原则；一是齐景公故意将孔子的话语，进行了符合自己利益的曲解，他歪曲了孔子的本意。根据当时的对话环境，两种情况综合发生作用的可能性似乎更大。但是，不论哪一种理解，齐景公对于孔子“君君，臣臣，父父，子子”的“曲解”，都具有重大的历史意义，可以被看作一种“创造性诠释”。通过齐景公的这一创造性的诠释，孔子的人伦秩序原则被创造性地转化成政治的等级秩序原则，儒家伦理以正式的理论形态进入政治领域，成为古代政治生活的最基本和最重要的原则。这个古代政治生活的最基本、最重要的原则，具有最深的根源性，它是中国古代全部政治规则的最原初的“天下之母”。一切其他原则，均由此一最根本的原则派生而出，没有这一原则，就没有中国古代特定的政治组织形式和政治运作方式。这一原则建构了中国古代政治的基本格局。这种格局经由汉代尊儒运动而彻底确立，著名的“三纲”，实际上就是通过齐景公对孔子的话语的创造性诠释而渐渐定型，“君君臣臣、父父子子”的伦理原则，转进到政治领域，虽经两千多年王朝更迭、皇帜变换，“三纲”原则始终不变，直到近代，中国面临天翻地覆的历史变迁，更多的学者们虽然认为中国一定要变，但对于“三纲”，依然以为是亘古以来所不变，也是不当变和不能变的基本原则。“不变者道也，当变者法也。亦即易以变易为义，而有不变者在也。今之学者，不知穷变通久之义，一闻变，群起而争；反其说者，又不知变易之中有不变者在，举天地、君臣、父子不可变者，亦欲变之，又岂可为训哉！”①

① 皮锡瑞的《经学通论》中话语。

皮锡瑞在论说《易》的变易与不易相统一的学术原则时，还乘势申说“三纲”的永恒性和不可变易性。齐景公对孔子话语的误解，实现了儒家伦理向政治领域的创造性转化，这一创造性转化的实现，开创了中国历史上政治与伦理相结合的崭新历史局面。

通过齐景公对孔子“君君，臣臣，父父，子子”的话语的“创造性诠释”，孔子从此成为中国传统专制政治的理论确立人，儒家伦理也因此成了“科层制”式的中国古代官僚体制的维护者。儒家就此与传统政治紧密联姻，祸福与共，悲喜相关。儒家欲借助政治的力量来实现自己的伦理理想，将人间建设成为和谐美妙的乐园；专制统治者则利用儒家的伦理来为自己的统治服务，试图实现传子续孙，使江山社稷千秋万代永不变姓。政治的伦理化与伦理的政治化虽然立意天渊，但却纠合一起，打分不开。儒家崇高的理想被功利主义的政治统治者玷污，政治统治者在利用儒家的同时，也受到儒家的相当的制约，不能彻底地随心所欲，为所欲为。他们也受到了来自儒家理想主义方向的重大行为限制和心理压抑。

儒家的伦理经由齐景公“创造性诠释”，对中国古代政治发挥了重大而深远的历史作用。齐景公可谓是将儒家伦理政治化的始作俑者，功过如何，已是另外的话题。而孔子，亦因此成了中国传统政治等级秩序合法化和合理化的理论宗师和护法伽蓝。这样的结局尽管儒家学者并不愿意承认，但从客观的历史发展之实际情况来判断，这显然是事实，在逻辑上也是一个真实的判断。儒家与古代政治的联姻，构成了中国古代历史运行过程中的实际景观。尽管中国古代的专制政治不是儒家所缔造，亦绝非儒家所能缔造，但在构成中国古代专制政治的组织形式和运作方式等重大问题上，儒家确实起到了最明显和最重要的作用。虽然起作用的不仅是儒家，还有其他各家，而尤其是法家和道家。

上述话语，并不是立意为儒家鸣冤，而是陈述一种事实。实际上，就在儒家被专制政治利用的同时，儒家也利用了专制政治而使自己的伦理主张不断扩展、普及，直至成为“国家哲学”和“国家伦理”。通过政治君王的肯认和政治的强力推行，儒家伦理获得了在中国古代社会生活中无与伦比的崇高地位和不可替代的教化功能。同时，儒家又以“正君心”和“天人感应”正负两个不同方面对专制统治者实施了程度不同但却卓有成效的引导和限制。这种引导和限制，多少诱发了君王的恻隐，也一定程度地限制了君王随心所欲的主宰欲望，一定程度地减轻了民众的负担，生民的现实苦难，多少得到了一定程度的缓解。儒家被政治所利用的悲哀，一定程度上，换取了自己主张的普及，也给生民带来了相当的福祉。

儒家伦理发生作用的另一种方式，是通过教育而实现的。通过教育的活动，儒家伦理不断向知识阶层渗透，并通过知识阶层影响基本民众，向下层普及，成为中国古代社会生活中伦理韵律的主调。

儒家伦理通过教育的活动对社会生活发生作用，自孔子兴办私人教育开始，历经汉唐等朝代，最成功的时期是宋朝。

以中国历史上两次最重大的儒学复兴运动而论，汉代的儒学复兴运动或尊儒运动主要是通过对专制主义统治的合法性的论证，获得其在中国古代政治生活中的重要地位，选取的是向上的路径，实现的目标是与政治的联姻。通过这样的联姻，儒家获得了超越甚至凌驾于其他学派之上的实际地位。儒家成了君王政府确定的正统学派，儒家学说在中国学术思想派别中最“合理合法”。这是汉代儒学复兴运动或汉代尊儒运动之对于儒学自身最伟大的成就，没有汉代的尊儒运动，儒家便不会具有中国历史上被统治者所认可的正统身份和在与各家各派的争竞中的优先而首要的实际地位。

与汉代尊儒运动相比，宋代的儒学复兴运动，虽然没有放弃向上努力的趋向，以进一步恢复和巩固儒家在中国古代政治生活中的“导师”和“监察员”的地位，儒者们却将更多的精力投放到教育上。尤其到了南宋时期，学派林立，讲学成风，儒者依山傍湖，授徒讲经，议论政治、探讨人生，一时间，江山胜迹无处不回荡讲说孔孟的声音，丛林已不再属禅宗所独有，道观亦不再单为祸福之说和长生之论所专设。

儒家不止与佛、道争地域，更与佛、道争人心。通过宋代的儒学复兴运动，儒家几乎主导了整个知识阶层，占据了知识分子的心灵，并广泛地深入到下层民众，成为当时和向后中国社会生活的主要价值向标。理学成为“束缚”中国人行为的效力最高的“绳索”，以伦理为核心价值的中国文化真正在民间得以确立，道德成了最权威的评价标准，中国人的生活由此而真正定下伦理为主的格调。

就参与政治的方式而论，与汉儒重视政治统治合法性的论证，并用灾异等恐吓君王不同，宋代儒者主要是通过教育来实现对于君王的诱导，唤醒其内在本有的良知，以使现实的统治趋向合理和人道。反向的恐吓，主要功能在于限制邪恶，正面诱导的功能，则主要在于引导良心。前者虽然没有将人性恶当成起点，但无意中似乎表明了汉儒深知人的欲望的不可遏制和人性之恶难于抑止，所以采取的方法只能是限制，尽管这样的限制力度十分有限。宋儒采取正君心的方式，背后最深刻的理由在于对人性之善的全面肯定。宋儒皆是人性善论者，孟子的性善论在宋代被知识分子广泛认同，宋儒通过书院等的教育活动，使性善论深入人心，性善论之作为人之为人的理由和根据，在南宋时代几乎成为知识分子普遍的心理共识。这是宋代教育的伟大功绩，这一功绩显然是通过宋代儒者在教育方面的不懈努力实现的。宋儒在从事儒学教育的过程中，特别注重个人自我修养，他们将圣人从天上拉回到人间，使成圣成贤这一极端崇高的人生理想现实化，倡导人生要努力向圣人学习，也真诚地相信现实中人皆能通过个体不断的努力而真正成为圣人。圣人这一至为崇高的理想，被真正地现实化，成了所有知识分子，甚至是普通民众的人生目标，中国社会进入了空前绝后的理想主义时代。君王的个体欲望，也被全社会的理想主义氛围挤压得渐渐萎缩，人道主义精神充斥宋代的政治生活，“宋自太祖勒不杀士大夫之令，终宋之世，文人无殴刀之辟”，实际上也是这种性善论基础上的人道主义氛围所造就的必然结果。宋代的人道主义政治，是中国数千年历史中最亮丽的风景，宋代之成为中国历史上政治最宽松的时期，主要是由性善论所营造的。离开了性善论，就没有宋代的“民主”政治，也没有中国社会生活的伦理化，伦理便不能成为中国社会生活的首要准则，中国人虽不会受到来自伦理的压抑，但也无法得到因为伦理的限制而产生的崇高感。

虽然我们今天早已走出伦理理想主义的时代，个体欲望都在极大的程度上得到了相应的满足，但是，也许正是因为个体欲望的无限制的满足，现代人才失去了对意义的追索，人生显得越来越混沌，价值感越来越淡漠，同情心越来越萎缩，礼让习俗也渐被遗弃，是非越来越模糊。理想主义的时代，也许真的永远和我们告别了。

（本文为这次结集所新撰。）

儒家伦理的当下境遇

我们今天所处社会的道德状况，实在令人担忧。就儒家伦理而言，其所遭遇的已经不是什么挑战和威胁的问题，而是面临被全面遗弃的危险。如果有人反对儒家伦理，那么至少还能表明儒家伦理本身依然是有力量的，影响依然很大。如果人们不再关心儒家伦理，渐渐地不再知道儒家伦理为何物，或者主动放弃，那么对于儒家而言，情况就更为危险。现在的情况似乎与此很接近，人们只是按照所谓的现代方式生存，儒家伦理与他们的生活似乎毫不相干。儒家伦理遭此前所未有的冷遇而渐渐被人遗忘。这种遗忘如果来自外在的压力或者意外的生活遭遇，那就还好。因为此种境遇一过，或者外在压力一经解除，人们就会像暂时遗忘一样重新反省，恢复记忆，儒家伦理就会重新焕发出生机和活力，重新对社会生活发生作用。但如果这种遗忘出自内在的愿望，出自内在的主动或自觉，问题就异常严重了。因为人们既甘于忘记，也就不愿意再度重新想起。以为想起儒家伦理，会对心理产生负担，人们希望的所谓现代生活，似乎是不要任何负担和责任的轻松与享受。如果真是这样，儒家伦理就算快与这个世界永远地告别了。

韦政通先生在这次人文论坛的讲座中，提出了现代中国人患有明显的“道德冷漠症”，现代社会生活中有呈现明显的道德的“无政府状态”。我想这样的说法，可能比“道德沦丧”“道德状况江河日下”，以及现代中国人几乎“无药可救”之类的说法，更客观一些，这样的说法大致可以看作一个实然的事实判断，这个判断比上述的说法更少情绪的因素，只有这种尽量排除情绪作用的判断，才更接近实际，同时对于由此而做出的诊治方略，也才更可靠，更有付诸行动的参照意义。以韦先生的话语为导引，我想谈谈我个人对现代中国社会的道德状况的认识。

现代社会的道德感陨落的情状，表现虽然多种多样，但大要不出以下四种情形。

其一是同情心被冷漠冻僵。

现代中国人患有严重的“道德丢失症”，即韦先生所说的“道德冷漠症”。在传统的社会里，甚至在改革开放以前，不止农村，中小城镇都一样，谁家出了意外：死了人或者有人出了车祸成为残疾，意外火灾等，远近人家都来安慰，安慰者也都满怀真情，那种情形，年幼时经常目睹，那种感动至今依稀还能回忆出来。现代社会的情形就大不一样了，路上如果有人遭遇车祸或者其他意外，围观者只是看热闹，警察也只是追究责任，疏通交通而已，而因此被阻的汽车司机们却都急切地希望交通赶快疏通，自己好通过，很少有对于死者的真正同情。我们在过去的历史中所养成的对同类的普遍关心，已经萎缩到只剩家人和身边几个朋友这样狭小的范围之内。同情心淡漠得简直不忍想象。孟子说：“恻隐之心，仁之端也。”舍弃同情心，恻隐就无从寄托，儒家对天下苍生的关怀也就无法得以施展。爱他人的欲望的丧失，导致人生最根本的伦理动源的枯竭。儒家的仁爱，由此而不再有现实的着落。人间也将因为缺乏必要的温情和关怀而索然无味并且难以令人留恋。

其二是羞耻感被贪欲淹没。

现代中国人患有严重的“羞耻感遗忘症”。我读初中一年级时，县城服装厂里的一名女会计因为贪污了七块钱的公款被人查出，社会议论蜂起，她羞愧难当，投井自杀了。而当时远近的几个小偷小摸的孩子，不仅随时受到甚至是过路人的监控，自己也几乎不敢抬头走路。今天的情况已经全然不是这个样子了。贪污、偷窃、抢劫、欺诈等不德甚至不法行径，几乎成了堂而皇之的事情。法成为界限以后，不德未必违法，于是为了谋求个人的利益，满足自己的欲望，只要不违法，就可以随心所欲。万一失控而违法，当事人的后悔也不是因为自己做了坏事，而是后悔考虑不周密，行动不隐秘，致使自己受到责罚。社会的评价也是如此，很少有人认识到这是不德或违法的必然结局，只是以为做法太愚蠢，而对其如此不良的用心却很少关注，更不要说是为其感到羞耻，从而告诫自己有则改之，无则加勉了。主动丢却羞耻感，不以无耻为耻，已经成为现代人存活此身、“发展自己”的越来越普遍的方式之一。将无耻作为手段去嗜利填欲，并且美其名曰“有能耐”“有道行”，已经成为现代社会的特征之一。老实诚信的人，被认为无能，认真工作的人被认为是傻子，现代人与他们的祖辈甚至仅仅就是父辈，尽管只有30年或者稍多一点的年龄差距，但在对待人生的根本原则和价值取向上却已经判若天渊了。羞耻感本是人生自我反省、自我矫正的道德源泉，羞耻感的丧失，标志中国人已经由不再关注个人的修养，发展为失去了自我反省和矫正的能力。一心凝注利益，生活无聊，生命暗淡，儒家伦理的修养要求被彻底抛弃，儒家的修养功夫理论从而失去用途。现代中国人因为自动放弃自我要求、自我约束而放任自流，意义感从心中彻底流失掉，现代中国人变得有些不再像人类了。

其三是礼让之习被金风扫尽。

谦恭礼让本是中华民族的优良传统，这种传统一直像空气一样伴随并养育我们。尽管历史上也有很多自私自利者，但因这种礼让风俗的普遍性被认同，而不能对礼让习俗构成指明的伤害，反而经常从侧面加固这种美好的习俗。礼让并不是写在纸上，出于口中的，在过去的时代里，过来的人都知道，那是一种常态。生活中互相谦让，待人以礼，投桃报李等，都是生活中司空见惯的事情。现在这样的情形很难见到了，而代之以无礼哄抢，争权夺利和巧取豪夺。一见有利可图，众人便趋之若鹜，如同蚊之见血，蝇之遇臭，就连教育界也不能例外。

其四是是非观念悄然远去。

韦先生称之为“道德的无政府状态”。生活在今天的人们似乎已经不知为什么要有是非观念，不仅不愿意坚持是非原则，而且就连什么是是，什么是非都不想过问，以为这样的问题与自己毫无关系或者自己根本没有必要知道什么是是非。社会生活中的对与错，只有殃及自己时才被震动，喊几声了事。歌唱演员可以把美国国旗和英国国旗说成是中国国旗和日本国旗，仍然不影响她受到青年人们疯狂的崇拜，全不顾及其学养与修为的实际情况。朱子说：“名以钓君子，利以诱小人。”如今不灵了，君子降等了，无利也难诱了；小人升级了，不仅为利所钓，而且也要名，甚至要权要势了。尽管小人在传统的时代里可以得利，但社会的评价始终使其不能越位而上。但是今天的社会评价却无分小人君子，无分善恶是非，只要能弄到权、利，能够满足骄奢淫逸，就是人家真有能耐，厉害！而古风依旧的真正君子，却在名利双向上皆处困顿状态。是非观念被主观自觉自愿地淡化了，是非感离这个世界越来越遥远，这个社会越来越失去了是非感。是非感本是社会的公心，是维护社会正义的根本道德动力。是非感的沦丧，既表明判断是非的标准已不复存在，同时也表明社会正义的陨落。社会正义一经陨落，则属人的社会就会由此而彻底堕入深渊，不再有所谓公正可言，也不必再言说什么公正。一个没有公正的社会，还有什么安全感可言？如此，则中国人如果主动放弃是非感，就等于自动放弃公正和安全。

今日社会的道德的“式微”状况，实际上还远不止这些，这里只是联系孟子的四端说，举其大要而已。现代中国人主动弱化仁、义、礼、智四端，认为这就是多元化时代应该如此的生活法则，实际上这不是多元，而是无元，取消一切原则，消解掉人生中的一切价值，并不能给中国人带来真正的自由和幸福。在个体欲望的纷然鹊起的现代社会里，若抛却仁人爱物的恻隐之心，放弃礼让的习惯，人类由于争抢利益而产生的个人与个人之间或者利益集团之间的凶杀、战乱就会永无休止，并且会不断升级。人与人之间一旦没有友爱支撑与维系，社会的和谐与稳定和人间的互助与理解都将成为侈谈。而在个体意识的觉醒与铺张的普遍状态下，舍弃羞耻感和是非感，也将同样使中国社会失去公平、公正，良善不被看重，欺诈反受羡慕，中国人就将因此而不成其为人类，社会也将不再成为社会，而沦落为动物种群，甚至不及于动物的种群。因为蜂蚁之国，尚有秩序与协作，这是我们在实际生活中的观察所得到的结论，不待圣贤的说教和科学的研究而已明的客观事实。

仁、义、礼、智四端，究竟是否是人类本来即有的天赋，还是人类后来自己设定的理想目标是一回事，人类舍弃或坚持四端则是另外一回事。一个礼义廉耻、孝悌忠信全无的社会，肯定无法被定义为人类社会。伦理既是构成人类社会的最重要的要素，是人之所以为人的重要属性，同时也是维护社会稳定、和谐的最主要的力量。无规矩不成方圆，无对于方圆的期待，就可以完全放弃规矩。朱子说：“有豪杰而不圣贤者，未有圣贤而不豪杰者。”圣贤的价值和能力是全方位的，豪杰的修养和才识是偏颇而不全的。圣贤正己而正人，是举世的典范和人类最崇高美好的目标；豪杰能兴而感召人，是驱除人性之惰气与苟安，使之振奋而不懈怠的楷模。人之修养首先由普通人而企慕豪杰，进而再由豪杰而走向圣贤。这是古代贤哲的教诲，这种教诲在过去的历史中确实发挥过巨大而深远的作用。远的不说，就是“文化大革命”中，尽管确实发生过很多残酷陷害和无情打击的不人道的事件，使中国人的恻隐之心受到了巨大的伤害，但是那仍然是一个英雄主义弥漫的时代。“文化大革命”结束之后，或者毛泽东同志的过世，似乎宣告了中国人理想崇拜的结束，我们由此而告别了英雄和英雄崇拜的时代。这样的时代也许永远不会再回来。今天，当我们远离战争和“文化大革命”以后，同时也告别了人生的理想。混沌似乎已经成了人生的主调，我们彻底地或许也是永远地告别了理想主义时代。但是，尽管我们已经告别了以圣人作为人生目标的时代，英雄和英雄崇拜也已悄然远去，成圣的理想和成为英雄的热情都已不是今天生活的主题，人们已经不必按照圣人的目标来修养自己，不那么劳苦了。也不必为英雄的梦想而彻夜兴奋，不必那么激动难平了。但是，就是普通人所需要的普通生活，要想真正顺畅地实现，同样不能没有最一般的伦理规范和道德热情。丢弃伦理或将伦理原则束之高阁、打入冷宫、置之不理都将使中国人不再像人类，中国社会不再能够成为人类社会。在这样的人的群落中生存，安全安宁、公正公平和幸福健康，都会因为缺乏必要的道德规范和道德情感而无法得到真正的必要保障。尽管我们现在要建立法制的社会，依法治国是不容撼动的基本原则，但是，人们要过上真正幸福、安宁的生活，必须有效地利用道德的资源，儒家伦理的原则是绝对不能彻底丢弃的，因为公平公正和安全安宁的幸福生活的获得，光靠法律显然是不足以完成和实现的。

（本文是在 2006 年景海峰教授主持之“文明对话”第二期上所作发言基础上整理而成，后发表于《学术月刊》2006 年第 9 期。收入本集时有所改动。）

儒家与诠释学

经营数年之久的《诠释学与儒家思想》一书，已于今年7月，由中国出版集团之东方出版社出版。该书是由景海峰教授主编的“中国诠释学研究”系列中的一种，由著名学者景海峰教授和博主的另一位同事赵东明教授联合撰成。全书28万字，共分三章，外加一个导言。导言和第二章、第三章，由景海峰教授撰写，第一章由赵东明教授撰写。

在导言——中国诠释学研究的现状及前景中，景海峰教授述说了诠释学的“思想激荡力”的如彼“巨大”，已经成为当代最具活力的哲学思潮之一。同时也强调了它“与中国文化的关联性实在太大了”。景海峰教授使用了如下的话语：

> 中国有着两千多年注释经典的传统，有关“诠释”的资源，可以说是异常的丰富。这就为诠释学的思考和吸纳，提供了十分广阔的空间。人们把诠释学，和中国的思想资源结合起来研究，也就再自然不过了。

从上面引用的这段话语中，显然可以看出景教授谨慎而特别的用心。

相当长一段时间以来，诠释学充斥中国哲学，还有文学，甚至美学、历史学等研究领域，像飙车一样，横冲直撞，无所阻挡。很多学者都以懂得一点诠释学为荣耀，并且背地里藐视嘴里没有诠释学或者嘴里不讲诠释学话语的中国“本土学者”，以为这些学者作的不是学问，只是整理材料之类。诠释学研究中的很多“领军人物”，甚至仅仅把中国传统的思想和学问，当成诠释学研究的一个弱小的目标，还毫无顾忌地将数千年来中国人对于经典解释的意义，仅仅限定在能够为来自西方的诠释学提供一点可怜的“说明性例证”而已。

本博主不是一个民族自大狂，但也不是一位历史虚无主义者。多年来，因为学力有限，“接住”诠释学的自身积累工夫不足，加以习惯于传统的研究方式，手头研究任务也很繁巨，没有更多精力潜心研究诠释学这门确实十分伟大的学问，因而也就很少参与与诠释学相关的学术活动。也没敢跟随景海峰教授和赵东明教授一起，走进自己并不十分熟悉的领域。

不过本博主非常了解景海峰教授和赵东明教授，他们都是十分客观的学者，他们又都精通中西方的各种思潮和思想。两位教授抱着对人类文明的由衷崇敬之心，同时也怀着对中华民族历史文化的深挚热忱，共同合作，写出了这样一部不容小视的学术研究的力作。

从景海峰教授上面的表述中，博主非常明显地感觉到，在他的心目中，诠释学虽然源自西方，但是中国本土的诠释学资源，原本就很丰厚。同时，中国“两千多年注释经典的传统”，既是诠释学伸展自己臂膀的广阔空间，也是诠释学“吸纳”营养的重要所在。

景海峰教授承袭其业师汤一介先生的衣钵，寄望于在借鉴西方的诠释学的基础上，立足中国本土，依据中国固有的诠释资源，建立属于中国自己的诠释学。

这是一项宏伟的学术战略目标！汤一介先生，在其晚年的岁月里，为了创建中国的诠释学，为了使中国的学问真正挺起腰板来，煞费了一番苦心！

景海峰教授和赵东明教授的这部新著，显然是在朝向这个方向努力的过程中，走出的重要一步。本博主为他们高兴，也为他们祝福！

景海峰教授还在导言中，对诠释学从基督教经典诠释，中经施莱尔马赫，再到伽达默尔的整体发展轮廓，做了简单而又精到的描述。

赵东明教授则在首章中，对诠释学从产生到最后确立的思想进程，做了更加细致、深入的分析说明。从圣经诠释学开始，到狄尔泰把诠释学当成“精神科学”的方法论基础，再到海德格尔用诠释学“注目”“存在”，同时又以存在主义为根基，从而对诠释学的发展所做的巨大理论贡献，直至伽达默尔的哲学诠释学和利科的话语诠释学等，进行了极端专业化的深入理论解说。在首章之后半部分，赵东明教授还对诠释学内部的诠释学者对于诠释学的“游离”和“背反”等“情况”，以巴迪欧等为例，做了发人深省的省察和说明。

而在本书的第二章中，景海峰教授首先站在诠释学的立场上，分析了中国传统儒家思想里面的一些“核心理念”，诸如“三纲”与“五常”之类。接下来，景海峰教授又在第三章中，把中国传统儒家的几次重大的转折和发展，表述为“准”中国哲学诠释学的发展阶段。尤其是对当代新儒家，景海峰教授几乎完全把熊十力、牟宗三和唐君毅三位先生对于儒家学问的阐发，当成了中国儒家诠释学的自身发展而进行了充分的阐述。

在第三章的最末，景海峰教授还把当下的“国学”，拉进诠释学的广角镜里，准备让“国学”研究，为中国诠释学的真正确立，建立一点客观的功勋。

由于本人在诠释学方面才疏学浅，一定有介绍不到或者介绍错了的地方，敬请方家不吝批评。

有关此书，本人还在学习过程之中，同时也没有得到作者的委托和认可，就私自写下了这样一篇博文，万望各方见谅。

（本篇文字，是作者为同事景海峰、赵东明合作之《诠释学与儒家思想》的出版，所作的评述，2015 年 9 月 5 日发表于“江南提学”博客中。《诠释学与儒家思想》于 2015 年 7 月由东方出版社出版。）

老子对人类鼓荡“智能”功用的批判

听众朋友们大家好，我是深圳大学王立新，我将在这一讲中，给大家讲述老子对待文明和发展的态度。

总体说来，老子对经济增长和科学技术的进步，以及社会组织的完善和向前运行，采取的是反对的态度。有关于这一点，我们没有必要为老子隐晦，隐晦也没有用。

老子反对用权术、手段或者伎俩之类的方针或者策略来治理国家，前面我们已经讲过：“以智治国，国之贼；不以智治国，国之福。”在老子看来，动脑筋设计一套所谓的治国方略，利用各种技术手段帮助治理国家，这是国家最大的祸患，而不用智术治理国家（请注意，我这里说的智术，而不是智慧），才是国家的福分。不用智术治理国家，其实就是无为而治的现实层面的表达。像这样的话语，已经表明老子对我们所认定的所谓的社会文明的进步，科学技术的发展和经济实力的增长之类，是持非常明确的反对意见的。他不主张社会要“进步”和“发展”，因为在他看来，我们一般所认定的社会的进步和历史的发展，都是人类共同在走下坡路。所谓的“进步”和“发展”，都是人类自以为是的进步，都是人类的整体堕落的自我托词。

老子显然看到了经济的增长、技术的进步和文明的发展等，不仅严重地损害了人类质朴的天性，使大家变得越来越狡猾、越来越乖巧，同时也使人类陷入越来越深的单纯追逐利欲满足的难堪境地，越来越深地陷入迷失原本善良、纯朴的本心、本性的泥潭里不能自拔。

为什么老子会这样想？站在我们今天的角度，我们可以清楚地看到，经济越增长、科技越进步、社会组织越发达，人们生活在所谓丰富多彩、五光十色的世界里，干什么都越来越方便，满足自己各种欲望的机会越多，可能性越大；而满足欲望的机会越多，可能性越大，又会反过来刺激人类的欲望的进一步发生和发展，人的欲望的不断地、无休止地增长，使得人内在也不能自已，同时也更禁不起外来的诱惑。因为满足欲望很方便，所以就会在内心里不断地升起新的和更高的欲望。而人的欲望越增长，负责看管人类欲望的宗教、伦理的原则和戒律越看管不住人类的欲望，人类原本质朴、纯真和善良的天性，就会在不断增长的欲望的裹挟下，一路下滑，安宁的心态也丢失了，人类不再安于本分。痴心妄想，成了生活在科技昌明、经济增长的现代社会里的人们心理上的共同特征。老子早就看清了这一点，老子不是说“五色令人目盲”嘛，老子不是说“五音令人耳聋”“五味令人口爽”嘛，老子不是说“驰骋田猎使人心发狂”“难得之货令人行妨”嘛，这些前面我们都讲过的。老子正是看清了上述情况，看到了物质生产越发达，物质资料越丰富，技术条件越成熟，人的欲望越增长，人的企望越高，人的不自量力的心态也越严重。人的欲望跟满足欲望的条件，是呈正比增长的，这是水涨船高的道理，没有人不明白的。

当今的时代，科技的发展，经济生活条件的改善，使得我们都能很顺畅地满足自己的欲望。举个例子，我想吃北京全聚德的烤鸭，我现在在长沙，跟北京的朋友约好之后，打个“飞的”，一会儿就到了，当天就可以来回。稍近一点的距离，坐高铁更方便。人类满足基本生活欲望的可能性越大，满足起来越方便，人就越不知道收摄自己的欲望，更多的、更高的和更加稀奇古怪的欲望，都会在这种便利的条件下不断地从心底里生出来，原来的道德的界限就会不断被打破，道德和伦理再也看守不住人的欲望，再也管束不住人的行为。

欲望是恶魔，就像《水浒传》里的那个巨石压着的黑洞一样，一旦科技和经济帮它打开，那些人欲的天罡地煞们就会冲出来，就难于制服了。当人的欲望以一种自以为很合理的方式出现，或者被自己说成是没什么不合理的时候，伦理道德的原则，就会显得越来越苍白无力，面对滚滚而来的汹涌澎湃的人欲大潮，只能步步退让，节节败退。眼下很多人都在讲，社会风气越来越坏，其实就是看到了人欲逼迫伦理和道德节节退让的情况。

老子认为，经济的发展，科技的增长，会促使人的欲望不断增长，使得人们陷入追逐利益的泥潭，最终丢失内心的安宁，那在经济快速增长的情况下，怎样规范人们的道德行为呢？人类曾经做过很多的努力，但是都不能阻止欲望的膨胀。

老子早就看清了这一点，老子说：“失道而后德，失德而后仁，失仁而后义，失义而后礼，夫礼者，忠信之薄而乱之始也。”这个话语，说的就是物质条件不断发达，生活条件不断改善，人们满足自己的欲望越来越方便，社会组织越来越能够为人们提供这种行动的自由的时候，道德的原则，看守不住人们日益增长且日渐强烈的欲望，只能不断地采取守势，不断向后节节败退。道的防线守不住，就退守德，德的防线又守不住，再退守仁，仁的防线也守不住，就退守义，义的防线同样守不住，就再向后退却，去固守礼的防线。到了礼的防线上的时候，忠信的品质，已经变得非常稀薄，而且大乱之世已经开始了，世道人心已经不能再恢复到远古时代那样的质朴无华、平静舒缓的境地中去了。

从这段话语中，我们大致也可以确定一个事情，就是老子确实生活在孔子之前一段时间，因为老子说“礼”是人类的忠信品质丧失殆尽时的挣扎，虽然老子已经明确地说出这是“乱之始”，但是到了孔子的时代，礼也守不住了。大家都知道，我们习惯性地说孔子生活在“礼崩乐坏”的时代。在孔子生活的时代里，礼，已经彻底崩溃，而不仅是开始乱的问题了。上流社会早已经把礼像扔一双穿破了的鞋子一样，甩到爪哇国去了。孔子要恢复礼的权威性，无法在上流社会得到认同，于是准备下到民间去，找寻礼的碎片，把它再重新拼凑起来，让它破镜重圆。所以孔子才主张“礼失求诸野”。礼，原本是上流社会的行为规范，礼失于上，在上流社会已经无法找到礼的踪影，但是民间却有遗存，在下层社会里，还有礼的影踪，礼的习俗，于是才有“求诸野”的可能性。

大家都看到了，经济的发展，科学技术的发展，为我们的生活提供了便利的条件和手段。但是，经济和科学技术在满足人们的需求，为人类的生活提供更加便利的条件的同时，也极大地促发了人新的欲望的进一步产生，旧有的欲望也在不断升级。

人的欲望是个无底洞，是个无底的深渊，满足它一点，它就要求两点，它不是满足了就没事了，而是越满足，事越多，要求越强烈。为什么古今中外的宗教和伦理都强调限制人的欲望，道理就在这里。这些人类历史上的伟大的思想家们，都已经清楚地看到，人的欲望一旦满足，就还会产生更高、更新的欲望。人的欲望，有一个自身不断追求膨胀的属性。所以，伦理和道德的原则、规定，既然限制不住人的欲望，就只能眼巴巴地看着欲望的增长而节节败退，从第一道防线的“道”，退到第二道防线的“德”，再退到“仁”，再退到“义”，再退到“礼”，到了“礼”，已经是第五道防线了。第五道防线同样守不住，于是出现了第六道防线，就是今天的所谓“法”（或者也可以进一步划分为“乐”“刑”“政”，而后才是“法”，如果这样划分，“法”就已经是第九道防线，也可能是人类对自己欲望控制的最后一道防线）。

今天大家已经都看到了，无论是中国还是其他国家，违法乱纪的不仅很多，而且法律本身的问题也很大，从疏到密，从简单到复杂，一直在不断地填补空白，缝补疏漏，即使如此，也不能使法律更加完善。法律的范围有多大，犯罪的范围就有多大，法令越密集，犯罪率越高。所以老子说：“法令滋彰，盗贼多有。”这种情况也可以说明，法这道防线也要守不住了，那么法这道防线万一守不住了，人类还会不会想出更新的防线，还有没有更新的防线？王立新不知道。环境破坏到这种程度，人欲张大到这种样子，人类还有没有机会坚持到设立第七道防线的时候，这个是很难说的。人类似乎已经把地球母亲当成可以无端和无限掠夺的对象，以满足我们人类的生存和所谓的“发展”。

我遇见过一位出租车司机，他是黑龙江省齐齐哈尔市人，有感于地震、火山喷发、海啸、冰冻、干旱、水灾等的不断发生，感慨地说了一句话：“这地球哇，眼瞅着就不行了！”他的东北腔使我大笑不止，但是他的话语并不是危言耸听。这是一个地球上最普通的民众的心里话。他希望现在的人们自制，以便使地球多撑持一段时间，人类好有稍微长久一些的福运。

我们大家都像在“啃老”一样，贪婪而感觉理所应当一样对待地球母亲。现在的情况已经异常严重，各个国家为了追求自己的发展，却对此恬不知怪，开了几次全球会议，以保护环境和资源，却什么结论都没有，连个像样的协议都没有达成。地球真的快要撑持不住了。

面对人类目前的境况，我们不能不对人类的未来担忧，我们也不得不佩服老子和孔子的智慧。他们在两千多年以前，就早已预见到了人类因为片面追求发展，造成对自然的严重破坏，同时因为人类欲望的无限制的膨胀，地球真的已经很危险，人类已经很危险了。现代人总是想着这是管理上的疏漏，而不是追求目标的问题。所以，要认清这种可怕的现实，确实是一件异常艰难的事情。在这一点上，我们不得不回过头来学习和借鉴前贤的伟大智慧。

其实老子反对的，正是我们今天认定的所谓“发展”，老子认定天道是不可违逆的，不可将人类自己认定的所谓“道理”，当成天道的本理。天道不是人能轻易认识和把握的，它有自己相当的神秘性。这也是“道可道，非常道”的另一层更深的含义。这层含义，同样不易为人所理解，人类似乎也不愿意去作这样的理解。道理很简单，只是人类不愿放弃自己的欲望，所以总是要为自己欲望的满足，找寻各种自认为合理的借口。老子坚决反对这一点，正是出于对人类未来的忧虑。

换一个角度，我们不从人类的伦理道德的退步的角度看问题，我们从科学技术本身来看，科学技术发展到今天，虽然给我们带来了极大的方便，但是同时也给人类本有的那种属人的功能，造成了极大的摧残和破坏。

不知道各位有没有这种感觉，当有了卡拉OK的时候，当有了手机的时候，大家不再费力去记歌词，现在大家唱歌，都用手机上网，把歌词调出来，对着手机，看着歌词唱，或者看着卡拉OK的屏幕唱。不仅是普通人唱歌，学者做学问也都是一样的，上网一查，说老子说了一句什么话，当时就能找到，人们似乎感到已经没有必要去专门记诵或者记住某一段话语。人类的整体记忆能力，随着计算机和手机的发明，变得越来越弱，越来越差。因为记忆似乎不再起更大的作用，所以大家放弃了对记忆力加强努力这回事。总体说来，人类的整体记忆能力，在最近这几年之内极速下降，我们现在已经很少能够看到有那样一个人站在这里什么也不看，从头到尾唱上一首完整的歌曲。所有的老师，都被体制规定，改用PPT教学。这回不用记忆了，把要讲的东西，都放在幻灯片里，一点开就都看到了，根本不用花费力气去记忆。学生也不用记忆，只要照着记下来或者到网上查出来就可以了。

技术力量的增长和广泛普及，导致人类记忆能力的通体下降。还不仅是这样，人类整体思想能力也跟着通体下降，因为很多技术性的东西占据了主导的地位，我们用鼠标一点击就可以了，不必要再花费脑筋去冥思苦想。所以现代人的脑子看似好像越来越聪明，但是智慧的光芒却变得越来越黯淡。

还有就是技术本身的发展，太方便了，大家都可以轻易地使用，我们技术操作的能力确实在增强，但是科学创造的能力，从整体上来讲，却是通体下降。所以老子反对科学技术的进步，无论从人类的道德水平的整体下滑，还是从人类的能力的通体下降的角度看来，不仅有道理，而且理当引起我们深刻的反思。

当然，还有重要的一点，就是人类生存的环境，因为科学技术所提供的方便的手段，遭受严重破坏和损害的程度和可能性也越来越大。过去我们过的是一种田园诗般的生活，场圃、炊烟、小桥流水、渔歌唱晚、柳浪闻莺，跟自然的关系和感情都很亲密，现在我们几乎是在人造的环境中生活，住在空调房里不出来，打个电话叫外卖，趴在电脑前玩电游，走在路上和坐在各种交通工具上，都在不断地翻手机。

我们人类真的要脱离自然界和动物界了，我们现在差不多已经制造出了完全人类化的生存空间，从长远的观点看，这些对人类到底是好事还是坏事？现在下结论也许为时尚早，但是再迟恐怕就要来不及了。

人类原本就是宇宙间和自然界里的普通一员，当这个身份完全被人类自己用科学技术的手段慢慢解除的时候，我们还能不能接住地气？我们还能不能感受到阳光、水分、空气，我们还能不能享受优美的田园？所以，从审美的角度，人的本质，也在科学技术高速发展的过程中，不断地流失。当然，以上我所讲的，是老子对文明发展的整体态度。老子还有一句话，要绝圣弃智，要绝仁弃义。他为什么要这样提倡？因为他预见到了我们今天看到的实际的情况。

老子的思想是非常深刻的，老子的智慧也是无处不照的，它所呈现的，是一种放射性的流状，大家如果认真阅读，细心体会，就会从不同的角度体会老子的大智慧，就会增长属于我们自己的人生智慧。

如果有朋友想要说：增长智慧有什么用，只要有钱，不增长智慧，我们不也活得好好的嘛。我会严正地告诉你：增长智慧不是责任，而是天性，失去了这份天性，人就不会再被叫作人了。而且，增长智慧，本来就是走向幸福的必要条件，没有智慧的人，很难在真正的意义上，过上幸福的生活。

近代史上提出“开眼看世界”的湖南明贤魏源曾经说过：“《老子》一书只有五千字，但是注释老子的书，却不下五千本。”当然这只是在魏源的时代，一个字就被注释成一本书。到了今天，解释《老子》的书，恐怕已经不下两万部，为什么会有这样的效果，因为《老子》这部书，确实充满了大智慧。

《老子》一书备受看重，连哲学的故乡都这样，德国著名的存在主义哲学大师海德格尔，借助中国学者的帮助翻译过老子的书，可是没有翻完，只翻译了几章。《老子》太深邃了，太有智慧了，不容易把握。

老子是伟大的，我们作为中国人，因为有老子，因为老子给我们留下了这样一部智慧的宝典，我们应该感到荣耀，我们应该随时去老子那里摄取营养，因为我们比外国人有更便利的条件，老子虽然是属于世界的，但他毕竟是中国人，他的智慧是用汉语书写的，所以，中国人学习起来更方便。学习老子的智慧，可以矫正我们现代生活的很多弊端，帮助我们提升人生的品质，维护原本属于我们并且跟我们的生命连成一体的自然界。

老子的《道德经》内涵很丰厚，不是能讲得尽、讲得完的，但是本节目的老子《道德经》总得有个结局，我就算讲完了，谢谢大家，谢谢大家一直以来的热诚收听。

（这是 2013 年 9 月初，作者在湖南人民广播电台潇湘之声频道播讲《老子》的第 20 讲，录音整理所成稿。）

宋太祖——中国历史的优秀值日生

把书名叫作“大宋真天子”，是一个临机的想法。临机的原因，虽然不能彻底说清，还是可以讲出两点理由。

理由之一，就是历史上的帝王们，都自称是天子，他们的臣民们，也就不得不管他们叫天子。可是天子，本来应该是“天之骄子”的意思，光是占据“九五至尊”的宝位，拥有至高无上权力，肯定不是真正的天之骄子。而所谓天，不仅包括时势所趋、机缘凑巧、民心所向等现实元素，也蕴含着仁德和智慧等更加深邃的内涵。

上天养育仁德，上天需要有智慧的贤能之人，出来帮助他维护仁德，成就仁德。时势之所趋、民心之所向，其实正是上天需要仁德、养育仁德和成就仁德的一种直接或者曲折的客观征兆。那些真正的天子们，可能是时代的宠儿，比如宋太祖；也可能是时代的弃儿，比如王莽。但他们肯定都是历史的精英，同时也是人类的精英。因为上天是善的，上天的目标也是善的，所以，只有那些尊天行善，助天成善，替上天除邪恶，代上天清腐臭的英明君主，才配称作天子。

理由之二，中国人相信天命，尽管这种相信，不像基督教徒和伊斯兰教徒，信奉他们的教义和教主那样张扬，那样露骨，那样不容置疑。但在中国人的心底，确实相信有一种叫作“天命”的存在。这种存在，好像从一开始就决定了，向后也始终跟随着自己。

相信天命，至少也有两重含义。一重是相信自然天命，好像生下来就如此，生死祸福、贵贱穷达，一开始就被上天给定了，无法改变，无法移易。停留在这种理解上，人只依赖上天的恩赐就行，自己也就不必作为了，因为努力是没用的。

另外一重，是相信上天虽然“授命”于自己，给定了自己位置和条件，但还需要自己用心去领会、认真去完成。

就帝王而论，上天会“委托”可以信赖的人，帮助自己去经办人间事务。这重含义，显然有“期待”人为努力的成分，承认人在命运面前，主观努力的价值和意义。如果你不努力，或者努力程度不够，没有把上天交给你的事情办好、办妥，上天就会失去对你的信赖，会把已经发放给你的“委托书”收回去，转交给别人。如果一时找不到更合适的人选，上天还会把这份“任务书”，暂时掐在手里，一直等到有更合适的人选的时候，再“密授”给他。

到宋太祖的时代，很多割据的军阀，都认为天命降临到了自己的头上。但是他们所理解的，显然只是天命的第一重含义。只有宋太祖，“领悟”和“体贴”出了天命的第二重含义。他为此而战战兢兢、如履薄冰；他为此而劳神劳心，寝食难安。通过他孜孜不懈的努力，出色地完成了上天交给他的任务。只有宋太祖，才没有辜负上天之父的殷勤嘱托和谆谆教诲。他，才是真正的天之骄子！

这就是这本书叫作“大宋真天子”的理由。

“天子”一词，虽然高深难测，听起来也十分吓人，可一旦落到生活的实处，不过就是个值日生的意思。

在我的感觉中，任何一个王朝，任何一个帝王，都不过是替历史当班，他们都是中国历史的值日生。秦始皇、汉高帝、汉光武帝、唐太宗、宋太祖、元世祖、康熙皇帝；还有，夏桀、商纣、汉恒帝、汉灵帝、陈后主、隋炀帝、嘉靖皇帝、万历皇帝，同样也是替历史当班。无论是哪位帝王，替历史值日的效果好，历史就会表扬他，嘉奖他，赞美他。值日效果不好，不负责任的；态度恶劣，消极怠惰的；尤其是那些借着值日的机会和由头，徇私枉法，损公肥私，甚至残害生灵，作恶多端的，历史就会批评他，批判他，鄙视他，甚至还会把他钉在历史的耻辱柱上。

虽然不小心当了值日生的那些王者们，可能自视过高，以为自己掌握了绝对的权力，无人敢惹，从而放肆地为所欲为起来。说到底，都是因为不懂时间的无情。苏东坡的《赤壁赋》讲得很明白，只一句“而今安在哉”，就彻底道破了这个道理。

历史上所有的统治者和达官显贵们，其实也如舞台上的演员一样，都只能在特定的历史场合“表演一段时间”，很快就会散场。就算当时很显赫、很不可一世，其实也只是像《庄子》书中的“朝菌”和“蟪蛄”一样，可能连一天或者一年都过不完整，就必须离开表演的舞台了。因此，真正有智慧的统治者，不炫耀一时的“唯我独尊”，只是想着尽到当下的责任而已。至于身后能否给人们留下美好的历史记忆，那就全看当时的值日表现了。

我觉得宋太祖是个出色的值日生，他值日很认真，很负责，很为后世着想。我喜欢这位值日生，同时，也希望我们每一个处在不同岗位上的工作者，无论工农商学兵，也无分官不官、长不长，都能向宋太祖学习，学习怎样当好值日生。据此，《大宋真天子》，也可以叫作《一位优秀值日生的故事》。

上过小学的人都知道，在班级里，所有人都得轮流值日，轮到谁，谁都应当尽心为大家服务。要不然，老师批评，同学也不会满意。如果把历史上的政治统治者看成值日生，那么老师是上天，同学就是平民百姓。帝王们“受命于天”做君主，其实就是老师选派你当值日生，值日生就得为同学和班级服务。我写宋太祖，就是想写一个值日生的故事。从他值日的过程中，大家可以学习到认真负责的精神、尊重历史文化的态度、爱护公共财物和公共资源的用心、仁爱天下苍生的情怀，还有勤勉工作的热忱。如此而已。

（本文为拙著《大宋真天子——一代仁君赵匡胤》的序言，2015 年 12 月 6 日改定。）

沿着宋太祖当年的足迹

终于写完了书稿，抑制不住激荡的心情，约好朱锦程和陈晨两位学生朋友，分别从深圳和长沙启程，于今年6月3日赶到河南，去瞻拜宋太祖。

在洛阳的两天里，没人能够告知宋太祖出生的准确地点。老人们说，这条街过去也叫“火街”，显然与宋太祖出生时“红光满室”的历史传说有关。当地人指来指去，竟然把宋太祖的出生地，指向了我们住在其中的瀍河区夹马营路132号的“汉庭宾馆”。

出租车带我们绕着洛阳城跑了大半圈，宋太祖家乡的“邙山”，却是茫无踪影。司机说，洛阳城的北面，都是“邙山”。眼见着茫茫的一片，都在忙着盖高楼，烟尘有些呛人。大下午了，才惘然若失地回到宾馆附近。瀍河，正从这里经过。

宋太祖小的时候，或许经常会来这条河边玩耍。如今的瀍河，却早已成了城市污水的排泄道。

洛阳一行最深的感受，或许只是黄昏后站在洛水河畔的那一刻，夕阳照射下的洛水，泛着粼粼的波光，令我想起书中写的一个章节——洛水红霞。

洛水就是洛河，洛阳本在河的南岸，现如今，沿河两岸都已经是洛阳的市区了。市民们成群结队，在洛水的岸边上，尽情地享受着休闲的生活，人们已经不必去刻意想起宋太祖。这就是第二天的全部收获。

6月5日，的士把我们直接带到了宋太祖的陵寝旁边。

宋太祖的陵寝，叫作“永昌陵”，在今天的巩义市，过去叫巩县。这是他生前自己取的名字，意思是保佑赵家的子孙和大宋朝的江山永远兴旺，永远昌盛下去。

太祖的永昌陵，就在马路边上，高大得像一座丘山，上面长满了郁郁葱葱的矮树和高草。因为还没有被开辟为旅游公园，连门也没有，只能从田垄间走到近前。这样更好，更能体现太祖是天地的儿子，他永远依偎在辽阔的天地怀抱中。这里虽然没人看管，但也没人破坏，还不收门票。

绕过田垄，没太留意路边残损的石象、石马、石人之类，径直就到了太祖的陵墓前。

就在祭拜太祖的时候，隐隐地，感觉后面好像有个人，一直在注视着我们。起身离去的时候，才看到身后不远处的一尊石像，孤单单地站立在黄澄澄的麦田里。这是当年陪葬在太祖身边的大臣。这尊石像，造得太过灵气，都一千多年了，风吹雨淋的，竟然像个活着的真人一样，眼睛似乎还一眨一眨的，连眼神都能感觉得到。

“他是曹彬，他一定是曹彬！他在欣慰地看着我们祭拜太祖。”我动情地对两位学生说。

曹彬，宋太祖最信赖、也最欣赏的武将，英勇善战，宅心仁厚。太祖让他去平定江南，除了战争必要的杀伤以外，秋毫无犯。对被俘的江南国主李煜，绝对礼数有加，仁至义尽。

曹彬，虽然也是从五代那个乱世里滚爬过来的，身上却很少沾染凶杀、嚣顽，还有欺瞒之类的恶劣习气。入宋以后，在太祖的引领和感召下，更加长进，成了一位伟大的儒将。这就叫上有所好，下有所效。也正是因为有像曹彬这样的将军，才更能体现太祖的悲悯和慈爱。

开车送我们的，是位洛阳的士司机，难得的好人。他不仅一直在等候我们，还尽量把汽车开到离我们返回时最近的地点上。我们这次在河南三地（洛阳、巩义、开封）所见到的所有河南人，都是像他一样的好人。河南怎么了？怎么遍地都是好人！难道是太祖的遗风，还没散尽不成！

带着一份说不清的怅惘，我们离开了太祖的陵寝。转身回望，真想退休以后，就在附近盖间小土房，把此生剩余的时间，全都“摆放”在这里。一面给太祖守灵、扫墓，一面写些有关中国思想文化方面的书籍。还可以跟真心来这里看望宋太祖的人们，讲讲宋太祖，说说他的理想，谈谈他的为人、处事之类的事情。

离开太祖陵寝，我们乘火车到达开封。当晚又约好一辆开封的出租车，6日一大早赶赴陈桥。

出城之前，司机先带我们到宋太祖没当皇帝前，赵家在开封的旧宅。房屋早就没了，但是那条巷子至今还在，狭窄、凌乱，好像正在改造。巷口处，立着一个很大的牌坊——双龙巷。“双龙巷”的意思，是说在这条普通的巷子里，出了两位皇帝——宋太祖和宋太宗。

出开封向北过黄河，司机把车停在桥边，我们下来歇息，观赏这座大桥。我惊异地发现，这座简单但却坚固的黄河大桥，跟我在书中所描绘的“历史上第一座长江大桥”，几乎一模一样。

那座由宋太祖亲自设计的历史上真正的第一座长江大桥，被我成功地在书中“复原”了。那座桥的桥墩，是由赛龙舟用的近千条木船组合而成，桥身是木船驮着的排箫一般的竹竿。而这座黄河大桥，却是用几十条铁船驮着一连串的厚铁板连接而成。

我第一次见到这样的大桥，愈加相信自己复原的宋太祖设计、建造的长江大桥，该是多么“逼真”！心里不免欣赏起自己的想象力来。一时兴奋，竟把自己的写法，眉飞色舞地描述给出租车的司机听。想不到那位姓张的司机，竟是那般好学，听得那样认真、那么着迷。我的心里，愈加感觉自得了。

看完大桥，我们沿着黄河大堤赶往陈桥。

大堤两旁，林荫浓郁，凉风习习，一时间，竟然忘记了正处在盛暑的夏季。

陈桥，旧称陈桥驿，是后周时期的一个驿站，就是军队还有信使等，停下来休息的站点。公元960年正月初四那天早上，宋太祖就是在这里，被兵将们“黄袍加身”，从一员后周武将，渐渐成长为一代明君。

陈桥驿，现在叫陈桥村。宋太祖的“黄袍加身”处，是一个不大的纪念园。园内有一口井，说是供太祖皇帝当年饮马的。当然，太祖和将士们的生活饮水，也全靠这口井了。园内还有一颗老树，是棵黄槐，跟我办公室边上的一样。

其实这株老树早就枯死了。大约是在边上后种了一株，种得很巧，像是从老树的根部重新生出来的一样。一匹石马，说是太祖皇帝当年的坐骑，昂首挺立在树荫的下面。马的缰绳，就拴系在这株老槐树的躯干上。

从陈桥返回开封，我们又去看了开封著名的铁塔。

这座高高的佛塔，虽然是宋仁宗时代，在五代的基础上加高、加固而成，但在宋太祖的时候就有，而且就在宋太祖扩建的开宝寺里。

宋太祖在开宝年间，下令扩建那座原有的寺院，并用自己的年号来命名——开宝寺。在此之前，宋太祖还在开封扩建了一座道观，也是使用自己的年号命名的，叫作建隆观。

太祖一生使用过三种年号：建隆，修了个道观；乾德，提出了“任宰相当用读书人”的政治原则；开宝，建了一座佛教的寺院。儒、道、佛，三教并重；

孔、老、释，三圣兼崇。这是太祖的襟怀，也是太祖的胆气。历史上的很多君王，只敢信奉一种学说，比如秦始皇只信法家，汉武帝独尊儒术之类。因为胸襟不宽阔，眼界也就受到很大限制。

宋太祖不一样，他能兼容诸家之长。

宋太祖以仁德理顺天下，不是以武力和刑罚威慑天下，包括对待俘虏和主动投诚的“降王”们，都一样仁慈而信任他们。给这些人封大官，建大宅院。还给他们的子侄、兄弟和大臣们封大官，让他们全都住在京城里。既不担心生出变故，更不担心他们联合起来造反。这是自信，是古往今来难以匹敌的自信。依我的理解，宋太祖不是自信自己的军事力量强大，更不是自信朝廷刑罚的严酷，而是自信他自己的慈悲恻隐，足以感化这些已经战败了的“割据王者”。

尽管宋代的汴京城，早已被埋在地下六七尺的深度，我们今天所能看到的，都是为了旅游而修整的清代以后的格局。可是太祖对他的生民、对中华民族文化的恩惠与光辉，却一直传留世间。就像永昌陵四周的麦田一样，黄澄澄、金硕硕的。不必自己宣说，也不必人们想起，只那无边而又无际的累累，真是累累得无边而又无际了。

瞻拜完这位“重光破碎旧山河，再造清明新社稷”的睿文、神武的大宋真天子之后，我把这篇后记改写成了如上的样子。

值此《大宋真天子——一代仁君赵匡胤》即将出版之际，谨向北京大学出版社的舒岚编辑，致以深深重重的谢忱！她的信赖、督勉、把关，给了我更大的热情和信心。借此之机，也向一切关心本书写作的朋友，期待阅读本书的读者，表达由衷的感谢和敬意。

本着“严格”遵循历史事实，除了江南国主李煜被俘北上，本在第二天的早上，为了行文情境的需要，被作者放在了头一天的晚上之外，其他事件和情形，基本都是按照历史的“原样”和先后顺序书写的，挪动不多。特向读者说明。

2015年中秋后三日写成，两月后改定。

（本文为拙著《大宋真天子——一代仁君赵匡胤》之跋，《大宋真天子——一代仁君赵匡胤》，北京大学出版社2016年3月出版，署名作者“江南提学”。）

洒脱的道学家

周敦颐（1017—1073），又名敦实，字茂叔，学者称濂溪先生，本贯湖南道县。一生仕途不算太顺，但也不算坎坷。最高官位是广南东路提点刑狱公事，虽然官位只是“正厅级”，但是职责却大约相当于今天的副省长。周敦颐是有名的清官廉吏，生前已有很高的清誉。同时，作为中国宋代著名的儒学思想家，身后又被尊奉为理学的开山祖师和道学宗主，其理学思想（包括程颢、程颐、张载、胡文定和朱熹等的理学思想一起）影响了中国历史七八百年之久，至今犹在发生有效的作用。

周敦颐一生主要时间都在官场上，三十余年“浸泡”在官场里面，没有养成官气，却能洁身自好，清净自守，能够非常正确地看待官位和人生的真实关系。同时又为百姓做过很多实事，深受广大民众的爱戴，也为自己赢得了士人的赞誉。其人一生酷爱名山大川，喜交友论道，不图虚名，不以权谋私，不计较个人得失，不眷恋世俗权利，是一个很洒脱的人。

作为老师，他教授过二程（程颢、程颐兄弟），曾将“孔子和颜回一生因何而乐，所乐何事”，作为终身作业，留给两程思考、体会，希望学生走圣贤的发展道路。周敦颐学术思想融合儒家、佛教、道家，而以儒家为弘扬目标和价值依归。

本书主要述说周敦颐的人生经历，至于他的重要思想，以及其在儒学发展史中的地位和影响，本书也有约略交代。

本书在述说周敦颐人生的过程中，着重突出他的为官、为学和从教，以及个人人生境界等方面，尽量结合现代生活，阐发现代意义，寄望对今天教育的整体状况和教育具体方法的改善，还有世俗人心的改造等有所裨益。同时，也希望能够对行将腐败和正在腐败的各类官员们，起到必要的警示作用。

至于本书究竟给大家描绘了一个怎样的周敦颐形象，还需要读者自己在阅读中去把握。

（本文为《理学开山周敦颐》序，2011 年 11 月 1 日，作于深圳大学。）

生涯便是青山

当我准备拿起笔来的时候，竟如有无限的话说，一时间又不知从何说起，所以就只能就事说事，把实际的情况交代给大家而已。

今年5月中旬，我忽然接到《湖湘讲堂》打来的电话，要我在6月3日，赶到湖南道县去，在周敦颐的家乡，现场讲述理学的开山祖师周敦颐。时间太紧迫了，从接受"任务"，到登坛讲说，还不到20天。但我没有感到太紧张，因为我长期从事理学的教学和研究，对周敦颐还是很熟悉的。但是因为是面对大众讲说，还要制成电视节目，通俗性的要求依然是一个不小的障碍。通俗地讲说传统其实并不难，难的就是你不能把传统讲庸俗了，而且还要把主要的精神讲出来。而这些历史上思想精英们的思想，表述本身都是很"艰涩"的，甚至是很抽象的。他们不是普通的政治人物或者军事人物。所以在讲说的过程中，既要把他们的生存信息透露给大家，同时还要把他们的思想，至少是核心的思想观念，以能够被当下大众接受的方式告诉大家。如果仅仅讲说了他的人生过程，那么他们（像王船山、周敦颐等）留给人们的印象，就不是一个思想者的形象，而仅仅是一个普通的，哪怕是高尚的历史人物。

我虽然为此煞费了一番苦心，精挑细选，找些能被大众接受，又能反映他作为思想家特质的内容，这就已经很麻烦，因为我们当下的时代，实话实说，不仅缺乏历史文化的素养，更缺乏对于思想的热情和兴趣，思想似乎已经"孤帆远影碧空尽"了。这不仅是可悲的，尤其是可怜的。可怜的现代人，好像越来越只知道生存，而不知道为什么要生存，更不问生存的意义和价值了。正因为如此，把思想家讲给大众听，实在不是一件容易的事情。但是一定要讲出来，不讲出来，思想家的思想，就更加不能为人所知。要诱引大众对思想感兴趣，而不要迎合他们低级的口味，这是学者的责任。我们不能根据世俗的需要，专门选取他们感兴趣的事情讲，这样就会失去学术的品位，也会失去学者的品格。通俗化的意思，在我看来，只是照顾大众的鉴赏能力，所以在讲说的过程中，尽量用现代生活的语言，尽量分析透彻，尽量简洁生动，而绝不是迎合低级趣味，苟合当世的低俗。

电视讲座也是教育，是今天已经显得越来越重要的教育形式，应当引起学者们足够的重视才对。既然是教育，目的就在于提高受教育者的品质，而不要让他们原地踏步，或者更有甚者，还会让他们退步，越来越蒙昧，越来越低俗。这是对教育的亵渎，也是对观众的亵渎。当观众打开电视的时候，他们自然首先想到的是休闲、好玩，但是同时也有自觉不自觉的提高自身修养的愿望。“电视学者”有责任满足他们提高自身修养的愿望。如果只选取他们可以听懂的，和他们习惯性的喜欢看到和听到的东西来去讲说，那还叫你学者干什么？媚俗和沽名钓誉，都是应该引起电视学者充分注意的。要在心里面首先形成这样的自觉，然后才可以站到电视的讲坛上去。如果缺乏这种自觉的准备，一不小心就会掉入迎合流俗和哗众取宠的深渊里去。个人掉进深渊，问题还不大，大的就是误导民众，以为历史传统就是这些玩意儿，没什么可以值得尊重的。要是讲说获得这样的结果，那可真是罪莫大焉了！

我6月2日凌晨到永州，《湖湘讲堂》的制片人柳理一夜没睡，等着接我。接到之后，我们稍事休息，简单吃过早餐，然后就踏上了去道县的途程。中午之前到达零陵区，湖南科技学院濂溪学研究所的张京华教授邀我给学生讲几句话，之后又和傅红星教授连同几位听讲的同学一起，盛情款待了我们一行。我知道，这里蕴含着鼓励和希望，走在路上的时候，我一直这样想。京华是非常优秀的教授，他这些年的工作，对中国的学术和教育是有贡献的。相比来讲，我们现在的很多教授，写了很多文章，却很难说他对学术和教育有贡献，他们只对自己有贡献，用学术，为自己换来了权力，换来了地位、金钱、楼房等，对于教育和社会的责任意识却越来越淡漠了。

零陵学院，这是现在的湖南科技学院原来的名字。我喜欢原来的名字，不喜欢现在这个名字。近些年来，很多国内大学都改名为科技大学、科技学院之类的名字，好像不跟“科技”挂靠上，就不能表达大学的意思一样。而这样叫的结果，把人文的东西全都抹掉了，这是一种悲哀。因为大学最关键的不是科学，尤其不是技术的教育，只有科学或者科技而缺少人文精神的大学，严格的意义上不能算是大学，倒有些像是企业或者生产车间。

离开湖南科技学院以后，汽车一路在盘桓的山路上行驶，风景之美，令人咂舌。但由于我过度疲惫，所以有些晕车的感觉。傍晚，我们下榻道县宾馆，吃饭前见到了周敦颐研究的专家梁绍辉先生。梁公今年已经76岁了，精神依然健朗，身体康安，神态自若，而且依然激情满怀。本来我早就向《湖湘讲堂》推荐了梁公、京华，还有江西南昌大学的杨柱才教授来讲周敦颐，他们都是专家。我并不专门研究周敦颐，因为长期沉潜在宋代理学之中，所以对于周敦颐也不可能不熟悉。结果梁公和京华又一致推荐我出来讲，说我适合在电视上宣讲历史文化传统。梁公的普通话太有“弹性”了，一般人听不懂，而京华的普通话极标准。梁公推举我是出于提挈和信重，京华则出于礼让和谦逊。我深知他们的用心，感激之余，心里也确实有些压力。其实我这次之所以能这么快就把讲稿准备好，除了自己加班加点之外，最主要的，还是得力于梁公。梁公1994年就出版了第一部像样的《周敦颐评传》，我手头存有这部书。于是我才能抄近路，而不费更多周折地准备讲稿。梁公之前就已经知道我要来讲周敦颐了，于是打电话给我，表示祝贺和勉励，当然还有信任。其实像我们这样心交十余年的同道关系，说更多感激的话语，已经显得累赘。

6月3日，奠基、剪彩、表彰、讲话等折腾了一个上午，领导们充分风光完了之后，该轮到我“拉磨”了。当时已经中午11点半多了，天气又十分炎热，人们既累又饿，而且汗流浃背，拥挤得像闹市一样。第一讲，面对海内外周敦颐宗亲后裔、道县楼田堡村的乡亲们，还有各级领导等，我这匹驴子叫得很欢，情绪激昂，声音也很响亮。下来以后，几乎要瘫掉，中午吃过饭，下午又去接着讲第二讲、第三讲，晚上兴奋，基本没睡着，第二天又得接着向下讲，一直到4日下午才讲完最后一讲，车轮一样旋转了几天，终于完成任务，可以离开道县了。但我却有些依依不舍，不断地回头看看那里的乡亲，他们还是那样纯朴、可爱。

因为几天没有很好地休息，所以不敢再走来时的盘桓山道公路，怕晕车。于是柳理照顾我，就改走先进入广西，然后曲道回长沙的公路，这条路不用翻山越岭。梁公一直陪我，还把驾驶员边上的“宝座”让给我坐，他知道我晕汽车，数年以前在衡山开道教会议的时候，梁公就这样照顾过我，而今，他已经76岁了。

一路自然风光好得无以言表，从广西的全州一直到长沙，行走了六七个小时，晚上9点半才到长沙。大家分手，各自休息。

5日中午，我过去的两个学生朋友专程来长沙看我。一位是湖南科技大学（原来的湘潭师范学院）的老师刘依平，一位是娄底职业教育学院的老师李树生。刘依平的夫人湘潭大学的刘永利老师，也一起陪丈夫来看我。中午我们几个人就在一起小聚了一下，依平带来的酒鬼酒，口味相当不错。下午又来了很多人看我，岳麓书社的编辑马美著，还有蒋浩和她的先生谢峰，把孩儿都带来了，小家伙儿很伶俐。长沙的自由式知识分子黄自随也来了，他在网上很有名，号称“道南正脉”，近些年在弘扬湖南地域文化方面，做了很多有意义的工作。晚上，《湖湘讲堂》柳理请客，余学用编导携妻子一并出席，热闹非凡。那一场酒宴，因为没有高低尊卑，也没有官场上的领导等在场，又都是老熟人，且都年轻，其中数我的年纪最大。所以大家一点都没有拘束，十分开心，喝倒了至少仨。柳理是被余学用扛回家去的，刘依平是被太太搀走坐车回湘潭的，树生已不省人事，只能留住在我的宿舍里。没师没徒的，我们两个就这样鬼混了一夜。6日早上起来，头还是昏昏的，学用编导就来叫门了，我是9点钟的飞机，就这样与学用、树生分手，飞回了深圳。

回到深圳以后，我在上课之余，加紧改制电视讲稿，好以文字版的形式出版发行，扩大传播面。

现在摆在读者面前的这部文稿的整个来历就是如此。

本书有关“周敦颐是如何走上圣坛”的一节，是作者长期思考、研究的结论，是该书颇能引以为豪的部分。之所以能引起自豪感，不在于自己解决了一个自己感兴趣的“学术”问题，而在于近些年来我越来越感到宋明理学的研究，在整体上似乎已经局限在理学内部问题研究的狭小空间里。这些问题的研究自然很有意义，但是如能把对理学的研究与对理学家的研究，和理学发生的时代政治和社会人心风俗的研究连带起来，理学之所以产生，理学究竟发挥了怎样的社会功用，才能更加明了。理学本来就是儒学，儒学是救世的学问，不是书斋里把玩的古董，所以缺少对理学产生的时代背景、理学家实际生存的时代环境的了解，理学究竟因何而来，向何而去的问题就得不到真正的解决。这样的话，理学研究本身的意义和价值就会大大地减低。我不想看到这种情况的继续发展，所以才有改变途辙，扭转方向，同时更换方法的设想。有关“周敦颐是如何走上圣坛”的这段文字，就是这样的一种心思的展现，自己觉得这样的做法，或许可以成为自己将来继续从事理学研究的一个诱引，所以才产生上述所说的“自豪”。当然，这只是暂时的。学者一生，随时都会因自己的研究而自豪，否则，研究工作就缺乏进行下去的动力。但是说到底，也没有必要总这样自豪。这就像农民耕种土地一样，第一年看到庄稼如何生长、如何收获，确实很有快感，时间长了，也就淡忘了，只是习惯性地做下去就行了，没有必要陶醉太久，况且明年可能还会轮作，改种别种植物，不一定一生都种植水稻或者萝卜，学者原本就应当这样。

“一钵即生涯，随缘度岁华，是山皆有寺，何处不为家。”真正的知识分子，其实也应当像禅僧一样，携带自己的精神之钵，随着时代和人生的变化而转动自己的目标齿轮，以期自己的工作，与历史发展和时代人心保持不离的状态。这样才能使自己的学问有所挂褡，不至使自己被束之高阁，或者被生活的世界所遗弃。

（本文为《理学开山周敦颐》之后记，2011年11月3日作成于深圳。岳麓书社2012年7月出版。）

周敦颐生在一个好时代

在中国的历史上，有几部小书改变了历史，《论语》是其中之一。但是最小的小书，应该还要属《老子》。著名思想家韦政通先生说："《道德经》五千言，是一部改变历史的书；周子的书不足五千言，却是儒学复兴史上第一要籍。"

其实《老子》的五千言不仅改变了中国的历史，如果放开眼界，将来还会改变人类的历史。而在儒家的历史进程中，周敦颐也以一部小书，改变了儒学的面目和方向，进而也相当程度地改变了中国的历史。这样的说法，应该不算过分。周敦颐的《太极图说》只有249个字，《通书》也只有2832个字。如果单说《太极图说》似乎不够，加上《通书》也还有所遗漏，因为《爱莲说》和《拙赋》都不在其中。所以应该把他的全部文字都放在一起考虑，可能就会更全面。周敦颐另外还有诗文之类3143个字，他留下来的全部文字都加在一起，总共只有6248个字。只比《老子》一书多出千把字。须知宋人喜欢著述，动辄数十、百万言，而周敦颐只留下6000多字。就是这样一点儿文字，却真实地改变了儒学的发展方向，进而也改变了中国的历史。这就是周敦颐的不同凡响，他确实十分了得。

但是周敦颐的了得，离不开时代的环境，离不开社会风气的浸润。因此，要想真切了解周敦颐所以能够成为周敦颐，周敦颐所以能够用自己这样一点点数量的文字，改变儒学的历史，进而也改变了中国的历史，就不能不首先考察宋代的政治统治和社会风尚，不然就无法真正理解周敦颐及其思想。

天地大儒王船山先生在其所著《读通鉴论》中指出："见之功业者，虽广而短；存诸人心风俗者，虽狭而长。"这句话的意思是说：拿事功的成就，也就是现实的功业和改造风俗的思想、文化建设来比较，功业，哪怕是丰功伟业，都不能例外，不管它的影响面多么广大，也只能是暂时性的，只能赢得一时的欢心，总是无法在人的心灵深处留下长久的痕迹，因而也就不能传诵久远。而改变风俗的思想、文化建设就不一样，它虽然在当时的影响没有功业那样广大，但却远比功业对世道人心的影响更为深邃，在风俗习惯里流衍得更加绵长，因而也就能够传诵更加久远。物质的功业虽然可以给人好处，给人以现实的满足，或许还可以获得当时人的高度赞誉，但却绝不可能持续很久远；而文化的建设，却能引导不同时代的风尚，使人心为之震撼，为之鼓舞，使社会风俗为之改弦更张，从卑俗走向优雅，从庸碌和平凡走向伟大和崇高。因为在人心深处留下了长久不衰的历史性记忆，所以能够通过代代相传的方式，在历史上留下深刻而又久远的痕迹。优异的文化建设的德泽，具有永恒不灭的精神价值，而不像现实功业那样，最多只能带来暂时的好处，暂时的欣喜。如果不能在改造人心风俗方面做出卓异的创制，就不能在更长的时间之河中，不断荡起波澜，就不能被历史所牢记，从而也就无法传诵得更加久远。

因此，对于任何一个历史上的王朝或者统治集团的评价，主要的还是要看它在美化风俗，提高社会成员的道德水准，提高整个社会的文化水平和文明程度（是文明的程度，不是文凭程度），维护社会公平正义等实质性的思想、文化建设方面，究竟做出了多少真正的贡献，而不是仅仅看它在事功上取得了多少成就——包括军事势力的加强，统治体系的完备，经济实力的增长，楼堂馆所建设规模的庞大，硕士、博士的数量很多等。因为这些东西，虽然可以炫耀一时，却都不能传诸久远。

以中国历史为例，秦皇武力钳制，百姓叠足束手；汉武帝穷兵黩武，匈奴远遁漠北；元朝几乎统一了亚欧大陆，建立了人类历史上最庞大的草原帝国；还有唐朝一度的威武雄风，东征西讨；明朝专制体系的无孔不入，权力集中到达历史的极致；清朝初起时的辉煌的征服，帝国疆域可谓庞大。至于历史上各个朝代的大兴土木，如阿房宫、长城防御体系、大运河之类，就更是不在话下。尽管这些功业在当时显得多么炫耀一时，有些甚至还不可一世，但是随着时代的过去，很快就会被人忘记，不会在人的心底里留下很深的痕迹，即便留下了，更多的也只是虚幻的辉煌和伤痛的记忆，而不是由衷的怀念。但是偏安的东晋，却给人心风俗留下了很深的影响；尤其是被看作孱弱的大宋王朝，因其在人心风俗方面的卓越成就，永远地被书写在中国乃至人类历史的荣誉册上。

为什么会是这样，因为秦、汉、唐、明等王朝主要重视现实的事功，而东晋和赵宋王朝看重的是精神，尤其是宋朝，其对世道人心的重视，永远是人类历史的光辉典范。

可能有人会问：您今天来到这里，不是讲周敦颐的吗，怎么讲起这些来了？

不讲这些，就无法了解周敦颐为什么产生在宋代，而没有产生在汉代到唐代这一段时期之内。不讲这些，就不知道怎样给周敦颐一个准确的定位，也就无法进一步了解周敦颐的价值和意义究竟在哪里。

唐太宗曾将所有为唐朝的建立，立下了丰功伟绩的事功名臣的画像，堂堂正正地镌刻在凌烟阁上。与唐太宗的做法相比，宋太祖却解除了武将的兵权，并且首先确定了“任宰相当用读书人”“不得杀士大夫与上书言事人”，刻下石碑，传诏子孙，不管将来谁当皇帝，首先要将碑文牢记心中，不能违背，然后才可以去坐金銮殿，才有资格处理国家政务。如果忘记了祖训，那就不再是我的子孙，上天就不会保佑你的皇位。

著名的“太祖誓碑”上面最主要的内容，就是“不得杀士大夫及上书言事人”。

有很多学者出于求实的精神，拼命考证“太祖誓碑”是否真实存在，但是证物，也就是刻有太祖“不得杀士大夫及上书言事人”的石碑，早已在金兵攻占北宋都城东京汴梁的时候丢失了，到现在也没有找着。其实这个石碑已经不关紧要了，关乎紧要的，是石碑上的誓词，而且宋明两代文人都有相关的记述，石碑找不到不要紧，石碑上的话语却被记住并流传下来，这已经足够的了。

石碑上的这句话到底是什么意思？

从文字的角度，似乎已不必说明，因为没有人看不懂这句话。但是这里所要进一步申说的，是石碑上的话语的历史性意义。

不得杀士大夫，就是尊重知识分子，就是真正的尊重知识分子。一个真正尊重知识分子的时代，才会产生大师。记住，是真正尊重。什么叫真正尊重？就是尊重知识分子的人格，尊重知识分子的理想和信念，尊重知识分子的做法，哪怕是很怪异的做法。使知识分子真正拥有独立的尊严、独立的立场、独立的品格。而不是告诉他们听话，只会听话的不是知识分子，不听话，是知识分子最重要的特征之一。只有不以“好好听话”为直接目的，而以“建立独立不倚的人格”为终极目标的教育，才是真正的教育，否则，那就不叫教育，而只能叫作奴役。只有在知识分子朝向理想道路前进的途程中，不必受到来自政治的和经济的更多不必要的障碍，才能培养他们坚持理想的独立个性，才能培养他们为维护正义而勇于献身的精神。他们才会自觉地去承继中国历史文化的优良传统，才会果敢地接续中国文化的智慧和生命，才会主动承担社会的责任，才会真正为朝廷效命，匡扶正义，关爱苍生，才能激发他们内心中对历史文化、对国家民族、对社会、对生民的由衷的热爱之情，才能使他们把生命中的全部能量释放并挥发出来。他们才能成为社会生活的真正向标，社会才能因为他们的倡导闻风而动，风气才能变好，人心才能向善，社会才有生气，才有正气，才有向心力和凝聚力。国家、民族才会有真正的希望。

士大夫是读圣贤书的，辱士人即是辱圣贤，辱圣贤就是辱历史文化，就是侮辱自己的祖先，就是侮辱自己的民族！读书人一定要受到尊重，这是民族存续和国家发展的首要的前提，没有什么东西比真正尊重读书人更加重要！

而读书人一旦受到真正的重视，就会形成全社会的向学之风，“天子重英豪，文章教尔曹。万般皆下品，唯有读书高”。这是宋代蒙学小书《神童诗》里面的开篇话语。我小时候不知道，还在批林批孔的时候跟着大家一起批判《神童诗》。实际上这是时代的优良风尚，虽然“万般皆下品，唯有读书高”的话语，让实际的体力劳动者多少有些感觉不快，但是《神童诗》的立意，在于表彰读书，不在于藐视坚持在一线从事体力劳动的广大民众。读书可以帮助修身，读书可以帮助体会人生，读书可以扩充人的视野，增加人的见识，可以观政治的得失，了解现实的利弊，读书还可以通晓历史的兴衰，至少可以多知道很多事情，还可以帮助人了解人与人的相交之道。总之，崇尚读书的社会风气（不是追求拿高等文凭和高级职称的风气）一旦形成，社会的风俗就会大为改观，人心就会改变，不再单纯追求利欲，而朝向善良、正义、豁达和智慧的方向敞开。

宋人读书，与其他朝代不同，仅以唐朝为例来作个简单的对比。唐代在开国之初，就确立了用功利钓人的统治方针，在这种方略指导之下，文士们的目标主要在于猎取功名，炫耀乡里。孟郊在一首叫作《登科后》的诗中写道：“昔日龌龊不足夸，今朝放荡思无涯；春风得意马蹄疾，一日看尽长安花。”这是标准的功利性目的的自我表达。李贺也一样，他的《南园》诗是这样写的：“男儿何不带吴钩，收取关山五十州？请君暂上凌烟阁，若个书生万户侯？”意思里虽然有为国效命，疆埸立功的想法，但是“请你到太宗的功臣榜上看看，有几个是读书人”这样的话语，显然有明显的贬低读书的意思，是在宣传读书无用论。中国民间甚至还流行这样一句话语，叫作“百无一用是书生”。这是多么可怕的话语，竟然流行在具有五千年悠久历史文明的中华大地上！不读书，哪来的五千年文明？不读书，何以继承并发扬五千年的历史文化？

与唐代知识分子相比，宋代的知识分子是这样抒发心声的？

我也举两个例子，王禹偁（954—1001）在《黄冈竹楼记》中说，自己得意于“公退之暇，披鹤氅，戴华阳巾，手执《周易》一卷，焚香默坐，消遣世虑”。公务之余，读圣贤之书，用以消除世俗生活的干扰和烦恼。他在被贬谪的时候，看到的和感受到的是如下的景致：“江山之外，第见风帆沙鸟、烟云竹树而已。待其酒力醒，茶烟歇，送夕阳，迎素月，亦谪居之胜概也。”完全融入山水之中，仿佛什么苦难都没有经受一样。王禹偁在被贬的状态下，还有这样好的心境，寄情山水，读圣贤书，涵养身心，可谓人格纯美，境界高远。范仲淹（989—1052）的《岳阳楼记》就更为典型：“居庙堂之高，则忧其民；处江湖之远，则忧其君。是进亦忧，退亦忧，然则何时而乐耶？其必曰：‘先天下之忧而忧，后天下之乐而乐’欤。”范仲淹的做法，后来被大理学家朱熹总结归纳为“以天下为己任”。两人离开这个世界的时候，宋代建国都还不到一百年。就在这不到一百年的光景里，宋王朝已经把一个缺乏仁爱，无论正义、无视廉耻、不讲礼让的混乱不堪的社会，改造成了一个人心向善，勇于担负责任，不局限于利禄的追求，而心系民族、民众和国家的存亡与祸福，企慕高远的人生境界的一个风俗美好的社会。这是多么了不起的政绩！这是多么了不起的历史功绩！至于南宋，那就更不用一一列举了。湖湘学派的理论宗师五峰先生胡宏在其所著《知言》里面说：“一身之利无谋也，而利天下者则谋之；一时之利无谋也，而利万世者则谋之。”又说：“穷则独善其身，达则兼善天下者，大贤之分也；达则兼善天下，穷则兼善万世者，圣人之分也。”这是怎样的情怀？如果读书人都能像宋代的知识分子一样，中国该是怎样的社会？人间天堂也不过如此而已。这不仅是他一个人的想法，而是宋代知识分子普遍的心志取向和人生目标。

宋代知识分子以天下为己任；唐代知识分子，只图自己功名的实现。当然，我在这里讲的是普遍的现象，个别例外总是有的。唐代知识分子，一旦科举得中，纷纷投身权门，“苦求官禄”，数米计薪而已，国家民族的事情，多半不能真正放在心上。宋代知识分子在没出仕为官之前，就已抱定理想，心系天下苍生，心系国家安康，心系民族文化事业的传承与发扬。为什么会是这样？答案其实很简单，就是唐代统治者拿利禄诱惑知识分子，实施的是功利主义的诱人方略；而宋代执政者则是用正大之气感化和教育知识分子，贯彻的是价值理想主义的育人原则。

引导目标的不同，才导致了唐、宋知识分子的目标和行动方略的不一致。唐代知识分子重视功名，宋代知识分子重视节操；唐代知识分子追求才气的挥发，宋代知识分子强调理想的实现；唐代知识分子强调个人利益的最大化，宋代知识分子追求为国家民族做贡献。

宋代重视对真正的读书人、而不是一班只图拿文凭，只图谋官位，只图捞实惠的功利之徒的培养。宋代优礼士大夫，为他们提供一切发表言论、表达政见、教书育人和传承历史文化的待遇、机会和条件。这种优礼士大夫的政治方略，极大地激发了知识分子献身时代、献身民族、献身国家、献身历史文化的热忱，也营造了古典的自由讲学、自由论政的民主社会风气。

不杀“上书言事人”，就是讲：人家上书发表意见，指斥你统治方略或者行政措施的不妥甚至弊病，反映社会的实际情况，你不能杀人家。你要是杀了人家，谁还会出来纠正你的错误，谁还来为你指点迷津？要知道，任何统治都不是完美的，也不可能是完美的，一定要有人站在不同的角度出来讲话，这个社会才有真正的公平和正义，社会的风气才会向好的方向发展。这些给你提意见，甚至出来骂你的人，都是你的朋友，都是为了你好。人家是出于一份社会的良心和责任，其实谁愿意管你的乱事，尽早烂掉跟人家有什么相干？谁当皇帝，谁来主政大家不吃饭活人？之所以给你提意见，之所以骂你，那是因为爱你，这是真正的“打是亲，骂是爱”！当然，这些“上书言事”的人们，还出于对民族、民众和国家的责任，不仅局限于帮助现行统治者少犯错误和改正错误。那就更需要善加保护，因为这是他们对民族和历史的责任。打压这些人，就是打压对历史、民族的责任，不仅极其不利自己的统治，而且还是对民族和历史的犯罪。犯罪不单指普通社会民众违背统治者的意愿和法规，也指向统治者对历史和民族的不负责任！而且这项罪孽更加深重，更加罄竹难书！

不杀“上书言事人”，就是保证持有不同意见甚至是不同政见的人不受打压，只有这样，社会才有“民主”可言，发展才会健康，才会减少不必要的损失，避免不必要的失误。一次偶与朋友聊天，说起宋代，我说宋代是中国古代政治的楷模，基本走上了“君臣共治”的道路，是中国古代政治在处理统治权力和行政权力方面的光辉典范。我的同事王兴国教授接着我的话说：宋代大致已经形成“君主立宪”式的政治格局。这是真正了解历史的言论，这是充满责任意识的卓异认识。

宋太祖在宋朝建立之初，就经常和宰相一起探讨治国安邦的道理，他问宰相赵普：“世界上究竟什么最大？”要是其他朝代的臣子，顺口便会逢迎主子说：“皇权最大。”但是赵普却说“道理最大”！权力不大，利益不大，亲情不大，关系不大，天地间只有“道理最大”。制定政策政令，要讲道理，要有道理依据。处理政务要讲道理，收税、断案要讲道理，就是处理日常事务，判断人事是非，解决民事纠纷，也要讲道理。为什么要制定这样一项政策或者政令，甚至某件具体事情为什么非要那样做？如此做法的理据在哪里？效果预测的根据在哪里？这样的做法对社会、对生民、对民族、对国家还有现行统治究竟有什么好处？都得问道理。某件事情为什么不这样做？同样需要问道理。不做没道理的事情，这是为政的最基本的起点，要是一切做法都仅仅围绕着自己的统治能否维持下去，那就是不讲道理！那就是不懂道理！小事情也一样，做与不做，一定要先问问有没有道理。因为无论权力有多大，都没有道理大。多么大的利益，都不如遵循道理更有利。

赵匡胤由衷赞同赵普的说法，君臣同心，坚守“道理最大”的原则。在赵宋皇帝和历代朝臣一代一代的坚守之下，宋朝承晚唐、五代之弊，初期社会风气虽贪鄙无耻之极，人心颓废无以复加，但在几十年之间，就彻底改观，人心向善，风俗醇厚，贪鄙之习渐远渐匿，廉洁奉公的风气骤然兴起。一个崭新的社会，奇迹般地出现在东方的地平线上。

宋孝宗曾经对大臣们说：“太祖问赵普云：‘天下何者最大？’普曰：‘惟道理最大。’朕尝三复斯言，以为祖宗时每事必问道理，夫焉得不治？”宋孝宗的话语，表明到了南宋的时代，赵匡胤、赵匡义的子孙们还在坚守“道理最大”的原则，按照“道理最大”的原则治理国家。凡事首先要问有没有道理，合不合道理。这就是宋代的君臣，这样的政治国家，是很难走上绝对的独裁和专制的道路上去的。有了“道理最大”，并将“道理最大”放在至高无上的地位上，国家的政治生活就会充满民主的气息，真心诚意地参政、议政，就会成为社会精英们习惯性的做法，社会生活也同样会在公平、公正的前提下，获得真正的和谐与稳定。

有关“道理最大”的这段对话，被后世赞誉为明王尧、舜和贤臣契、稷之间的对话。“道理最大”，是宋代皇帝的传家之法，这个家法定下了宋代政治的基本格调。这项原则，一直被宋朝的各代皇帝和臣僚们带到了血如夕阳的宋朝之末。

“道理最大”，奠定了宋朝经济科技发达文化繁荣，理学昌明的重要政治统治方略基础，同时也是宋朝在得人心方面，远远超过汉代和唐代的根本原因。宋朝用“道理最大”，挽救汉、唐以来的绝对专制带来的严重社会弊端，使为官一事，不再专为拥有权力而设，不再成为谋取利益的条件和手段，使所有的各种权力的拥有者们知道：“权力不如道理大”。同时，“任宰相当用读书人”的国策，极大地鼓荡了天下人读书的热情，朝野上下风气大变。赵宋王朝就以这样的治国原则和治国方略，创建了中国历史上真正的“文质彬彬”的生民社会。而“不得杀士大夫及上书言事人”，则有效地保护了不同政见者的合法权利，使统治集团不断地能够听到与自己的统治方略不同的声音，从而不断地修正统治的错误，不断地使自己的统治方针符合社会的实际。生民的苦楚，得到了必要的伸说和倾泻，没有淤积成巨大的社会隐患。有宋一代，并没有出现重大的内部祸乱，与这项国策有直接重大的关系。

“道理最大”“任宰相当用读书人”“不得杀士大夫及上书言事人”，以此三点为核心内容，构造起了整个大宋王朝的政治大厦。君主的诚心，赢得了士人的忠心，赢得了民众的欢心。以至宋朝在那样的内忧外患之下，面对人类历史上任何王朝都不曾遭遇过的辽、夏、金、元的强敌（就元朝之强而论，甚至是人类历史上绝无仅有的最强悍的外敌，其不可想象的野蛮和凶顽，简直就是外星人！人类历史上从来就没有遇见过。恺撒、拿破仑和希特勒等，没有遇见成吉思汗，算是他们运气好），依然能够坚持那样久，而且在国家实在无力支撑之时，官僚、士大夫们纷纷挺身而出，慷慨赴死，仿佛人类的历史已经结束，甘愿与大宋王朝一同化为齑粉。这种悲壮与绚丽的风景，不仅在中国的历史上绝无仅有，就是在人类的历史上，也断然没有第二次出现过！所以，顾炎武在

《日知录》中说：宋代知识分子满含忠义之气，以名节为高，以廉耻相尚，“靖康之变，志士投袂，起而勤王，临难不屈，所在有之，及宋之亡，忠节相望”。就是说宋代的“讲道理”和真正尊重知识分子的政治，赢得了士大夫阶层的普遍忠心，激发了他们为大宋王朝英勇效命的由衷热忱。从北宋靖康年间金兵毁掉北宋政权直至南宋最后毁灭于元兵之手，160余年间，宋代为国死难的忠烈之士，随处可见，随时可见，前后呼应，从来没有间断过。这些牺牲的志士，虽然舍弃了生命，但他们的精神，却像一道绚丽的彩虹，永远地高挂在中国历史的上空，光彩夺目，光耀千秋！

写过“江山代有才人出，各领风骚数百年”的清代学者赵翼，在其所著的历史学著作《廿二史札记》里也说：宋代对待士大夫的宽厚，使得他们完全不必为生计而忧烦，从而能把全部精力用在为国家的兴亡和民族文化的兴衰的考虑上，“惟其给赐优裕，故入仕者不复以身家为虑，各自勉其治行。观于真、仁、英诸朝名臣辈出，吏治循良，及有事之秋，犹多慷慨报国。绍兴之支撑半壁，德祐之毕命疆场（埸），历代以来捐躯徇国者，惟宋末独多。虽无救于败亡，要不可谓非养士之报也”。宋代对知识分子的优礼，赢得了超常的回报，这些有良知的知识分子知恩图报，平居，则严于律己，教育子侄；为官，则清正廉洁，为民请命；被贬，则思念君王，心忧天下。当国家民族面临生死存亡的紧要关头，奋身投入拯救，拯救无望，则以身殉国，绝不苟且存活世间。宋代为国家牺牲的烈士，在中国历史上，没有任何一个朝代可以与之相提并论，为宋朝牺牲的英烈，比中国历史上所有王朝中，为国家和君王死难的英烈的全部总和还要多出不知多少。

宋朝统治者不以权力的专制凌驾人，不用武力的威慑恐吓人，不拿经济利益诱惑人，不以对文化思想的钳制恶心人。在皇帝带头倡导，朝廷大臣以身作则，天下文人、士大夫踊跃投身之下，宋代文化昌明，人心醇厚，社会风气正大刚健。所有这些，都是中国历史上其他朝代所无法比拟的。

明清时期，有人指责宋代的士大夫和理学家们，说他们“平居袖手谈心性，临难一死报君王”，说他们平常没事的时候，抱个膀儿在那里谈论心性问题，等到国家遭遇灭顶之灾的时候，没有好的拯救方案，只是一死了事。这种所谓的批评，除了缺乏对实际情况的客观全面的了解之外，还表现为：小视壮烈牺牲的豪迈，蔑视为国捐躯的勇烈，无视为正义而慷慨赴死的感天动地！

只有“道理”最大，“道”才最大，“理”才最大，“道学”和“理学”才被看重，道学宗主和理学开山祖师才会有地位、有影响力。周敦颐能够“被做大”，正是宋代统治者崇高的政治理想的需要使然，也是宋代知识分子“参赞”圣德的积极努力的最大成效之一！同时，又是在讲道理的宋代社会的大趋势和大风俗的背景的烘托与陪衬下，必然产生的客观结果。

只因知道“道理最大”，宋代才是真正的大宋王朝。其余如唐朝、汉朝和明朝、清朝等都没有资格被称为“大唐”、“大明”、“大汉”和“大清”，因为这些王朝都不知道天底下究竟什么最大，他们或者以为利益最大，或者以为权力最大，就是不知道“道理最大”。换句话说，就是他们都不懂道理，更不懂“道理最大”。连天底下什么最大都不知道，怎么能够叫作“大汉”“大唐”“大明”“大清”呢？如果一定要这样称呼，意义只能限于武力强大、利益最大、疆域辽阔和自以为是等的虚妄称谓。其实也只是臃肿肥大而已，用民间话语说，就是“虚胖”，需要“减肥”才行。只有宋朝，才可以叫作“大宋”。因为“大宋”的“大”，不是指疆域、权力、武力和财力大的意思，而是“伟大”的大。只有知道“道理最大”的王朝，才是真正伟大的王朝。

周敦颐就出生在这样一个崇高伟大的王朝里，这个伟大而崇高的王朝，从小就给周敦颐以纯洁、高尚的精神感召，他是时代的产物，又转过来推助社会继续朝向更加美好、更加纯洁、更加光明正大的方向上发展。

（本文是 2011 年 6 月 3 日中午，作者应《湖湘讲堂》邀请，在周敦颐故乡现场讲说周敦颐之后的整理稿。）

哲学家胡宏约略

胡宏并不像二程、朱熹和陆象山那样“耀眼”，因此在理学的研究中，经常被忽略掉。这一方面可能是因为胡宏一生不仕，所以在当时的社会政治生活中并不显赫。因此《宋史》甚至没将胡宏列入道学传中，道学传中的胡宏，只是因其弟子张栻而被略提了一笔。而本传中也是在其父胡安国之下约略提及。胡宏之在“官修”或类似官修的文献中被提及，多半是因为他在绍兴年间的“上高宗封事”、“责高闶请幸太学讲《易·泰卦》一事，及《与秦桧之书》一事”等。若不是因为胡宏“干预”了当时的政治生活，恐很难见于史载了。《宋史》本传所记，《建炎以来系年要录》所记，明陈邦瞻的《宋史纪事本末》所记，以及清吴乘权的《纲鉴易知录》中所记不过上述几事。其他典籍也多半限于这些。另一方面可能是由于朱熹等对《知言》的疑义所致。《知言疑义》因朱熹在理学中“举天下无不在下风”的特殊地位而判定了《知言》的“不轨”，从而使当时和后世的学者们不以《知言》为意。这一点几乎导致了《知言》的失传。这不能不说是思想史研究中的巨大遗憾。

但是，“祸兮福所倚”，胡宏在当时和后世的巨大影响，也得利于朱熹等的《知言疑义》。朱熹等倾力质疑《知言》，《知言》因此又备受重视。陈亮等（甚至包括朱熹和吕祖谦）之所以深受胡宏影响，大约也正是得力于《知言疑义》的“引见”。而对于胡宏的了解，同样更多地得力于朱熹的质疑。《朱文公文集》《朱子语类》等，正是记载胡宏最多的典籍，这些为后世研究者了解胡宏指引了“门径”。而胡宏之所以能为后世研究者所“看重”，也正是因为《知言疑义》对胡宏的误解。人们在批判程朱理学的“激愤”情绪中，如发现新大陆一般，看到了胡宏之作为理学“异端”的存在和价值。而这种所谓的“发现”，事实上比《知言疑义》更可疑。胡宏以一个面目几乎全非的形象，作为自己所提倡的一贯思想的反对者的身份出现在研究者的著述中。这不能不说是思想史研究中的一个有趣的现象。胡宏与董仲舒的命运似乎刚好是两极，董氏似在未被真正理解的前提下遭到了强烈批判，而胡宏则在被完全误解的情况下得到了褒扬。

胡宏创立性本论，从时间和内容上看，可以说是理学发展史中的第二条基本路线，象山心学是第三条路线。胡宏对于“尽心成性”的强调，实于逻辑上（未必事实上）开启了象山心学的新进路。而程朱的理本论也因性本论的出现而更加彻底了。这一点正是朱熹得益于胡宏处。朱熹在对胡宏的哲学批判中成长起来，使理本论更加纯粹，集而大成了。

从朱熹对胡宏和陆象山的不同态度中，已经能够看出胡宏的学术地位。朱熹疑胡宏有性无喜恶之嫌，说他的“不可以喜恶辨”之性有类同于告子的“湍水”之性的嫌疑，无非是想确保胡宏理学思想的“纯洁性”。而对陆象山，则直呼为“告子”，显然是将其当成了“异端”。对胡宏则敬畏而“质疑”，对陆象山则蔑视而“鸣鼓”。据此，理学研究重陆象山而轻胡宏就不是应该不应该的问题，而是是否合乎实际的问题了。

本书共分八章。

第一、二章主要介绍胡宏的生平、著述、时代与学术师承。第三章介绍胡宏的经世政治思想。在这一章中，读者可以看到，胡宏不仅是一位杰出的理学思想家，而且还是一位卓有建树的政治理论家。第四、五、六、七章，介绍胡宏的理学思想。力图恢复胡宏的本来面目。还胡宏以历史的真实。第八章，介绍胡宏的教育思想，了解胡宏对教育的历史性贡献。

韦政通老师在1993年11月18日致作者的信中指出：

胡宏本人的材料并不算多，“但他的哲学思想牵连甚广，要厘清他的传承、凸显他的创见，以及他对湖湘学统的影响，很需要一番大工夫”。

作者虽谨记教诲，极尽努力，但因才智所限，自不能尽如人愿。

此书之出版，若能还胡宏及其思想的历史本真于一二，实已幸甚。诚望前辈与同仁不吝斧正，以校疏偏，倘能如此，更有何憾！

作者多蒙韦政通老师教诲，受益良多。且又多受前辈如牟宗三等著述之启发，又蒙淡江大学李正治先生、北京大学陈来老师及邸建新、徐风林，以至湖南湘潭友人刘定等先生在资料方面所提供的便利等。

作者在北京大学期间，台湾《社会科学：中国文化》杂志社社长欧崇敬先生受韦政通老师之托前往询晤，并与北京大学的王骏先生一同给作者以不少的关心。另如一些同事、同学、朋友、学生、家人等均给了作者不同方式的关怀与关注。

如果没有这些，本书的完成是很难想象的，在此一并致以由衷的感谢！

（本文为“世界哲学家丛书”《胡宏》一书的序言，本次新加标题。该书由台湾东大图书公司 1996 年 2 月出版。）

胡宏及其著述情况

胡宏（1105—1161）字仁仲，福建崇安人，学者称五峰先生。胡宏是胡安国的季子，胡安国是南宋“进退合义”的儒者典范，著名的《胡氏春秋传》的作者。胡宏出身儒学名门，“幼闻过庭之训”，20岁随父入京师，从学程门高弟杨时，不久回湖北荆门，又从学程门弟子侯师圣。建炎三年（1129）秋，胡氏举家逃难，辗转入湖南，定居湘潭县碧泉村。因征战杀伐不断，又辗转流寓至于邵阳，又入广西清湘、灌阳一带，“奔走崎岖，幸免于死亡”。直至绍兴三年（1133）七月，胡氏一家才再度聚首湖南衡山。绍兴三年秋，胡安国于衡山紫云峰下筑室为读书之所，生活才得以安定。绍兴八年，胡安国病逝，此后胡宏独立致思，直至过世。

胡宏一生，“优游于衡山之下二十余年，玩心神明，不舍昼夜”，往复于衡山和湘潭之间，依据湘潭文定书堂扩建碧泉书院，依托碧泉书院讲学授徒，传播儒学。胡宏在其父胡安国初创的基础上，最终完成湖湘学派的创建工作，形成了自己以性本论为主要特征的学说思想体系，培养了一大批优秀的儒学人才，如张栻、彪居正、吴翌、孙蒙正、赵棠、赵师孟、萧复、方畴、向浯、谭傃、谈子立、胡大原、胡广仲、胡大本、胡大壮、胡大时等，其中尤以张栻最为著名，与朱熹、吕祖谦并称“东南三贤”。胡宏与弟子们讲学论道，使湖湘学派成为南宋之初第一个最大和最有影响力的新儒学派别。湖湘学派是南宋理学的嚆矢，南宋理学之盛，实昉于湖湘学派。胡氏父子在宋代儒学复兴和转进的过程中，不仅功高一世，而且影响深远。

与其父兄一样，胡宏一生系心天下兴亡，关怀生民疾苦，体现了与历史上任何时期的杰出儒者同样的现实责任情怀。

早在建炎之初，面对“宋室衰亡，金人强盛，天子卑微，邦昌尊显”的社会情势，胡宏就曾抑制不住满腔的忧患与愤慨，致书当时的贤官良吏，欲与共同寻求解救之方。这一情怀在绍兴二十六年前后写给汪应辰的书信中有更加明白袒露的表述:“大丈夫得路，固将辅是君而济斯民也。”为了拯救国家民族的衰亡，胡宏还上书高宗、致书宰相、献策于地方官员，所能为者，无不尽矣。胡宏讽谏高宗，希望“圣上”“察天理”而“屏人欲”，放弃苟安的幻想，确立雪耻复国的宏图远志，不要对野蛮的侵略者怀有侥幸或止之心:“夫金人何爱于我，其疑我谋我之心，乌有限制。土我土，人我人，然后彼得安枕而卧也。苟顺其欲而不吝，名号、土地、人民、货财以委之，正是以肉投虎，肉不尽，其博嗜不已。”胡宏还劝谏高宗皇帝“存良心”以“恤生民”，不要因为兴兵而伤害民众，更不要以兴兵为理由而加重生民的负担。以为“国之有民，犹人之有腹心也，国之有兵，犹人之有手足也。手足虽病，心能保之；心腹苟病矣，四肢何有焉”!“国无治乱，时无丰凶，政无经权，莫不以辟土地、养人民为本。”胡宏对南宋之初所行“诛剥之政”,“纵意侵民，以奉冗卒”，致使田园荒芜、百姓离散的政策和现实提出了尖锐的指斥和严厉的批判。胡宏甚至对杨幺起义赋予了极大的同情，指出:“杨幺为寇，起于重敛，吏侵民急耳。本农亩渔樵之人也，其情不与他寇同。故治之之法，宜与他寇异。”胡宏还对地方官员如何行政、理民提出了原则性的建议:“治道以恤民为本，而恤民有道，必先锄奸恶，然后善良得安其业；而锄奸恶之道，则以得人为本也。”

作为孔孟圣徒的儒家学者，胡宏对改造风俗，投注了无限的用心。胡宏面对当时“行义凋损，政事殆废，风俗薄恶，人民嚣顽”的风气坏乱的情形，由衷伤怀。同时也对佛教盛行，儒家伦理沦亡的情况表示了深切的忧虑，“方今圣学衰微，自非真积力久之儒辟而辟之，则天下之祸未易息矣”。他号召儒家信徒，振作精神，批判佛教，改造自己，扶持纲常，拯救人心风俗之既衰:“道学衰微，风教大颓，吾徒当以死自担，力相规戒，庶几有立于圣门，不沦胥于污世也。”

绍兴十二年，秦桧致书宏兄胡寅，欲招胡氏兄弟出山为官，以自辅翼，胡宏回书称:“稽诸数千年间，士大夫颠冥于富贵，醉生而梦死者，无世无之，何啻百亿！虽当时足以快胸臆，耀妻子，曾不旋踵而身名俱灭，某志学以来，所不愿也。至于杰然自立志气，充塞乎天地，临大节而不可夺，有道德足以赞时，有事业足以拨乱，进退自得，风不能靡，波不能流，身虽死矣，而凛凛然长有生气如在人间者，是真可谓大丈夫矣。”表明了一个真正的儒者生死不渝的坚定操守。

胡宏是一位既有深刻思想，又有深切的体会能力的优秀学者。无论在哲学、史学，还是在文学等方面都取得了超乎寻常的优异成就。

在哲学上，胡宏创立性本论，提出“天命之谓性，性，立天下之大本也”“非性无物，非气无形”“性立天下之有”“性也者，天地鬼神之奥也”等主张，开辟了回归并重建中国传统儒家的性本论的崭新路径，为后来的理本论与心本论的产生提供了创造性的理论向导。踵接孟子的“求放心”，胡宏还提出了“以放心求心”的尽心成性的修养方略，为儒者的安身立命提供了有效的修养方法指导。作为湖湘学派的理论宗师，胡宏以其独特的性本论理论，高标于中国思想史的深处。胡宏以其对于情、才、欲、术、忧、怨等的独特看法，矫正了当时的很多儒者将人的一切本来既有的“欲望”，简单地当成“人欲”的重大偏失。他指出：“凡天命所有而众人有之者，圣人皆有之。人以情为有累也，圣人不去情；人以才为有害也，圣人不病才；人以欲为不善也，圣人不绝欲；人以术为伤德也，圣人不弃术；人以忧为非达也，圣人不忘忧；人以怨为非弘也，圣人不释怨。”胡宏还以“天理人欲，同体而异用，同行而异情”的卓异见识，提醒“进修君子”深加分辨，不可因疏忽而差了途辙。

在史学上，胡宏提出了“诸家载记，所谓史也。史之有经，犹身之支体有脉络也。《易》《诗》《书》《春秋》，所谓经也。经之有史，犹身之脉络有支体也。支体具，脉络存，孰能碍其生乎”？以经解史，经史结合，经是史的内在核心和意义，史是载经之事，离开经，史将不再具有意义，离开了史，经的价值也无法得以展现。这是胡氏一家治史的原则，从胡文定将《春秋》看成是“史外传心之要典”，到胡致堂《读史管见》“用《春秋》经旨，尚论详评”的“以经断史”，直至胡宏上述的经史关系的论述，一脉相承都在意义和价值的框架下看待历史。尽管这种看待历史的方式有其相对的局限性，但却摆脱了向来只是单纯的就事论事的粘粘与肤浅，也矫正了唯以佐治为目标的历史书写和历史评判方式，对于凸现历史的意义，彰显历史的价值，具有极其重要的警发意义，创造了历史研究的非凡而又崭新的格局。

胡宏有诗云：“章句纷纷似世尘，一番空误一番人。”又有：“少年宜若厉，诗酒勿留连。”像这样的诗句，目的不是为了反对文学的创作，只是厌弃拼添词文，为作诗作文而作诗作文，全不顾及社会担待和人生实际的虚矫文风。在对学者进行经典教育的过程中，胡宏指出："学圣人之道，得其体，必得其用，有体而无用，与异端何辨！"胡宏反对寻章摘句、不究实用的做法，主张学者要有真实的体验，在强调学问对于学者本身的修养发生作用，从而变化气质的同时，尤其希望学者们用学术来参与和影响社会，对社会生活发生有效的"济人利物"的作用。

在为学问题上，胡宏主张先存疑，再精思，然后讲论，批评学者们仅凭主观臆断而妄立新说的浮躁和虚夸的做法，严厉指出"若见一义即立一说，初未尝求大体，权轻重，是为穿凿。穿凿之学，终身不见圣人之用"。胡宏重体会，重受用，反对随意立说，胡宏告诫学者们"读书不贵苟有说，离得语言才是真"。这不是禅宗，却是真实至切的境界。这种境界完全是从踏实稳健的人生实践中体会出来的，对于克服学者们自以为是的虚华不实与沽名钓誉，有极其重要而又深远的指导和警诫意义。

胡宏著述不富，但分量很重。留下的只有《知言》、《皇王大纪》和《五峰集》数种著作，为儿童启蒙所作《叙古蒙求》，今已亡佚。

《知言》是胡宏的最主要的学术著作。其中的话语，主要来自胡宏的《皇王大纪论》《论语指南》《释疑孟》《周易外传》等自著，还有与时人和学生们的书信与谈话。根据张南轩的记载，应该是一部讲学记录，尽管胡宏晚年不断修正，但仍未最终完成。"先生之意，每自以为未足，逮其疾革，犹时有所更定，盖未及脱稿而已启手足矣。""是书乃其平日之所著，其言约，其义精，诚道学之枢要，制治之蓍龟也。"《知言》宋时即有刻本，而且不止一种，可惜今已不得见。大约由于该书民族主义味道浓烈，加以朱、张、吕的怀疑和批评，"自元以来其书不甚行于世"。明弘治三年（1490），"明程敏政始得旧本于吴中"，其后坊贾间遂有刊板。《四库全书总目提要》称："惟永乐大典所载尚属宋椠原本，首尾完备，条理厘然"，四库馆臣就是依据永乐大典本，"据其章目，详加刊正，以复其旧"。本次点校所用的底本是文渊阁四库全书中的六卷本，而以清道光三十年粤雅堂丛书本为主要参校本。排列顺序一依四库分卷法，未采用粤雅堂丛书本以《论语》将前两字冠为篇名的编排方式。

《五峰集》主要是胡宏的诗、文之类文字，另有《周易外传》《论语指南》《释疑孟》等专门著述，这几部著述只是片断，未及《周易》、《论语》和《孟子》的全部。《五峰集》也是由胡宏季子胡大时整理，张南轩作序。宋、元时皆有刊本，今皆不得见。今传四库本为五卷本，另有清代的两个抄本。另外，其中文字，亦有散见于《南宋文范》、清代存素堂抄本《宋元诗人集》《丛书集成初编》等文集之中。因为各种条件的限制，本次点校只能以文渊阁四库本《五峰集》为底本，以1987年中华书局版《胡宏集》中的《五峰集》部分为主要参证，因此在严格的意义上，算不上重新点校，只是修正而已。

《皇王大纪》是编年体的史书，时间跨度自盘古开天至于周赧王，共80卷。根据胡宏在《皇王大纪序》中的说法，尧以前无纪，故不书干支，以“尧之初载甲辰，迄于赧王乙巳”有纪年的时间是2300年。“事有近似古先，而实怪诞鄙悖者，则裁之，削之；事有近似后世，而不害于道义者，咸会而著之。”取舍一以是否“悖于义”与“害于事”为原则。宋代已有刊刻，是胡宏次子胡大壮整理，胡寅弟子毛以谟作序。明代以后也有刻本。由于篇幅较大，况《五峰集》中既有《序》，又有《论》，故本次点校，未予汇入。

根据点校者长期研究，胡宏还有其他文字，因为时间和精力有限，本次未作搜集、辨识，容待将来。

现对此次点校的一些具体情况，略加说明。

《知言》和《五峰集》原来都是单行本，为阅读方便，仿照中华书局版，本次依然合在一起，共为一书。文中小字为四库本原文自注，为保持原貌，未作现代技术处理。四库本《五峰集》中的有些诗歌之前，有关于此诗的写作说明，四库本和中华书局版《胡宏集》全部使用与诗作本身同样大小的文字，与诗歌连成一片，不易分解，本次全部使用小字，以便于区分说明文字与正式诗文。

依据出版者要求，一概使用现行中文简体横排。但有很多尚未被简化的繁体字只能保持原状，如“饘”“絺”“巘”“韝”等，其偏旁或主体部分显然已被简化，但整个文字未被简化，所以各种文字库中，均无这些字的简化字，只能保留原状。另外一些字多次出现，有的已按规定改成简化字，有的不能改为简化字的则未改，其中以人名、地名居多。这些字不便于改成简化字，一旦改成简化字，就可能产生误会、误读或者丧失其历史性意蕴。如“揔”字，在句子“揔其大略”中，改为“总其大略”，而指示人名“东林常揔”时，则保持原字不改。

与中华书局版《胡宏集》明显不同而又关涉历史事实和语意理解的，采取只改正不说明的方式处理。如中华书局版《胡宏集》中《与僧几甫三首》，属于明显的错误。错误的导因是各种版本无不如此。今则改为《与曾几甫三首》。因为曾几甫即是曾茶山，姓曾名几，是陆放翁学诗的老师。曾几甫原是宏父胡安国的得意弟子之一，与胡宪、胡寅、胡宁、胡宏兄弟有广泛深入的交往。这是胡宏与其论学的书信，而不是写给某僧的，如果不予改正，恐误会越来越深，所以只得不以各种版本为意了。还有《五峰集》卷一《绝句五首》的前注"实弟以诗来督作会文又因太原侄寄声欲作不速"一句，中华书局版《胡宏集》依据古本作："实弟以诗来督作会文，又因太原侄寄声，欲作不速。"这样的断法，容易使读者产生胡宏在太原有个侄儿的遐想，今改作："实弟以诗来督作会文，又因大原侄寄声，欲作不速。"这里的"太原"，实际上是胡寅之子胡大原，他主要跟随叔父胡宏学习，胡宏过世以后，与张南轩等往来讲论，是湖湘学派的重要学者之一。"太"和"大"虽在古语中经常相通，但这是人名，五峰子侄辈之名中，皆用大字，如胡大经、胡大常、胡大本、胡大壮、胡大时等。这样改正以后，就不致使读者将人名误解为地名。另如《与折允升书》首句"辱书不意令祖母倾逝"，中华书局版只作一句，今改为"辱书，不意令祖母倾逝"。这样就会使读者自然理解为对方来信，提到自己祖母过世，使收信人感到震惊，而不致产生因为自己写信给人家，致令人家祖母过世之类的歧思臆想。再如《向侍郎行状》"公归旧隐创堂别圃摘话语名曰改疎追和陶渊明归去来词以见遂初知止之意"，中华书局版点校为"公归旧隐，创堂别圃，摘话语名曰：'改疎追和陶渊明，《归去来词》以见遂。'初知止之意"。今改为"公归旧隐，创堂别圃，摘话语名曰：'改疏'，追和陶渊明《归去来词》，以见遂初知止之意"。今不知所改是否完全正确，但中华书局的点法显然错误，权当一试。另有《与汪圣锡》"人传除目知公渐登华近可以行志喜而不寐"一句，中华书局版点校为"人传除目，知公渐登华，近可以行志，喜而不寐"。"华近"连而成词，指显贵而能亲近皇帝，不能分开，今改正为"人传除目，知公渐登华近，可以行志，喜而不寐"。上述情况还有一些，不再一一列举。

添字、加字和删除字、改正字的情况，均在脚注中说明。有很多情况需要添加文字方更明晰，但原文不能改变，只能将所添加字放在括号之内处理，如《知言》后面所附《朱子语类》中语："南轩（谓）'五峰说底是，致堂说底皆不是。'安可如此？致堂多有说得好处。""五峰善思，然思过处亦有之。"原无

“谓”字，加上更明晰，就采取放入括号内的方式暂做处理。

中华书局版《胡宏集》在全书之后加有四份附录，一是朱、张、吕的《知言疑义》，一是《知言》和《五峰集》的序、跋，一是历代整理、刊刻和藏书家们关于胡宏书目的提要，一是《宋史》附在胡安国传中的胡宏传记。今则未予照录，只保留四库本《知言》和《五峰集》中原有的序、跋和出于《朱子语类》中的一部分关于胡宏的思想的评说。

最后需要说明的，古籍点校的任务是恢复原著本来的面目，而本来的面目由于历史上不断地重新改写和刊印，错漏之处实已不免。就是最初的刻本，也未必就和原貌完全一致，甚至作者原来的文稿也可能有各种各样的文字的失误和错漏。何况我们今天已经无法得到原稿和最初的刻本。而且还有因为各个历史时期的言说方式及各种特定的环境中的用语习惯和话语方式，我们无法确切地了解，所以很多看上去读不通和读不懂的地方，未必就是真正的错漏。像这样的情况就只好暂时保持原状，以俟博雅君子进一步纠偏改谬，使归于正。

承蒙岳麓书社马美著先生及其同仁的信赖，令我点校胡宏的《五峰集》和《知言》，使我感到荣幸之至。本次点校亦多有得益于1987年中华书局版《胡宏集》之处，谨此一并表示衷心感谢。由于点校的水平、见识、能力及条件和出版时间的要求等的综合限制，错谬之处在所难免，甚望得到方家和读者的批评指正，点校者将因此受惠，谨此先行布达谢忱了。

（本文是点校本《胡宏著作两种》的前言，做成于 2008 年 2 月 21 日，标题为本次新加。）

胡寅及其著述

致堂先生（1098—1156），姓胡氏，名寅字明仲，一字刚仲，又字仲虎，学者称为致堂先生，又称衡麓先生、衡楚先生。本胡文定同堂三兄之子，生父名胡淳，其同胞长兄就是朱子的业师籍溪先生胡宪。方其生，父母“以多男欲不举”，置盆水中。胡文定母吴氏夜梦有大鱼跃盆水中，急往救之，挽回了这个弱小的生命。吴氏嘱令文定收养，以此为文定长子。

致堂少时，“桀黠难治”，文定将他锁闭在空阁之内，数日下来，凡能着笔容刀之处，尽皆绘画刻镂。文定思“当有以移其心”，置数千卷书籍于其中，一年以后，致堂倒诵如流。文定转而对其进行儒家传统教育，终成一世名儒。

政和六年（1116），致堂于荆门举乡贡，旋赴京师入太学。24岁中进士甲科，名列第十，时宋徽宗宣和三年（1121）。张邦昌欲以女妻之，致堂躲避不允。宣和四年四月，娶兵部郎中张哿女名季兰，少致堂10岁。宣和六年四月，得子胡大原。

靖康二年（1127），与张浚、赵鼎躲入太学，不尊张邦昌为帝。建炎二年（1128），随驾南渡。三年任起居郎。同年九月二十一日，致堂上《上皇帝万言书》，指斥高宗一味退缩，不思北图恢复，强烈要求起兵北伐，诛乱臣贼子，整顿朝纲，并迎请“二圣”还朝。绍兴三年二月，改任中书舍人，赐三品服。绍兴六年七月，致堂改知严州。绍兴七年正月，宋人得知徽宗死于金之五国城（此事本在绍兴四年，但宋人不知），致堂满腔义愤，上书要求举国齐哀，“服丧三年”，以丧服哀兵出战，坚决报仇雪耻，以示大宋朝廷和华夏民族之不可侮辱。绍兴八年四月，致堂以徽酋阁待制试礼部侍郎，胡文定病卒，致堂归湖南湘潭家中守丧。服除之后，改知湖南永州。绍兴十二年，朝中政敌以致堂不为生母服为由，讼其不孝，致堂受诬，请求致仕，六月得准，提举江州太平观。

此后直至绍兴二十年，致堂闲身，尝与其弟五峰先生胡宏往湖北荆门瞻拜祖父陵寝，亦尝往福建省亲。秦桧知其贫，赠以白金，拒而不受。致堂与文定弟子向子忞、韩叔夏友善，往复游赏南岳风光，品茗赋诗，互相激励，时人谓之“岁寒三友”。

绍兴二十年，秦桧制造“李光私史”冤狱，受牵连者甚众，致堂座与李光通书，知情不举，被贬果州团练副使，岭南新州安置。致堂于绍兴二十年六月抵达岭南，开始长达6年的贬谪生涯。绍兴二十五年十月，秦桧中风死，28天以后，致堂恢复徽猷阁直学士致仕。十二月，朝廷令致堂自便，致堂重获新生。绍兴二十五年底或二十六年春，致堂回到湖南衡山。绍兴二十六年闰十月十四日，致堂因在岭南被贬时身染瘴疠毒发，作别人世，结束了自己潇洒壮阔的一生，得年59。

“昨日春风花满山，回头秋叶锦斑斑。”致堂一生收获颇多，举其大者，如《崇正辩》《斐然集》《读史管见》《论语详说》等不一。其中《崇正辩》一部，在致堂生前即已刊印，今《斐然集》中有《崇正辩序》一文，可以资证。这部书共三卷，主要是为反佛而作，其中阐述了致堂的辟佛思想，正如致堂在该书的自序中所称：“《崇正辩》何为而作欤？辟佛之邪说也。”这部书虽然在理论深度上有所不足，但却是南宋理学家中唯一一部直接针对佛教的专门之作，因此在儒佛关系史上，具有非同寻常的意义。

而《斐然集》在南宋中晚期后亦颇流行，有当时大儒魏鹤山作序。这是致堂的“私人”文集，也包括奏章，以及代皇帝起草的制诰等方面的文字。

《读史管见》是致堂流寓岭南时期的作品。是致堂在没有任何文字参照的情况下，全凭记忆所作。朱子对此十分钦佩。这本书表明了致堂对政治和文化、历史的儒者立场，用今天的话语体系来说，就是一部处于史论和历史哲学之间的著述，主要是针对司马光的《资治通鉴》“事多而义少”的情形而作，赋予历史事件以文化的意义。同时因为感念时势而对当时的政治有诸多议论，尤其是从北宋熙宁、元丰直至绍兴年间的权奸误国所造成的祸患，特别寄意。朱子后来作《资治通鉴纲目》，对致堂的《读史管见》中的观点，多有认同和引用。张南轩却以为讥刺秦桧的地方太多，仿佛专为批驳秦桧所作，有失史学著作的客观性。总之，《读史管见》是王船山《宋论》和《读通鉴论》之前，非常珍贵的历史哲学的著述。此书在宋代嘉定年间有刻本，五峰子胡大壮作序，北京图书馆有藏。

《论语详说》，亦称《鲁语详说》，也是致堂被贬岭南时期的作品。主要用意在于批判王安石的“三经新义”，用邵尧夫、张横渠、程氏兄弟和胡文定等的观点来解释《论语》，并附以己意。这部著作表明了致堂的儒学理论功力和对现实生命的理解。该书虽已亡逸，但现存《斐然集》中有《鲁语详说序》，可证此书为致堂当年所作无疑。

致堂文字清丽而且雅致，顺畅又无拖累，甚为当时人所喜爱。朱子赞誉说：“胡侍郎《万言书》，好令后生读。”“上殿札子《论元老》好，《无逸解》好，《请行三年丧》札子极好。诸奏议、外制皆好。”朱子还曾亲自抄录一册《万言书》，可见喜爱之甚。

除此之外还有《左氏传》《子产传》《无逸传》等史学与理学兼容的作品，以及为孩童开蒙所作之《叙古千文》等。《叙古千文》虽为开蒙而作，但后世评价却很高。陈振孙《直斋书录解题》记曰：“《叙古千文》，南康黄西坡灏商伯为之传。晦庵朱文公题其后曰：‘叙事立言，昭陈法式，实有春秋经世之志。至于发明道统，开示德门，又于卒章深致意焉。新学小童，朝夕诵之而讽其义，亦足以养正于蒙矣。’”

致堂一生兴趣广泛，书画琴棋，无所不通，而且酷嗜诗酒，终生不舍。其为人慷慨豪放，朱子称其“豪杰之士也”。致堂又机敏幽默，时人甚有了解，很多文字亦颇能体现此点。

致堂与寺僧有着深入的交往，知佛甚深。但其坚守儒家人文主义立场，不因与寺僧关系密切而对佛教之“以邪害正”稍作容隐。《崇正辩》既为辟佛专作，其辟佛又先从其反三纲，毁四端，层层递进，而又涉及巨细环节。致堂论世人之从佛以受戒，甚至包括念经斋僧之类，尽出于“惑”“惧”“贪”三蔽。出于“惑”者，因其不明以受其蛊惑，从而迷惑；出于“惧”者，因其恐惧而受怖，从而卑身下之；出于“贪”之大者，则畏死贪生，从而祈求长生，亦从而信从佛教。致堂声称：“吾儒诚能穷理养气而宅心，必无此三蔽。”由于致堂对佛教实际情况的真切了解，因此其对佛教的批判，总体上说来是有目标、有系统、有深度且有直接针对性。

在史学方面，针对“司马文正所述《资治通鉴》，事虽备而立意少”的情况，致堂“用《春秋》经旨，尚论详评，是是非非，治乱善恶，如白黑之可辨”。司马光的《资治通鉴》是附寡义于腻事之后，胡致堂的《读史管见》是立大义于史实之中，因此胡大壮在《序》中称说《读史管见》是继承先圣遗训，秉承家学传统的“以经断史”，而非附义于事的普通作品。这种方法与其说是方法，毋宁说是原则，是理学家治史的原则。这是对所谓“春秋”笔法的进一步推展。其实胡致堂的其他历史类著述如《无逸传》《左氏传》《子产传》《诸葛孔明传》也都具有这样的特点，只是《读史管见》更集中、更全面地体现了“以经断史”的理学家论史的价值原则。

所谓“以经断史”，就是赋予历史事实以经典的意义，或者说是以经典为依据，赋历史事件以价值的意义。这是理学家的治史原则，尽管在致堂以前已有此种做法，但树纛扬言，明标宗旨且付诸实际的，当以致堂为首，致堂承继文定《春秋传》传统，而独创新宗，可谓开一代治史新学风。尽管如此，致堂作史，是有明显用心的，讥刺秦桧“挟虏以自重，劫主以盗权”的用心确实比较明显。故张南轩之讽，未必无实。但致堂所著，却并非凝心此一处，在《子产传》之末，致堂借孔子之言说：“政宽则民慢，慢则纠之以猛；猛则民残，残则施之以宽。宽以济猛，猛以济宽，政是以和。”这实际上不是历史的写法，是现实的用法。当然中国传统的历史书写方式，往往欲以历史为借鉴，从而服务现实。所以，不论是否以“通鉴”为名，实际用心则在于“资治”。致堂之《诸葛孔明传》与张南轩之《汉丞相诸葛忠武侯传》，实际也不过是表其忠君爱民勤政廉洁，以为今之居相位者提供借鉴参照而已。

致堂在哲学上，坚持性本论，是其弟五峰性本论理论的重要同盟和助缘。同时，致堂又以“理之所在，先圣后圣，其心一也”，“尧舜禹汤文武之德，衣被天下，仲尼、子思、孟子之道昭觉万世。凡南面之君，循之，则人与物皆蒙其福；背之，则人与物皆受其殃。载在方册之迹，著矣。其原本于一心，其效乃至于此，不可御也”。又言：“天地之内，事物众矣。其所以成者，诚也。实有是理，故实有是心；实有是心，故实有是事；实有是事，故实有是物；实有是物，故实有是用。”

此等议论，意义不仅在于坚守湖湘学派的尽心成性的基本学术、思想宗旨，而且蕴含了性本论的主要内容。

（本文是 2008 年 9 月，为尹文汉点校本《崇正辩・斐然集》所作序言，标题为新拟。该书由岳麓书社 2009 年 7 月出版。）

泥泞不碍访先贤

余驻心湖湘学派研究，自1993年为台湾东大图书公司撰述《胡宏》始，今则十有三年矣。其中艰隘，殊难与师友述之。而所受师友之惠，亦非三言五语所能道尽。作者除了艰苦地工作之外，似乎已没有更好的感谢方式。

湖湘学派乃宋室南渡后理学第一大宗，学者群众，史籍繁复。加以与其他学派与学者联系广泛，路径颇难寻觅，虽有十数年研读经验，尚且时遇迷雾，常至重足难前。

忆昔1997年，余单车行田塍，自卯至申，按图索骥，自羊沽塘经棋盘山、云湖桥，出石潭而转列家桥、方上桥，一路问询而得碧泉，欣喜之情，几至若狂。宿宅主谭丈自备之棺侧，了无惧怯，中夜兴致，起燃煤灯，恍惚间五峰似已临前。余急自拍照，则疲劳困倦，形容悴然而已。谭丈馆余之所，正当年碧泉书院正房，文定、五峰讲学、授徒之原址也。天明方知日正清明，乃绕行碧泉，登其所出之盘屈石山，竹木青葱，农舍稀疏。放目远眺，雾霭重重，水村山郭，犁牛耕者，如诗如画，丹青不待人而自成。余既以心祭文定、五峰，徜徉久之而后归。

1998年秋，余又访得文定、五峰父子瘗玉之所，长揖至地，几至不能言语。8年湖湘生活，余凡17次下隐山，三访碧泉，两赴官山，仰瞻湘西草堂，拜谒船山陵寝，遍访湖南、江西、福建等省湖湘学派学者曾经生活之地，携友生宿武夷，访鹅湖，所至问津居人，觅族谱，索方志，归而验之以正史、文集之类，未尝少懈稍怠。终日简编、考索，混却白昼黑夜，近乎不知有汉。尝与友生访南轩魂居，受困风雪、泥泞之中，几至腊月年关而不能归。

余尝求宋儒“求颜子何乐”之旨而不得，然余亦有乐，余之乐，在求之之中也。此中之乐，实亦有无法为外人所道者。

尝闻“理学弱化吾人意志”之言，此真无识者之虚诳也。

以宋儒言之，理学则体天恤民，抑侥幸、黜邪佞、除暴虐，使善良得遂其生，得安其业；正人心、易风俗，净化人间，功盖环宇。宋儒尊君亲，扶社稷，养生民志气，壮民族豪气，布人间浩气。至于发明孔孟，兴学盛教，使文明之火，如日月丽天，似江河行地，世世相传，代代不息，真有非言语所不能表达者。而以船山、梨洲等论之，理学则固其心志，拓其胸襟，阔其视域，铸成其旷世绝俗之美，开古代社会民主政治之至论新说，实为广大精微而难及。孰谓理学功不抵罪乎？

今吾人已然步入现代化之途程，安乐于个体自适之感性生活，遂不问先贤所尝为者为何事。理想主义时代已然远去，理学业已“孤帆远影”，虽清冥浩荡、震若雷霆，而身姿渐邈，音声渐稀，“萧瑟秋风今又是”，人间换了。

立新乱记于深圳大学文山湖畔。

2006年夏初。

（本文为《从胡文定到王船山——理学在湖南地区的奠立与开展》之序言，标题为本次新加。该书由中国社会科学出版社 2014 年 6 月出版。当年陪同本文作者一道初访宁乡官山的友生尹文汉君，现在已是池州学院的教授，后来见到文汉有记载当年情况的两首诗，今录于此以为志记：《丁丑岁末，随王立新教授访古宁乡二律》灵峰书院：“灵峰何处寻，书载楚沩滨。风雪穿泥泞，村叟问古今。皆言山未见，徒听史曾论。人事因时逝，流年八百春。”【文汉自注称：灵峰书院，为宋儒胡宏讲学之所，位于今湖南省宁乡县朱良桥乡境内。】宋大儒张南轩墓：“车行两百里，风雪到沩山。水曲道尤折，林深天愈寒。邀翁同觅古，谒墓独怜残。唯有南轩嗣，年年到此看。”【文汉又注云：张南轩，胡宏弟子，与朱熹、吕祖谦一道被誉为“东南三贤”。其墓在湖南省宁乡县官山乡。】）

隐山，核心湖湘文化的真正源头

鄢光润先生以隐山为题，写湘潭的民俗民间文化，这是他多年以来的愿望。这本书的出版，终于使他的愿望得以实现。我为他高兴。

我认识光润先生，时间虽然不长，但他却给我留下了很深的印象。光润先生是一位热衷于民俗民间文化搜集整理的文化人，他走过的道路曾经也是很艰难的。光润先生一直将文化当成一种事业。他对于文化的始终不渝的热情和脚踏实地的工作作风，是颇为感人的。光润先生是湘潭县隐山人，而隐山是我正在研究的宋代思想家、教育家和诗人胡安国、胡宏父子的佳城所在。为了找到隐山，我曾经付出了异常艰苦的努力。最后终于在胡宏的后裔、我的学生胡菊香的帮助之下，才找到的。而带领我走上隐山拜谒胡安国父子之墓葬的则是湘潭花石88岁的胡基瓒阿公和他60多岁的儿子。当时和我一道上隐山的还有我的学生胡菊香、王丽梅、蒋浩和尹文汉。当我找到隐山时，我已经不知道应该说什么才是。我们买了香烛、纸钱、鞭炮，还有供果等，长揖在先贤的墓前。这是一次真正意义的学祭，是后来的学生对先贤的崇敬与诚挚的祭祀！此后我为了协助隐山开发和对研究生进行实地的历史文化教育，曾十五六次上隐山，与隐山结下了不解的缘分。

今年7月，我在北京参加第12届国际中国哲学大会期间，忽然接到光润先生的电话，说是想把我写的有关隐山的一篇文章作为他新近编辑的一部书的序言，问我是否同意。光润先生差不多长我20岁，对于他的请求，我感到有些诚惶诚恐，但我还是答应了他的请求，因为我实在不能不为他对于文化的热情和这次请求的真挚所感动，同时也想借此机会抒发一下自己对隐山的依恋之情。

隐山，是中国古代文化的一颗明珠，它在中国文化的发展历史上占有相当重要的位置，它是核心湖湘文化的真正源头。它哺育了一代又一代湖湘儿女，对推动中国近代的历史发展做出了不可磨灭的历史贡献。

一

湖湘文化有广义与狭义之分，广义的湖湘文化指湖南地区的一切古代文化成果和文化传统，包括器物、风俗、趣向、思维方式、文学与艺术特点等，是荆楚文化的一部分。与燕赵文化、巴蜀文化、关东文化、西夏文化等处于同等层面，拥有同样的外延。狭义的湖湘文化主要指以湖湘理学为基础的人文传统。它主张以身心修养为基础和根本，强调经世致用，体现了传统儒家内圣外王相统一的社会理想。在这个意义上说，狭义的湖湘文化是广义的湖湘文化的核心与精髓。正是在这个意义上，才可以将狭义的湖湘文化称为“核心湖湘文化”。核心湖湘文化对中国近世的影响是巨大的，对于造就湖南近世人才并推动中国近世历史的发展起到了不容置疑的引领和推动作用。王船山、魏源、曾国藩、毛泽东等不仅都有湖湘学统，而且都在一定的意义上继承和发扬了湖湘传统。可以说他们都是核心湖湘文化的传人。

二

以心性修养为基础，以经世致用为主要特征的核心湖湘文化，是由胡安国父子创立的。胡安国父子于南宋绍兴之初（1131）来到湘潭隐山，创建碧泉书院，经常在隐山一带出没，从事学术和教育活动，精研理学，讲学授徒，创立湖湘学派，造就了一大批优秀人才，并改变了湘潭和湖南的闭锢风气，为湖南地区近世人才的产生奠定了思想文化基础。同时也造就了人才产生的社会文化基础和舆论奖励条件。湖南地区重视人才氛围的形成，胡安国父子是开风气之先者。湘潭碧泉和隐山也就因此成了湖湘核心文化的真正发祥地，在湖湘文化的发展史中占有首当其冲和至关重要的地位。

三

南宋绍兴之初，胡安国父子躲避战乱隐居到碧泉，创建“文定书堂”，广收门徒，传播并研治理学，培养了一大批优秀人才，开创湖湘学派，湘潭从此名闻江南。胡安国（1074—1138），字康侯，福建崇安人。17岁入太学，私淑二程。全祖望赞誉说："私淑洛学而大成者，胡文定公其人也。南渡昌明洛学之公，文定几侯于龟山，盖晦翁（朱熹）、南轩（张栻）、东莱（吕祖谦）皆其传也。"历官湖北、湖南提学，永州知州，中书舍人兼侍讲。因其"道德博学，纯行不差"，卒谥文定。一生研治《春秋》，所著《胡氏春秋传》30卷，载誉甚高，为元明两朝科举考试的经文定本，后世研治《春秋》，多所取之。对中国传统文化做出了不可磨灭的贡献。他所开创的湖湘学派，奠定了核心湖湘文化的基础，并为近世湖湘文化的发展确立了原则方向。胡安国长子胡寅，字明仲，学者称"致堂先生"，是湖湘学派的巨匠，历官严州、永州、邵州知州，起居舍人，礼部侍郎等，精通诗、画，交游广泛，著《崇正辩》《读史管见》等，另有《斐然集》30卷行于世，是南宋政治、文化、思想界的名人，享有很高的声誉。朱熹称他为"豪杰之士"。胡安国次子胡宁，字和仲，学者称为"茆堂先生"，也是南宋知名人物，官至太常丞，因与秦桧政见不合而被贬。一生助其父完成《春秋传》甚得力。胡安国季子胡宏，字仁仲，以荫补右承务郎，学者称"五峰先生"。读书讲学于衡山五峰（祝融、天柱、云密、石廪、紫盖）之下20余年，以碧泉书院为教育基地，胡宏将湖湘学派发展推向极致，使当时各地学子"以不得卒业湖湘为恨"。其所开创"性本论"，是与朱熹"理本论"、陆象山"心本论"并驾齐驱的理学理论（也可以叫作儒学发展的新进路），对晚明王船山影响极大，是中国思想史上不可或缺的重要思想家之一。胡安国从子胡宪，字原仲，学者称为"籍溪先生"，是朱熹的业师，朱熹从之受业近十年之久。他在理学上也有很深的造诣。胡氏父子并以大节树于南宋，学博思精，人格俊美，在南宋及向后的中国历史中享有极高的赞誉。胡宏弟子张栻，字敬夫，学者称为"南轩先生"，与朱熹、吕祖谦齐名，并称"东南三贤"。张南轩就是于绍兴三十一年（1161）在碧泉书院拜胡宏为师，后从这里走出去，成为历史上的知名人物的。张南轩（四川绵竹人）和胡宏的其他弟子彪居正（湘潭射埠人）、吴晦叔（湖南衡山人）、胡大原（胡致堂长子）、胡广仲（胡宏从弟，胡安国二弟胡安止之子）、赵师孟（湖南衡山人，宋太祖赵匡胤之子昌陵燕翼王之七世孙）等形成了一个规模大、实力强的稳定的学术群体，这就是所谓"湖湘学派"。

湖湘学派当时称天下最盛，对学术界产生了重要影响，并对改变湖南地区的庸陋习俗（荆楚地区由来已久的崇鬼、不敬、闭锢、无学等），起到了相当重要的历史作用。从此以后，对内强调个人身心修养，对外讲求报效国家民族的优良风气，蔚然兴起于三湘四水之间。这种心性哲学与经世致用的结合，经过历史的积淀，遂成为湖湘地区人才的最显著特征。元明两朝，湖南地区相对沉寂，但这并不表明湖湘学派的精神已经消失，它像种子一样扎根在湖湘沃土之下，遇到适宜的时机，就会像雨后春笋般迅速再生出来，长成茁壮之势。湖湘学派的先贤们永远地去了，但是薪尽火传，湖湘学派的精神依然还在。从这个意义上讲，近世以来湖湘人才都是湖湘学派不死的精神火炬的接力者，他们都是湖湘学派真精神的正宗传人。

四

岳麓书院作为湖南地区人才培养的重要基地，是人所共知的。但是，岳麓书院是湖湘学派的又一个新的重要基地，却并非尽人皆知。胡安国父子在湖南地区建有许多重要的教育基地：衡山“文定书堂”，宁乡“道山书院”，以及湘阴县学等都是湖湘学派的学术基地。绍兴十二年（1142），秦桧致书胡寅，希望胡寅、胡宁、胡宏兄弟出来做官，遭到胡氏兄弟的拒绝。绍兴十七年（1147），胡宏致书秦桧，谢绝为官的同时，毛遂自荐，欲为岳麓书院山长，使远近学子得以受学，扩大湖湘学派的影响，没有得到朝廷的回复。宋孝宗乾道元年（1165），刘珙知潭州，重修岳麓书院，聘请胡宏两大弟子张栻、彪居正主持学政。从此，湖湘学派教育基地开始正式从湘潭转移到长沙。碧泉书院自此渐趋荒芜。胡宏弟子张栻、彪居正、吴晦叔、赵师孟，以及胡大原（胡寅子）、胡大本（胡宁子）、胡大壮、胡大时（胡宏子）等纷纷赴岳麓书院讲论学习，长沙成了湖湘学派新的活动中心。岳麓书院虽有千年历史，而在湖湘学派到来以前，不过是一般意义上的儒学教育基地而已，只是讲解一些儒家经典，是汉儒式的，只在辞章句读之间。由于湖湘学派的学者们的到来，岳麓书院始从教风上大为改变。从此，心性哲学成了湖湘学子的主要研究内容，经世致用始成湖湘学子们的人生理想和奋斗目标。湘人于道德修养始有明确的自觉追求，爱国主义的思想火种深深埋藏在湖湘的沃土中。虽然岳麓书院自南宋以后在教育内容与方法上代有更新，但湖湘学派所创立的以心性哲学为基础，以经世致用为目的的基本原则，却不断被加强，培养和造就了一代又一代优秀的思想、学术、军政等方面的人才。岳麓书院事实上已经成为湖湘学派思想精神的具体体现者。它是碧泉书院的转移、延续和发展。近世湖湘人才的成长，大多与岳麓书院的教育有关。

王船山、贺长龄、贺熙龄、陶澍、魏源、曾国藩、曾国荃、左宗棠、胡林翼、罗泽南、王闿运、谭嗣同、唐才常、熊熙龄、杨昌济、毛泽东、蔡和森等都是岳麓书院或城南书院的毕业或肄业生。他们身上都体现了湖湘学派的经世哲学的明显特征。近世湖湘人才之所以都明显地具有这种特点，正是湖湘学派的流风遗韵之熏染所致。

湖湘千年盛，诸胡奠基功。没有胡安国父子的到来，湖湘地区近世人才群体的产生，就会因缺乏历史根基而不可想象。

五

隐山又名龙王山，土人又称其为西山。南宋时这里就已经是文化圣地，它既是湖湘学派的创始人胡安国的生前住地之一，又是胡文定公及其子——杰出理学家五峰先生的瘗玉之所。

胡安国卒于绍兴八年四月十三日，寿65岁。胡文定公之墓始建于南宋绍兴八年六至八月间，是胡安国过世后，宋高宗命湖南监司安置丧事，由潭州官府所建。清康熙十二年（1673），官家重修。1981年，湘潭胡安国后裔中的一支——涌田八房集资修复，周围用杜松环护。墓制草率且碑文有重大失误，因此，再度重新修复胡文定公幽居，是非常必要的。这样做既可以向历史交代，又能够再现湘潭作为文化名城的深厚底蕴。

隐山固有“三贤祠”，是隐山乡人为纪念胡安国父子所建，时间约在南宋理宗年间（1225—1264）。宋大儒胡文定公与其子胡致堂、胡五峰是“三贤祠”供奉的神主。隐山原住民慕其贤，生师其人而殁犹敬其神，表明了隐山人久有崇儒向善之心。元代以后始渐荒芜。崇祯六年（1633），明朝廷修复衡山胡文定公书院时，未及于斯。清康熙十二年（1673），知湘潭县赵光耀受命重修胡文定公幽居时，曾致诔立石。辛亥岁（1791），地方政府受敕令重新修葺，并立有碑文。今诔文与碑石俱不见。乡人传说于1958年“大跃进”搞建设时被用于工程，“文化大革命”中又遭毁坏。主体建筑于1972年全面拆除。今基址尚能辨识，而祠堂已不复存在。

六

隐山古来即有僧、道活动。僧依山而修行，山因僧而得名。后梁时期，占据湖南的楚王马殷，加封隐山为“龙王山”，封僧龙泉为“雨禅师”，并于此地大建寺宇，捐田千余亩，供佛斋僧。且于隐山之前设“王祭岭”，为楚王马殷礼佛之用。这是隐山建寺之始。北宋太宗太平兴国年间（976—984），赐匾额曰“大隐龙山慈云禅寺”。当时寺院香火极盛。南宋之初，有僧名“云石上人”，亦称“草衣法赞”居此，适逢胡安国父子来此避乱隐居，相与往来，过从甚密，游赏讨论，为一时之盛。慈云寺由此名闻遐迩。此后兴废相迭，非一言所能尽。明正德年间（1506—1521），有僧名铁牛，寓居此间，出资率众重新修复，其后又废。清嘉庆二十三年（1818）有僧名慈舟，再度重修，使基本复旧。1949年以后拆毁，“大跃进”及“文化大革命”中碑铭等散失殆尽。不久前余再访隐山，得见残碑半截，乃清嘉庆二十三年五月翰林院庶吉士加一级龙瑛所撰之《重修隐山慈云寺记》，落款已不见，然依据约略可见之文字内容，余断定必此碑无疑。

总之，隐山历史胜迹颇多，文化底蕴深厚。它既是核心湖湘文化的真正源头，同时也堪称中国文化的一颗闪亮的明珠。

由此，我想起湖南省社会科学院王兴国老师关于“湖湘文化的内涵包括湖湘雅文化与湖湘俗文化两个方面”的提法，而湖湘俗文化乃是湖湘雅文化取之不尽的源泉，湖湘雅文化之所以那么富有特色，正在于它是深深扎根在湖湘俗文化之中的。俗文化是雅文化的深厚的历史根源。因此，对于湖湘俗文化的研究整理就显得异常重要。光润先生的《隐山采风》一书，实在不能不说是研究和整理湖湘俗文化的一部饱含辛勤汗水的力作。光润先生的书稿，是准备自筹经费出版的，我喜欢这部书稿，也喜欢他的这种不为稻粱谋，只求自我满足的文化心态，这比那些为了评职称而做的文章更好读、更有意义。他不像有的人，为了经济目的或政治目的而写东西。他的写作都是出于兴趣，都是出自他对家乡风土民情的热爱，而他的这种采风真可以叫作实实在在的采风。光润先生这部书中记录整理了很多的湘潭民歌民谣，也记述了很多历史传说故事，还如实地记录整理了湘潭的一些地方风俗，而且还有关于族谱、民歌等分析、研究，以及民间信仰等方面的调查研究，同时又包括一部分有趣的逻辑故事等。这些作品都表明光润先生有着广泛的兴趣爱好和积极的人生态度。

值得一提的是，光润先生的一些文章文笔很美，如《隐山采风》中一文《人人是歌郎》的开头那段文字就写得十分优美：

“夕阳西下，余晖洒落下来，把山山水水装点成丹青笔下一幅幅紫黛色的画卷。农夫、牧童，还有我们自己，都成了这画卷中的一个个小圆点。渐渐地，夜幕降临。家家户户，一齐亮起了夜明珠，好似昔日护唐僧去西天取经的孙悟空临凡，吹一口仙风，把潭城晚景吹来，镶嵌到了隐山脚下七冲八坳的山窝窝里。”

总的说来，光润先生的这部书稿是他多年汗水的结晶，也应该成为他的骄傲。这部书一定会给很多读者留下如我一样的美好印象。是为序。

（本文是 2001 年 8 月 3 日，作者为鄢光润所著《隐山采风》所作序言，该书由新风出版社 2001 年 9 月出版。）

湘学的历史流变

“湘学”到底是一个怎样的概念？

要回答这个问题，必须对“湘学”的历史流变情况，做一番考察。

“湘学”不是“湘中学术”的省略语，因此，湘中学术的历史并不即是“湘学”的历史，屈原、贾谊甚至周敦颐，原则上都不能叫作“湘学”。“湘学”的名称，是朱熹首先提出的，但朱熹没有讲“湘学”，而是讲“湖南学”“湖湘学”，其意即指“湘中之学”，其实就是所谓“湘学”。为什么不叫“湘学”，这不是学理上的原因，而是地理的原因，古人称湖南叫湖湘，但不叫湖，也不叫湘，因此称湖南学术为“湖南学”或“湖湘学”，而不称“湖学”或“湘学”。“湘学”产生于南宋，朱熹及其同时代或稍后的学人们所称之“湖湘学”即是“湘学”。它的内涵与外延都十分明确，即是由胡安国所开创的，由其子胡宏所最终完成并由胡宏弟子张栻等所不断将其影响扩大散布出去的南宋时期的湖南学术。它不包括风土人情，不包括农桑手工，也不包括词章训诂及书法、绘画、建筑、雕塑之类。它是宋学，所谓义理之学。这种义理之学与同时代的其他学派的学术又有不同，不同不在于地域，称它为“湖湘学”，只是为了划分上的方便。“湖湘学”不是湖湘地产的学术，也不是湖南养育了“湖湘学”，而是闽人胡安国携子侄来湖湘，在湖南传播理学，后遂具有了鲜明的特色，在林林总总的理学派别中，卓然自立，且对后世产生了深远的影响。“湖湘学”在原则意义上，应当是传统儒学在湖南生根和演变历程的凝缩式称谓。它并未超越传统儒学的范围，其核心内容依然是格、致、诚、正、修、齐、治、平，即所谓“内圣外王”的学问。但由于时代的原因及客观历史环境的作用，“湖湘学”更重外在事功。诚然，这一特征曾被朱熹所误解，以为湖湘学者不重涵养，缺乏“本体”的功夫。其实这一点很难说是优点还是缺陷，只是闽学与湖湘学风所重不同而已，称为特点似为妥帖。闽学，如果可以被称为“政治的伦理学”

的话，那么“湖湘学”则完全可以称为“伦理的政治学”。这种说法虽然不尽恰当，但却可以表明二者取向的外在形式上之不同。

湖湘学者并非“不事涵养”，也并非“只务践履，不知穷理”，而是“涵养”为了王业，穷理为了践履。胡宏一再强调“学圣人之道，得其体，必得其用。有体而无用，与异端何辨”的目的，就在于强调修养功夫必须落到实处。而朱熹所强调的则是行动时体会天理。一个是即体以为用，践履本体功夫，强调的是落实。一个是即用以见体，在行动中感受天理的存在，强调的是体认。取向不同，只能表明大系统内的要素各有自己的系统，不能表明各个小系统脱离或突破了大系统，双方均是通过对二程思想的理解而对先秦孔孟儒学的继承与发挥。

以上所论仅限于“湘学”的来由，而“湘学”并非一成不变，在历史的发展过程中，湘学经历几个明显的发展阶段。如果从时间上来看，元时，“湘学”似已“蛰伏”了。这一蛰伏直至明亡。直到王船山继起，湘学始又“卷土重来”，而且来势更猛。王船山之后，湘学又消沉了百余年，湘军集团炙手可热的年代，湘学被利用了或又实际地应用了一次。而曾氏并没有体现出胡宏与王船山的“民族大义”，却更多地体现了张栻的“忠君报国”。这不仅是在描述一个现象，而是因为曾氏本是所谓“正统”的理学传人，其于朱熹，受益颇多，远在王船山之上。朱熹认张栻为同道，正是因为两人于曾氏身上所体现的“借忠君以成自己千古美名”或“以自我事功的成就，完成内心对忠孝节义的信念建构”这一点上是共同的，他们因此缺乏胡宏批判“世儒”的理论勇气，同时也缺乏王船山对整体华夏民族前途的挚诚忧虑。而在对“湘学”核心内容的发挥上，实无自己的理论贡献。谭浏阳以后，“湘学”本质精神突然复活，为“发展”意义上的历史的负责精神，强烈的忧患意识和民族主义情感已经无以复加。杨度所谓“若道中华国果亡，除非湖南人尽死”，杨毓麟的“湖南人特别独立之根性”，毛泽东的“问苍茫大地，谁主沉浮”等，均是最能体现湖湘学派的或湘学的根本精神的。这是从时间上讲，其实朱镕基的“不管前面是地雷阵还是万丈深渊”之类的话，也正体现了这一点。但是从地理上讲，诚如杨昌济的“夫支持国势，原不限一地之人，然人才所集，大势所趋，亦未始无偏重之地”。另如陈独秀所谓“欢迎湖南人的精神”，甚至包括梁启超所谓“湖南天下之中，而人才之渊薮也”之类的说法，只是强调激励的意义，并不是因为湖南的红土地专门为养育人才而设。因为这里完全没有必然之理可讲。将一个实然的现实，说成是完全必然的，这本身就已经缺乏学理上的根据，更何况将这种内在必然性说成是单纯地理上的原因呢？是不是可以说山东有过宋江，这里就是农民起义的摇篮？显然不能，李自成出于陕西，洪秀全则起于广西。如果洪秀全打败了曾国藩并且推翻了清朝政权，那么梁启超是不是可以说“广西天下之中，而人才之渊薮”呢？历史的机缘往往能使一地之人得尽其力，而机缘不去，独厚的发展和表现的独特机会，也就不会消散。这并不是说这里没有必然性，否则印度为什么没有美国强大，尼泊尔为什么不具有联合国中的首席发言权？必然性是存在的，但不是地理原因。历史的机缘并不是对不同时代的不同民族、不同地理位置都是均等的，它仿佛数学上的坐标一样，机缘必以时间和空间（时代或时势与地理或地域）结合的方式出现，谁在坐标点上，谁就有先决的发展和表现权。但是，如果没有基本的积累和准备，机缘来了也不会生效。

湖南近世人才之盛，在于湖南地处中国近现代政治风暴的要冲，受害之深、反抗之烈都是其他省份所无法相比的，同时“湘学”的传统点燃了这堆干柴，这才是湖南近世人才之盛的根本原因。因此，“湘学”也便不应当是一个纯粹的地理概念。

我们以为：湘学既不是一个历史的概念，又不是一个地理的概念，虽然它不能不拥有历史和地理的要素。湘学，应该是个学理的概念。“湘学”，学之谓也。“湘”只是一个地理的标位，就如“北京大学”一样，它是个大学，而不是北京，只是它设在北京。湘学是学，它产生于“湖湘”并在湖南地区有因时代不同而或明或暗的传承脉络。“湘学”虽产生于湖湘并在湖湘有极大影响，但它并不属于湖湘，而是属于华夏民族，就像北京大学不属于北京而属于中国一样，湘人因此而受益，因此而自豪可也，据而为己有，既不可以又不可能，其实也没有这个必要。

“湘学”是一学术概念，它有自己的历史发展轨迹，从湖湘学派开始，到王船山，内容则已从忠君爱国，发展为具有启蒙特色的无所不包的大体系。又经谭嗣同等，进一步强化民族情感和救亡图存的忧患意识，及至黄克强辈，则上升为大规模武力行为改革中国的行动，毛泽东则更彻底，且已将传统作为手段为共产主义服务了，他要拯救全世界，而非独拯救中国了。当然这是湘学外显出来的主要的核心精神，但湘学不仅局限于此，它在历史的发展中不断增加新的内容。在胡氏父子和张栻那里，应该说湘学主要是“义理”之学和“经世”之学，到王船山那里，又有了“历史哲学”，而且“义理之学”更加纯粹，“经世之学”更加细致，并且突破了传统的“三纲”观念，不以天下为君主所有，而试图为天下而设立君主了。湘中学术，在原来的发展中又有了经学、文学，甚至西学等，这些虽不是湘学的核心，但却不能不是湘学的内容了。

不仅如此，湘学在历史的变迁中，不断吸收其他学派的优长，以丰富和涵养自己，同时也不断补益而造成更加广泛而深远的社会历史影响。谁敢说王阳明有“湘学”学统？但谁能否认王阳明对“湘学”的贡献？谁能说朱熹是“湖湘学派”？但谁敢否认朱熹深受湖湘学派的影响？甚至梁启超、陈独秀，难道他们不曾受过“湘学”的影响。否则他们如何敢于写湖南的学风、湖南的精神？甚至周恩来，不要说他受毛泽东的影响，就是他批准杨度入党，能不能说他没有受到来自杨度身上的“湘学”学风和湘中精神的影响。周恩来与杨度是有过很多接触的，杨度的对联“帝道、真如，如今都成过去事；医国、救民，继起自有后来人”不仅对周恩来有激励作用，而且对当时上海的中共地下党员均会产生激励作用。因此，即便不是湘学学者，也都或多或少地受到了湘学的影响，这一点应该说是有目共睹的事实。但是在这一点上，本文作者的用意，并不在于理清历史人物之间的关系，而是借此说明湘学的精神是活的，它曾对不同时代的不同历史人物产生过这样或那样的影响。湘学作为活的历史传统，即使是今天，也还在发挥着有益的作用，因此研究湘学，就不仅具有历史的意义，而且具有现实意义。诚然学术的价值不应当仅仅以其是否曾经对“经世”或实践产生过作用而定，学术还有它自己相对独立的学理意义。有关“湘学”的学理意义，正是我们今天的研究所应注意的。

以上所论，并不是我们给“湘学”所下的定义，而只是我们对于“湘学”的一些理解而已。

现在，我们再回过头来看一看“湘学”研究的历史。

历史上，湘学不仅存在，而且湘学研究与湘学的发展几乎是同步的。朱熹是第一个湘学研究者，也是第一个湘学宣传者。朱熹还深受湘学的影响，湘学对朱熹来说，曾经起到过促成嬗变的作用。朱熹敬畏胡宏。在自己的思想“若穷人之无归”的情况下，看到了世间唯一的一束亮光，这就是胡宏。朱熹因此对已发、未发问题有了更加真切和更加深刻的理解。其后朱熹又与张栻讨论学问，涵养了自己，也使得自己从一个湖湘学派的执迷者变成了湖湘学派的研究者，朱熹并与湖湘学派中的优秀士人如胡广仲、胡伯逢、胡大本、胡大时、胡大壮、吴晦叔、彪居正、赵师孟等有着广泛的接触和深厚的交谊。湖湘学派因为朱熹的“鼓吹”和“诘难”而名噪一时。应当说朱熹同时代的吕祖谦和朱门的一些弟子，甚至包括后来的真西山等，都是湘学的宋代研究者。

朱熹对湖湘学派的研究结论是两面的。一面是指责，一面是肯定。指责如对《知言》的“八端致疑”，如说张栻“只重践履，不务穷理”，如说湖湘学者“只拔捻子不添油”，不注重培壅根本之类。肯定如说五峰思维精到不可及，如说张栻名质好，学问正，是他见识高，且能从善如流之类。

第二代湘学的研究者，应当是王船山，王船山不仅研究湘学，而且发展了湘学，钱穆以为船山是胡宏的“后劲”，应该说是符合实际的。王船山使湘学更精微、更博大、更复杂了。

从原则上讲，曾氏湘军集团，虽受王船山影响，但不能算是严格意义上的湘学研究者，虽然他们都应当是湘学中人，他们应当是湘学精神的行动践履者。

第三代湘学的研究者应当是刘人熙、欧阳中鹄和谭嗣同辈。他们不仅承继湘学，而且研究湘学。梁启超似亦应算这一代湘学研究者之列。而稍早的王闿运等，更确切地讲不应是湘学的研究者，应是湘军的研究者。湘学的第四代研究者，杨昌济应是其中之佼佼者，他将湘学的精神传播给了毛泽东等。

第五代湘学的研究者应当是钱穆、侯外庐、嵇文甫、牟宗三等，他们花费了心血，取得了成就，但都不是专职研究者。

现代的湘学研究者们应当是第六代。他们中的很多人甚至会把湘学的研究当成终身的职业。本书即《湘学》，就是为这一代学人研究湘学提供专门的理论阵地，也寄望于湘学的研究，在深度和广度上获得突破，超越前贤，开启来者。这是我们编辑此书的宗旨，也必是所有研究湘学或对湘学热心关注的学者的共同愿望。

（本文是作者与当年在湘潭大学时的同事王继平和王澧华，为《湘学》第一辑所作序文，本文作者为主笔。《湘学》第一辑，湖南人民出版社 1999 年 9 月出版。）

宋明理学与儒家精神
——记王立新教授的一次学术漫谈

我和京华教授在2004年的濂溪理学研讨会上互相认识，当时有点惺惺相惜的感觉，这是真话，都像发现了真做学问而又重视体会人生的同道一样。我们同年同月同日生，都研究中国哲学，又都到了湖南，他是北京大学历史系毕业，我也在北京大学进修过一年，也与北京大学有些缘分。后来我又知道，我们还是同乡，都是黑龙江省青冈县人。我家在王疱店村，他家在火烧里屯。我们家乡那个县，只露出过一点点儿声响，就是魏巍在《谁是最可爱的人》里面提到过。他说他在朝鲜战场，遇见一个叫马玉祥的人，说那个人“高高的个儿，站在那儿，像秋天田野里一株红高粱那样淳朴可爱”。魏巍说这个马玉祥，就是黑龙江省青冈县人。原来“最可爱的人”，就在我的家乡，我的家乡人都是“最可爱的人”。哈哈！当然，我和京华教授相交，主要还是我们性格相通，要不然什么共性都没有，我们也不会成为好朋友。后来我跟京华教授不断地接触，跟他学了很多东西。也了解到他的父亲早年当兵，参加过辽沈战役，很可能是我父亲把他父亲扩充到解放军里去的。我父亲当年是“扩军模范”，1947年的《北满日报》，登有我父亲的事迹和照片，一个月就为共产党扩充了48名新兵。京华教授的父亲，可能就在这里面，他说他的父亲被我的父亲“抓了壮丁”，如果他的父亲跟我的哥哥一样“壮烈”了，这个世界上就不会再有张京华。但是他家后来随军搬进了北京，成了北京人。由此看来，人生的遭遇真是祸福难料，都是蛮好玩的事情。

一、湖湘讲堂与天地大儒

今天我来到这里，本来不是为了讲学，只是因事路过，顺便看望老朋友，不想京华一定要我说点什么，哪怕是随便说点做学问什么的，都可以。我一点准备都没有，所以只能顺嘴“胡”说了。我对“湖南科技学院”这个校名不感冒，我真觉得它不好听，叫零陵学院、零陵师院多好听啊，永州过去就叫零陵，有很多历史文化遗迹，也有很深的文化底蕴，为什么不叫零陵师范学院呢？

你们张京华老师的学问做得非常好，傅宏星老师刚才送了我一本书，翻了一下，感觉学问也很扎实，很地道。他们做的都是中国最能够拿得起来、最能够存留下去的学问，都是有关中国传统的真学问、实学问、大学问。实际上我们都是做这种学问的。因为只有做这种学问，你的生命才会不断地在内部被自己扩张起来，你才有勇气、有信心觉得你做的事情是有意义、有价值的，这样你才能够坚守下去。所以我觉得要是真想做学问，就得做这种学问，不要作假学问，尤其不要做兴风作浪和浑水摸鱼的学问，那不叫学问。比如，像王船山这样的人，就不是兴风作浪的人。他这一生就很小的那么个活动地点，在他的有生之年，一点声响都没有。他不像周敦颐，周敦颐在生前就有声响了，王船山到死了以后才有声响。在中国实际的历史运行中，周敦颐起的作用和影响，虽然比王船山时间长久，至少在清代以前，我们完全可以这样说，王船山是没有几个人知道的。但王船山后来却成了中国近现代历史“兴风作浪”的人，这不是说他兴风作浪，而是他的思想足以有兴风作浪的本领。要涵养自己，你就得做这种学问。我的意思是说，我是做学问的，不可以在政治和经济上兴风作浪，但是你拿着我的东西去兴风作浪，我就管不了。像王船山，谁拿他的东西，谁都可以兴风作浪，这是船山的本领，不是这些人的本领。人要做有这种本领的学问。船山的学问，就是理想的学问，就是价值的学问，就是充满救世激情的大学问。我们这个世界，已经变得越来越不追求崇高，也越来越无情了。缺少理想、缺少信念、缺少正义、缺少真情，是一个缺少精神内涵的时代，大凡人生所不应该缺的，我们这个世界全缺。但是我们知道，我们生命里最不应该缺的东西就是这些，所以我们就得去抓住这些东西。只要你能抓住这些东西，你的生命就有了力量；只要你能抓住这些东西，那你这一辈子就算没白活。所以要做这种学问，做这种“掏心肝”的学问，这样就省得在细枝末节上浪费时间了。这是我对大家的希望，对你们这些张教授教育出来的有理想的年轻同学所寄予的高格调的希望。其实只要做学问就好，因为我们这个时代，太缺乏一门心思只做学问的人了。所有有价值的人文精神之类的内涵，都必须而且也只能首先从学问中流淌出来，没有学问，就没有精神。

我的学问做的不算好，但是一定让我说，那就从研究王船山开始谈吧。

我读船山，前前后后有20多年了。我喜欢船山这个人，用北方话说，就是我得意这个人。我被这个人感动，终至被这个人给化掉了。为什么会这样呢？就是王船山的精神感召了我。实际上在我个人走向学术的路途上，最早研究的是胡宏胡五峰，我非常感激自己的这个遭遇，这是命。“遭遇”原本应该是一个中性词，约略相当于“没有准备”地碰到了的意思。其实准备也没有用，该碰到的总会碰到，躲闪都来不及；不该碰到的想碰也碰不到。“遭遇”是自己的命，自己努力到什么方向和什么程度，就会遭遇什么方向和什么程度的“机缘”。我在北大进修的时候，我的一个中学同学正好在北大读西方哲学，他从本科到博士一直在北大，现在是俄罗斯宗教研究领域的权威学者。他这个人一声不响，不像我，也不像张老师。他不能说，但是做得非常好，他叫徐风林。当时他在给台湾东大图书公司写一本俄罗斯的宗教哲学家索洛维约夫的书，我说怎么还会有这种事呢？因为那时两岸刚有一点学术的交流，所以听到给台湾写书，很感兴趣。我那时候不知道天高地厚，“我也写一个看怎么样？”心里就是这样想的。当时正好在书店里买了一本胡宏的书，天天在翻，心想这个人怎么我们各种哲学史都不写呢？我当时觉得这个人比朱熹了得，现在依然觉得他在体会生活和世道人心方面确实比朱熹强，但学问不如朱熹大，历史地位不如朱熹高。我就向我这位同学要来了韦政通先生的地址，因为老先生是这套书，也就是台湾东大图书公司出版的“世界哲学家丛书”的总主编。我给韦先生写了封信，我在信里自己介绍了一下，问老人家我可不可以写胡宏。他说可以，在回信中提到：“胡宏本人的材料并不算多，‘但他的哲学思想牵连甚广，要厘清他的传承，凸显他的创见，以及他对湖湘学统的影响，很需要一番功夫’。”我用了18个月，写了18万字，平均一个月一万字。我是和着眼泪写的，写着写着忍不住就哭了，因为胡宏太感动人了，我真正被宋明理学家对国家民族的这份真情、对历史文化的这种真正的担待意识感动了。谁说宋明理学不好？我是拿生命和情感亲自浸润到理学中，然后又出来的，我知道它好不好。当然我也批评它的不足，因为每一种学问像每一个人一样，都可以批评，我们把孔子拉过来批评一顿，这也是正当的，这是学者们的良知。作为学者，首先不是说要对哪个老师好，要对哪位先贤好，不能先设定好恶，必须从实际中感受出来，这是为学的态度，学者一定要有对于学术的真诚，而且永远不能丢掉这份真诚。

因为胡宏感动了我，出版《胡宏》，使我增强了自信，使我确认自己可以成为一名学者。所以我和韦政通先生有缘分，我也和宋明理学乃至中国的历史文化有缘分。我和宋明理学的缘分，是由我跟韦先生的缘分引出来的。1996年《胡宏》一书出版后，1997年我就调到湘潭大学来了，就是为了继续做湖湘学派的研究。2004年，我的《开创时期的湖湘学派》也出版了，来湖南还是蛮有收获的。

我跟王船山发生关系，是1997年。那时我在哈尔滨的一家书店里，偶或翻到岳麓书社出版的《船山全书》的第11册，这一翻看可不得了，当时就被征服了。就像我在刚刚出版的《天地大儒王船山》这本书里所写的那样："当时不是眼前一亮，而是心灵一颤，几乎无法自抑，就此兴奋不已。感觉世间竟然有这等人，这等书，而自己又能读到这等书，了解这等人，真是没有枉来世上一遭，枉做书生一回！此后，读船山的书就成了生活的必需，仿佛吃饭一样。从1998年以来，不管工作多么忙，事情多么多，每天都必须读一个小时以上的船山的书，用以洗涤心灵，激发热情。船山是我生命的导师，是我生命中永远不灭的指路明灯。"

其实有关王船山，我在上大学时就学到过一点，那时我们使用的《中国哲学史》教科书里，写到了王船山。但是包括上课和读教科书，船山都没有引起我一点兴趣。为什么呢？因为教科书都是贴标签式的写法，一点生气没有，一点意思没有，老师讲得也索然无味，根本不能展现船山的精神。王船山这样一个感天动地的生命，在教科书里和课堂上一点影子都没有。根据这个事情，我有一个奇怪的想法，就是人这一辈子，最不幸的事，可能就是被写在教科书里。最幸运的，就是遇上能够感动你的好老师，不管是他感动了你，还是他讲的内容感动了你。只要被感动了，你的生命就有可能被救活。读书做学问，一定不要按照教科书的做法去做，一定不要总是想着写教科书，不要用教科书式贴标签法则来写东西，那样的写法，没有生气，不能打动人。像船山先生的书，要天天翻，不是看，而是嚼。大家都知道读书、看书、念书，但是不知道有些书需要嚼，反复不断地咀嚼，才能体会到其中的真味。光是用眼睛看，那还远远不够。我经常因为船山的某一段话语而如痴如迷，这段话到底啥意思？走路都在想，有时经年累月还是摸不到真谛。因为船山深深地打动了我的心，所以我才对他产生了无尽的兴趣，他的思想那样深刻，我在学习的过程中，自己的思想能力也就跟着成长起来。在对待船山的问题上，我跟《湖湘讲堂》的制片人柳理的理念是相同的，他说："王船山的节目，不做就算了，要做就得做好。如果做不好，不如不做。"他把我的电视讲稿，和余学用、王丽华编导一起，来回修改了六七遍，我很感激他。最后我们定了一个"天地大儒王船山"的题目。我觉得"天地大儒"这个词，用在船山身上，是再合适不过了，因为只有船山，才当之无愧。因为船山顶天立地，无愧于天地，他对得起生养他的天地。船山张大了天地的真精神，展现了天地的真情怀。他为天地增添了光彩，可以与天地并存，与日月同辉。只有这样的人，才配叫作"天地大儒"。韦政通先生看了《天地大儒王船山》这本书之后说："三百年后你看，这个名称会被大家真正的认可。"所以，得接通天地之气，才能成为大儒。（张京华教授插话：真正的大儒，就必须得和天地相关。现在谈"儒"字就不谈天地，谈天地就不谈"儒"，给弄得两回事了，根本不搭界，其实大儒一定得谈天地。）没错，实际上大儒的人生，说到底就是"连天扯地"。这是我们的俗话，就是连着天、扯着地，与天地撕扯不开，要不然他就不能成为真正的大儒。你说你只解决了表面上的问题、眼皮下的问题、个人心理的问题，那算不了大儒，连天扯地才能尽天地的责任，用学术话语讲，才能"赞天地之化育"，才能对得住天地。

二、宋明理学与天理人欲

我们现在已经不是小孩子，都是五十来岁的人了，久经学术沙场，而且在社会里摸爬滚打了这么些年，无数的"革命"经历，练就了我们这一双火眼金睛。我们应该用真实的态度来看待很多东西，不能矫情，更不能随便跟着舆论或者俗人的议论走，如"天理人欲"这个话题。

（张京华教授插话：立新教授，我读宋明理学，觉得他们讲"存天理灭人欲"这些言论，其实当时社会并没有这么危险，我觉得他们所有言论都是针对今天说的，就像它是专门给今天留下来的。宋代怎么用得着“存天理灭人欲”？现在才需要这个。）

张教授说得太好了！现在真正是一个“人欲肆而天理灭”的时代。宋明时代的这些大贤们，怎么就这么有远见，千八百年以前，就为救治今天的世道人心，准备好了精神良药！很多人都错误地理解“天理人欲”，以为就是指男女两性关系。其实根本就不是这回事。因为在宋代那个时候，不存在男女两性关系这样一个社会问题，它不是一夫一妻制，一夫一妻制不是中国的传统，是基督教的传统。宋代那时候，男人可以娶妻纳妾，没有这方面的问题，男女两性关系怎么能是“人欲”呢？人欲指的主要不是这种东西。

那么“人欲”到底是什么呢？比如说你欺君枉上，比如说你贪恋权力，比如说你用非正当的手段获取利益，比如说你结党营私去整人，比如说你无视他人的生存，而把自己的家族搞大，比如说你为了一个集团的利益，而无视生民和民族的利益，这些东西才是人欲。通俗一点讲，就是心灵导引自己向邪处走，这就是人欲。所以在“天理人欲”这个话题上，要是说起来的话，那我们今天这个时代正好是社会没理想、人间少正气、百姓无生气、青年乏志气的时代，这真要命！这才是天理隐匿，人欲横流。我们不知道民族的传统，是不是会绝灭在今天生活在这个世界上的人们手里，这是一件很可怕的事情。其实也许并不需要为此而遗憾，因为这个世界总有一天，会把它自己创造的东西全都毁灭掉，就是这个地球，早晚也要毁灭掉，这群人，早晚得从地球消失，好的、坏的一个都不会例外。多风光、多霸道都没有用！

三、理想与生命的热情

年轻的时候，理想的精神是最重要的。人生开始的时候，立志最重要，为学伊始，就要立志。京华教授类似“乾嘉”那类的学问做得极细密，功底极强，耐心十足，成就斐然。大家都知道。但是这种做法，你必须立志之后才能往下走，起初的时候，你要没有立志，“乾嘉”这类做法，是很折磨人的，你会没有耐性做这个。京华教授是因为立志之后，才从事这方面的工作，所以才能孜孜不舍，越做越深。各位同学不要只看他现在表面的做法，要看他背后的东西，他为什么能够这样做下去？这样做下去，究竟有什么必要和乐趣。所以，首先要确定一个理想，给自己的人生确定一个理想，是最重要的。确立了理想，就是给了自己一个无穷的动力。有了这个动力，一生在向前走的时候，不管世道怎么变迁，命运怎么磨人，最后你都能坚持下去。靠的是什么？靠的就是这份理想，理想，会慢慢送给你一个顽强的内在自我激励机制。这个机制怎么建立起来？实际上就是始终有理想的光芒在照耀你，朝着它前进，每有所得，都引以为快乐。这种小有所得带给你的快乐，就会激发你继续坚持下去。从这个角度上说，程朱对周敦颐“孔颜之乐”的理解是有偏差的。程朱的理解只是强调学生立志，非常理想化，很少强调快乐，甚至排斥快乐。要知道，坚守志向是一件苦差事，因为你必须要放弃很多世俗的快乐。必先有所弃，然后才能有所取。如果先取、先拿，想着以后再扔掉，到时候你就扔不掉了。诸如功名利禄之类，就像烫手的年糕，拿到手里就不容易扔掉。只有先扔掉，才能取得可能取得的。各位将来真的想要做学问，就要首先确立理想，建立起一个良好的自我激励的机制。保持住自己追求理想的这份生命热情，这个真的是太重要了！

我们这个社会最缺乏的就是理想，但是我们这些人又不敢过分张扬理想。为什么这样呢？因为你一张扬理想，就容易被人盗用，所以我们不敢轻易去张扬理想。但是眼见着人们在不断地放弃理想，在不断地向无明的昏聩中下滑，我们又不忍心不去张扬我们的理想，哪怕是被人盗用。这也是我走向“湖湘讲堂”的一个原因。（张京华教授插话：现在世道已经滑得不能再往下滑了，你是不得已，“予岂好辩哉”？人有点儿想法，很容易被误解，“被误解”与“现代”是同义语。）谢谢京华教授的理解！面对社会，我们要有这样的勇气，至于谁认定你是什么，已经无关紧要了。因为我们这些受理想主义精神感召的学者，已经退到不能再退的地步了。如果再退，就对不起心中的这份理想。被儒家学问真正浸润了以后，你就会有这份责任意识。虽然儒家学问中，也有回旋的办法，也有躲避的方略，但是我们已经到了无所躲、无所避的时候，所以就不能再躲，就只能“该出手时就出手”了。

我在湘潭大学带的一个研究生，他现在湖南科技大学工作，就是原来的湘潭师范学院。不知道为什么，好好的学校名字，都改成这个样子了，就像零陵学院，改成湖南科技学院一样。好像不与科技沾边，就不是大学了一样。邓小平同志说科学技术就是生产力，我说人文社会科学就是凝聚力！没有生产力，社会不能发展，没有凝聚力，社会就会散架。凝聚力比生产力更重要！回到刚才的话题，我的这个学生叫刘依平，他的传统学问做得也很不错，功底很扎实。前几天他到益阳桃源去旅游，看到羊春秋教授在那儿写的对联，他感觉写得非常好，于是打电话告诉我。对联写的是：“但闻周勃能安汉，哪有桃源可避秦？”我说这老人家真有学问，真有才、太有才了。我们今天真是“哪有桃源可避秦”啊！你无路可走。让我往哪躲？我们现在都退到办公室里来了，就这样都还不消停，一会儿找你开会，一会儿找你填表，一会儿找你申报课题，一会让你汇报科研成果，把有意义的时间，全部都给你消耗到无聊的事情上。当人生到了这个地步的时候，你怎么办？我常想王阳明被贬到贵州的时候，在山洞里时常想着如下的话语：“圣人处此，更有何道？”即使孔子生活在今天这个氛围里，也是无可奈何。孔子也不是神仙，他可以长翅膀飞到天上去活吗？但就是在这个时候，你保持一种怎么样的心态，你如何处理自己的人生，你是不是让你自己剩下来的时间就这么稀里糊涂地混过去，这就很关键了。对得起自己的生命，就是对得起生民的养育，就是对得起历史文化的滋养。当然，我们也不必把自己的理想夸赞得究竟有多大，其实一点都不大，其实最简单，就是对得起自己的生命。你觉得你做的事情有意义，那你就做。

四、超越善与恶的儒家精神

我为什么走上“湖湘讲堂”？就是为了弘扬人文主义理想，为了普及传统文化，为了使观众能够听到有关历史文化的正当的声音。这并不是说社会上的声音都不正当，尽管我们的声音，也未必就是最正当的。但相对来讲，我们是靠认真做学问起家的，所以自己多少有些自信，觉得我们的声音，比现在流行的一些声音，还要正当一些。你要说完全正确，百分之百，世界上没有这种东西。孔子的声音里，也有问题，是不是？我们觉得，现在是需要把这种声音发出来的时候了，要不然，中国的历史文化传统，就有被对经济利益的追求淹没掉的危险。改革开放以后，随着经济生活的渐渐“发达”，人的精神却越来越颓废，理想缺失，欲望膨胀，以享乐为主要目的的低级个人主义风靡社会生活的各个角落。历史经验证明，社会成员的个体欲望一旦被刺激起来，就会给这个世界带来无尽的麻烦。

试看古今中外，没有任何一个正当的思想流派，宗教的也好，伦理的也好，不强调对人的欲望的限制。没有任何一个学派，说要不断地满足大多数的人欲。人的物质奢望是无止境的，一时满足，一时膨胀，越满足越膨胀，就像皮球一样吧，越拍越高，永无止境。人性是有两重性的，宋明理学经常把人性的两重性盖住，只说人性是善良的，这是宋明理学需要矫正的地方。其实，人走向邪恶的力量比善的力量更大。（张京华教授插话：善归善，你不提，它就掉了，你必须得提着它。管你是21世纪、22世纪，你再怎么进化，不提着它还是得掉下去）京华教授讲得非常正确。善这个东西，你得始终提溜着它，你才能保有这份善。只要稍一撒手，当下放手，当下就掉下去了。我在写《圣者凡心》的时候讲过一句话："人的生命随时随地需要拯救，一丝一毫都不能放松，一时放松，一时陷溺，一世放松，一世沉沦。"没有人的生命不需要拯救；就每一个人的生命而论，任何时候都需要拯救。一人放弃拯救，一人沉沦；一时放弃拯救，一时沦丧。就像京华教授刚刚说的，不经常提溜着，它脱手了，就掉下去了。我现在越来越觉得中国的传统儒家和宋明理学家们有很多高明之处，比如限制人的欲望这一项，就十分了不起。人的欲望要是完全被刺激起来，那还了得！近些年来，经济是发展了，但是社会的风气却越来越坏，这到底是一个什么问题？是对文化建设的重要性认识不足，还是另有其他什么原因？希望大家有事没事的时候，都回去想一想。造就一种好的社会风俗，需要经过多久的努力，需要花费多少代人的心血。就说宋朝吧，经过多少代大儒、士人、名臣、皇帝，还有全社会的共同努力，才建成那样一个风俗淳厚的良好社会。（张京华教授插话：宋朝承接五代乱局，从开国就有大儒不断地努力，努力好几代人才有了好的社会风俗。）没错，但是败坏一种风气却很简单，只要几年的光景就足够了，只要一放下，马上就向下滑，马上就前功尽弃了。

就学者而论，我们能够坚守到今天，做成今天这个样子，虽然也不怎么样，但已经相当不易了。我们不一定能在历史上留下什么声响，只要我们自己觉得对得住自己的生命就行了。我们没有被这个东风、那个西风吹来吹去。"君子之德风，小人之德草。"我们还不是草，不会"任尔东西南北风"一刮，我们就东倒西歪了。但是在中国，能够守住学问，能够坐稳板凳，那可真不是一件容易的事情。因为风太猛了，而且经常刮！到今天为止，很多优秀的人文学者，能坚持在这样一种一切以金钱为衡量标准的恶劣的生存氛围中，给青年学生们传播学术、传播理想，激发人生热情，让青年的生命成为有闪光的存在物，而不是一堆垃圾。这些学者们很可贵，他们是中华民族的真正脊梁！

五、永州寄语

今天有幸到这里来，没有正式的主题，我觉得这样更好。因为我们在聊天，大家都是朋友，说的都是心里话。在这个世界上说心里话的人越来越少了，你看我们有多么凄惨！我们小的时候，不管怎样，“理想”这个词，听起来还是崇高的。现在你讲理想，人家就说你有病！韦政通教授有一句话，说要鼓动青年人的理想。他说理想主义的精神和由此而激发出来的奉献热忱，永远是推动历史和人类进步的最大的能源和动力。我觉得韦先生的话实在太对了！（张京华教授插话：在中国历史上，实际上主要是由儒家提供了这个能源，积聚了这个能量。每一次人欲大衰变、大释放之后，都有一些优秀的儒家学者，一次次把能量重新积聚起来）因为这已经无数次地被历史所证明！理想就是人生的加油站，要不断地到那里去加油才行。前几天有个学生问我，说“我感觉自己的人生里没有气，老师您说该怎么办”？我就问他没什么气，没正气你就找孟子，没仙气你就找庄子，没官气你去找领导，（张京华教授插话：没财气就去闯深圳）哈哈，没活气就去找医生！你得知道，你真正没有的是什么，你才能去补什么。当然他的问题问得很好，他的意思就是要为自己的精神生命输血打气，心里有这样的问题，就是一个心理没有问题的人。

我跟京华教授有一个不同的地方，就是京华教授的讲学比我严谨得多，我讲话随意性大一些，而且有些张狂，不像京华教授那样谦虚。（张京华教授插话：你学问大，是天生的好老师）天生的好老师不容易，周敦颐是天生的好老师，我们都不配。我们现在的老师，今天教人这个、明天教人那个，周敦颐教人什么？当年两程子初见周敦颐，说老师窗前的草怎么乱蓬蓬的，您要是没时间，我们帮您打理打理。周敦颐说用不着，我就想留着它，看天地生生的气象。陆象山后来说，大程子跟周敦颐学得了“吾与点也”，保留了“光风霁月”“吟风弄月”的味道，而小程子却把它忘记了。其实小程子也没有完全忘记，小程子有一次给学生讲学，说我给你们讲什么学问啊，你们看这个院子里那些鸟，正在拣食谷粒。如果是一个人拿一把米撒在地上，这些鸟就不会马上来，要隔很久才来；假使一个人挑着粮担子从前面走，不小心撒了点儿，这些鸟呼啦啦马上就会来。我不告诉你们为什么，也不要求你们一定要怎样去想，你们自己琢磨去。这就是练学生自己的体会能力，通过对世界事物的体会，激活个体生命，把个体生命本有的创造力释放出来，这种教法就叫气象，大师的气象。张横渠告诉弟子们去“闻驴鸣”，程颢让学生们去“观鸡雏”。这些事情好像是在玩耍，这哪像大师级的老师所做的事情？其实这才是大师。什么叫春风化雨？就是让你在不知不觉中，进到生命的最高深的层次里面去。（张京华教授插话：大学者提这么个问题，说这么个话茬，真的很生动！想想小时候听过那驴叫，它为什么抵死气力地叫，还真说不明白）我觉得张横渠很奇怪，从小我们就被灌输了驴子是蠢货的观念，去年暑期回家，我小弟借了一间乡下朋友的房子，把房间的墙上都糊上“文化大革命”那时候的报纸，还原我们小时候的生活场景，夜里我一个人在那儿住。邻家就有一匹驴子，晚上这驴就叫了，我真觉得怎么这么亲切啊！这个世界，正在让我们属于人的心灵，向着只知寻食觅偶的动物回归，我们越来越感到我们不及动物了，它们还有一份没有被污染的自然之心。我们自己反而只能在这些“愚蠢”的动物身上，找回一点自然的人味，找到点儿天人、天物合一的感觉。好了，就说到这里吧，今天就算我在这里做了一番“驴叫”，我愿做一头中国文化的驴子，换个时间，到别的地方接着叫。

（本文为2011年6月2日，作者与湖南教育电视台《湖湘讲堂》制片人柳理等一行，来永州道县月岩外景，实地录制《理学开山周敦颐》。中途应湖南科技学院张京华教授之邀，在湖南科技学院濂溪学研究所，作了一场学术漫谈。该文即是漫谈的录音整理稿，发表于《湖南科技学院学报》2011年第10期，文章题目及各节标题，均为整理者侯永慧整理时所添加。）

船山是一所大学

王船山先生，名夫之，字而农，号姜斋，中岁自称“一瓠道人”。生于明朝万历四十七年，也就是公元1619年，卒于清康熙三十一年，也就是公元1692年。湖南衡阳人。

王船山先生是中国历史上最广博的学者和最伟大的思想家之一。

船山先生生逢明清鼎革之际，为了恢复明朝江山而奔走呼号，并且筹饷募集义兵，在衡阳起义，亲自参加战斗。失败后投靠南明政权，又因坚守正义而受到排挤甚至打压。离开南明政权以后，受到诸种政治势力的追捕和通缉，备遭艰辛磨难，一生濒死者数十次，都侥幸捡回了生命。时而奔窜于荒山野岭之间，时而隐身于瑶族百姓群中，还经常寄宿僧寺，甚至藏身麋鹿洞中。他经历了世间所不曾有的苦难，但却始终坚守民族大义，不为外在压力所屈服。他以“六经责我开生面，七尺从天乞活埋”的精神和信念，在极其艰难险恶的环境中，始终坚持读书、坚持著述，从未懈怠，从没放弃，收获了人世间难以想象的伟大成就。他著述逾千万，囊括哲学、历史、文学、艺术、宗教、政治、文字学等领域。字字翡翠，句句珠玑，发前古所未发之妙论，惊世骇俗；留后世所仅存之绝响，感天动地！

人谁不生？但活着能坚守正道，坚定操守，始终不渝，贫贱不能移，富贵不能淫，威武不能屈，如船山一样，才是真正的大丈夫！

人谁不死？但身后能留下导人向善、引人归正、发人深省、促人奋进的不朽文字，像船山这样，才是真正的丰碑永存！

俄罗斯诗神普希金在评价俄罗斯的“科学之父”和“文学史上的彼得大帝”罗蒙诺索夫时说：“罗蒙诺索夫本人，就是俄罗斯的第一所大学！”王船山先生在中国历史上的地位和作用，远比罗蒙诺索夫在俄罗斯历史上的地位和作用更加伟大，而且比罗蒙诺索夫更具有世界性的意义。他对人性的X射线一样的透视，对历史的洞若观火的彻察等，都有着永恒不灭的历史价值，并不是中国一个民族自己所能容纳，也不是一个民族，所应仅仅据为己有的人类共同的精神财富。

尽管船山先生在有生之年，深为自己的思想和精神缺乏继承人而担忧，但是，只要地球不灭，上天还不想绝灭这份由孔子开创的儒家精神资源，那么总会有后起的贤达，继续船山的伟大而崇高的事业！船山精神的伟大力量，必将永远鼓舞后来的有志者振起而为，奋发精进。

船山，是我们民族永远不会冷却的激情，也是我们祖国永远不会褪色的光荣！

船山精神定会千秋万代，永垂不朽！

（本文为《天地大儒王船山》一版序言，标题为本次所加。）

秋未尽，蝉不得不鸣

每个人来到这个世界上，都是万千偶然性聚合的结果，稍有一点错漏，来到这个世界上的就可能是别人，而不再是自己。因此，每个人都是一个绝对不同于其他人的独立个体，他必须通过绝对的不同，来表现自己独特的品格。如果一个人，一生都没有意识到这一点，那他的一生，也就只能混迹于生存群体之中，即便为生存而勤苦简约，而劳碌奔波，但他的人生，也只能说是冥然无觉，窅然空过了。而这样的人中，并不排除一些有文化的知识分子。

先生是一位极具个性品格的人，而他本人对于这种天生的独立性的品格，又很早就有了明确的自觉，这是先生之为先生，先生之成为先生的最主要的，也是最重要的条件和动因。先生在很年轻的时候，就被这种强烈的个性冲动所驱使，走上了一条属于自己的独特的人生道路。先生一生最幸运的事情，在我看来，并不是像他自己所说的那样：认识了“该认识的都认识了的”群贤——结识新儒家阵营中的主帅们和自由主义的领袖等人物，从而受益于他们。而是他对自己的个性——属于自己的独立性品格，很早就有了充分的自觉，正是这种独立性的品格，使得先生最终走出了一条属于他自己的独特的学术、思想道路。而结识这些大先生们，也正是因为自己独立性的内在品格的导引和驱使，才使得他追求精神成长，从而追随这些具有强大精神感召力的贤者。没有这种内在的强烈的独立性的品格，他也挣脱不掉这些磁力极强的精神强者们的吸附，走出属于自己的独特的人生道路。

先生仰仗自己健康的身体和强盛的精神的保障，通过艰辛努力和顽强奋斗，终于打拼出一条属于自己的学术思想的“生路”，在思想史、哲学、政治学、文化学、教育学和社会学等方面的研究，均取得了令人瞩目的成就。尤其是在伦理学方面，可以独成一家，在其对传统伦理的客观分析、其对现代伦理的重新建设方面所作的建树，以及其中所体现的现世热情和历史责任，都可以作为宝贵的历史文化遗产，传流下去。

先生虽然著作等身，但却从不炒作旧饭，独立的性格，使得先生不断求新，这是先生为学的个性；通俗易懂、简洁生动，言不虚发，则是先生的文字表达的个性；对后学晚生，极尽启发推勉，态度诚恳，热情洋溢，不厌不倦，亲切至到，这又是先生作为老师和长者的个性。与很多引水自灌家田的学者相比，先生从不为自己所立之说而拼凑材料，而是从历史和现实的实际情形出发，历史的本真，即是先生立论的基点，现实的需要，则是先生致思的动因。

先生勤勉不懈，忘我工作，年逾八旬，仍然有年轻人的热情和干劲。好学不厌，诲人不倦，每日手不释卷，随时随地启迪青年、提挈后学。近年来，先生不断往返于大陆和台湾之间，不辞辛劳，分别在北京、台北、武汉、杭州、广州、南京、深圳等地发表演说，大陆地区众多青年学人，多蒙教益。用他自己的话说，这是"奉献剩余价值"。谁敢说晚霞夕照不比初生旭日更辉煌、更灿烂？

现在的这部《八十演讲录》，就是先生近三四年来在上述各地为青年学生开设的各种专题演讲的集萃，其中《儒家伦理观念的新检讨》《儒家伦理的演变及其在近、现代的命运》《儒家、儒学、儒教》等，是对儒家传统伦理的进一步探索，主要涵盖对儒家伦理中一些与现代精神不相一致的东西的反省与批评和对儒家伦理资源的重新认识和发掘等内容；《墨家的侠义精神》，则是对墨学中经常被忽略的"侠义精神"在历史上不同时代的表现等的梳理。通过这种梳理，说明墨学的主要精神，不止是经验主义和逻辑思想，而且包括匡扶社会正义一个重要方面。学术界一向以墨学自战国以后基本中断为默认的事实，但先生却看到了历史上的豪侠人物、帮派团体甚至政治领袖身上都在体现墨子所倡导的"兼爱"与"非攻"之义，墨家的这种"义"，虽然不像儒家的"仁义"之"义"那样大公至正，但却经常是黑暗时代里的光明，是无情世界里的有情声音。这些侠士们，常常扶持良善，惩治奸恶，往往是身处下层受尽欺压但却无地申冤、无处诉苦的广大民众的正义使者。先生据此认为：如果不仅仅站在学术和思想的立场上来看待问题，那么就会看到，墨家一直没有中断，而且一直作为重要的社会力量，存在于中国社会历史发展的各个时期。其在下层社会里的影响，并不亚于儒家在主流社会里的影响。

以上是对于传统的重新认识和评价的部分。先生还根据自己的治学经验，针对青年学生的实际，引导他们如何确立为学之志、如何耐住为学的艰苦、如何培养自己的问题意识、如何撰写学术论文等，教导他们用自己有效的学术研究工作，参与到“以文化创新重塑中国形象”的伟大事业中去。先生以“霍韬晦先生的志业”为题，表彰霍韬晦先生为文化事业数十年如一日的奋斗精神。《牟宗三先生生活片段》，是先生回忆跟随牟宗三先生的岁月，在表达自己感戴师恩的同时，教导现在的学术青年，将来怎样做一个好老师，既表达了对先贤的敬仰，同时也表明了先生对教育的希望，用心良苦之至。先生还以“重温蔡元培先生的大学理念”为题，发表演讲，表达了对现代教育整体滑坡的忧虑，也抒发了自己对于教育更加“教育化”的祈望。先生一向倾心教育，其所著述，虽然直接的目标多半在于对历史传统的反思和对伦理重建的构想，但在全部的论说中，始终不离教育，教育是先生最热诚的关怀领域。重视教育，既是吾国古已有之的最优良的传统，同时，矫正教育功利化和工具化的现实，又是中国能否真正走向强盛，从而永不衰竭的根本所在。先生为此倾注了无限的感情，耗费了无穷的精力。他虽然很早就离开了学校，但他是真正的教育家，他的现代式的和人性化的教育理念，他有关独立人格的教育和培养的观念和构想，虽然可能被看重所谓“学术成果”的现代社会所忽略，但其中的用心和成就，必不会随时而泯灭。所有这些，用心的读者都可以在字里行间清晰地体会到。

先生本不愿请人作序，但因运笔之手，时有不仁，只能托人代写。晚生虽愿代劳，但却自知德薄识浅，才学均不足以承担此任。不过既以承命，惶恐之余，只能写下上面一段文字。

记得王船山在《七十自定稿》自序中有这样一句话语：“秋未尽，蝉不得不吟。”今则冒昧借用，篡改词句，借以抒发己意。

秋未尽，蝉为什么不得不鸣？

其一，这是天命。蝉自出土即鸣，直至秋尽而止。秋既未尽，蝉如何能够不鸣？鸣，是蝉承之于天命的本性，鸣，也就因此成了蝉的使命。不鸣不为蝉，既是蝉，就不能不鸣。中国知识分子，自打孔老夫子开基、创业、垂统以来，就如同蝉一样，被定下了承上启下、继往开来的命运，既无法逃脱，亦不必逃脱。这是他们独特的鸣叫方式。

其二，这是责任。天既命蝉而使之鸣，则鸣，便不仅是蝉不得不如此的宿命。蝉以鸣来表明自己的存在，又以鸣来表达自己的责任。宇宙间既不能不有蝉鸣，那么自觉地鸣叫，就是责任，就是崇高。天地间一切事物都是工具，包括人，甚至尤其是人，都是上天用来完成自己实现真、善、美使命的工具。盲目而被动地充当工具，那是无明，那是暗昧；主动地、自觉地充当天的工具，就是崇高，就是责任，就是"为往圣继绝学"，就是"为万世开太平"。

其三，这是自我安顿和自我安慰的良方妙法。蝉不鸣，则不足以自我玩味、自我慰藉，蝉以鸣来告慰自己：这是快乐的、有意义的生活方式。思想家和学者也一样，只有不间断地学习和不停顿地思想，才能自我安慰，自我提升。舍此，没有另外的途径。获得多少成就，似乎并不重要，最重要的是不停地努力，每有进步并且乐在其中。这才是学者向学不倦、乐此不疲的最深处的动力。先生经常挂在嘴边的"学者要有内在的激励机制"的要诀，其实也正在这里。孔颜乐处，不是乐道，而是乐在求道之中。乐道是责任，乐在求道之中，才是境界。

先生年高若此，依然不改其乐，不仅责任情怀深重，而且境界高远难及，实在是可敬可爱之至。写到这里，我忽然想到，多年来追随先生，每得奉侍左右，便有如沐春风之感，其要妙原来尽在这里呵！

（本文是作者在2008年11月23日至12月5日，为《智慧不老：韦政通教授八十演讲录》所作序言。台湾法鼓文化事业股份有限公司于2009年7月出版该书繁体版；《韦政通八十前后演讲录》简体版，由华中师范大学出版社2009年12月出版。）

72 岁的民间文化研究者鄢光润先生，矢志不渝，坚忍不拔，长期辛苦调研，数十年来勤奋笔耕，最近又出两大本，计百万字的民族调查、研究大作《湘潭民俗文化拾遗》，该书由中国文史出版社 2017 年 3 月出版，主要以湖南省湘潭市民间文化习俗和道教历史文化传统为调查研究内容。今日获赠两册，由衷感佩之余，将曾经写过的一篇《湘潭有个鄢光润》再转录于此，该文已于 2015 年 2 月在中国民主同盟湖南省委员会机关刊物上刊发，刊发时添加了一个副标题，叫作“一个普通盟员的文史业绩与启示”全文如下。

湘潭有个鄢光润

“光润先生又出书了，真了不起！”收到鄢光润先生的手机短信时我在心里说。这是今年8月中，我正在东北老家度假期间的事情。暑期后我回到深圳：“又是厚厚的一大本。”光润先生这次寄赠的新著，叫《湘潭孝文化孝歌选》。

自2000年以来，光润先生已经送给我由他自己著述和编著的《彭德怀元帅回故乡》《隐山采风》《湖湘名谱辑要》《湘潭姓氏源流》《湘潭古代职官类释》《湘潭孝文化孝歌选》等书。在这些著述之外，光润先生还曾出版过《湘潭情歌三百首》，以及论文《湘潭正一道教调查》《梅山文化区域信仰民俗的调查与思考》《湘潭一个小山冲的信仰民俗调查》等。真是不简单，真是了不起。

说光润先生不简单、了不起，主要还是因为，他原本只是个乡村小学教师，而且只在湘潭县四中读完高中，就回家就业，养家糊口去了。光润先生身体一直不好，腿脚不方便，到20世纪80年代，已是五口之家的“主心骨”，生活十分困难。后来虽然上了个函授大学，加入了民盟，当上了县政协委员，最多也不过是湖南省湘潭县里的一位“小小的地方文化人”。就这样的知识底子，就这样简单微薄的身份，他却从不懈怠，从不灰心丧气，常常是一手拿锄头，一手拿笔杆，抖落满身泥土后又立刻伏案写作。他关注地方文化，搜寻各种有意义的历史文化遗存，深入民间走访，方志、族谱、民歌、地方信仰习俗等，无不在光润先生的调查视野之内，写作范围之中。无论冬夏，无分风雨，湘潭县的大街小巷、田垄地头，总会有人看见光润先生采风的身影。人们见他的书房命名为“银杏斋”，都称赞他为田野间卓立的一株银杏。

光润先生为人坦率诚恳，平易温润，就像他的名字一样，但其用心却矢志不移，曾用笔名白丁、邑人等发表很多作品。

“你是大教授，我是小萝卜头。”每当我在电话里赞扬他的时候，光润先生总是这样谦虚而客气地对我说。

那年，我拿到《彭德怀元帅回故乡》之后不久，光润先生又要出版新作《隐山采风》。他打电话给我，希望把我写的一篇关于湘潭隐山与湖湘文化的关系的文字作为他的这本书的序言。我当时正在北京参加“第12届国际中国哲学大会”，听说他的书名叫《隐山采风》，就爽快地答应了。从北京回到湘潭之后，我把那篇文字的前面加了一个两三百字的小缀，又在后面补充了一点对那本书的观感。我在前缀中说：

“光润先生以隐山为题，写湘潭的民俗、民间文化，这是他多年以来的愿望。这本书的出版，终于使他的愿望得以实现，我为他高兴。”我说，“我认识光润先生，时间虽不长，但他给我留下了很深的印象。光润先生是一位热衷于民俗和民间文化整理的文化人，为此，他曾走过艰难的道路”。

我在这个小小的前缀里点赞光润先生说：“光润先生一直将文化当成一种事业，他对文化的始终不渝的热情和脚踏实地的工作作风，是颇为感人的。”这本书虽然没有很深的思想，但因其所写的是隐山民风，所以使我很感兴趣。由于学术研究的原因，我的人生，这辈子竟然跟隐山结下了难解难分的缘分。关于这种缘分，我不必在这里详细再作说明，只要把当时的这个小缀再写出来，读者诸君自会明白：

“光润先生是湘潭隐山人，而隐山是我正在研究的宋代思想家、教育家和诗人胡安国、胡宏父子的佳城所在。为了找到隐山，我曾经付出过艰苦的努力。最后终于在胡宏的后裔、我的学生胡菊香的帮助之下，才找到的。而带领我走上隐山拜谒胡安国父子之墓庐的，则是湘潭县花石乡88岁的胡基瓒老人和他的60多岁的儿子胡盛弼。当时和我一道上隐山的，还有我的学生胡菊香、蒋浩、王丽梅和尹文汉。当我找到隐山时，我已经不知道说什么才是。我们买了香烛、纸钱、鞭炮，还有供果等，长揖在先贤的墓前。这是一次真正意义上的学祭，是后来的学人对先贤的崇敬而诚挚的祭祀！此后，我为了协助隐山开发和对研究生进行实地的历史文化教育，曾十五六次上隐山，与隐山结下了不解的缘分。”

我记得那次从隐山回来后我还写了一篇祭文，现在不知哪里去了。因为我不断上隐山，不断跟隐山人民发生感情交流，以至被隐山人民授予了“隐山永久荣誉农民”的光荣称号。

2005年，我从湘潭大学调到深圳大学工作，从此再没见过鄢光润先生。不过，光润先生总是每隔一段时间就有信息给我，除了年节的祝贺，一定就是又有新著要送我了。来深圳以后，又收到光润先生好几本书。光润先生辛勤采绎，笔耕不辍，为了整理地方历史文献和地方族系家谱等，几十年如一日，把辛勤获得的各种材料分类、整理、编辑，连同自己的著述一起，汇总成书。光润先生就这样一来二去，竟然快要著作等身了！真是太了不起了！

我不必在这里大肆张扬光润先生的非凡，只想在这里告诉现在的本科生和硕士生、博士生们，人的一生只要坚持，肯定会有成就。不要总以为自己身份不够高，学养不够深厚，就自我衰颓，自我萎靡不振地在心里对自己说：“天下比我书读得多、读得好的人有的是，哪有我出人头地的地方和机会？”看看光润先生，人家不是大学生，人家原本只是个满身粉笔灰的乡村小学教师！

再看看我们现在很多读了很多书，有了很高职称，顶着很多头衔的“大先生们”，除了忙于写应景论文去“挣工分”，不停去申报各种名目的学者、各种名目的奖励，以便挣取更多的“工分”。除此之外，又有多少人还能真正留心纯粹的思想、文化的整理、宣讲和研究？去掉这些外在的、短近的功利目标，他们还有多少能够愿意并且坚持继续“自己的”文化和思想的工作？

世界上有很多有意义的事情要做，有很多有意义的事情可做，不一定非要当大官、发大财、出大名、当大学者。像光润先生这样的“小萝卜头”，不也一样通过自己目标明确而又始终不渝的努力，而使自己的人生光闪闪、亮晶晶了吗？

每个人都是一个绝对不同于他者的个体，每个人也因此一定具有任何一个他者所不具备的属于自己的特殊人生。为什么不去努力找寻真自己，却一定要万人空巷都去考研、考博、考公务员，当大官、挣大钱、进大学、当教授呢？那些大官僚、大财阀、大名人、大教授，真的就比鄢光润先生这样的“小萝卜头”崇高伟岸吗？

一个人的伟大，其实就在他的平凡，在平凡中坚持，就能在平凡中干出不平凡的事业。伟大，有时常常就是对平凡的坚持。任何伟大的思想家和学者，也都是像光润先生那样，一点一滴，孜孜不舍地积累而来，不是通过读什么大学、什么学位，或者评上什么职称，获得什么奖励得来的。尤其在高等教育功利化、课题化、“论文”化、“获奖等级化”的今天，各种名目的“学者”，早已使人眼花缭乱，搅得大家心旌摇曳，魂不守舍。已经没有几个人，还在真正从事纯粹属于个人爱好同时又真有意义的文化、学术和思想的研究工作了。

年轻的朋友们，如果你能明确判断自己，觉得自己只是个平凡人，那你就坚持做你平凡的事情，不必好高骛远，不必用追求高远目标的虚渺行径包裹自己平凡的身体。其实所有的伟大，都正在平凡之中。离了平凡，就会陷入真正的平凡，就会远离真正的伟大。伟大正在平常中体现，平常到不平常的时候，你就伟大了。

这就是我想借助湖南省湘潭县这个小县城里，一位“小萝卜头”学者鄢光润先生的平凡而不凡的人生业绩，对有志而迷惘的中青年朋友和学生们所要说出的一点话语。

湘潭有个鄢光润，天地间又何处不能有他、有你，有属于咱的真自己！

（本文于2015年2月发表在中国民主同盟湖南省委员会机关刊物上，刊发时题为“湘潭有个鄢光润——一个普通盟员的文史业绩与启示”。）

如何了解中国的历史传统
——以韦政通所著《中国文化概论》为例

20世纪80年代以来，随着国学研究的不断升温，有关文章、著述刊印和出版了很多，各种各样的学术观点层出不穷，也出现了很多年纪很轻但却已著作等身的学者，与前辈学者相比，就数量而论可以说是蔚为大观了。而为什么要写书，写出来的东西能不能算是书？这样的问题似乎很少有人扪心自问。

我之所以在讲说阅读政通先生的《中国文化概论》的感受之前说出如上的一段话语，是因为我确实看到了很多写传统的书，其实对于传统多半缺乏必要的体会，或是一知半解，更有甚者几乎就是一窍不通。这样的作者能写出来评判传统的书籍吗？一旦写出来了（拼抄出来、编造出来），就不仅会贻误青年，而且会扰乱传统的真实形象，无端地毁坏传统的声誉。

政通先生写传统，丝毫没有任何利益的动机。他写作《中国文化概论》，直接的动机就是给学生写本关于中国文化方面的教科书，而写这种教科书，并不是一件很容易的事情。既要向广大青年讲解和剖析中国文化，讲说传统中有价值、有借鉴意义的东西；同时对传统中的不足也予以揭示并对传统中不利于现代人和现代生活的东西进行分析批判。这样一项任务，事实上是很艰巨的。必须要有很深厚的功底和很强的责任意识，方能承担得起。

根据我的阅读和理解，我觉得政通先生的这本文化概论，至少有以下明显的特点。

其一，重视总体原则，以不使中国文化固有的方方面面显得零散而无统绪。

很多写中国文化的书，因为总体原则没有把握好，从而给读者以不系统，不连贯，前后内容并不十分相干的感觉。这样就不利于传统文化的学习和研究。政通先生则重在讲特点，首先列举中国文化十大特点，并对每一个特点举证分析，亲切至到，条理清晰，文字平易而又入情入理。既不独断又无拼凑之感。在书写每一具体章节时，同样是先写特点，然后展开具体论述。这样做颇有助于提高阅读质量，增进阅读效果。

其二，情感丰沛而又具充分的客观态度和理性精神。

文化，自然可以知识性的方式讲解，如什么是文学，什么是艺术，儒释道是中国传统哲学的三大系等。但是文化是人的，是人在历史发展过程中创立和积累起来的，因此，人对于文化是有感情的。尤其中国人对于中国文化，无论是否明确意识到，也无论是否愿意承认，每一个中国人身上都有极其深厚的历史文化的“习与性成”的基因。因此即便是主张全盘西化的人，事实上也都无法割断其与中国文化的内在情感联系。但是情感的浓度和自觉程度却因人而异。政通先生对中国文化一向有着发自内心的自觉而浓烈的情感，在他的相关著述如《儒家与现代中国》《儒家与现代化》《中国文化与现代生活》《中国古代思想史》《中国近代思想史》《中国的智慧》《理想的火焰》等书中均有明显的流露，即便在这本普及性的教科书中，感情的火焰，依然是那样亮丽耀眼，这一点读者在阅读该书时就会明确地感觉到。感情之于文化最重要，通过作者的情感，可以使读者受到感染，从而认同祖国的文化。而祖国之所以能够被称为祖国，很大程度上靠的主要就是文化。认同相同的文化，就有相同的祖国，也就有了相通的情感和相互易通易懂的生活和思维方式，人群才能够在根本的意义上进行交往并且便于交往。人被定义为人，其实主要就应该在这样的意义上，尽管还有创造精神以别于动物的实践活动等的内涵，要之人是必须在现实的社会关系中存在的，文化的创造也必须在社会关系中实现，而我们最希望文化具有的功用也是能够创造出良好的社会关系，使人们身处其中，感到愉悦、顺畅、公正而又和谐。所有这些都离不开情感。中国文化是最富于情感的文化，古代的诗歌、散文、戏剧和小说之所以历经千年而依然使人百读不厌，甚至历史著作如《史记》《宋史》，诸子典籍如《庄子》《孟子》等，均因其内储了浓烈而深重的情感，而使一代又一代的读者流连忘返甚至废寝忘食。

而要使中国文化的情感透过历史的时空喷射出来，就必须有热爱这种历史文化又深通其广大精微的内涵的优秀学者，通过自己的体验，以现身所感所悟为“说法”的依据，否则就很难让人感受到历史文化的情感。就这一点而论，有关此类的教科书，政通先生的这本应该是最杰出的。

先生对中国文化的情感既深重又挚烈，但同时不乏客观的态度和科学的理性精神。先生对中国文化的每一个环节都有深切的体悟，同时对传统中的流弊也了如掌指。出于对祖国文化的挚爱，对祖国文化中的弊病也是毫不手软。如对中国古代经济的成就，则明确肯认其“成就很小”。如对中国古代科学精神的缺乏，则直面肯认而毫不讳言。而在中国古代政治方面，针对有些学者所说的中国古代富于民主，如举证说文官政治是分权（分专制之权）等，则敏锐而明确地指出，其所分者是治权而不是政权。一旦治权之分超越了一定的限度，即到了威胁政权或可能威胁政权的时候，专制主义的统治者就会收回治权，分治人也会因此痛遭横祸，危及其身其亲。

诸如此类的分析，既亲切又到位，而且不是故立奇异。读之感觉如渴得饮且不易过量，因为政通先生并不是故意为了寻找传统中的毛病而写作，而是为了弘扬传统的优长而不轻易放过其中之短。

其三，全面系统而又不流于肤浅且毫无拖泥带水的感觉。

政通先生的《中国文化概论》，相当全面而又系统地介绍了中国文化的方方面面，从总体特点到宗教、哲学、政治、经济、文学、艺术、语言、社会生活及对外交流与影响等，差不多是一本中国文化的大全。这样一些内容，被涵纳在不到25万字的一本小书中，却并不是肤浅的蜻蜓点水式的简单介绍，而是有理有证、有分析、有深度，同时又毫无拖沓之感，读之清新、顺畅、爽快，很容易诱发读者对中国文化的兴趣，进而培养出对中国文化的热情。

其四，扣紧文化主题，而不是偏离或故意偏离。

政通先生写东西，从来不东拉西扯，而是直接入题并且紧扣主题展思运笔。这本《中国文化概论》同样具有这样的优长。从开始到结束，始终紧紧围绕文化的主题，介绍文化的内容，批判文化的得失，从未偏离文化的主题，更没有脱离这一主题。从介绍有关文化的定义的种类，并一一分析其可行性的范围，到将“中国近百年来的主要问题”归约为文化的问题，到一章一节一段一处的介绍分析，无不针对文化而感、而发，使读者感到这才是真正的写文化的书，同时也是真正的文化。事实上，作者已将自己的生命和热情全部熔铸到了文化之中。

其五，通畅易懂，可读性极强。

政通先生写文字，向以平易著称。这本《中国文化概论》曾被台湾地区相关学者如王尔敏等称为“中国文化普及的高手”。我在研读的过程中深有同感。政通先生从不故弄玄虚，也毫无“掉书袋”或“钻牛角尖”的感觉。没有大段大段地引用生僻的古代文字，而是用到则简单说上一两句，恰如其分地表达出所要表达的意思，然后就“鸣金收笔”。文字简约而顺畅，说理透彻而浅易，可读性强，又易于理解，由于能够唤起读者的兴趣，从而也有帮助读者记忆其中相关内容的实际效果。

其六，重视横向对比并在活动中把握中国文化，使读者对中国文化的发展过程，所受影响和对外影响，以及未来前景等都能有大致的了解和推想。

政通先生博学多识，因此在进行中西对比、中日对比、中印对比等方面，运用自如，游刃有余。如在讲述中国文化的独创性的特点时，既以足够的证据证明了中国文化的独创性，同时也承认了法国人拉克伯里等的说法，表明中国文化在早期的创造过程中，确实可能受到过外域文化的影响。

在整部书中，随处体现以对比的方式论说，且在书中使用不小的篇幅来进行中西文化的正面对比。结尾又使用较大篇幅专门讲说中国文化对周边国家等的影响。这就给读者一种感觉，一种中国文化是活的的感觉。颇能使读者对中国文化有一种动态的和整体的把握。这是一般写作这一类的教科书的作者最难做到的。很多相同或相类的书籍，要么就把中国文化写成一块一块互不相干或关系不大的模板，来进行整体拼凑，要么就把中国文化写成一具正在实验室里充当标本的木乃伊。

政通先生的这本《中国文化概论》的优长自然不止这些，读者在阅读的过程中自然还会有更多的感受。我不想在这里说尽，其实也无法说尽，还是留给读者自己以更大的空间为好。

我写下以上这样一段文字，与其说是序言，毋宁说是体会，是我在阅读先生的这本教科书的过程中，不断积累起来的真实的体会。我就把这段体会放在这里，权当是对大陆的青年学生阅读这本教科书的导引或提示。尽管这种提示未必十分到位，但确实是我的真实体会，我也希望读过这本书的青年朋友与我共同交流体会，以增进对这本教科书的理解，并矫正和补充我对这本书理解的偏差和不足。

其实有关这一类的教科书，大陆也已出版了很多，我自己原本就编写过一本这一类的教科书，该书1994年就已经出版。但是我只使用了一次。后来就一直使用政通先生的这本书，作为讲授中国文化课程的基本依据。原因就是只有这本书，更适合做青年学生学习中国文化的教科书，这是十余年来，我在讲授中国文化的过程中的实际感受。也是韦政通先生的《中国文化概论》，为我了解传统提供了教育和启迪。

（韦政通《中国文化概论》大陆版，2003 年 10 月岳麓书社出版，本篇作为“代序”，又以专文形式，发表在《广州社会主义学院学报》2004 年第 4 期。）

不熄的理想火焰
——写在韦政通先生文集出版之际

歌德曾说，“读一本好书，就如同和一个高尚的智者在交谈”。陈列在你面前的这部文集，就是当代中国（台湾地区）著名学者、知识分子、思想家韦政通先生以毕生心力和热情，曲折探索和思考的结晶之一，是一部娓娓道来的传统与现代相交响、作者与读者相共鸣的好书。

一

韦政通先生的思想，发生在特别需要思考的一个时代。

自从西风东渐以来，社会转型的历史课题即在中国出现。围绕是否需要转型，采取何种路径转型，向哪个方向转型等急需解决的大问题，相继出现几个思想高峰。一是维新时代的“新旧”之思（围绕变与不变、小变与大变而展开的思考与争论），一是革命时代的“主义”之思（民族主义、自由主义、共产主义之间的思想取舍），一是战后和平年代的“现代化”之思（致力于传统与现代的连接，个人、社会、国家价值的均衡）。韦政通先生的思想，显然就是以现代化为中心来思考中国社会转型问题的。

先生致思的时代，变革已成为共识，“天不变道亦不变”的论调，不再能激起社会的涟漪；主义之争由于半个世纪理与势的竞争也已渐成定局，有略显过时之虞；而在战后和平发展的时机下，如何为海峡两岸缔造一个光明的前途，遂成为最需要思考的问题。“文化大革命”结束后，尤其20世纪八九十年代以来的大陆思想界，开始全面讨论现代化的道路，而在此之前约20年，海峡对岸的台湾思想界，随着台湾地区的经济起飞，现代化已经成为讨论热点。韦政通先生便是这一时期有代表性的思想者之一。韦先生所讨论的问题，非常广泛，但最主要的兴奋点是在传统思想的现代转化方面。

二

韦政通先生作为思想家，是中国现代思想史上的一个奇数，他的学术思想道路充满坎坷和艰险。

先生出身苏南一个小商人家庭，童年时如果按照父亲的愿望，继承家业，依其天资，假以适当环境，或许会成为一个地方上较有实力和影响的企业家。但他不喜欢从事商务，竟违逆父亲的意愿，只身外出求学，镇江、南京、上海，屡经周折，也没有读成一个完整的学历，而后又鬼使神差地跑到台湾去了。到了台湾以后，无依无傍，仅靠“速记”之类的技艺聊以维生，几至流落街头。好不容易在一家新闻单位谋得一差，在工作上交往的却是一些经常吃喝玩乐，生活浑浑噩噩的朋友，这种糜烂的生活使他深感厌腻和自责，在经历数度独步狮头山静想之后，1954年春天，他辞去工作，搬到大屯山麓的一间茅屋中住下，决心做一个以卖稿维生的文人。这一步，成为他学术生涯的起点。

既然决定要做一个自由文人，先生就开始自主苦读。所幸的是，在那个特殊的时代，不少有各种代表性的学者和思想人物，千载难逢地齐聚台岛一隅，为他的学问生命提供了珍贵的营养和不竭的动力。劳思光、王贯之、方东美、陈康、牟宗三、徐复观、殷海光，这些不同光谱的学人先后成为他学问生命的浇灌者，一个自学的青年，有此幸运，真可谓生命中的奇遇。

开始自学的早期，先生尚无力写理论文章，只能写点文艺稿，靠《人生》的小说连载及偶尔在《民主潮》《民主评论》发表一点文学感想的微薄稿费熬过三年的山居生活。三年中在台湾大学旁听方东美先生“人生哲学”“印度哲学”，陈康先生“希腊哲学史”一年；每两周参加牟宗三先生在台湾师范学院的“人文友会”一次，有时因缺车资，必须从火车站步行到台湾大学和台湾师范学院。友会是夜间举行，回到山麓的茅屋已是深夜。其间的艰辛，我辈后学已难想象。据先生后来的回忆，支持他坚持下来的，主要是王船山典范的激励和陆王学说的提撕。山居三年，后来小说写不下去，理论稿又写不出来，在这青黄不接之际，生活多次陷入绝境，有时仅赖院中木瓜充饥，遂因而病倒。一次意外的机缘，才使他南下在一寺庙中暂栖。后来经徐复观先生介绍，以著作被聘为台中第一高级中学教师，生活终于稳定下来。

接触学问渐深，先生渐次克服了年轻人常有的功利治学和浮夸的偏差，而他思想上最初的皈依，则是中国传统的儒学。这一皈依的内在原因固然是他当时迫切需要一个信仰，“使分裂的生命归于统一”；外在方面却主要归因于牟宗三先生的启导。他不仅参加了牟先生的“人文友会”，而且牟先生去台中东海大学不久，他也因为工作关系去了台中，此后三年与牟先生频繁接触，听讲、问道。

先生是一个个性很强的人，在经历数年的“信仰之旅”之后，越来越感觉到不满足，遂将自己置于超越师门情感，独自探险的挑战的途程中。60年代初期，中西文化论战在台湾地区再起新高，为了回击反传统主义者们的嚣张气焰，徐复观先生曾约韦先生为《民主评论》和《人生》撰文，孰料韦先生读过几期反传统的《文星》杂志后，竟然受到相当大的冲击和鼓舞，非但没有加入徐先生一方，反而由反传统的杂志《文星》的读者，变成《文星》的作者。

应该说，这种转变对于先生来说并不是偶然的，实际上在此之前两三年，先生通过反省式的阅读，已经感到“以生命为思想主要领域的儒家，对生命本身的透视，竟是十分肤浅的”。从这一问题切入，思考越来越深，问题越缠越广，由此渐渐对儒家的其他缺陷，如消极性道德、家天下的政治、匮乏的经济、载道的文学、道统偶像的建立等，亦产生深切的体会。这一发展，使他对儒家从无条件的被动接受，转变为有目标的积极批判。

成为《文星》的作者后，先生除了遭到文字上的攻击并饱尝感情上的孤立之外，还因当局所强加的反传统的罪名，遭受了长期挫折的厄运。但这一遭遇却在另一方面为先生学术生命的成长，创造了另一个机会。《儒家道德思想的根本缺陷》一文，引起了当时正在撰写《中国文化展望》的殷海光先生的极大兴趣，韦先生因此而与殷海光先生建立了终生难忘的友谊。在向后四年多的时间里，他与殷海光频繁交往，这种交往对于韦先生走出思想的困境，发生了十分重要的效用。先生与殷海光先生的交往颇不同于和牟宗三先生的交往，“在牟先生那里，我只认识他（应该说是崇敬他），不认识自己；在殷先生那里，使我认识了我自己”（王赞源《思想的探险者——韦政通教授访问录》）。尽管殷海光对韦政通先生思想影响并不大，但重要的是通过理性的交流和热情的鼓励，使韦先生增强了对于自我的信心，从而高涨独立自主的精神，走上了重建新传统的学术思想之路。

总结自己的学术生涯，先生自认扮演过三种角色：学者、思想家、知识分子。“做一个学者，是我年轻时的愿望，其他两种角色，绝非当年所敢想象，而是由于不寻常的学思历程，和一些意外的人生机遇塑造而成。”先生的著述，按照这三种角色，可分为学术、思想和社会关怀三部分。具体说，学术专题研究包括“荀子研究”“朱熹研究”“董仲舒研究”“孔子研究”“毛泽东研究”等相关著作，思想通史撰述包括《中国思想史》《中国十九世纪思想史》，体现学术通俗化的著作包括《中国文化概论》《先秦七大哲学家》《中国的智慧》等；儒家思想批判著作包括《传统的透视》《儒家与现代化》《中国哲学思想批判》《儒家与现代中国》《儒家在台湾经验中的角色》的系列文章等；从传统到现代的思想探索著作包括“以传统批判现代化”系列论文、《中国文化与现代生活》、《中国思想传统的现代反思》等，现代伦理道德问题探索著作包括《伦理思想的突破》《当代伦理诊断与重建》系列论文；社会关怀著作包括有关知识分子、台湾地区政治与文化、中国未来的系列论文。“著述等身”，也许可以用来描述先生勤奋笔耕的量，却实在不足以概括先生蔚为大观的学术思想成就和博大气象，不足以体现他贡献给时人和后世的活生生的智慧。

三

先生以学术为生命，他的治学，最重客观的精神。

早在研究《荀子》的时候，先生当时甚有取法于牟宗三先生处，却并没有被牟宗三先生完全笼罩住，于牟宗三先生所强调的重主体、重实践和以内省修德为基础的传统儒家哲学主线之外，发现了荀子的非正统的思想理路之意义。先生以为，“荀子不入主流，不入正统，并不表示其思想无价值；而是向来哲人在孟子思想的拘囿下，无人能了解其价值，无人能察觉其系统乃代表孟子思路以外另辟的一个新方向；反而在两千年以后，中国文化百弊丛生要求新出路的今日，给我们带来很大的启示”；“中国传统的哲学精神，总不免限于主体的一面，终于转不出来；今日的新哲学精神的要求，重点在如何开出客观的精神，要开出客观精神必须重客体。这正是荀子的思路，荀子客观系统所代表的精神”(《荀子与古代哲学》)。治荀是先生独立的学术品格的最初表现，也是先生最初重视客观精神所取得的优异成果，或者说是学术对于先生独立品格和客观精神的最初奖赏。这一点似乎已经预示了先生未来一定会走出一条属于自己的学术思想之路。这是先生的个性，这种个性决定了他不会在任何人，哪怕是像牟宗三先生这样的生命力异常强大的思想巨人的卵翼下匍匐食息。这一客观的精神，既是先生学术思想成就的心理基础，也是先生客观看待人事与思想学术的内在依据。当先生与牟宗三先生断掉了师生交往之后，惋惜之余，先生尚能客观地对待牟宗三先生的学术思想成就及其与此相关的文化历史功绩，“由牟先生开创的新学统，在当代中国哲学界，虽非独领风骚，但已俨然形成一最大学派，其功效显而易见者：第一，在学院中已有稳定的地位；第二，凭借这套系统，可以使中国的儒家学者，与世界各大宗教，各大哲学学派展开高层次的对话，同时也可与其他文化提升到学理上（进行）交流，这一学派目前追随者众，如能再加强中西学养，必可继续发展下去，也应该发展下去，因为这是使儒学世界化（的）必经之路”。先生之所以有如此的认定，正缘其客观的心态，这种心态使他如实地看到了牟宗三先生所开创学统的崭新生命力，它已经超脱了“化世之言”的目的性和“方便巧立”的工具性，“这是儒家‘道问学’的传统从未达到的境界”。(《孔子成德之学及其前景》)

先生所了解的牟宗三先生的最大贡献，正在于他所开创的纯粹哲学的路数，将儒家当成纯粹的哲学来研究和发展，使儒家哲学能够与世界各大哲学派别平起平坐，平等对话，共谋人类和平发展前景，这正是牟宗三先生最良苦的用心和最大的创造性成就。而向内的心性方向，早已被孟子系统下的宋明儒者发挥殆尽，几无余蕴。牟宗三先生等新儒家学者虽然反复涵泳，辛苦周折，最多也只是梳理而使之清晰，阐释而使之明朗，并未有真正属于自己的新创，更谈不上提升到新的高度。至于“坎陷”之说，只是无奈的姑且言之，实则政治上的民主与功用上的科学不仅与良知的“坎陷”无关，就是与良知本身也断无直接的顺承和间接的转出之类的关联。时下一些崇敬和佑护牟宗三先生的学者，并不深晓牟先生的贡献和意义，一味强调牟宗三先生在心性哲学方面的贡献，并有以社会公正、民主自由应以内在心性修养为基础而倡导者，类似做法，正是似誉而实毁，欲扬而反抑。将牟宗三先生无奈之叹当成必由之路，如此“述牟”，牟将暮矣。言者有以韦政通先生为最能了解牟宗三先生者，观其对牟先生的上述认识与评价，乃知此等话语，并非无稽虚言。

这里涉及一个对待古代文化的态度问题，因为用客观的精神去分析和研究现实问题，大概没有人会产生不必要的疑义。但是面对历史文化时的情形就会产生甚至是异常重大的分歧。历史文化是否需要用客观的精神去了解，能否通过客观的精神获得对于古代历史文化的了解？有关这一点，新儒家学者显然是持反对态度的。“当新儒家宣扬他们的历史文化观时，就会坚决反对用客观冷静的态度以及科学的方法去研究，以为那样就会把历史文化视如死的化石。他们主张对历史文化要抱‘同情’，尤其要存有‘敬意’，以为‘敬意向前伸展增加一分，智慧的运用亦随之增加一分，了解亦随之增加一分。’”先生则以为，“敬意只是一种主观的心态，这种心态可能有助于研究对象的选择”，但与研究结果的真确与否，并无直接的关系。尤其是真实地了解，“主要有赖于认知的训练以及敏感和透入的能力”，“如仅有道德的同情”，未必有助于真正的了解。（《当代新儒家的心态》）

以对于董仲舒的了解为例，新文化运动时期的“知识精英”们，出于对帝王专制的憎恨和对当时人生存需要的同情，遂将董仲舒视为万世最大的祸首，十恶不赦的罪魁。站在正统儒家立场上的“研究者”们，也对董仲舒援引阴阳家的学说和借助法家的言论，同样给予了深重的责难。而先生则根据客观的实际，指出董仲舒与孔、孟、荀所处的时代不同，“由于列国并陈，他们（孔、孟、荀）在政治上有较多选择的自由；因缺乏政治的压力感，他们比较能从容的（地）献身于思想的创造性工作。而（董）仲舒面临的是一个大一统的专制时代，这对一个怀抱理想的儒者而言，形成巨大的压力感，他在政治上已没有选择的自由，他必须面对并思考儒家在专制体制下如何生存、如何适应的问题”。本着这种对历史实际和思想家生存状况的客观了解，先生以为，董仲舒提出用“‘万世无弊’的‘道’”来作为“统治的最高主导原则”，并用三代以来的历史说明其必要性与可行性，实在出于超越凡俗的智慧之考虑，因为“对儒者而言，必须使专制帝王先接受这个大前提，然后进言方有理据，对专制政体下所产生的种种弊端，才有机会发挥其批判作用”。根据先生客观的研究，董仲舒对于万世无弊的道在三代以来历史的必要性和成功经验的论证，实际上确立了孔孟在客观上的绝对权威的地位，儒家的价值原则和人道主义原则已然成为裁衡政治统治优劣与否的判准，其“欲使儒家之道成为现实统治的主导原则的企图，是极其明显的”。先生通过客观性的了解，敏锐地看到了董仲舒天人感应的理论，“竟然很巧妙地为适应与批判”的双重要求，提供了“共同的根据”。先生据此认定，董仲舒的思想，不仅在西汉儒学思想史上有其突出的意义，且“足以代表这一时期儒学在思想方面，所可能达到的最高水平”。（《董仲舒处理儒家与专制关系的理论》）

从以上的对比可以看出，从“同情”的立场出发，并不能够实现对董仲舒的真正“了解”，而从客观“了解”的立场出发，反而达成了对董仲舒的“同情”。在这样的意义上，我们甚至可以说，韦政通先生才是董仲舒的真正知音。

四

先生所献身的学问，是面对活生生的时代问题的学问，他总是以开放的心态，面对中西文化和中西历史，既不妄自菲薄，又不故步自封。

以对19世纪中西方关系的研究为例，先生以开放的心态，清醒地看到了中国近代的灾难的不可避免。在先生看来，19世纪的中国正处于经济（丰足与匮乏，以及由此而引起的社会之安定与动荡）与政治（清明与污浊，以及由此而引发的政权的稳定与更替）两大循环的低谷，而西方正处于全面上升时期；西方“正充分发挥知识的力量”，而中国却还保持“蔽固中古的心态”。当近代的中国还在以历史上的“四夷”观念看待西方，以为略施小恩小惠，即可使之知足而去，不知当时的列强，正“携着绝对科技优势的‘扩张民族主义’”，欲全面地支配整个中国，必欲吸尽膏脂而后罢。因此，近代时期，西方列强之入侵中国是必然的，中国之惨遭屠戮也是必然的。先生清醒地认为：“假如当时中国的‘文化蒙蔽’的现象不是那样严重，又假如在中英200年断断续续的通商过程中能有一点警觉，对西方近代文明的发展有些正确的理解，对当时国与国之间交往的国际惯例、国际法的知识有起码的了解，那么对许多冲突的方式的处理可以完全不同，大规模的冲突——战争，并非绝对不可避免。”先生引用英国历史学家汤因比的说法，“当时中国唯一可通变之路，就是以如何学习如何制造和运用西方的军备，把西方阻止在国门之外。要达到这个目的，唯一的办法，就是要在西方征服者强迫进来之前，自动把门户开放给西方技术进来”。可惜清政府并没有做出这样的选择，但是中国的门户还是被强硬打开，等到遭受重创和屈辱之后，不得不被动地去接受西方的科技之时，“时机上已晚了一大步”。

先生以开放的心态，意识到“中国缺乏独立的学统，缺乏为知识而知识、为真理而真理，和这个根本缺陷（逻辑、知识论不发达）是密不可分的。这个缺陷不但长期延误了我国对西方文化的吸收，对中国文化的重建工作，也产生了很大的阻力”。先生此种说法，一方面点出了我国知识分子仍然难于摆脱的自封心态，同时也可看作对牟宗三先生将儒家当成学问的努力和所做出的杰出贡献的再度提示。

客观的精神导引开放的心态，开放的心态推助客观的精神。先生借助对近代中国不幸遭遇的客观了解，进而再度达成了对近代史上的一些重要历史人物的深切“同情”。“鸦片战争后，由于列强帝国主义的侵略本质和中国国力的日益衰微，在这种内外交逼的情况下，使用任何外交策略，基本上都没有获胜的机会。在这期间，我们抵御外侮的条件各方面都非常薄弱，唯一突出的现象，是出了一批杰出人才，这些人才稍早有林则徐，然后是曾国藩、李鸿章、张之洞、郭嵩焘、曾纪泽，他们凭着极有限而又模糊的国际知识，在对交往对手的强度、意向缺乏资讯作为判断依据的情况下，依然要折冲樽俎于列强之间，可谓备极艰辛。”“所谓‘弱国无外交’”，“鸦片战争后，在外交上接受残酷考验的不只是少数人才，而是几千年的中国文化”。以当时文化衰落、社会解体、民心涣散的中国，面对强劲无比的西方列强，“不管使用任何外交政策”，都同样避免不了一败涂地的结局。（《19世纪中国与西方》）

五

古往今来，真正的大学问，总是离不开历史的责任和对现实的关怀，这一点在先生的所有文字中有着极为充分的体现。

先生提倡为知识而知识，意在培养知识分子独立不屈之品格，意在争取知识本身独立不倚之地位，意在追求热爱真理的新知识传统，而并不是要知识分子放弃对社会、对民族和对人类的责任。

先生研习古代思想文化，并不是为了获得一个安宁的栖息场所，从而高枕无忧地安睡其中，往而不返。先生不喜空谈玄理，一言一说必求中的，中历史文化之的，中社会生活之的，中人心风俗之的，中国家民族之的，中人类命运之的。其为现代社会和人生立言的目的性随处流溢。

先生将自己的这种责任情怀称作现实的关怀，先生对现实的关怀是多角度、多方面的，诸如政治、伦理、教育甚至环境等问题，无不在先生的视野之内，关怀之中。这种关怀充分展现了先生对社会和人生的深挚之爱。

早在70年代，先生即已敏锐地感受到现代社会中人的疏离问题，并且撰文指出，疏离问题是人生而即有的。但是，为什么这种古已有之的问题，非要等到现在才全面爆发？“因为在传统的时代，推动社会变迁的因素较微弱，社会制度与文化价值大都能有效的（地）控制行为，个体与团体的功能关系相当确定，人们大都是以适应而不是以革新对待生活的。在那种比较缺乏变化的时代里，疏离问题除了少数哲学家、诗人能感受到以外，对社会大众而言，仍属潜存的状态。……当现代化成为人类普遍的呼声时，疏离问题也跟着日益严重。尤其是在高度现代化的社会，已面临全面爆发的危机。”“对时间的疏离，使人失去依赖‘永恒感’培养的生命定力；对空间的陌生，使人感到生活的孤独无援。疏离使人空虚，孤独引起不安。而孤独和不安，正是现代人的特征。”尽管疏离问题是由人类自身向往现代化和城市化必然引发的结局，但这毕竟是人类的苦难，先生本着对人的幸福的由衷关切，提出了“除了参考旧传统，还要靠发挥创造性的智慧”的尝试性的解救之方，以为“重建人的自我形象”，乃是重要和有效的手段。这种“自我形象”，“不需要依赖人的骄傲，重点在如何克服人自身的弱点”，先生深信，“只有在这方面表现出成绩，人才有权相信人的命运是掌握在自己手中，才能重获信心和希望”。（《从“疏离”问题看中国哲人的智慧》）

也是从现代化的进程中，先生看到了传统家庭的解体，以及由此给现代人和现代社会带来的不安。先生看到了家庭与个人的关系重组的必要性和紧迫性。先生以为，“必须尝试学习一种新的价值观念，即对个体的尊重”，才能顺畅实现从“家族主义，父权家庭”到“个人中心，平权家庭”的过渡，“以适应新处境的需要”。这种新的价值观念，主要表现为对个体的尊重。“双亲与子女都是平等的个人，谁也不附属谁。”先生强调，这种平等，并不妨害子女对父母的尊重，不过“这种尊敬是自发的”，而不是靠传统的教条强加给子女的。“放弃独断的权威方式，不只是为了尊重别人，也是为了尊重自己，使彼此都能保持独立的人格，使家庭成为独立人格的养成所。”先生认识到现代家庭对培养现代人和社会所需的人格的至关重要的意义，指出现代家庭除了保持原有家庭情感交流的需要、长久安全的需要和追求新奇经验（其实这一项已经不是传统家庭所具有的，而是中国在西潮影响之下的近代以后才加入的）的需要以外，还要承担社会责任感和对人类之爱的职任。如此，“现代家庭与个人关系的重组”，已经不仅只是个人与家庭的关系问题，而是已经成为“关联到社会重建和人类和平的大事”。这并不是危言耸听，因为“在我们这个时代，人类的命运与每一个人，都是息息相关的”。（《家庭与个人关系的重组》）

公德意识缺乏，是由于现代化、经济发展和全面开放才有机会充分表现出来的中国固有伦理的空匮。现代化的进程实际上是中国被迫打开国门以后没有退路的选择，世界化本身虽然包含有大国以自己为标准的企图，但任何一个国家已经不能随意逃离和自动退出。在走向现代化和世界化的过程中，为了赢得主动，为了使中国人真正成为世界公民，重建伦理已经是迫在眉睫的重大现实课题。围绕这个问题，人们提出了在传统的五伦关系的基础上再添加第六伦（个人与社会大众的关系）、第七伦（人与天或神的关系）、第八伦（资讯伦理）等主张，先生在肯定各种提法的良好用心和积极性意义的基础上，指出如此下去还可以再提出第九伦（己群与他群的关系）、第十伦（人与自然的关系）等，“设想新规范并不难，问题出在遵守规范的人身上，如果个体在精神上和性格上没有相应的改变，建立再多的新规范亦属徒然”。先生根据现代社会对于现代人的要求，并从培养能够满足这种要求的既有自由的信念又有民主的素养的公民的目标出发，提出了建立“自由人伦理”的主张。这种自由人的伦理，除了国人在心灵深处依然依照儒家伦理修身养性之外，还要“发展出守法的精神和权利意识”。这种自由人伦理与中国传统儒家的伦理并不矛盾，二者都尊重个人，都强调自己做自己的主人。“更重要的是，传统儒家对每个人均有道德上和精神上自我改进之内在能力上的信念，也正是今日重建社会伦理的一大动力。”“不要伤害别人，是因为别人与我一样不愿被别人伤害。把所有的人都看作和自己一样，是自由人伦理的第一信念。”坚信人人平等，培养民主素质，“尊人的能力才可能普遍提高。一个具备尊人能力的人，才有真正的自尊”。因此，“自尊与尊人密不可分，是自由人伦理得以建立的基本要素”。如何才能建立这种自由人的伦理？“首先，民主的素养始育于民主的家庭。所谓民主的家庭，就是以独立、自主为伦理准则、伦理教养的家庭。这种家庭非但不予（与）强调义务优先的传统家庭教养相悖，反而能增强其尽义务的能力。”其次，“要使自由人的伦理成为我们今日伦理生活中的主导力量，还必须更进一步做一体两面的努力：一面是个人的改造，一面是社会的改造”。因为“民主的家庭，仅是提供人生最早一个阶段孕育的环境”，“个人改造的目的，除了自主、独立之外，还要使自己成为一个能尽社会责任的人。这至少要具备两个条件：一是道德的热情，一是知识的真诚”。先生用“道德的冷漠”形容今日的道德危机状况，并且指出挽救这种危机的最有效的办法，就是“唤醒道德的热情”。“一个社会要发展成自由的社会，就伦理的观点来说，必须从个人改造做起。要改造个人，最佳的途径就是经由自由民主的教育，只有自由民主的教育，才能充分实现自由人的伦理。这种教育强调自律和自我教育，培养自治自主的能力以及合群爱人的态度，主张根除恐惧和憎恨的因素。”先生以为，“向往自由的社会，如不把教育朝这个方向去发展，无异于缘木求鱼”。因为“个人改造是社会改造的起点，社会改造是个人改造的目标”。因此，改造人和改造社会，工作的性质虽然不同，但必须同时进行。“自由社会的先决条件，必须把权力制约在合法的范围之内。”因为自由的社会，一定是一个法治的社会。“从个人改造到社会改造，是建立自由人伦理的必经之路，这样才能使我们的精神价值有根本的突破，儒家伦理现代化的目标，也只有在这个过程中才能达成。”否则，无论再提出“多少伦”，都无法在根本上解决问题，都无法使中国人成为真正受人尊重的现代化的世界公民。(《民主法治社会里伦理问题的探讨》)

因为创造自由人伦理的需要，加以改善现代人生活质量的愿望，先生将思想的关注点投向了人文素质教育的领域。由于中国在工业化和市场经济上都落后于人，加以近代以来遭受严重创痛的深刻历史记忆，整个的教育方向和目标从上到下，都是朝向科技和效益的。如此重理工、轻人文教育的结果，早已使“实证主义”和“工具理性”充斥整个中国，泛滥成灾。其为害之最严重的表现，莫过于人的精神品质的全面低落，人的文化素养的全面退步。教师浅薄、学生无知的情况已经成为普遍的教育事实。也许人们还完全没有真正意识到，这是中国为了摆脱落后挨打，为了尽早成为科技和经济上的强国，过上富裕经济生活所付出的最惨重的代价之一。富裕不等于美满，近些年来，虽然人们的收入在不断增加，但幸福感并没有同步地增长。幸福指数在城市里尤其偏低的事实，表明生活质量的下降和生活品质的低落，已经相当普遍。因追求利益而失却人生目标的情形，更是现代大学生的真实状况。一切向钱看，一切为了有用，从他们入学之前选择专业填报志愿时即已呈现，这是社会的整体导向在家长心目中投下的暗影，这个暗影幽灵般地折射到青年学生心中，使他们除了功利以外，几乎看不到读书学习的其他目的。一个功利性过强的社会是不会真正产生对人文素质教育的重视的。而重实用、轻人文的教育，是没有办法培养出有责任感、有幸福感的健全人格的。近些年来，有文凭没水平、有知识没涵养的大量学生走出校门以后，转而增重了社会的功利性氛围，学校几乎成了功利产品的加工厂。更有甚者，有直接以学校为企业、以学生为产品的提倡之声。在全面功利化的社会氛围中，在以技能为主要培养目标的学校教育的推助下，人的本质正在面临全面异化的危险。受过教育但没有教养，手持高等文凭的新生"一族"，奔忙在大街小巷，数米计薪，谋衣食、谋安居，弃置民族的历史文化，弃置国家社会的责任，弃置生民的幸福安宁，弃置人的自由与尊严，长此以往，中华民族的真正复兴何以指望？不仅如此，这些人正在不断地丧失理想、放弃信念，甚至正在忘记自己是人的基本事实，渐渐地正在变成木偶，对生活失去了必要的感知能力，而且使人的社会变成了"卡通"的表演场。

先生对上述现象感触甚深，因而指出："人文教育的基本理念，不是实证主义，而是理想主义；不是工具理性，而是价值理性。"如果没有对于价值的追求，如果没有理想的指引，人将向何处去？人类将向何处去？中华民族数千年来的历史文化传统的最根本和最核心的精神，全在于追求价值，崇尚理想。放弃对于价值和理想的追求，民族的复兴怎么能够达成？这种复兴还是否能够称为复兴？其所复者是什么？其所兴者又为何物？

先生以为，人文素质教育的重点，在于凸显个性，发挥潜力，创造自我。为此目的，学校不必成为，也不应该成为"经济发展和政治发展的工具"，教育本身即是它的目的。"人文教育的最重要的目标，是启发青年寻求人生的意义。""而个性是寻求人生意义不可或缺的条件。"因为每个人的人生都是独特的，每个人通往人生意义的道路甚至追求人生意义的方法，以及对人生意义的体验都是独特的。人生意义的实现（其实没有真正意义上的实现，但却有对于人生意义实现的体验）仰赖个体潜能的最大限度的发挥。发挥潜力的可能方式虽然可以有很多，但要“尽量做到自我主宰”，这是改变命运，创造生命的基本心理前提。同时，要实现人生的意义，“必须创造自我”，而创造自我，又必须以理想为指南，“因为创造自我的过程，切实来说，就是为理想而献身的过程”。要导引青年，努力使他们能够燃烧起自己充满理想激情的生命之火，因为“一个常在燃烧中的生命，是正在创造自我的生命，也是最接近理想的（生命）”。先生又提出人文教育应该重体验而不只是重思辨等主张，提倡借鉴古代经验，增加私人讲学，使人文教育更加充满活力。先生还提出了“人文教育是终身教育”的理念，是“一种以人为主体的教育历程”，因此，“学校教育只具有激励、启发、唤醒的作用”，人文教育的真正成功，还“有赖于持之终身的自我实践，自我教育”。先生如此的思考，对我们今天大学教育中重理工、轻人文，重技术、轻艺术，重实用、轻理想，重效益、轻价值的狼藉现实，无疑具有使其在昏聩的梦魇中醒转过来的重要警发意义。（《人文教育与人的品质》）

除了上述以外，先生在更多、更宽阔的领域，都有很多精到之论，如对于人与自然关系的精辟论述（《传统人与自然关系的现代反思》）等，都对我们今天社会的和谐发展和环境问题的妥善处理甚至指导建设的思想偏差的矫枉过正，具有非常重大的意义。本篇只是一个阅读的导引，无法一一尽举，理解不周之处，还望读者批评指正。

六

除了在学术、思想上所获得的重大成就之外，先生还以永不停息的追求，坚持不懈的努力，鼓荡理想，燃烧激情，创造了一个生命的奇迹，在自然生命的基础上，不断重新铸造自己，使自己的精神生命不断升级，不断放射出令人艳羡的耀目光辉。也许这才是先生最有感染力和最有诱惑力的成功。人的一生无论从事什么职业，其所获得的成就，归根到底都是在自然生命的基础上，创造价值生命的成功，这种成功无不在价值原则的导引下进行，无时无刻不受理想光辉的指引，点燃起理想的火焰，让它永不停息，并按照它的指引前行，生命的潜能就会得到最大程度的发挥，生命的意义就能在最大的限度内展现。先生的成功，就是理想实现的现实典范，先生就是一炬永不熄灭的理想的火焰。

七

先生的著作，80年代开始在大陆传播。大陆先后出版的先生著作简体字版有：1988年由吉林文史出版社、中国和平出版社分别出版《中国的智慧》，四川人民出版社出版《伦理思想的突破》删节本；1990年上海人民出版社出版《儒家与现代中国》（内容有一半与台北版不同）；1993年世界图书出版公司出版《中国哲学辞典》；2002年云南人民出版社出版《中国思想传统的创造转化》；2003年岳麓书社出版《中国文化概论》和《中国的智慧》，上海书店出版社出版《中国思想史》；2005年中国人民大学出版社出版《中国文化与现代生活》和《伦理思想的突破》全本，山东人民出版社出版《韦政通自选集》；2006年江苏教育出版社出版《先秦七大哲学家》。

这些著作在大陆读者中引起广泛反响，不少读者意犹未尽，在不清楚联系地址的情况下仍然辗转去信求购先生的其他著作，甚至产生研究的热情。近年先生的思想对大陆学术圈的影响日渐增长，2002年武汉大学专门召开过一次以“傅伟勋、韦政通与当代中国哲学的创造性转化”为主题的学术研讨会，会议论文集《中国哲学的创造性转化》，由云南人民出版社于2004年出版。其中多篇文章，从不同侧面研究了先生的思想。一些大学校园里的研究生，也开始以先生的思想为学位论文主题。日益增大的阅读需要，使迄今为止大陆出版的上述著作已经显得难以适应。正是基于这样的背景，在先生的全集目前尚不具备出版条件的情形下，我们认为在先生的全部文字中精选一部分有代表性的文章，编成一套较能反映先生思想各个面相的多卷本文集，也许是一个可解一时之急的办法。我们向先生请示，征得同意，终于有了这套文集的出版。

这部《韦政通文集》，基本的选编思路，是希望在尽量体现先生著作结构的同时，能够照顾到大陆读者了解先生的实际需要，所以在选材上，采取“论学”“论世”“论人”“自述”的思路分编。

“论学”部分，列两个专题，一是“儒学新探与方法革新”，收录先生研究孔子、荀子、董仲舒、朱熹的几篇文章，以及若干研究方法文章，力图反映先生中国思想史研究的基本主题和风格，使读者了解先生学术研究的基本面貌；二是“传统思想的现代转化”，收录先生在学术研究基础上的思想创造作品，包括创造性转化传统的思想，和对新伦理问题的思考。

“论世”部分，列四个专题，“巨变与传统”专题主要体现先生对时代变迁的体认；“知识分子的责任”专题意图体现先生对知识分子使命感的呼唤；“迈出‘五四’的幽灵”专题希望呈现先生对知识分子努力方向的理解；“中国的统一”专题则是先生对两岸前途所提出的思路和建言。

“论人”部分，体现的是先生的学术思想和社会思想，但选录时重点突出了对人格问题的关注。共列传统人物、近代人物、当代人物三专题。本着薄古厚今的原则，传统人物只选取了4篇；近代人物收8篇，当代人物收10篇。

“自述”部分，除了录入学术自传《思想的探险》，同时录入几篇补充性的文章。为显示伦理思想在先生思想中的突出地位，并考虑各卷篇幅大致平衡，本拟收入论学之卷的几篇关于伦理思想的文章和演讲，也作为“我的伦理思想”收录到了这里。本卷最后，附录了4篇大陆学界研究先生学术思想的论文。

鉴于文集是从不同体例的著作中选出，为读者阅读便利起见，并照顾到大陆图书出版规范，经先生认可，我们对先生的文字作了如下技术处理：

文中所有民国纪年一律改为公元。

文中注释格式一律采取大陆通行格式：作者，文名，书名，出版地，出版社，出版年份，章节或页码。

原文印刷中出现的文字错误，对文意毫无影响者径改；涉及内容理解的遗漏，补正在[ ]里。

某些不适宜的文字、词汇或单句，以□替代；整段及以上，则删节，并作出说明。

年份日期和岁数，杂志期数，汉字数位一律阿拉伯化。

过长的段落，根据文义进行分段。

涉及政治正当性的用语，如1949年以后台湾的“政府”“宪法”等，加注引号。

我们虽受先生教诲多年，并反复通读过先生惠赐的全部台版和陆版著作，囿于才智、见识，在把握先生思想方面，一定仍有不少偏差。就本文集来说，与真的达成“精选”的初衷，还有相当的距离，恳切希望先生和读者不吝批评指正，我们将因此再度受益。

《韦政通文集》，共分《时代人物各风流》《传统与现代之间》《知识人生三大调》《人文主义的力量》四部，已于2011年1月，由中华书局出版发行。出版发行之前，我们同意了中华书局执行编辑的请求，把序言压缩到了只有原来的四分之一的样子。今年是韦政通先生90周岁的诞辰，现将原序文字全部发表出来，作为对韦先生90岁生日的献礼，也代表这部文集的读者们，向韦政通先生致以崇高的敬意！

（本文是作者与华中师范大学何卓恩教授合作，为《韦政通文集》四卷本所作序言，2008年2月28日写定，2017年8月19日稍作修整。文集出版时，序言只用了1/4左右，全文发表在《湖南科技学院学报》2017年第8期。）

在传统主义和自由主义之间
——由韦政通与牟宗三和殷海光的关系说起

在当代中国的思想史上，韦政通是一个很特殊的人物，人生道路或成长过程特殊，为学方式或思想特征特殊，与传统主义和自由主义的关系也非常特殊。这种与传统主义和自由主义的特殊关系，既是中国当代思想史的有趣话题，也是了解韦政通思想和切入当代中国思想史研究的重要门径之一。选择这样的课题进行研究的用意就是出于上述的考虑。

一、特殊的机缘，艰难的抉择

对于韦政通来说，与新儒家和自由主义者的特殊关系，同时也是他个人成长的机缘。“我与台湾的新儒家和自由主义者，都有很深的关系，这是一种特殊的因缘，也是难得的际遇。”[①]其实每个人的人生都是由一连串相互连接的机缘组成的，不论是平凡人的遭遇，还是杰出人物赖以成就自己的时势，也无论是幸福或灾难。古今中外，任何人都不能例外。佛教的“随缘”看似消极，实则人于机缘无可奈何。但有趣的是，机缘对于不同的人，是不一样的。对于普通人，机缘永远都是普通的；对于不同寻常的人，机缘却又往往是不同寻常的。韦政通说他“很幸运，该认识的都认识了”，其实就是指自己走上学术、思想道路的外缘比一般人更优异。但同时也使他必须面对一般学人所不曾面对的取舍难题。

韦政通是一位理想主义者，机缘对于韦政通总是和理想缠绕在一起，并且

① 韦政通：《思想的探险》，台北：正中书局，1994年，第99页。

不断推动他走向理想。这些机缘既构成了他人生理想成就的直接境遇，同时也经常使他陷入困顿从而接受考验，成为他人生中的有意义，但不完全顺畅的遭逢。这些都是对理想主义者的理想和意志甚至生命能力的考验。对于一个真正的理想主义者来说，经过考验，这些遭逢反而都成了重要的人生体验并作为成功的财富，养育了和不断地养育着理想主义者的理想，使他愈加奋进，愈加珍惜生命和构成生命的时间。经过考验的理想主义者的理想和信念会愈加坚定，工作会愈加踏实，看待问题的态度也会愈加客观。韦政通就是这样的一个人，他的人生遭逢正是对他的理想的考验过程，也是他的理想成就的特定环境。

（一）韦政通与牟宗三

50年代中期，韦政通经由劳思光介绍认识牟宗三，参与牟宗三在台湾大学和东海大学的人文友会。这是他从困顿走向理想的关键环节。

认识牟宗三，是韦政通人生过程中最重大的转折点，同时也是他人生中最重要的机缘。这一次的机缘，按照韦政通自己的说法，是他人生中的“信仰之旅”的开始。牟宗三以其训练有素的真正哲学家的严整姿态及其对中国传统文化一往情深的热忱和几乎近于固执的坚守，使韦政通很快成了他的信徒——真正的崇拜者，韦政通被笼罩住了。一时间韦政通忘记了自己的存在。

有关因受牟宗三的影响，韦政通确立了坚定的儒家信仰，韦政通自己的证词是：“五十年代，使我成为一个儒家信徒的，主要应当归功于牟宗三先生的启导。”[①]但是“牟宗三先生的启导”之所以能够发生作用，主要还在于韦政通的生命里原本就有浓烈的儒家“色素”，同时，韦政通当时处于精神生命分裂（此指因寻找不到明确的人生目标而导致的信念与理想等的综合的心理焦灼状态）的困顿时期，“迫切需要的是一个使分裂的精神生命归于统一的信仰”[②]，韦政通正是基于这种信仰加入了牟宗三先生主讲的人文友会，聆听牟宗三讲学，接受牟宗三的熏陶，成为牟宗三的弟子并确立了儒家的信仰。

但是，与牟宗三先生一样，韦政通也是一个坚定的理想主义者，而自身的性格中又有着与生俱来的“叛逆”品质，一旦当他发现自己被笼罩住从而失去

① 韦政通：《人是可以这样活的》，台北：洪叶文化事业公司，2000年，第35-36页。
② 韦政通：《人是可以这样活的》，第36页。

了自我，他要反身了——去重新找回真正属于他的自我。

60年代初，韦政通因个人的生活问题，自己的人生再度陷入旋涡之中，这一事件的影响之大，是他和牟宗三先生及同门师友们所当初都不未曾想到的——这次事件导致了韦政通与牟宗三先生在不寻常的情况下建立起来的师生关系宣告中断！韦政通1963年3月24日的日记上写着如下一段话："今天真正想到我要与'道德理想主义'分道扬镳了。过去曾与朋辈多次谈到这个问题，彼此都只当戏言，想不到今天真的走上这条路。"[①]

由这段日记可以看出，韦政通的潜在的自我一直没有泯灭，尽管当初所说的是戏言。但这种"戏言"表明具有明显叛逆性格倾向的韦政通，在潜意识里始终想着要走出一条真正属于自己的人生道路，从而成就真正的自我。这种愿望或"本我"的冲动，注定使韦政通不可能永远无理性原则地跟随另外一个人，不管是什么人。不过理想主义在信奉者的心理上是十分强大的，任何一个真正的信奉者，都不是可以轻易转身的，无论他的感召力、吸附力还是震慑力，都会使一个企图转身的曾经信徒感到难舍和战栗。何况牟宗三先生当时正如日中天，台湾地区的学术在当时差不多已经姓牟。对于韦政通来讲，离开牟宗三之后向何处去？同时自己还能不能有所发展？如何才能有所发展，都是极其重大的心理障碍。这样做会使天下学人朋友如何看待？自己的生存可能都会重新成为重大的问题。做出这样的抉择，对于当时还没有真正成长起来的韦政通来说确实太艰难了。即便与牟宗三"闹翻"，也会想办法和解，恐怕真正的分道扬镳未必能够成为现实。但是机缘再一次出现在韦政通面前，牟宗三调到香港工作——牟宗三一离开，韦政通在思想上顿时感到"大解放"[②]。韦政通的所谓"与道德理想主义分道扬镳"，并不能简单地理解为与牟宗三断绝交往，或者同时也包括徐复观等，因为本来在1962年开始于台湾地区的"中西文化论战"，新传统主义者们对李敖的《给谈中西文化的人看看病》是深恶痛绝的，徐复观当时授意韦政通撰文反击李敖，并准备以《民主评论》和《人生》为阵地回击并摧毁反传统派的堡垒《文星》。但是韦政通在认真读过《文星》的一些文章以后，反倒受了李敖的刺激和影响，站到反传统的阵营中，并成了

① 《理想的火焰》，见《人是可以这样活的》第 48 页。

② 韦政通：《人是可以这样活的》，第 49 页。

《文星》的作者。要之，徐复观先生是韦政通最好的前辈朋友，对韦政通有过知遇和提携之恩，韦政通的生存资源——中学教师的身份都是徐复观帮助其获得的，而且韦政通在孤立无助的时候，曾在徐复观家里过了三个农历年。要之，韦政通是儒家的信徒，但不是使徒。这是由他性格中固有的叛逆倾向所决定的。

其实韦政通的“与道德理想主义分道扬镳”，主要还是指思想的态度和心理上对于权威主义学术的挣脱。所分的是道，不是情与交往。这一点可以从后来韦政通的相关回忆中得到充分的证实。韦政通永远忘不了牟宗三和徐复观等的恩情。韦政通对牟宗三的怀恋完全可以从“师恩如山”[①]等的话语中体会出来。但是韦政通与牟宗三之间的结局是因为分道而断了交往，尽管双方还在各自的心里互相关注和关怀着。韦政通何以有如此的思想变化直至导致与道德理想主义最后分手？1964年9月4日，韦政通在给自己的学生董天成的信中有如下一段话，可为此一思想的转变提供一个证明：“我的思想的转变，开始在三年以前，以往，一直是著重向儒家的优点方面想。三年前的夏天，我始真感到以生命为思想主要领域的儒家，对生命本身的透视，竟是十分肤浅的。同时对基督教的原罪，和佛教的无明，始稍有深入的认识，而儒家对人性负面的解悟，只止于气质之性是不足的。我就从这一问题开始思考，问题越缠越深越广，渐渐对儒家的其他缺陷，亦有深切的体认。这一发展，使我对儒家从无条件的接受态度，转变为批判的态度，……”[②]应该说这是韦政通认识自我的真正开始，而这个时刻的到来，是伴随着对以前的我不是真自我的醒悟，同时和着与“师恩如山”的道德理想主义者牟宗三的分道扬镳的心里苦痛到来的。

韦政通开始为自己初步定位，从其写给董天成的信中可以看出，他在此时为自己确定的位置是准备对过去“盲目信奉”的传统儒家进行全面的批判。

本文作者认定韦政通此时已经认识了真正的自我，与韦政通先生自己的说法似乎并不完全相合。因为韦政通于1977年11月13日在接受台湾师范大学教授王赞源的采访时曾经说到一生中对他影响最深的两个人——牟宗三和殷海光。说“在牟先生那里，我只认识他，不认识自己；在殷先生那里，使我认

① 韦政通：《人是可以这样活的》，第 48 页。

② 韦政通：《人是可以这样活的》，第 49-50 页。

识了自己”[①]。仿佛韦政通之能认识自己是由于殷海光先生的诱导。殷海光对韦政通的诱导自然是很重要的，但韦政通与殷海光相识，实是1965年的事情。此前韦政通已经与道德理想主义分手，并且开始走向了对传统儒家的批判途程，用韦政通自己的话说就是“思想的探险”。结识殷海光，对于韦政通更大的意义似在于对自己所认识的自我的强化和确认。这是用外在的眼光来证实自己的做法，这种做法表明选取这种做法的人，在当时还没有足够的自信或力量来为自己的选择进行辩护，他需要外界的帮助。殷海光的主要作用应当在于：当韦政通缺乏足够的自信和在非常孤立的氛围中缺乏必要的同情和高层次的肯定时，满足了他的心理需求。就像朱子当年在李延平过世以后，因为一时间摸不清李延平学问的真趣，在“若穷人之无归”的情况下发现了胡五峰一样，其实朱子对胡五峰并无实质性的收获，只是因为五峰当年的身份和地位之显赫而自己的主张又能与他相同，于是欣喜若狂，愈加自信。不过所不同的是，韦政通虽然没从殷海光那里学到什么实质性的东西，但却欣赏殷海光的“自我精神”之可贵并且对他的“相对客观”[②]的态度和对自己的肯定感到满足和感激。

有关牟宗三与殷海光对韦政通的影响情况，我们可以从韦政通自己的表述中得到佐证：“牟先生在我的生命中，影响是最直接的，他使我从一个混沌的生命当中，开拓出一个理想的生命。……”

“（牟的影响）那个阶段在我个人应该还是思想的儿童期；不过如果没有那个阶段，就没有后来的发展。这个阶段是最珍贵的。”“（殷的影响）认识了自己之后，才有真正的信心，这一点是非常非常重要的。”[③]韦政通的理想主义目标在很大程度上与牟宗三并不相左，双方的情怀里，都有强烈的对传统的热情和对现世的责任。只不过牟宗三在相当的程度上采取了独断的态度，而韦政通则坚定不移地走向了批判的立场。韦政通在《人生》杂志上发表的长篇小说《长夜之光》是专门弘扬儒家思想的，此时韦政通还没有结识牟宗三。而相当

① 王赞源：《不拿耳朵当眼睛》，台北：东大图书公司，1989 年第 3 版，第 294 页。

② 这里的客观，主要指自信和自知的心态，因为在对中国文化和对中国现实的态度上，殷海光并不比牟宗三和徐复观等客观，只不过是在当时韦政通的特定心态下，成了一种可信与友邻式的依托。这是韦政通当时心理上最需要的安慰和最适合的安慰方式。

③ 韦政通：《人是可以这样活的》，第 49-50 页。

长时间以后，韦政通虽然认为自己的那部作品由于理念的东西稍多，并不是意象和形象化得特别好的文学作品，同时议论过多，而又以宣传某种固定的伦理或政治文化观念为主调。这是今天的韦政通最反对的文艺观，但曾经却不无骄傲地自誉为“可能是有新文艺以来，唯一的一部宣扬儒家的小说”①。韦政通曾告诫本文作者说“传统的东西，现在必须抓紧抢救，（否则就会因不断破坏和现代化进程的扫荡而损失殆尽）能抢救一些是一些”②。这不仅是韦政通对于传统的热情，也是他内心深处的历史责任感的流露。不过牟氏由于过分的自信和独断而使自己在拯救现世的道路上入了歧途，并且不愿认账又不许揭短，有些以教主自居的味道了。韦政通可能在60年代初即已意识到了这一点，他受不了牟氏的独断和执拗而反身，而走向了对传统的批判。这种批判的目的不是为了毁掉传统，这与陈序经和早年的胡适、吴虞、鲁迅等是有原则性区别的，韦政通反传统的热情，来源于对传统的真挚之爱！其所谓的反传统，毋宁说是救传统，或许会更恰当些。

由此可见，韦政通的理想主义是通过牟宗三的影响而确定并不断被强化的，而韦政通的自信，则更多地得益于与殷海光的交往和殷氏适时的嘉许与肯定。

这里所说的受牟宗三的影响而确定，是指韦政通性格中原有的理想主义倾向的明确化，明确化是理想指向的确定不移，思想感情的专注和精神注意力的凝聚。任何一个理想主义者都曾为寻找自己，而或轻或重地在对象中迷失过，有的是历史的对象，有的是现实的对象。没有这种迷失，恐怕也就很难有后来的觉悟和清醒。韦政通迷失在现实的对象——被牟宗三对传统的激情和强势所笼罩。但在这种迷失中，有一点是清楚的，就是理想倾向的不断专一和理想情绪的不断膨胀。而这两点，则成为走出迷失，认识自我的心理基础和愿望前提。如果不是朝向宗教信徒的方向努力，这个结果就是早晚会出现的。尤其对于生命力原本强大的人来说，尤其可能是这个样子。真正的理想主义者，必然不会在混沌中长久地停留，也不会永久地在迷蒙中陷溺下去，他终将清醒过来，并且由此走向自我。因为拥有理性并使用理性是真正的理想主义者的归

① 《王贯之先生与我》，见韦政通：《人是可以这样活的》，第 50 页。

② 1998 年 5 月 17 日，韦政通在镇江芙蓉楼边的游息亭上，如彼告诫本文作者。

宿，尤其是以思想创造和现实关怀为主要趣向的理想主义者，他不同于宗教信徒的地方，就在于他是清醒的或必将是清醒的。由此看来，韦政通与牟宗三分手，虽然在当时是以韦政通个人生活的变动的具体事件为导因，但即便没有这样的导因，分手也是迟早的事情。这一结局，除了韦政通性格中的叛逆因素的作用之外，与牟宗三的性格也有重大的关系。如果牟宗三性格中少一些独断，使韦政通在成长的过程中少一些威压感，那么也许至少不会致使现实交往关系中断。

韦政通的学术研究是从儒家开始，后来主要的批判对象也是儒家：《儒家与现代中国》《传统的透视》《儒家与现代化》等主要都是针对儒家的。而当韦政通反转过来，采取用传统批判现代化和用现代化批判传统的双向方式实施自己的思想批判时，主要内容也还是儒家的。这一点表明了儒家思想的重要性，同时也流露出当年受牟宗三影响的痕迹。韦政通在《思想的探险》之《儒家批判》的引言中说："所谓'走出传统'，其真实的含义是，与传统主义告别，放弃了对儒家的信仰。不过经过一番转折，我继续耕耘的田地，还是原来的，只是将信仰换成为批判，希望能播下一点新的种子。"[①]而且韦政通在实施对儒家的批判过程中，并没有走向另一个极端——全盘西化。尽管他与殷海光等有着十分密切的关系，同时又受到过李敖等的刺激。

上述这些影响的力量都是不小的，而韦政通却没有倒向西化一方的原因究竟是什么呢？按照韦政通自己的说法："由于一开始我便有此（为什么我们的思想，总是在拥护传统和反传统的一条狭巷子里混战？）觉悟，所以在告别传统主义后，反传统的激情是有过，但从未走向另一极端，成为一个西化主义者。"[②]

应该说，韦政通之所以没有成为反传统（注意：韦政通说他自己是反传统主义者，不是反传统者！）的西化主义者，虽然在一开始就有那样的自觉，但这份自觉与他和牟宗三、徐复观并殷海光、劳思光等的关系密切相连，在他们那里，韦政通都得到过相当的肯定和鼓励，从他们身上，韦政通也看到了各自的缺陷。这是韦政通有上述自觉的重要前提。

① 韦政通：《思想的探险》，第 68 页。

② 韦政通：《思想的探险》，第 72 页。

（二）韦政通与殷海光

韦政通于1965年结识殷海光。那时正是他与道德理想主义分道扬镳之后，缺乏理解与同情的孤独无助的时期。

至于殷海光的影响，韦政通已经说过，在思想上并不大。因为韦政通与殷海光在原则上走的不是一条路子。不过韦政通却通过殷海光增强了自信，认定自己的工作有意义，自己走的路子没有错！

韦政通在刚刚准备从事学术研究时，劳思光的影响也是不容忽视的，劳思光虽然年长不了韦政通几岁，但在韦政通还没有入门时，劳思光已经是著名的学者了。劳思光文章的范围相当广泛，包括中西文化思想、政治民主、逻辑实证论及中西近代思潮等，使得韦政通感到十分新奇并诱发他的学术兴趣。因为当时的韦政通非常敬佩劳思光，甚至连劳思光不修边幅的外表和爽朗的性格都令韦政通“心仪”。在韦政通与劳思光交往的时期，劳思光正在从事有关儒家缺陷方面的研究，这一点必然对韦政通产生了相当的影响。这是使他后来注重对儒家的缺陷方面的研究的早期参照。

而殷海光则是一个很有自知的学者，他虽在政治上坚决反共、在文化的心态上坚定地反传统，但在学理的意义上，他承认自己并没有真正的建树。这种自知对韦政通肯定有重要的影响。韦政通说在殷海光那里认识了他自己，除了包括自信以外，或许还应当包括这种自知。以本文作者与韦政通的交往，深感韦政通先生的自信程度，足以使身边的人随之产生自信，本文作者的真正学术研究的自信，在最初的时候，相当程度地得力于韦政通先生的勉励，而本文作者的学术自知，也同样相当程度地得力于韦政通先生的批评，并从韦政通先生身上看到了，也听到了。

韦政通从殷海光那里得到的是自信，自信自己的选择是正确的，这对他自己的人生是必要的，也是不可缺少的。没有这份自信，就会缺少走下去的勇气和热情。

而有关于新儒家与自由主义者在未来中国思想史中地位的确定的问题，也能为韦政通在两者之间所受的影响和潜在取舍提供一个说明——韦政通说：“他们（指西化派或自由主义者和新儒家或新传统主义）在历史上的地位，可以这样来看：假如我们现在或者将来，写这六十年来中国哲学史的话，西化派没有一个人在哲学史上能留下重要的一章，他们都是知识分子，在一般的思想史中可有重要的地位。可是新传统主义者，如梁漱溟、熊十力、牟宗三、唐君毅，甚至徐复观都可以占一章的地位。他们在当代的哲学史里面有很明显的贡献。”①

同时，有关殷海光的影响，还可以从韦政通对殷海光的评价中约略看到。在《我所知道的殷海光先生》一文中，韦政通以客观而理性的态度，分析了殷海光的性格、思想、贡献和局限等。

韦政通评价殷海光，认为他的“人格”，可以用一个“真”字来概括，而这个“真”字，在韦政通看来可以用以下三点来表达：一是对人的真挚；二是对知识的真诚；三是对理想的坚贞不移。第一点使得有真性情的青年都乐于和他接近，“这是他所以能接引青年、感召青年最直接的一点本钱”。第二点使得他对于知识永远有新奇感，永远不满足，永远不停止。进而也就对自己写过的东西都有“算不了什么”的自我认识。第三点使得他在学术上虽然“无一传世之作”，但却使他在自由主义的阵营里，树立了一个风范“将永远使后世青年闻风而起”，就此而论，“海光先生之名，必可垂诸久远”②。其实这里也透漏了一个信息，因为只有真正的“真”者，才能真正地认识自我。韦政通说他在殷海光那里认识了自己，大约主要就是受此一“真”字的启发。真诚，真诚，真诚之外还是真诚。所谓真诚，在对己、对人、对事物的态度上，表现为信实这一点上，是一贯坦诚的。他不必设定一种模式或制定一种框架，然后把自己填充进去，使自己适应于这种框架或受这种模式所左右，同时也不要使客观的东西一定来迎合自己，而是对自己和客观的东西采取完全信实的态度，是即是，不是即不是。这一点韦政通是在殷海光那里得到的。不仅新儒家，扩大一些，传统儒家一样有这样的弊端：他们将自己设定在一种模式之内，为这种设定的理念而生存，并在这种生存的形式和过程中消化掉自己独特的个性和品格，使自己成为道德理念的符号。他们十分令人感动，但其实际的生命却极少感性的成分，就像弗洛伊德夹在书页里的花瓣一样，最后使自己的人生成为标本——类的标本，而不是个体的标本。同时新儒家有无限的能量，腾云驾雾，

① 《我所知道的殷海光先生》，韦政通：《人是可以这样活的》，第 295-296 页。

② 《我所知道的殷海光先生》，韦政通：《人是可以这样活的》，第 68 页。

德义普泽。他们为复兴儒学的崇高事业而献身，把自己融化在崇高里，延续并助长了崇高，但却丧失了自己，而将自我转化成了道德理想主义的符号化身。

“真”即“诚”，“诚”即“善”，“善”即“美”。这是中国文化不同于西洋文化的机窍之一，也是中国文化的本质特征之一。真善美的连体不分，正是“天人本不二，不必言合”的根据和实情。返归“天人合一”的必要，并不在于它的意义有多么宏大，尽管可以有很多这样那样的说法，其实只是眷恋原始生存的合和之美。因此，“天人合一”既是修养境界，同时也是一种对于“故园”的依恋和回归的情感。

宋明理学家们解“诚”为“毋自欺”，虽然主要指道德的意义，但正视自己，认识并诚实地对待自己，本是其中原有的含义。而韦政通从殷海光那里所得的此一“真”字，确实不同凡响，这与韦政通性格中原本就有的真诚相印证，使韦政通对于人生道路的选择和自己所从事的工作，更加充满自信。他与殷海光一样，对自己所从事的“传统批判的事业”同样坚定不移，所不同的是殷海光真正厌恶传统，尤其“玄学”，其目的在于废弃传统而全面西化。但韦政通却是希望通过批判来完成拯救的任务。韦政通从来没有主张过全盘西化。不过通过韦政通的影响，殷海光后来似乎已相当程度地改变了自己对于传统的态度，只可惜已经太迟，因为不久之后，殷海光便被癌症夺去了生命。

二、两面摄取、双向批判

韦政通学到了牟宗三和殷海光等身上的优长，也看到了他们身上的明显弱点。同时，韦政通通过两人回溯到“五四”新文化运动时期，站在发展中国文化的立场上，对新儒家和自由主义者的文化观念进行了全面的反省。

（一）

在对待文化的总体态度上，韦政通批评新儒家以绝对的非理性的态度对待历史文化，“新儒家在宣扬它（他）们的历史文化观时，坚决反对用客观冷静的态度和科学的方法去研究，它（他）们主张对历史文化要抱‘同情’，尤其要存有‘敬意’”。因为在新儒家看来，中国的历史文化乃是圣贤精神之作为实体的展现，因此，国人必要有一种宗教的虔诚。韦政通批评新儒家对待传统的非理性的态度，同时也坚决不作全盘西化的主张，在《我所知道的殷海光》一文中，韦政通同样不同意自由主义者企图完全舍弃历史文化传统，重新建设一种文化的态度。他们企图用科学、科学主义和科学方法等来“打倒和取代传统的价值系统”①，事实上既不可能，本质上又与新儒家反对“科学一元论”，认为对于历史文化只能出于宗教的虔诚与敬意一样，都是独断的、不客观和非理性的态度，而且他们对传统的了解也相当不够。“殷海光阅读中国古籍的能力很差，一般的国学常识也缺乏”②，殷海光对中国文化实在未尝深入，因此，“在知识的世界里，海光实在不大像一个中国读书人”③。因此，虽然殷海光“自称是传统的超越者，可是他只是外在的超越，知识的超越。他没有躍身在其中，内在的穿透中国文化的生命与精神”④。由于殷海光对“玄学”（主要指新儒学）的强烈厌恶感，造成了他“不容易培养一个接近传统的心灵的原因之一”⑤。

韦政通的这种立意是有感于新儒家和自由主义者的两端争胜的实际情况而发的。其目的则在于消解其中不必要的意气之争，超越各自的学术派系立场，把各自的才智完全收拢到新文化的建设上来，不必继续无谓的浪费了。

韦政通对殷海光直至临终前才认识到“隔离的智慧”的重要性感到非常惋惜，以为“太晚了”⑥。因为殷海光一生始终以新儒家为理论批判的对象，终于未能真正地隔离自己，从而真正地从事自己的研究，所以原则上并没有留下能够传世的作品。杰出的智慧就在这种对垒中消耗尽了。

应当指出的是，历史文化的研究，如果缺乏必要的敬意和同情，确实难于实现对历史文化价值的发掘与提升。因为这样会导致将历史文化当成为一堆可以随意使用的实用材料，从而毁掉其中的精神，或是将历史文化当儿戏乃至仅仅作为专业手段，用以谋食色求安居。怀有真实的诚敬之意，是研究历史文化的内在动力源泉，缺少这种动力，历史文化的研究就不可能有助于热爱情感和责任担待的培养。但是，历史文化的研究，同样不能，也不可以完全舍弃客

① 韦政通：《思想的探险》，第 100 页。

② 《我所知道的殷海光先生》，韦政通：《人是可以这样活的》，第 74 页。

③ 韦政通：《人是可以这样活的》，第 76 页。

④ 韦政通：《人是可以这样活的》，第 73 页。

⑤ 韦政通：《人是可以这样活的》，第 73 页。

⑥ 韦政通：《人是可以这样活的》，第 90 页。

观冷静的态度和科学的方法。否则历史文化的研究就会陷入迷雾之中，很难使历史文化和历史文化研究的结果清晰化、明确化。因为历史毕竟是研究的材料，对于我们来说，它既是生命的养料，同时又是分析批判的对象。两者并不绝对的不相容，主观地夸大两者的对立，从而取消彼此并存和互相诱发的可能性，这样的做法无益于真正的研究，同时也妨碍新文化的建设。

新儒家建设新的文化的总体目标和最后宗旨，就是主张要以儒家思想为立国、立政、立法、立德和立人之本。尽管各自的态度并不完全一致，表现或明或晦。

殷海光一生都在反传统，有关于此，韦政通曾经提醒殷海光，这种提醒曾使殷海光异常兴奋。"'传统与西化派这二十年来的对峙，是大大失策的事，你们把这种对峙带到台湾来，真是不智，我们早就应该跳出这种窠臼了。这样做不但耽搁了自己，也多少贻误了青年。'……你的话正说到我心坎里来了。我也上了当，他们（指新儒家）认为全对，我则认为全不对，结果是一样的。"① 在韦政通的影响下，殷海光晚年反省自己一生与新儒家相互对抗，已经感觉到如此两端争胜，并不是重建中国文化的优异心态。其实这种认识，新儒家中同样不乏其人，早在40年代，贺麟先生已经提出，"吸收我所本无，以恢复我所本有"的文化建设的主张，他不同意两端争胜，更不同意在两极之间采取绝对对立的态度。其在《儒家思想的新开展》一文中所体现出的视野和胸襟，较处于两端争胜的其他新儒家学者和自由主义学者都更广阔、更博大。贺麟在评价"五四"新文化运动时指出："'五四'时期的新文化运动，可以说是促进儒家思想新开展的一个大转机。表面上，新文化运动是一个打倒孔家店、推翻儒家思想的一个大运动。但实际上，其促进儒家思想新开展的功绩与重要性乃远远超过前一时期曾国藩、张之洞等人对儒家思想的提倡。曾国藩等人对儒学的提倡与实行，只是旧儒家思想的回光返照，是其最后的表现与挣扎，对于新儒家思想的开展，却殊少直接的贡献，反而是五四运动所要批判打倒的对象。新文化运动的最大贡献在于破坏和扫除儒家的僵化的躯壳的形式末节，及束缚个性的传统腐化部分。她并没有打倒孔孟的真精神、真意思、真学术，反而因其洗刷扫除的工夫，使得孔孟程朱的真面目更是显露出来。……假如儒家思想经

① 韦政通：《人是可以这样活的》，第 70 页。

不起诸子百家的攻击、竞争、比赛，那也就不成其为儒家思想了。愈反对儒家思想，儒家思想愈是大放光明。”[①]贺麟主张“须将儒家思想认作不断生长发展的有机体，而非呆板机械的死教条”，贺麟强调，既要使“政治、社会、文化、学术上各项问题的解决，都能契合儒家的精神，都能代表中国人的真意思、真态度”，“同时又能善于吸收西洋文化的精华，从哲学、科学、宗教、道德、艺术、技术各方面加以发扬和改进”，儒家和中国文化的前途就会是光明的。[②]这一点深为韦政通所赞许。“贺麟对新儒家所开展的构想，最值得称道的是，他站在弘扬儒家的立场，对新文化运动的反儒家思想，能超越敌对意识，发现其对儒家思想新开展的贡献。假如1949年以后发展的新儒家能有如此开阔的胸襟，当不致造成两种心态的对立，助长了对新文化运动的误解，延缓了学术思想朝向合理的方向发展。”[③]因此，当晚年的贺麟听到韦政通对他的评价时，感慨地说了一句：“海外存知己，天涯若比邻。”相对来讲，处在两端争胜之间的新儒家学者中，也已经产生了这种觉醒。他们对中西文化的态度也已经有所松动。如牟宗三、徐复观、张君劢、唐君毅四位教授联名发表的《为中国文化敬告世界人士宣言》，就已经公开表示，要努力实现希腊的科学哲学精神、希伯来的宗教精神和罗马法的精神等与“东方文化的天人合德的宗教道德智慧，成圣成贤的心性义理之学，与圆而神的智慧、悠久无疆之历史意识、天下一家之情怀之真正会通”。认为只有这样才能使中国文化在更深、更广的意义上得到复兴。[④]四位教授还在《宣言》之末指出：“中国文化现在虽然混乱一团，过去亦曾光芒万丈。西方文化现在虽然精彩夺目，未来又究竟如何，亦可是一问题。这个时候，人类同应一通古今之变，相信人性之心同理同的精神，来共同担负人类的艰难、苦病、缺点，同过失，然后才能开出人类的新路。”[⑤]唐君毅本人则在所著《中国文化之精神价值》的序言中指出：“故中国百年来中西文化

---

① 贺麟：《儒家思想的新开展》，原载《思想与时代》1941 年第 1 期，引自《文化与人生》，北京：商务印书馆，1988 年，第 5-6 页。

② 《我所知道的殷海光先生》，见韦政通：《人是可以这样活的》，第 75 页。

③ 参见韦政通：《两种心态，一个目标》，《儒家与现代中国》，台北：东大图书公司，1990 年，第 205 页。

④ 参见韦政通：《两种心态，一个目标》，《儒家与现代中国》，第 216 页。

⑤ 刘志琴编：《文化危机与展望——台港学者论中国文化》上，北京：中国青年出版社，1985 年，第 94 页。

之争，对中学为体西学为用者，与全盘西化之二极，吾书可谓已予以一在哲学理念上之真实会通。”[①]所有这些，也都同样表明新儒家在此一方面所做的努力。

（二）

在目的和方法问题上，自由主义者主要是为了“进行思想的再启蒙”，“因此对思想自由的要求特别迫切，对传统形形色色的宗教与形而上学皆怀抱敌意”。依据的是英美经验主义和分析哲学，其所采取的是经验的和逻辑分析式的方法，而新儒家的目的则在于“复兴儒家的道德理想，恢复文化的认同”，依据的主要是“德国的观念论，尤其观念论中的黑格尔与康德的哲学”。他们多半采取直觉的道德情感式的方式，来研究或说明自己对中西文化问题的看法，“于是先验、理想（或当为“理念”的印刷之误）、精神、意识、主体成为这一派表达思想的主要符号”[②]。

本于自由主义者的经验主义和逻辑分析式的立场，其在方法的使用上必定主要是有分析、有批判的，而本于复兴固有圣贤理想的新儒家，则不可避免地要采用直觉和道德情感式的方法，从而必在研究过程中对研究的对象怀有道德的敬意和同情。

这样两种不同的方法究竟孰优孰劣，使用这样两种方法研究的结果有何不同？韦政通举了一个例证：在对刘邦这个历史人物的看法上，依据前一种方法的胡适认为，刘邦是一个十足的不事生产的无赖；而使用后一种方法的新儒家则将刘邦看作是一个生命力充沛、元气无碍和生机不滞的豁达之才。是一个“生命之挥洒，固足以俯视一切，并非任何成规所能束缚”的天才。[③]这就是逻辑分析和敬意同情的不同方法在研究结果上的重大分野。韦政通认为，前者有鄙视历史、丑化历史人物的嫌疑，而后者则故意将历史人物神圣化，从而达到美化历史的目的。而这个例子中的双方所采取的态度，原则上“都不是我们研究历史文化应持的态度”[④]。韦政通进而指出，在这样的两种心态之下，冲

---

① 刘志琴编：《文化危机与展望——台港学者论中国文化》上，第94页。

② 韦政通：《儒家与现代中国》，第184页。

③ 胡适对刘邦的说法，语出《中国思想史长编》中，牟宗三对刘邦的评价，在《历史哲学》中。转引自韦政通：《现代中国儒家的挫折与复兴》，《儒家与现代中国》，第141页。

④ 韦政通：《现代中国儒家的挫折与复兴》，《儒家与现代中国》，第142页。

突在所难免，相互宽容，实现对对立的超越是不可能的。而这两种心态对于未来中国文化的建设实在是有害无益的。

同情和敬意，事实上不是必须不必须或应该不应该的问题，而是是否能够培养出来的问题。而培养的途径和方式也绝不仅仅是从事研究一项。对中国文化的同情与敬意，事实上在普通民众中亦相当普遍，尽管现代的中国人为了生存而奔忙，经常不能主动地感受自己的这份同情和敬意。韦政通在原则上反对将敬意与同情当成方法或将其过分渗透到实际的研究中去，因为对于认知和研究的事业而言，绝不是“敬意向前伸展增加一分，智慧的运用亦随之增加一分，了解亦随之增加一分”的情形。从上面所引对刘邦的看法看来，可能的情况或许刚好相反，那就是敬意增加一分，误解可能也随之增加一分，离真正的历史事实，可能越远一步。韦政通指出：“历史和文化都相当复杂，了解其中不同的对象须持不同态度和方法。尤其应知了解人文方面的态度与方法，多半是在严格的学术训练和长期积累的功力中，慢慢摸索悟出来的。‘敬意’只是一种主观的心情，这种心情可能有助于研究对象的选择，一旦进入研究过程，这种心情自然淡忘，研究愈深入，可能因此而增加敬意，也可能因此而减少敬意，不论增加或减少，对研究的学术品质都不是决定性的因素。”[①]这就是说，“敬意”只是一种心情，这种心情可以在研究的过程中有所增减，但这无关研究的态度和研究结果的品质。敬意原本不是一种方法，原则上也绝不能被当成方法来使用。

韦政通还对新儒家和自由主义者在很多具体问题上的态度和结论进行了“检讨”，如在对待民主与科学的问题、道德与政治的关系问题等。

（三）

在对待民主的态度上，新儒家与自由主义者都承认民主对于中国的必要，但新儒家认为民主可以从中国的传统中自然生长出来，坚持在中国的传统中有丰富的民主的要素和种子。甚至认为“民主根本就是中国文化中的道德精神自身发展所要求”[②]。在这一方面，韦政通与自由主义者的主张大致相当，不同意新儒家关于中国文化中原有相当丰富的民主的种子的说法，以为中国古

① 韦政通：《当代新儒家的心态》，《儒家与现代中国》，第 168-169 页。

② 韦政通：《当代新儒家的心态》，《儒家与现代中国》，第 173 页。

代的民本思想，与现代的民主思想在原则上不是一回事。韦政通认为，即使是处在中国民本思想的最高峰上的黄梨洲，其思想中同样没有现代意义上的真正的民主的因子。“梨洲说‘天下之治乱，不在一姓之兴亡而在万民之忧乐’。这个观念仍是民本而非民主。同时梨洲还提出‘有治法而后有治人’的主张，他想到治法的优先性，以及有治法而后有治人的先后程序，就克制专制的毒害而言，已属对路的思考。可惜梨洲仅冒出一个独立的理念，当他论及变法这样重要的问题时，仍然不能不回到‘以复井田、封建、学校’这样的老办法上去，他理想中的政府，依旧是一个封建郡县并重的政府。”[①]韦政通对新儒家以“传统—现代”的纵贯式的思维方式，认定在中国的传统中有很多民主思想的重要“种子”的说法，表示了自己在原则上不同的看法。他认为这样的说法是主观的和武断的，并不符合历史的事实，历史上从来就没有过为争取民主而抗争的事实。当代新儒家的这种结论，与其说是一种研究的结论，毋宁说是一种主观的愿望，而之所以为传统进行如上的抵赖式的辩护，大约就是出于对中国传统的敬意而不得以为之。

韦政通引用梁漱溟和张君劢的说法，来证实在新儒家当中，也不乏民主非中国传统所有的客观之论。梁漱溟认为中国走的是另一条路，如果顺着原来的路子，中国就不会走向民主。张君劢通过对历史的反省，认为“若谓今后全部文化之基础，可取之于古代典籍之中，则吾人期期以为不可。自孔孟以至宋明儒者之所提倡者，言乎今日之政治，以民主为精神，非可求之于古代典籍中。……与其今后徘徊于古人之墓前，反不如坦白承认今后之文化应出于新创”。韦政通还引用有丰富政治阅历的张东荪的话说：中国“必须彻底实行民主主义，因为民主主义与中国历史上的办法完全相反。如果中国仍走历史上的老路，则不仅中国永远不能变为现代国家，并且中国人亦永远得不着人生幸福”[②]。韦政通通过对历史的客观分析，理性地提出了“与其恋恋不忘中国传统中那些从未发芽的民主种子，何不多多发掘近百年来中国人民追求民主的痛苦经验！中国的民主前途，勿须再等待中国传统中的民主种子培育成芽，因为近百年来的中国人民为民主奋斗所流的泪和血，早已使民主在中国现代生

① 韦政通：《当代新儒家的心态》，《儒家与现代中国》，第 172-173 页。

② 韦政通：《当代新儒家的心态》，《儒家与现代中国》，第 174 页。

活中生根发芽，只是尚未开花结果。中国人民追求民主的最深的理由，乃在彻底根除中国几千年的祸乱之源，不必是如新儒家所说，是为了中国文化中的道德精神的进一步发展”①。韦政通对新儒家将中国民主的希望寄托在从传统中自然生长出来的说法，表示坚决反对，同时对通过“良知的自我坎陷”而转出科学民主的说法表示极大的不满。认为“这是在玩概念的游戏”，“哲学家都喜欢玩概念的游戏。你自己玩，乐在其中，原本没有什么不好。但不能落实。如果非要落实，则将贻害无穷，耽误国人，葬送中国未来的民主前途”。“民主不是赐予的，也不可能从概念的翻转或传统中自然生长出来。民主是斗争得来的，是需要花费流血牺牲的代价换取的！”②

（四）

关于科学与理性，新儒家和自由主义者到了以殷海光和牟宗三、唐君毅等为主要代表的时期，双方都已承认中国需要科学，同时也都承认中国的传统中确实缺少科学一项。但是新儒家为了回护传统，总是在传统的缺陷显示出来的时候，转移话题。如牟宗三与唐君毅两先生，皆对科学的重要性有足够的重视，但都回避问题的症结，同时又以“一切科学的价值”，都只有为发展儒家的“仁教”的需要服务，才有意义，其本身并无绝对的意义。③同时，从新文化运动时代开始，新儒家与自由主义者直至此时，依然在各自以非理性的态度互相攻讦，双方采取的论说态度都还是不完全客观和不完全理性的。牟宗三说胡适等对中国文化的“肆意诋毁”完全是一股“情感的气机之鼓荡”。韦政通则通过对新儒家反击自由主义者的言论的陈述，认为新儒家们对自由主义者的反击同样属于“另一股情感的气机之鼓荡”④。在韦政通看来，中国之需要科学和中国传统中缺乏科学的精神是不必争辩的，既要科学，就应该培养客观的态度与理性的精神，同时科学就是科学，它自身即有自身的价值，不必非为了有助于发展“仁教”，中国需要科学，主要在造福苍生，绝不是为

---

① 韦政通：《当代新儒家的心态》，《儒家与现代中国》，第 173 页。

② 以上引号内的话语，是本文作者根据 1998 年 5 月 18 日与韦政通先生参观南京大屠杀纪念馆出来后的谈话回忆整理，与原来所说在文句上有修饰，但语意没有改变。

③ 转引自韦政通：《现代中国儒家的挫折与复兴》，《儒家与现代中国》，第 156 页。

④ 参见韦政通：《两种心态，一个目标》，《儒家与现代中国》，第 134 页。

了什么发展“仁教”[①]。

（五）

在道德与政治的关系问题上，韦政通反对将政治放在道德的基准上讨论，认为道德和政治原本不是一回事，道德有道德的原则，政治有政治运行的规律，政治问题必须用政治的态度去研究，也只有将政治当成政治来研究，中国才会有真正的政治和政治学说。

传统儒家的政治理想，事实上只是道德的理想，而传统的政治也只是借用了伦理的外在形式。前者希望将政治伦理化，从而将善作为唯一的最高目标和基准，用以衡量政治，体现的是仁与善的原则或“理”的原则；后者则力图使伦理政治化，从而使伦理服务于政治，充当专制的统治工具和附庸，以满足对既得利益的维护，体现的是私和利的原则或“欲”的原则。因此，包括对天理人欲强调极严格的宋明儒者如程子和朱子等，其实都没有自觉意识到，他们所坚守的理欲之辨，对于普通民众而论，是一种对利益要求的严厉限制。而对于专制的统治者则是一种欲求的无限放纵。他们对民众利益要求的限制，保证了专制统治者无限增长的贪欲的满足。这种做法在事实上已经与孔孟的原始“仁教”精神相违背，理想中的“善”，充当了事实上的“恶”。这是理学家所始料未及的，也是不愿主动承认的。事实上，无论是将政治伦理化，还是将伦理政治化，都将使政治不像政治，而伦理不像伦理。因为前者是欲将政治当成实现伦理的工具，而后者则是希望将伦理当成政治的手段。由此可见，在传统的社会里，伦理的目的成了伦理的墓地，而政治的墓地也在其自身的运作过程中建立起来。这是中国传统伦理的悲剧，也是中国传统政治的悲剧。

三、韦政通属于哪一系

韦政通属于哪一系的问题，是必须而且也应该根据他个人的理想和他实际的理论工作的性质来确定的。

韦政通对新儒家和自由主义者在对待中西文化问题上的检省之目的，并不是为了调和两者的关系，而是为了超越两者的敌对的心态，并且批判地吸收

---

① 参见韦政通：《两种心态，一个目标》，《儒家与现代中国》，第 156 页。

两者的研究方法和研究成果，目的是使中国文化在现阶段的建设，建基在健康和谐的基础之上，推进中国文化建设的发展步伐，为孔孟以来的真精神填充新的内涵，注入新的活力，使其更有生机。同时还要根据现代生活的事实，重新塑造中国的文化。

那么在自由主义者和新儒家之间，韦政通究竟属于哪一系？

大多数学者因为韦政通对新儒家的批判态度而将其归属于自由主义者一系，这样做未尝没有根据。但这只是问题的一面，如果根据韦政通身上所体现的对传统的热情来立论，也可以将其放在新儒家的阵营里。因为对传统的热情和批判的精神在韦政通身上体现得同样挚烈。本文作者根据自己对韦政通实际的了解，以为韦政通既是自由主义者，又不是自由主义者；既是新儒家，又不是新儒家。他解除了传统主义的固执，也克服了自由主义者的狭隘。他超越了两者的敌对，将两者同样放在思想吸收和批判的双重尺度上，根据中国现代化进程的实际需要，加以衡量和审视。他的真正的个人理想和理论工作的性质，表明他是一个真正的自由思想家。他既不属于新儒家，也不属于自由主义者。

最后，还须要说明两点，一是韦政通后来缩小了自己当年“新儒家的共性”中的新儒家概念的外延，“当年所谓‘新儒家的共性’，应修正为熊、唐、牟三先生所代表的‘新儒家思想的特征’”[①]。二是韦政通心目中的中国文化的精华也绝不仅限于儒家思想，更不仅只是儒家的心性哲学，而是包括佛道甚至法家和其他各家的思想中的优异成分在内的。但这已经不是本文所要探讨的内容。

（本文是为 2002 年 9 月 20—24 日在武汉大学举办的首届“傅伟勋、韦政通与中国哲学的创造性转化国际学术研讨会”提交的论文，后被收录在吴根友、欧崇敬、王立新主编之《中国哲学的创造性转化》一书中，由云南人民出版社 2004 年 4 月出版。收入本集时，文字略有调整。）

① 韦政通：《思想的探险》，第 95 页。

贺麟先生研究的力作

鄙人对中国大陆的学者，最敬服的就是贺麟先生，但却从未对其思想进行过整体而系统之研究，只从感觉角度，喜欢贺麟先生直来直去直指社会人心的写作目标，简洁生动而又深透明晰的表达风格。贺麟先生，是20世纪以来中国大陆地区真正少见的具有现代意识的哲学大家。他的《文化与人生》那本小书，鄙人读过不止两三遍。后来给学生上课，还经常把这本小书作为典范，推荐给有文化和哲学嗜好的本科生、研究生，甚至社会友人们。

鄙人久知贺麟先生深受黑格尔和斯宾诺莎影响，至于这两位西方的“神圣”是如何对贺麟发生影响的，以及影响到什么程度，却是一知半解。只知道黑格尔的研究专家（也是海德格尔研究专家）张世英教授、斯宾诺莎的研究专家（也是诠释学专家）洪汉鼎教授，都是贺麟先生的学生。

不久前，鄙人意外受到北京大学张学智教授的邮寄馈赠，手捧《贺麟思想研究》，立刻有欣喜不已的感觉。一方面是对贺麟先生一向由衷敬仰，至此终于可以了解贺麟先生的全貌了；另一方面也因学智教授也是鄙人心里非常敬重的忠厚学兄。其为人豪情而理性，认真而宽厚，接人处世，有跟景海峰教授一样的宁夏人的质朴无华。学智教授是明代儒学的研究专家，不意又是贺麟先生的研究专家，真是令人企羡。

学智教授在序言中说：“本书之作，纯处（出）于偶然。”我倒不这么看。任何人研究任何对象，其实原本在人生的格调和心理的趣向上，都有相当的一致性或者接近性。没有这种心理上的“相当”与“接近”，是很难产生共鸣的。产生不了共鸣，研究的效果最多只能是“客观”而已。而研究如果太“客观”，就不会有激情，也不会有真切而又深情的“投入”。比如，嵇文甫先生对于王船山，还有对于晚明时代的王学的研究，文字能表达得那样动人而诱人，显然不是出于完全的“客观”。没有主观上的相当或者相近的趣向，文字的表达就会水水汤汤，甚至无精打采。这样的研究是不能感动人和感染人的。学智教授对于贺麟先生的研究，如果完全出于偶然，那为什么没有偶然到其他别的什么对象上去呢？纯粹客观的研究，其实既无可能，研究的成果，也一定不会有很强的可读性。

当然，“书之作”，是可以偶然的，这是时运。可是时运永远都是留给曾经的驻心和一直不懈地努力着的人们，不会留给随意地下俯上仰、左摇右晃的无心过路者。学智教授留心既久，用情长悠，故能得此创获，实在是值得庆贺而尤其应当祝贺的了不起的成就。

学智教授的《贺麟思想研究》，“引言”而后，又设6个专章，分别是“贺麟与德国哲学”“贺麟与斯宾诺莎”“新心学的哲学思想”“知行问题新解”“现代新儒家的代表”，还有“贺麟的翻译”。全面总结了贺麟先生在各个方面的思想和成就，为读者勾勒出了一幅有关贺麟先生的整体画像。

任何一个学者的学术研究，都是首先基于他对自己所处时代的认识，“如何认识这一时代的特点，是他学术生活的出发点”。这是学智教授在分析贺麟先生年轻时，对自己所处的20世纪三四十年代的认识时，首先说明的。学智教授借用贺麟先生自己的话说：“我们所处的时代，与黑格尔的时代，都是政治方面，正当强邻压境，国内四分五裂、人心涣散颓废的时代。学术方面，正当启蒙运动之后。文艺方面，正当浪漫文艺运动之后，因此很有些相同。”学智教授接着指认贺麟先生对所处时代的另外一个认识，“20世纪三四十年代不应是消极破坏的时代，而应是积极建设的时代”。那样的一个时代，正处于“五四”运动之后，当“这股大潮渐趋平缓之后，自不免对前此鱼龙不分的状况进行反省”。

贺麟先生认为：“五四”新文化运动，是为新的文化、新的哲学诞生扫清道路的运动，是促进新的文化建设的一大转机。学智教授引用贺麟先生的话语说：“就时间言，我认为在‘五四’运动的时候，作东西文化异同优劣之论，颇合潮流所需要，现在已成过去。我们现在对于文化问题的要求，已由文化迹象异同的观察辨别，进而要求建立一深彻系统的文化哲学。无文化哲学的指针，而漫作无穷的异同之辨，殊属劳而无功。”

贺麟先生显然是在按照黑格尔在《法哲学原理》中的说法，自觉地分析他自己所处的时代。黑格尔指出：“每个人都是他时代的产儿，哲学也是这样。

它是被把握在思想中的它的时代。”黑格尔批评说，那些“妄想一种哲学可以跳出他的时代”的人，其实就像《伊索寓言》里想要让那个跳舞的青年跳出罗陀斯岛一样愚蠢。他没有办法跨越自己心灵被时代的命运所设定的“卡夫丁峡谷”。

黑格尔的这段话语，后来经常被马克思在《资本论》等著作中引用，最典型的直接引用，是在《第一百七十九号克伦日报社论》中。在这篇社论中，马克思提出了一个至少是恢复高考制度以后，中国所有哲学系出身的科班学生们都异常熟知的英明论断：

“任何真正的哲学都是自己时代精神的精华。”

年轻时期的贺麟先生，对自己所处时代的认识能够如此自觉，显然是受了黑格尔的影响。而学智教授以这样的角度去分析贺麟对自己所处时代的认识，显然也应该受了黑格尔，尤其是马克思的这句转用自黑格尔的英明论断的深重影响。

基于这样的认识，贺麟先生才能有那么多短小精悍的优秀哲学性文字，用以论说他自己的时代，和在那样的时代里，所应做的努力和工作。那些文字，想来一定对当时的读者产生了相当的影响和感召，至少到今天为止，如果哪些有志的青年看了，依然会产生相当程度的心理共鸣。

有关贺麟先生对于黑格尔和斯宾诺莎的详细研究情况，读者自然可以去阅读学智教授的《贺麟思想研究》。学智教授已用相当的篇幅，详细地说明了贺麟先生思想的德国古典哲学——包括康德、费希特、谢林，而尤其是黑格尔的重要来路；同时，也明彻地分析了斯宾诺莎之作为贺麟先生思想重要来源的另外一条路径。读者还可以进一步透过学智教授的这本《贺麟思想研究》，去直接追寻贺麟先生自己在这一方面的著述。我只想在这里接着谈一点，就是学智教授总结整理的贺麟先生关于学作文和翻译的三项基本原则。这三项基本原则，在学智教授的《贺麟思想研究》中，有专门的标题，叫作“谈学作文翻译三原则”。这三项原则是：“（一）谈学应打破中西新旧的界限，而以真理所在实事求是为归。（二）作文应打破文言白话的界限，而以理明辞达情抒意宜为归。（三）翻译应打破直译意译的界限，而以能信能达且有艺术工力为归。”

这是多么好的说法！

诸君只要放眼一观今日学界与社会各界的说法和心态，便可瞥见贺麟先生的高瞻远瞩之全豹的一斑了。

我们已经走过贺麟先生出此高论的时期快一个世纪了，今日的众多学者们，却仍然停留在妄议中西文化思想，将中西文化进行浅层次区别的剖判与比较的途程中迷而不返。这就更加显现出贺麟先生有关“无文化哲学的指针，而漫作无穷的异同之辨，殊属劳而无功”之说法的高明难及。这种浅层次的所谓比较研究，不仅“劳而无功”，而且同时蕴含两种不合时宜的错误导向：

一种是妄自菲薄，徒以西洋为高。有关于此，贺麟先生强调指出，我们要努力“以中国文化为主体，去儒化、华化西方学术文化”。“中华民族如果放弃了自己的优秀文化，就是丢了自主权，任各种思想学术不分国别、不分民族的（地）倾入、占领、代替固有文化，那中国就不仅是外国政治上、经济上的殖民地，而且也是文化上的殖民地。”因此，我们必须要努力“发展本民族的文化”。

贺麟先生又针对另外一种自以为高，扬中贬西，猖狂自大的错误倾向，强调发展本民族的文化，必须要学习西方的文化，“不仅要继承中国文化的遗产，且须承受西洋文化的遗产，使之内在化，变成自己的活动产业”。

贺麟先生认为，中国人最需要向西方的理性宗教学习的有两个方面：“一个方面是献身精神、殉道精神”，因为中国人的实用理性的思维特点，缺乏为科学而科学、为艺术而艺术的精神。贺麟先生认为，中国人需要向西方的理性宗教学习的第二个方面，就是“基督教传教士到民间去服务的精神”。因为中国哲学特别是宋明理学，提倡“慎独”，重“一念发动处”，道德修养多走独立潜修一途，缺乏西方传教士到民间去服务的宗教热忱。

学智教授不惜大量借用和转用贺麟先生的话语，来进一步说明此一问题：“中国传统文化的主干儒道两家，儒家走的是得志行道，达则兼济天下，穷则独善其身的道路：达则在朝廷，穷则在山林，都没有到民间去。”“道家多吟风弄月、垂钓酌酒之士，只是自己清高，亦不愿到民间去。”“墨家虽有服务平民的精神，但秦以后断绝了。”所以，中国文化要想获得真正的长足发展，“必须吸收基督教在这方面的长处”才行。

举目四望，我们就会发现，以上两种错误倾向指引下的学术研究和社会心态，至今依然在“不以真理为归”的途程中奔竞不息！

近些年来，中国经济的一时发达，又导致了中国社会蒙昧意识的无理喷射，盲目诋毁西方，一切希望复古，力推《孝经》，大修家庙，甚至有以儒家旧有之圣贤理想，为今日政治目标和运行方式之公然倡导者。完全无视世界格局的变迁，无视人类已经走上民主、法治道途的基本事实，不通时移世易时，必当有所变更的基本道理。闭门造车，闭目塞听，实属自盲其目，自弃前程。若此自我陶醉，其害之在将来，真有不可胜言者矣。

以作文而论，放弃白话和文言的客观与心理界限，尤其是放弃“五四”时期的森严壁垒，以表达顺畅无滞，既不妨碍感情的抒发，又不妨碍事理之表达为宜，这是多么豁达的心胸，又是多么开放的心态呀！

而有关翻译，打破直译与意译的界限，以传信为目标的同时，又能展现文字本身的艺术魅力，至少迄今为止，我们都还在期待着这种优秀的翻译著作的出现。

贺麟先生生于1902年，1992年以90高龄过世。其在黑格尔等德国古典哲学家研究和在斯宾诺莎研究，以及在阳明学、船山学等方面研究的成就，诸君自可从阅读学智教授的《贺麟思想研究》中，获得深入细致的了解。同时，学智教授还在《贺麟思想研究》的书末，加附了贺麟先生简略的生平、著述年表，读者欲了解贺麟先生生平的概貌，阅读这段书，也是比较俭省时间的一个选择。

学智教授的《贺麟思想研究》一书，去年11月于人民出版社出版。感谢学智教授，至少为我这个贺麟先生的忠实“粉丝”，提供了这样一部全面了解贺麟先生，尤其是他的思想的优异著述。

（《贺麟思想研究》，由人民出版社 2016 年 11 月出版。本文作为书评，发表于《湖南科技学院学报》2017 年第 4 期。）

道侠游建西循道而去

游建西（1955—2013），1955年2月15日出生于贵州省贵阳市，是地地道道的生长在千里苗疆的苗族人。自幼徜徉在贵州的山山水水之间，贵州的山水和历史人文精神，早在这个幼小的心灵里，打下了深深的烙印，同时也将他养育成了一个十几岁就志存高远的人。游教授在1968年读初中时，善良的天性就已展现无遗。20世纪70年代初期，游教授进入贵阳一家工厂当上了修理工人，两三年以后报名参军，在昆明军区下属的一个负责后勤供应的团队里服役。1977年退伍，1978年参加高考，成为贵州财经学院财政金融系恢复高考制度后第一届的本科大学生。1982年毕业，被分配到贵州省委政策研究室工作。1989年以后辞官“下海”，赶赴深圳，加入到了改革开放的经济大潮之中。先在华侨城建设指挥部工作，不久转到深圳经济特区证券公司担任副总经理。1993年“出海上岸”，考取华中师范大学近代史研究所的博士研究生，成为著名历史学家章开沅先生的门下弟子。1996年毕业，获得博士学位，进入深圳大学文学院工作。1998年晋升副教授，成为深圳大学人文学者队列中的重要一员。2012年初，提前退休，准备回到家乡贵阳筹建“藏经阁”，本拟汇聚儒释道三家经典，招纳海内外名贤开讲传统，以传承历史文化的精神血脉，同时造福家乡之千里苗疆。

作为优秀学者，他是道家、道教和苗族历史文化的研究专家，出版有《道家道教史略论稿》（光明出版社2006年6月）、《近代贵州苗族社会的文化变迁（1895—1945）》（贵州人民出版社1997年12月），发表学术论文数十篇。

作为侠义作家，出版长篇武侠小说《龙吟苗疆》（上、下卷，共有三种版本在社会上流传），被研究者认为是“用小传统反弹大传统，用边缘反弹中心，用东方神秘主义反弹西方理性主义”的力作，在武侠小说的写作史上，占有一席重要之地。

游建西教授自幼生长于苗疆贵州，从小行侠仗义，他热爱自己的民族，也热爱中国传统文化，在道家道教研究方面，用真切的修道体会，书写自己的真实心声，不虚矫、不造作；小说则气势恢宏、情节曲折动人，场景阔达，历史精神鲜活。

游教授还有很多独具一格的书法、绘画作品，这些作品，不仅表达了他对传统艺术的喜好，也表达了他的理想、他的情操、他的志节和他的境界，虽然不能与专业大家的传世作品相比，但却是他作为一位善于思考、常于体会而且又灵光四溢的一个鲜活生命的自然表达。

其为人，热诚豪放，坦诚无遮，正直敢言，不趋炎附势，不苟且蜷曲，不贪恋世俗的名与利，甘愿与清风明月为伍，甘愿四处飘荡，而不为五斗米委屈地迎合世俗的要求和生存的简单需要。

其为友，助人解困，持守信义，爽朗的笑声，至今依稀响彻在朋友、同事中间。善意的规劝和犀利的批评，常能诱发人的自我反省。

其为师，尽职尽责，启迪生命，培养智慧，提振精神，关照感受。各级各类学生，均曾不同程度地受其恩惠，并从游教授的关心和爱护，以及督促和砥砺中获得成长。

2013年4月19日，正在赶往商讨“藏经阁”筹办事宜的飞机上，他突发大面积心肌梗死，抢救无效，次日告别人世……他是为他宏伟的人生构想而去的，他是为弘扬中国优秀的历史文化传统而去的，他是为匡正社会人心而去的，他是为人文主义复兴的伟大理想而去的。他去得很突然，他去得很光彩，也去得很遗憾……

他虽不是个大人物，但他的精神却感染了无数追求正直、企盼善良，希望社会充满生机活力的人们，从这个意义上讲，他是伟大而崇高的，出版他的纪念文集，不仅可以告慰他的在天之灵，同时，那些真情洋溢，令人啜泣感叹的纪念文字，一经出版，必将对当下沉寂、功利和茫茫然不知生活为何物，不知怎样才是属于人的生活的社会，产生良好的救助作用，对于蓄积真正的社会正能量，对于感化人，促发人间之善、美、真，都同样会有不可低估的重要意义。

本文集收录了相关纪念文章，包括纯粹纪念性的回忆文章、有关游教授的学术思想研究的文章，还有纪念诗、挽联之类；游建西教授少量的未及成文的思考及一些遗诗，还有游教授的书画作品32幅；文集还收录了游教授不同生活阶段的若干照片，贵阳、深圳两地追思会上各地同事、朋友和亲族中人的回忆性文字。

文集由游教授生前师友共同编撰，操持刀笔者，乃是深圳大学国学研究所的同仁。

在这些编撰者之中，成都信息工程学院的黄萍教授出力甚勤，承担了繁重的提供材料、照片、书画工作，还不断地往复联系，不断问询，用心至为良苦。

华中师范大学的何卓恩教授，担当了收集游建西教授、博士生导师，读博期间的老师和博士同学的文章的“义工”。

深圳大学中国哲学专业的研究生张建勇和陈晨两位同学，也为这部文集的出版做出了重要贡献，特别是陈晨同学，承当了辅助编辑辛勤撰写、反复整理、修改文字等大量工作，花费了大量时间，付出了大量心血。还有王晶、都晓晶、柳恒等同学，也为文集出版付出了必要的劳动。

作为主编单位，深圳大学国学研究所全体同仁，谨向以上诸君，表达诚挚的谢意。

北京大学出版社的杨书澜老师，也为本文集的出版花费了相当的心力，深圳大学科研处的田启波教授、外事处的晁委伟老师、贵阳市天一律师事务所的白敏律师等，都为本文集的出版做出了令人感叹的牺牲。

总之，深圳、成都、贵阳、武汉诸地师友、学友、战友、朋友和晚辈学生们，都为这本纪念文集的出版，付出了真挚的用心及相应的撰述和编撰之类的劳作，再次一并表示真心感谢！

游建西教授过世之后，深圳和贵阳两地同时召开追思会，期间贵阳西普陀寺的住持藏青法师出力甚多，深圳大学高等教育研究所的张祥云教授也曾慨然提供场地，使两地纯然民间自发组织的追思活动得以顺畅进行，还有游教授从军时期的老战友付克光，在游教授人生的最后两年，与游教授形影不离，陪同调查，风雨同舟，照顾游教授的生活，几乎成了游教授的“私人秘书”。在此也一并表达深深的感谢之情。

若使建西教授在世，万万想象不到身后竟然有若此完满、若此隆重、若此浩大、若此持久之追思与怀念，建西教授可以含笑九泉，亦可昂首于上界了。

深圳大学国学研究所全体同仁

2013年12月3日

（本文乃作者代深圳大学国学研究所全体同仁，为《与道偕行——纪念游建西先生》一书所作《编后话》，该书于北京大学出版社 2014 年 4 月出版。）

江门民间关于陈白沙与厓山的传说考颂

题记：

2008年11月11—13日，余与同事黎业明教授，携研究生陈椰、张海龙、余海涛，应五邑大学刘兴邦教授邀请，赴江门参加纪念陈白沙诞辰580年学术研讨会，其间地方团体为我们演出了一台精彩的高品位文娱晚会。会上除了表演古琴、二胡、笛子等合奏的古曲和民歌之外，还请来了很多小孩子，现场用陈白沙当年创制的茅龙笔书写传统诗句、格言之类，令人怀想。这场晚会的重头戏，显然是粤剧《陈白沙怒改奇石碑》和评书《陈白沙厓门遇玺》两个节目。陈白沙是江门人的骄傲，江门人歌颂陈白沙，既表现了敬仰先贤的崇高精神，又表达了热爱家乡的赤子情怀，着实令人感佩。

《陈白沙怒改奇石碑》和《陈白沙厓门遇玺》，说的是明代大儒陈（献章）白沙先生倡议重修新会“大忠祠”和修建“慈元庙”的过程中发生的两件事情。其中“怒改奇石碑”，是说当年张弘范立碑于厓山，以表彰和纪念自己灭宋的“历史功勋”。后来陈白沙看到碑文：“张弘范灭宋于此”，愤怒之下，就在碑文的前面加上了一个“宋”字，全部碑文就成了：“宋张弘范灭宋于此”。一字之差，张弘范的功绩就变成了耻辱，以功臣自居的张弘范，就成了逆臣贼子。“厓门遇玺”，是说陈白沙倡议修建慈元庙，感动了上天，海面上突然浮出宋代的传国玉玺，红光照人。其意在表彰忠孝，同时表达民族情感。

这两个节目的表演声情并茂，使人如临其境，对宋亡的感慨和对陈白沙的景仰之情，油然生于心中。但剧情与史实不符。辨明史实，既是学者的责任，故而甘冒矢石，略加说明如下。

先说《陈白沙怒改奇石碑》。

在江门，很久以来都广泛流传这样的故事，说明代大儒陈白沙去京城赶考回来，游历厓山，见奇石碑，碑文曰：“张弘范灭宋于此。”白沙先生痛恨张弘范吃里爬外，助纣为虐，最后灭亡了自己的祖国。于是就在碑文的前面，加上了一个“宋”字，严厉斥责张弘范背弃君臣大义，背叛华夏民族，斥其为千古罪人。其所灭宋的丰功伟绩，瞬间成了万世不磨的耻辱。

查《元史》本传，张弘范，字仲畴，是张柔第九子。查《张柔传》：“张柔，字德刚，易州定兴人，世力农。”原本是金国的“中都留守”，金国的“中都”，就是北京。《金史·地理志》：易州，在易水之侧。即今河北易县，定兴县也在北京西南，保定西北，毗邻北京。

1218年，张柔率金兵与蒙古兵交战于狼牙岭，堕马被执，投降蒙古。自此为蒙古效力，转而攻金，为其前驱，是1234年灭金之战的主力部队指挥官。金国的最后一位国君叫完颜守绪，在无望中自杀，金国灭亡。张柔是蒙古灭金的大功臣。其人“有子十一人，皆善战”。第八子张弘略，袭封了他的官爵。他的第九个儿子，叫张弘范，更加骁勇有谋，袭获文天祥于五坡岭，终毁大宋朝于厓山。

由此可见，张弘范虽是汉人，但不是宋人，而是金人。所以在“张弘范灭宋于此”之前，加入一个“宋”字，是不符合史实的。以陈白沙饱学的大儒身份，不会妄加不符合史实的内容，定是后世人假托白沙之名所为。

既然如此，接下去就会出现新的问题：到底有没有这块碑？如果有，原来上面到底刻的是些什么文字？

《元史·张弘范传》有：“……宋师大溃。宋臣抱其主昺赴水死。……岭海悉平，磨崖山之阳，勒石记功而还。”根据这段文字，当年张弘范在厓山上确实记录了自己灭宋的功绩，但不是刻在石碑上，而是刻在摩崖上，就是在本有的山石上，磨平之后，刻下了彰显自己武功的文字。

张弘范究竟在摩崖上留下了什么字，《张弘范传》里没讲，现在已经无法详知。不过大致可以推测，张弘范不至书写“张弘范灭宋于此”的话语，因为这样做，显然有贪功取祸之嫌。张弘范再蠢，也不至蠢到这种程度。推想书写“宋亡之地”或“宋亡于此”之类话语，比较可能。隐含自我表功的心思于背后，不必出现自己的名字以招惹是非，遗留后患。事实也是如此，大宋之亡，是时势所然，是成吉思汗、忽必烈等所导演，绝非一个小小的张弘范所能“造成”。厓战之前，宋已不宋。厓山之战，不过是宋朝巨星陨落之后的一堆剩火。甚至包括张弘范生擒文天祥，其时宋已灭亡，不待张弘范，文天祥被擒受死，只是时间的问题了。张弘范之擒文天祥，不过是上苍借张弘范之手，以彰显文丞相的大忠至义而已，张弘范自然无此见识，但也绝不至于公然把灭宋之功归于自己，这是授首与人，活腻厌生的表现。

再说《陈白沙厓门遇玺》。

这个故事成立的前提，应该是当年宋亡时，传国玉玺落入了海中。否则，玉玺便不会从海中浮出。但是《元史·张弘范传》有明确记载："获其符玺印章。"符是兵符，玺就是传国玉玺。如此，则陈白沙在修建"慈元庙"时，感动上苍，玉玺从茫茫海上浮出，以示奖赏的情节，显然只是戏剧的虚构。如同《陈白沙怒改奇石碑》一样，两出戏剧，虚构情节，不是为了篡改事实，而是为了表彰忠孝，教育子孙以华夏民族的利益为重，心系民族兴亡，正面意义非常宏阔，效果极佳。

顺便再说一下这里面提到的"大忠祠"和"慈元庙"。

"大忠祠"和"慈元庙"都在厓山之上。"大忠祠"的享主，自右向左依次为文天祥、陆秀夫和张世杰。

《宋史·瀛国公本纪》：德祐元年（1275）二月，"文天祥以兵勤王"。天祥时任江西提刑。八月，以天祥为浙西、江东两路制置史兼知平江府。德祐二年，天祥知临安府，时张世杰为浙西制置副使兼知平江府。同月，天祥以右丞相兼枢密使、都督的身份出使元军谈判，宋诏请自削帝号，称臣于元。三月，恭帝被掠北上。五月，陈宜中等立昰于福州，改元景炎。天祥自镇江亡归，宋以天祥为右丞相兼知枢密院事。张世杰为枢密副使，陆秀夫签书枢密院事。景炎三年（1278）四月，昰死，陆秀夫等又立卫王昺。以陆秀夫为左丞相，张世杰为少傅、枢密副使。五月，改元祥兴。六月，帝昺亡命至于厓山。闰十一月，天祥于广东海丰之五坡岭被元兵所执。祥兴二年（1279）二月，元将张弘范、副将李恒攻厓山，陆秀夫料不得脱，负帝昺投海死，"后宫及从臣多从死者"，七天以后，"浮尸出于海十余万人"。杨太后闻昺死，抚膺大恸曰："我忍死艰（间）关至此者，正为赵氏一块肉尔，今全无望矣！"遂赴海而死。张世杰葬杨太后于海滨。"已而，世杰亦自溺死，宋遂亡。"

张世杰本欲扶助杨太后另寻赵氏后人而辅之，杨太后以为无望投海，世杰无奈，安葬杨太后，任台风颠堕战舰，慨然就死。

世杰原本也是金国将领，家范阳，本在张弘范父张柔帐下，因罪逃归于宋，受宋人忠义之气染化，遂成赵宋忠臣。屡建功勋，死前为宋少傅、枢密副使。

陆秀夫则是楚州盐城人。景定元年（1260）进士，尝为李庭芝幕府。咸淳十年（1274），李庭芝制置淮东，任为参议官。德祐元年，“边事急，僚属多逃亡，惟秀夫数人不去”。李庭芝上荐，秀夫作了司农寺丞，不久又升任宗正少卿、兼权起居舍人。德祐二年正月，以礼部侍郎身份，出使元军请和，元人不许，反归于宋。乃追随二王走温州、福州。景炎元年初，以端明殿学士签书枢密院事。感国势之危迫，每日以泪洗面，左右尽随悲恸。端宗昰，以年幼惊惧崩，立卫王昺，秀夫晋左丞相。虽在国家如此危难之中，每日还给小皇帝进讲《大学》，欲其“亲民”“明明德”而“止于至善”。厓山被攻破，料不得脱，挥剑驱赶妻儿入海，而后背负幼帝投海死，时年44岁。

秀夫还将端宗昰和帝昺二王的“海上之事”，记为一书，委托当时礼部侍郎邓光荐携走出逃，以传后世。厓山之战以后，邓光荐携书逃归庐陵。元大德初（约1298年前后），邓卒，“其书存亡无从知”。有关宋末二王在海上的详细情形，也就无法详知了。

元人著《宋史》，于此称曰：“宋之亡征，已非一日。历数有归，真主御世，而宋之遗臣，区区奉二王为海上之谋，可谓不知天命也。然人臣忠于所事而至于斯，其亦可悲也夫！”顾炎武《日知录·宋室风俗》有云：“宋自靖康之难，志士投袂，起而勤王，临难不苟，所在有之。及宋之亡，忠节相望。”

宋人之忠君爱国，亘古所仅见，昭然如日月之经天，浩然若江河之行地。

有关文天祥的情况，华夏圣域，家喻户晓、妇孺尽知。今为说明起见，不得不约略述其生平。

天祥生端平三年（1236）五月二日，舍身在宋号已尽之壬午（1282）十二月九日。咸淳七年（1271）冬至日，为湖南转运判官；九年正月，为湖南提刑；十年三月，为江西提刑，兼知赣州。七月，度宗崩，子显四岁而立，是为恭帝，理宗谢皇后听政。德祐元年（1275）正月，宋下诏，令诸路兵勤王。天祥动员江西境内豪杰之士并其子弟等万余人，自以家资为军费赶赴朝廷；湖南提刑李芾，以长沙仅存之三千壮士赴京救援。宋以天祥为江西安抚副使兼知赣州，以李芾为湖南安抚使兼知潭州。

德祐二年（1276）正月，长沙以孤城无兵、无援、无粮而坚守三月后陷落，李芾等死难。宋奉玉玺降元。宋虽以文天祥为右丞相兼枢密使，都督诸路军马，实际上已无军马且已无诸路矣。天祥与元丞相伯颜约以论事，伯颜知其有谋而拘留之。二月，宋益王与广王渡浙江逃向温州。元伯颜将其余宋宗室押解北去。天祥则自镇江逃入真州。四月抵温州以求益、广二王。闰四月，陆秀夫等携兵入温州，奉益王为天下兵马都元帅，招陈宜中与张世杰，并先使秀王入闽招忠义兵，天祥奉书劝进，且于江淮间招募豪杰以备用。益王以五月于福州即位，改元景炎，是为端宗。宋以天祥为通议大夫、右丞相、兼枢密使、同都督诸路军马。天祥上章连辞，遂为枢密使同都督诸路军马。十一月，元兵入福建，破建宁府、邵武军。陈宜中、张世杰等奉端宗走泉州，走广东，入潮州。十二月，端宗上表请降，其时广西已被元将阿里海牙所得。

景炎二年二月，天祥屯兵漳州龙岩县，三月至广东梅州。六月，天祥大败元兵于江西雩都。八月，天祥败，走循州。十一月，元破广州，宋帝走井澳（今广东东莞西南海中）。闰十一月，元将张弘范偷袭广东潮阳，执天祥于五坡岭之麓。天祥请死，张弘范不许。

景炎三年三月，宋端宗死，陆秀夫与张世杰再立卫王昺，改元祥兴，并于五月奉宋帝迁驻厓山（今广东新会县南八十里大海中）。祥兴二年（1279）正月，张世杰力战厓山，厓山一时难下。张弘范携文天祥至厓山，欲使劝降张世杰。天祥作《过零丁洋》以示之。诗曰："辛苦遭逢起一经，干戈寥落四周星。山河破碎风飘絮，身世浮沉雨打萍。惶恐滩头说惶恐，零丁洋里叹零丁。人生自古谁无死，留取丹心照汗青。"张弘范无奈。二月，张世杰兵溃，陆秀夫负昺帝投海死，张世杰无奈堕水死。元兵押文天祥归元大都（今北京）。过南京时，文天祥作《金陵驿》诗二首，其一曰："草合离宫转夕晖，孤云漂泊复何依？山河风景元无异，城郭人民半已非。满地芦花和我老，旧家燕子傍谁飞？从今别却江南路，化作啼鹃带血归。"凄苦、悲凉、豪迈、雄壮，尽冶一诗。

元人囚困天祥多年，且诱之以"以事宋者事我，即以汝为中书宰相"。天祥答曰："我为宋状元宰相，宋亡，惟可死，不可生，一死之外，无可为者。"天祥又赋《正气歌》，既不屈，又不为所动。于1282年十二月初九日从容就义，声言"吾事了矣"。时年四十有七。

元许有壬为《文丞相集》作《序》称："宋养士三百年，得人之盛，轶汉唐而过之远矣。盛时忠贤杂还，人有余力。及天命已去，人心已离，有挺然独出于百万亿生民之上，而欲举其已坠，续其已绝，使一时天下之人，后乎百世之下，洞知君臣大义之不可废，人心天理之未尝泯。其有功于名教，为何如哉！”许有壬称颂天祥：“平生定力，万变不渝”，“‘父母有疾，虽不可为，无不用药之理。’公之语，公之心也。是以当死不死，可为即为。逸于淮，振于海，真不可为矣，则惟死耳。可死矣，而又不死，非有他也，等一死尔。昔则在己，今则在天。一旦就义，视如归焉。光明俊伟，俯视一世。顾肤敏裸之士，不知为何如也。推此志也，虽与嵩、华争高可也”！征服者显然已为被征服者的忠义所征服。

自宣和末年（1125）金兵南侵，干戈洒落寰宇，烽火连天扯地，中土遂无一岁一时之宁。宋士为国弃命者，随处有见，随时有之。其捐躯赴死，从容就义，实为古今之最动人者。举其大者，以悲壮论，乃有汪立信“如今终有一块净土可以葬身”；以惨烈言，则有肯斋李芾携家眷与长沙共存亡；以悲苦无望论，则又有张世杰、陆秀夫壮志难酬，蹈海以殉；而若以慷慨豪迈论，则信国文山绝当称首，真所谓人间正气凝缩而成。其余忠烈，如向子韶、李庭芝等，则万不足以为数。如此众多英烈，人类历史所仅有。这些人多半有深刻的理学涵养，不是理学出身的，如张世杰等，亦深受理学中人的深刻影响。由是乃知，理学之造人，断非诬妄理学的碌辈俗人所可以共语。宋之士人，尤其晚宋之时，其为意义而生，又为捍守意义而死，其以宋亡为历史终结、人类永诀天地之日，慷慨赴死，岂眷恋俗世之中，瞻顾于利欲之侧者所能窥觑哉！

“大忠祠”门首一副对联：“海枯石烂伦常不泯，蕉黄荔丹笾豆常馨。”江门人立大忠祠于厓山，纪念文、陆二相与世杰，显示了他们对民族英雄的崇敬，表达了他们对先贤和祖国的深挚热爱之情。

再说“慈元庙”。

“慈元庙”的享主，则是前述投海的杨皇后，本杨太妃，宋端宗赵昰母，度宗初选为宫中美人，咸淳三年（1267），晋封淑妃。宋亡以后，杨淑妃随二王走温州、福州、广东，众臣推以为主，册封太妃，旋改称太后。

慈元庙的故址，在厓山之上，本杨皇后当年垂帘听政处。宋末帝赵昺祥兴元年（1278）六月，宋琼州知州张应科奉张世杰之命，攻打已降元之雷州，三战不利之后，最后决战而殉国。张世杰与陆秀夫等保护宋末帝一行人等来到广东新会之厓山，建大殿，正殿名“慈元”，以杨皇后居之，垂帘听政。

祥兴二年二月，陆秀夫负帝昺赴海死。杨皇后闻听，悲不能抑，抚膺大恸曰：“我忍死间关至此者，只为赵氏一块肉耳。今无望矣！”张世杰劝其再寻赵氏后裔，皇后不听，遂投海自沉，被张世杰礼葬于海滨。

据陈白沙《慈元庙记》：“宋室播迁，慈元殿创于邑之厓山。”如此，则“慈元庙”，原称“慈元殿”，厓山之战以后所草创，时间可能在厓山之战以后不久。同文又称：“厓山近有大忠祠，以祀文相国、陆丞相、张太傅。”这段话语中的“近”字，尤应留意。近，既可指方位，相对于“慈元殿”而言；又可指时间，相对于白沙写作此文而言。据白沙此文，“慈元殿”重新建造，成于“甲寅冬”，就是明朝弘治七年，即1494年。“己未夏”，就是弘治十二年夏，陈白沙作成此《记》。此时距离陈白沙过世，只有一年时间。根据行文判断，上面的“近”字，指的应该是时间，如此则知“大忠祠”之改建，晚于“慈元殿”很长时间。而“大忠祠”之初建，似亦应在厓山之战以后不久，盖仅晚于“慈元殿”而已。“慈元殿”之所以叫作“慈元殿”，就是祭祀慈元皇后杨氏的。杨氏称为“慈元”，未见于正史载记。根据情况判断，可能是张世杰当年安葬时所制碑中的称呼。皇后之谥，必出于帝，当其时也，宋已无帝，且将来亦永无帝矣。世杰是仅存之宋要臣，以此称呼杨氏，不能算谥，只是出于敬仰，后世遂以为称。

“慈元殿”重建，改称慈元庙。

“弘治辛亥冬，今户部侍郎、前广东右布政史华容刘公大夏行部至邑，与余泛舟至厓门，吊慈元故址，始议立祠于大忠之上。”弘治辛亥，是1491年，由陈白沙和广东布政使湖北华容县人士刘大夏合作倡议，地方上的赵宋后人赵思仁出资，历经三年而成。陈白沙则在临终前撰写《记》文，其所倾心者，不仅在一女子之庙，而在于华夏民族应当永记历史，勿忘国耻，振兴自强云耳。

其实江门人将上述之事编成戏剧、评书，目的也正在于此。故，是文之为辨，亦为颂也。

（此文于江门会议归来后的2008年12月10日作成，2015年为“应付”黎业明教授于11月25—26日召集的“岭南思想文化学术研讨会”，重翻旧箧，略微顺了顺文字。）

且先爬梳练功夫

其实本想在这里说一点写作的感受和结束写作的畅快与遗憾，可惜时间已经不短了，当时的心情如果不是努力去想，已经很难说清了。因此只能在这里感谢湘潭大学人文社会科学出版基金的资助，如果没有这一份资助，本书的出版恐怕还需相当的时日。不过这里要感谢的还有那位不知姓名的评审者。他显然是一位宋明理学研究方面的专家，而且有眼力、有魄力。他在审阅了全部书稿之后，写下了这样的评语：

“这部书稿主要论述早期的湖湘学派，实属开创性的著作，以前未有人深入研究这一段。作者有很深的功夫，爬梳思想史、学术史料，又深入调查未被人注意的遗迹，对胡安国的行迹和思想，以及他的交游、门人及胡宪的交游、门人，作了系统缜密的研究。作者运用了思想史考古的方法，做得非常细腻，非常成功。作者的研究，证明了理学不是概念的游戏，而是极富理想的价值体系和生命境界。这部书稿对早期理学的形成和发展，做出了贡献。

在宋代学术史、思想史方面，这部著作颇有前沿性，有很高的学术水平，学风扎实严谨。作者以大量的文献资料的考证功夫，纠正了《宋史》《宋元学案》之失，是非常难能可贵的。

我认为，这是一部优秀的学术著作，至于个别行文上的小疵，亦无伤大雅。”

我想这样的评语，即使对于评审者来讲，恐怕也是超常规的。我很想知道他并与他成为朋友，不为别的，只为他的眼力和魄力。从这份评语中，我感到了评审者的学术责任感和对于文化传统所体现出的人文精神和价值追求的热忱。但湘潭大学科研处为了使这种资助出版的工作更有信誉度，以使不断进行的出版资助不致产生更多的人情因素，他们拒绝向我透露评审者的姓名，我也知趣，不再继续询问。说实在话，有这样的专家的评语，而且还是在被审方和评审方互不相识的情况下所作，不能不使我感到很兴奋。兴奋的不是我的书稿被人认同，而是我的艰苦的努力没有白费，我的这部书稿，并不是一般读者所能看懂或感兴趣的，有上面的评语，这本书甚至可以不再出版。不过我可以告诉这位不相识的同道，我对您的敬重已经表现在对“行文中的小疵”的修改，虽然很可能还不能使您感到十分满意。

在本书即将出版之际，我还要感谢湘潭大学的李树丞校长和科研处的有关同志，他们把此书的出版当成了一件甚至与湘潭大学的声誉有直接关系的大事，这不能不使我为之感动，他们身上真正体现了我平日所“叫嚣”的“湘大人”的精神和对文化事业的真正的关心。同时，我特别感谢人民出版社的方国根先生，他为我的这部书稿能在人民出版社出版费了很多苦心，并且认真地阅读了书稿，提出了一些十分宝贵的意见。我还要感谢北京大学出版社的马辛民先生，我们至今还不相识，但他却想帮助我的这部书在北京大学出版社出版，马先生写信给我说：虽然现在的学术著作的出版十分困难，但他愿意为我“游说”。还有岳麓书社的王德亚先生和丁双平社长，他们极看中我的这部书稿和另外的几部，如《鼎盛时期的湖湘学派》《中晚期湖湘学派》《湖湘学派年谱》《胡氏父子遗文校勘》《湖湘经世名贤传》等，希望能在岳麓书社出版，并且答应想办法帮我解决出版经费问题。他们说出版我这类的学术著作，是湖南出版界的责任，我的著作能够在他们那里出版是他们的荣耀。我为在今天追求利益的时代里，还有这样的出版人士而感激不尽。我替我自己感激，也替我们共同的文化事业感激，感激得我几乎不知所云。虽然我的这部书稿没能在北京大学出版社和岳麓书社出版，但我将永远不会忘记他们对我的关怀和对真正学术著作的文化热忱。

再次感谢湖南省社会科学院的王兴国和徐荪铭两位研究员，他们都是我的忘年交，他们说他们都喜欢我的这种锲而不舍的务实学风，他们都曾为我的这部书稿的出版而奔走呼吁。

我还想在这里表达一种愿望，一种祖国的优秀思想、文化传统不断被发扬光大的愿望，一种中国的学术和思想不断繁荣和发展的愿望。而事实上，这种愿望的实现还要靠学者们和社会各方面的共同努力，才能一步步地实现。我愿与有志于此的同仁携手并肩，继续不懈地努力，扎实地工作下去……

希望听到读者宝贵的批评意见。

后来曲折地了解到，这位评审专家，是武汉大学哲学学院的院长郭齐勇教授。借今日重编此文的机会，再次由衷感谢郭齐勇老师的肯定和勉励，我会继续努力，以不负郭老师的由衷希望。

（本文是作者于 2000 年 4 月，为拙著《开创时期的湖湘学派》所作前言，标题为本次新拟。该书简体版，由岳麓书社 2003 年 4 月出版；台湾红叶文化事业有限公司 2003 年 8 月出版繁体版，两书所用图片多有不同。）

为中国文化挥洒激情

很多人生的事情，都是靠机缘所成就。机缘对于人生，可以说是招之不来，挥之不去。

作为一名中国文化的“小学生”，作者服膺船山先生已有20余年。20余年来，读船山书，想见其为人，也总想找机会为船山说几句话语，总想把学习船山的快乐，与大家一同分享，好让船山的人格和思想，为更多的人所知道，以便使船山的精神，能够激励更多的有志之士。

作为一名大学教师，虽然有属于自己的讲台，这个讲台已经足够自己发挥了。但是，对于传播船山的思想，弘扬船山的精神，毕竟这个讲台还是显得太小了一些。这次能在湖南教育电视台的《湖湘讲堂》上讲说船山，这是我人生中最大的幸事之一！为此，我由衷地感激《湖湘讲堂》的制片人柳理先生、编导余学用先生和王丽华女士等，诸位贤士了解我比较熟悉船山，于是就邀请我前来讲说船山先生，我就这样站到了湖湘讲堂上，为船山挥洒激情，为中国文化展喉歌唱。

我特别佩服柳理先生的制片理念，他首先提出要为湖南打造历史文化的名片，而不仅仅是政治、军事和经济、民俗和风景的名片。这些名片，约略相当于人的外在特征，而思想和文化的名片，则可以显露人的精神特质。精神特质对于人来说，比之外在的容貌和身材等，更深邃、更重要。没有精神特质的外在之美，人就会变成商场的服装模特，尽管美丽，但不动人。

讲历史故事容易，把历史故事讲好不容易，把好的、有价值的历史故事正大地讲给人，就更不容易。讲政治、军事人物容易，讲思想家不容易。加上船山先生一生，一向被人认定是缺少故事点的，万一故事点讲不出来，就会砸锅。砸锅不说，还会影响人们对于船山的兴趣。所以，敢做船山的节目，真是需要极大的勇气，我佩服《湖湘讲堂》的勇气！

如果不是《湖湘讲堂》找我，恐怕我不一定接受这项任务。这可能是因为，我看到很多的电视节目，把历史文化讲得太俗，太琐细，偏离了大方向，没有在努力发掘历史之善和历史之美上面，做出应当的努力！同时可能与我在湖南工作很多年，对三湘四水满含深情有关。再有就是我对船山的感情，这可能是最重要的。同时，也和《湖湘讲堂》的诸贤对船山的浓厚兴趣有关。在与他们的相互磋商过程中，我深切地感受到了他们的历史责任。他们高雅的品位和对文化的真诚，深深打动了我。于是我就兴高采烈地接受了这项任务。

接下这项任务之后，我是既高兴，又惶恐！因为用电视的方式讲说船山，无论对谁，都是一项重大的考验！尤其对我来说，就更加严重，因为我对船山的崇敬，已经到了不允许自己把船山讲俗、讲偏和讲浅的境地。但是我肯定不能完成自己设定的这样一个目标，哪怕就是令自己满意，恐怕都难以做到。

当我把接受这个任务的事情告诉韦政通先生和方克立先生时，韦先生显得似乎比我还激动。他相信我一定能够讲好，并且满怀激情地给了我很多有意义的提示。方先生也表示对我的信赖，寄望于尽早看到我在电视上讲说船山的视频。所有这些，都给了我极大的鼓舞和鞭策。于是，我就积极地开始了准备工作。

在整个准备过程中，《湖湘讲堂》的各位同仁，又给了我极大的帮助，为了能更好地让大众接受，他们不断地帮我修改文稿，至于再、至于三、至于多。没有他们的帮助，整个讲说的通俗性和可接受性，就会大大地减少。所以，这本在讲稿基础上修改出来的小书，与其说是我的作品，不如说是我与柳理、余学用和王丽华等的共同作品。因此，我不得不对他们再次表达我真挚的感谢之情。

我必须在这里向读者申明，尽管我极尽努力地想要还原船山的生活，而且为了更好地向广大民众宣讲船山，我把很多船山的思想都忍痛割爱地省略掉了。尽管几位湖南学界的前辈和朋友都打过电话来，表扬我、赞誉我，说我“把船山讲活了”！但我知道，这只是对我的勉励或者安慰而已。所以，我也只能相信自己尽了心力，却始终不敢保证以这样的方式述说船山，就是最好的方式，更不敢夸口说我把船山的精神完全讲出来了。因此，我不能不在这里再次向学界的前辈和同仁，表达我感激和请求原谅的心情！如果我把船山精神讲歪了，大家一起痛骂我，这是完全可以的，也是完全应该的，必须这样！

感谢摄像师、摄影师、化妆师和所有负责后期制作的朋友，感谢广大的船山听众！由于《湖湘讲堂》诸贤的制片理念和辛苦努力，这次讲说，增强了我对电视媒体传播文化的信心！

感谢本书的责任编辑马美著先生，他为本书的编辑和出版，做出了卓有成效的努力。

在《天地大儒王船山》电视节目开始录制之前，柳理又与湖南省图书馆联系，请我到湖南省图书馆的“湘图讲坛”上，作了一个有关船山的专题报告。我给报告取了个撩人的名字，叫“船山是一所大学”。其间，过去的学生旧友刘依平、李树生，分别从湘潭和娄底到长沙看我，还有一位当时正在深圳大学读大二的学生陈晨，也因在网上看到消息前来听讲，我们就在讲座的广告牌前，拍摄了一张合影，一并记在这里。

当年在《湖湘讲堂》讲述《天地大儒王船山》，制片人柳理先生写了好几首古诗赠给我，其中一首云：

一壶浊酒笑春寒，洞庭尽把枕船山。
新枝谁染孤臣泪，宿牖今开老士颜。
三尺纵横恢道器，六经磅礴起冥顽。
翻然把捡当年镜，曳杖随天瞰大荒。

我不擅长作古诗，只能以顺口溜酬答，其言曰：

庚寅正月湘水寒，柳君邀我登讲坛。
满腔忠贞何处是，千古圣贤看船山。

当年我能站在“湖湘讲堂”上，为中国文化挥洒豪迈，纵情放歌，全都仰仗了柳理先生的信赖和安排。兹为补记。

（这是2010年4月22日，作者为拙著《天地大儒王船山》一版本所作后记。该书第一版，于2011年5月由岳麓书社出版。为了满足读者的要求，岳麓书社2017年7月将本书再版。）

闲话芍药

芍药，多年生草本植物。原产我国陕西、山东、河北及东北地区。根为块状或圆柱形，喜干燥，耐寒，对光照要求不严。

芍药在我国有三千余年的栽培历史，早在周朝时即已普遍种植，且已成观赏植物。《诗经·郑风·溱洧》即用以表示男女爱情："惟士与女，伊其相谑，赠之以芍药。"因为芍药是在男女相别时相赠之物，故此，芍药又名"相离"。孔子曰"郑声淫"，即指郑国男女之间的无拘无束的爱情生活方式。

芍药春末夏初开花，百花将谢之时，芍药却含苞欲放，若得一夜细雨，次日则又是满园芳菲。宋苏东坡有诗云："多谢化工怜寂寞，尚留芍药殿春风。"世遂又名芍药为"殿春"，用以说明芍药是春天百花盛会中的压台好戏。

芍药揽色、香、韵三美于一身，历代诗人骚客多有为之倾倒者。唐韩愈有诗咏芍药说："浩态狂香昔未逢，红灯烁烁绿盘龙。觉来独对情惊恐，身在仙宫第几重。"

芍药落英亦好看，《红楼梦》描写史湘云醉卧花丛，用手帕包以芍药花瓣枕着，身上落满芍药花瓣，扇子亦半被芍药花瓣埋了。姿态俊美，形容可嘉，加以芍药花瓣映衬，一幅绝好的美人醉花荫图景，亮现于读者面前。

古人常以树木、花草喻人品、人格。如以竹象征人格高尚坚贞，以松柏象征经受考验和坚定不移等，康熙帝尝谓："玩芝兰则爱德行，睹松竹则思贞操，临清流则贵廉洁，览蔓草则贱贪秽，此亦古人因物而比兴，不可不知。"芍药既象征爱情，又久为富贵的象征，历来与牡丹形似而并美。芍药花大，瓣大，千年前即有"千叶团团一尺余"的说法。历来称牡丹为"花王"，而谓芍药为"花相"，芍药在群芳中的位置实处一花之下，万花之上。我国芍药种类繁多，宋刘攽撰《芍药谱》，收芍药31种，而宋蔡繁卿知扬州时，搜集芍药花达数万枝，举行过闻名遐迩的"万花会"。宋王观著《扬州芍药谱》，收芍药如"怨春红”“试浓装”“合欢芳”等39种。扬州芍药在宋代极有名，有“洛阳牡丹，广陵（即扬州）芍药，并冠天下”之说。明代王象晋作《群芳谱》，亦收芍药39种。清康熙二十七年，陈淏子以77岁高龄作《花镜》，收芍药88种。至清乾隆年间，芍药种类之在我国已逾百种以上。近世以来芍药培植更甚，目前虽无严格统计，但我国芍药绝在三百种以上。宋代扬州芍药的独盛的局面，早已被打破，且已经让位于北京丰台。北京丰台自清朝以后，芍药种植与鉴赏早已超过扬州，当时有“丰台芍药甲天下”之美誉。

芍药不仅具有赏鉴审美价值，亦有疗疾治病的药用功效。可以养气平肝，缓肿止痛，对瘀血凝滞、月经不调、吐血、衄血等亦有明显疗效。

芍药多以10月下种，次年9月至第三年2月中旬分支，开花所需时间4～5年。春天不宜分支，圃谚有云：“春分分芍药，到老不开花。”

向来论芍药多未提及湖湘地区，但湖南实久有芍药种植栽培的历史。南宋时期，湘潭地区既已多种芍药。著名的碧泉书院，是湖湘学派的重要教育基地。湖湘学派的学术领袖胡宏即于碧泉书院广种芍药，其兄著名学者，南宋中兴名人胡寅，尝为诗四首，以歌咏碧泉书院旁之芍药，名为《碧泉芍药四首》，清王闿运亦有关于芍药的诗篇。可见湖湘地区种植并观赏芍药也是由来已久了。

（这是 2000 年前后应湘潭市邀请参加“韶乐”讨论会时，提前两天写的应急作品，到会场时才知道自己写错了题目，湘潭人讲话，“韶乐”和“芍药”同声，我接到电话通知，误以为是让我去讲“芍药”的问题，收于本集之中，给读者朋友们开心用。）

漫话乌龟

龟曾经是中国人的尤物。

最初时，它是中国社会生活中的圣灵之物。诚如司马迁在《史记·龟策列传》中所说："自古……王者决定诸疑，参以卜筮，断以蓍龟，不易之道也。"依据司马迁的看法，用龟卜筮历史非常久远，在唐虞之前。到夏商周时期，卜筮之风甚盛，每欲动刀兵，主大祭，都必须事先"灼龟观兆"。各代又都有卜筮之书，夏的《涂山》、殷的《归藏》、周的《易》。在当时人的心目中，龟甲的裂纹就是神的旨意，可以由它来预测吉凶祸福。周朝的"卜"就是专门掌管观兆的文化官员，据说他们都具有相当的吉凶祸福的知识。那时的乌龟，很像是身着绿装的天神信使，它把上天关于吉凶祸福的兆示，通过身体裂纹的方式表示出来，给人们以决定行为的神秘依据。龟之用于预测吉凶，不仅停留在具体的占卜仪式中，而且还被引申而用为书名。如宋代四大书之首的《册府元龟》。该书共1000卷，940万言，是一部大型的政事、历史百科全书性质的类书，字数较《太平御览》多出一倍以上。书名为宋真宗亲赐。"册府"亦作"策府"，就是藏书的府库；"元龟"就是大龟，《册府元龟》的命名，就是由占卜可测吉凶，从而提供借鉴而来。所以，苏东坡《乞校正陆贽奏议进御札子》说："聚古今之精英，实治乱之龟鉴。"但是"龟鉴"却不是一般意义上的借鉴，只有意义重大的借鉴，才能叫作"龟鉴"。

古人认为龟是负驮河图的。河图洛书一出就为太平盛世，人生也有着远大前途。因此孔子说："凤鸟不至、河不出图，吾已矣夫。"夫子以不衰之心、不竭之志却未能得遇贤达之主、清明之世，因而发出了似自嘲般怨天尤人的慨叹。《尚书·洪范》孔传曰："天与禹洛出书，神龟负文而出。列于背，有数至于九。"

同时龟还被用于刻画文字，记载历史。龟的鳞甲数目及其分布都很整齐，龟板的裂纹也很规矩，古人不解自然的造化之功，以为这是很神秘的。传说仓颉就是俯察龟纹、鸟迹、兽蹄之象，博采众美，从而创造了文字。仓颉泄露天机，将人教坏，所以《淮南子·本经训》才说他造字时“天雨粟，鬼夜哭”。人有了文字，变得机灵起来，会争着去做赚钱的商人，辛辛苦苦种地的人便少了起来。天怕人不够吃，所以才降下米来让他们存着救急。鬼也害怕人用文字来制他们，所以夜里号哭。人们把文字刻在龟甲和兽骨上，成为我们所说的甲骨文。这是我国最古老的文字，已有四五千年的历史。但这刻字所用的龟甲，却不是龟身上的所有“地带”，而是龟的腹甲。之所以在龟甲上刻字，除了它易刻不易殁而外，大约还是受了卜筮的启示。“夫揲策定数、灼龟观兆、变化无穷，是以择贤而用占焉，可谓圣人重事者乎！”大抵《龟策列传》多少透露了一些这方面的信息。

随着时间的推移，龟从神的信使一转而为神本身，随后统治者又把象征世俗权力和功业的石碑，放在它的身上，并称之为赑屃。从而成为世俗君王泅水泛渡之舟，有它托驮，何愁江山不能永固？世俗君王及其权贵们用隐恶扬善之法，将自己的功德业绩刻在石碑上，企图让赑屃托举给后人，从而实现千秋万代、永垂不朽。

随着竹简的发明，龟作为文字负载者的使命宣告完成。它虽然卸去了身上所负的传播文化的历史重任，卜的意义也渐渐消失，但作为世俗权力象征物的意义并未结束，同时又增加了吉祥福寿的意义，并因此而逐渐进入世俗生活。

曹操在其《步出夏门行》组诗之四中写道：“神龟虽寿，犹有竟时，腾蛇乘雾，终为土灰。老骥伏枥，志在千里，烈士暮年，壮心不已。盈缩之期，不但在天，养怡之福，可得永年。”语气中流露出对人生短促的慨叹，其中即提到了龟的长寿。

龟之象征长寿，本由龟的自然属性所定。《庄子·逍遥游》说：“楚之南有冥灵者，以五百岁为春、五百岁为秋。”冥灵即龟，可见龟是长寿之物。《庄子·秋水》记载了这样一则故事：楚威王欲用庄周为相，并因此四处寻找庄子。当时“庄子钓于濮水，楚王使大夫二人往先焉，曰：‘愿以境内累矣！’庄子持竿不顾，曰：‘吾闻楚有神龟，死已三千岁矣。王以巾笥而藏之庙堂之上。此龟者，宁其死而留骨为贵乎？宁其生而曳尾于涂中乎？’二大夫曰：‘宁生而曳尾涂中。’庄子曰：‘往矣！吾将曳尾于涂中’”。龟在这里，既象征世俗权力和功名业绩，又是“大年”，即长寿者。

唐代达官经常腰束金龟，标示地位，用以表示贵贱尊卑。一次贺知章在长安宴请李白，就用金龟换酒。贺虽为达官，却不以金龟为贵，舍而换酒，足见其重视友情的程度。

宋陶穀撰《清异录》，记载了唐、五代时期的趣事雅闻，其中一则叫《灵寿子》，说：“武宗为颍王时，邸园蓄禽兽之可人者，以备十玩，绘十玩图于今传播。九臯处士（鹤），玄素先生（白鹇），长嘴都尉（鹅），灵寿子（龟），惺惺奴（猴），守门使（犬），长耳公（驴），鼠将（猫），茸客（鹿），辩哥（鹦鹉）。”龟被称为“灵寿子”，可见宋代的龟既是灵异之物，又是福寿的代称。龟的这种神圣福寿之意，随文化的交流又远渡东洋。日本人至今依然以龟为圣物，取名也多有用龟者。这显然是跟唐宋人所学，唐宋人多有以龟为名、字、号者，李龟年、陆龟蒙、王龟年、杨龟山等。金元以后，龟作为神授权力的象征，依然负载着滞重的石碑，但在市井生活中的地位却已明显下降，而且还常拿这神圣之物来取笑、嘲骂人。

那么龟何时成了世俗生活中的卑物并进而变为辱人之秽语了呢？成书于元末明初的《水浒传》里，已将乌龟用为“王八”之意。但《水浒传》里却没有明白无讳地说龟。明初人陶宗仪在其《南村辍耕录》中载金方所诗“宅眷皆为撑目兔，舍人总作缩头龟”。俗谓兔望月而孕，因此“撑目兔”谓妇不夫而孕。龟则用来比喻其夫纵妻行淫。这是对妓院中男女丑态的描写。但为何将纵妻使女行淫者唤作乌龟呢？清翟灏在《通俗编·直言补正》中说得明白：“娼妓有不隶于官，家居卖奸者，谓之土妓，俗谓之‘土窠子’。又以妻之外淫者，目其夫为乌龟，盖龟不能性交，纵牝者与蛇交也。”“土窠子”，民间称为“窑子”。之所以把“妻之外淫者”称作乌龟，是因为在人们的习惯性认识中，龟自己不能生育，生育下一代要靠蛇来帮忙。所以龟的阴阳内事，一般都要求请蛇来充当“代理”。

但是赋龟以这种意义，却不是清朝的事。大约元代即已如此。《南村辍耕录》所记即是明证。但又何以叫“王八”和“戴绿帽子”呢？“王八”一词，出于五代王建。欧阳修《新五代史·前蜀世家·王建》说王建“少无赖，以屠牛、盗驴、贩私盐为事，里人谓之‘贼王八’”。明代小说家又称“王八”为“忘八”。清人赵翼在《陔余丛考》卷三十八中，对“忘八”作有明确的考释：“俗骂人曰杂种、曰畜生、曰王八……，明人小说又谓之忘八，谓忘礼、义、廉、耻、孝、悌、忠、信八字也。”看来，“王八”的本意就是“忘八”，乃是忘掉了八项道德准则的意思，即不知羞臊、寡廉鲜耻的称谓。

但为什么称妻女不贞或纵妻女行淫者为“戴绿帽子”呢？欲说明这个问题，须就从古代刑罚上溯其源流。《汉书·武帝纪》载刘彻语云：“朕闻昔在唐虞，画象而民不犯。”相传尧舜为帝时，对犯法者不用肉刑，而只在服饰上添加标记，以示惩戒。既是对犯法者之惩处，又是对未犯法者之警戒。这种在服饰上加标记，或在脸上画象的习惯一直延续着。汉时，让犯人穿上一种赤褐色的号服，称为“赭衣”。所以《汉书·刑法志》说：“奸邪并生，赭衣塞路。”这种情况一直向后延续，唐人封演在《闻见录》中说：地方官李封对犯罪者“不加杖罚，但令裹碧头巾以辱之”，并根据罪犯犯罪的轻重程度，决定裹几日为限，即“以日数为等，日满乃释”。

不仅罪犯，地位低贱的下层人，也经常穿着青、碧、绿等服饰。而黄、红、橙等暖色，则是统治者、贵族、士人和大绅商穿着的标志。凡以非暖色为服饰者，便是下等人。因此大科学家沈括在《梦溪笔谈》中也说，苏州有不逞子弟，纱帽下著青巾，孙伯纯知州判云：“巾帽用青，屠沽何异？”可见，穿戴青、绿、碧等色的人，社会地位十分低下。

但到了元代，这种服饰却专门用于娼妓、“乐人”。元代官修的《元典章》里规定：“娼妓穿皂衫、戴角巾儿，娼妓家长并亲属男子，裹青头巾。”并且《新元史·舆服志》载元仁宗延祐元年（1314）定服色等，规定娼家出入，只服皂褙子，不得乘坐车马。

明太祖朱元璋登基以后，继续实施这种服饰法。洪武三年（1370）下诏：“教坊习乐艺，青卍字头巾，系红线褡膊。乐妓，明角冠、皂褙子，不许与民妻同。”同时还规定，“教坊司伶人常服绿色巾，以别士庶之服”。《国初事迹》的作者刘辰，也记载了明朝初年朱元璋对南京娼妓所作的种种规定。规定娼妓家的男子必须“戴绿巾，腰系红褡膊，足穿带毛猪皮靴，不许街道中走，止于街傍左右行”。又规定：“妓妇戴皂冠，身穿皂褙子，出入不许穿华丽衣服。”由此可见，元明时期已将“妓女”和“乐工”家长（一般其妻女皆为歌妓）的服饰作了青绿色的规定。头戴绿头巾，即是卖淫者家长的标志。表面上看来，仿佛是因为这种巾饰与龟头同色，所以才将纵妻行淫或妻子行为不轨者叫作乌龟，或“戴绿帽子”，其实是把行淫同犯罪等同起来。将这种人称为“忘八”，便表现出了问题的实质。即这是封建道德的法律化形式。长期以来，统治者用封建的道德观念来束缚人们的手脚，而自己却纵欲行淫。所谓“乌龟”、“忘八”或“戴绿帽子”正是“存天理，灭人欲”的封建伦理道德标准的现实化和普遍性写照。因此，这种称谓的流行，并非世俗所成，而是统治者以法律形式制定并推广下来的。

这样一来，乌龟便从九天之上，一跌而入市井中，由圣灵转为卑物了。

（本文是作者年轻时玩耍般的作品，发表于《文史知识》1992 年第 11 期。收入本书时，并未添加新的资料，只是个别处文字略有改动。）

略说我国的原始艺术

原始艺术，就广泛的意义而论，是不存在时空界限的。世界各民族都创造过优秀的原始文化，其中自然包括艺术一项。而且，就现代而论，澳洲的土著和北极附近的因纽特人依然在创造着原始艺术。

我国的原始艺术，是先民们在原始生产和生活实践中产生的。艺术由生活中来，又反射并映照生活，双方互推并进，使生活向更高的境界演进。这是自然公理。

但是，艺术是人类社会发展到一定阶段的产物。考古发现的我国境内最早出现的人类是云南元谋人，他们生活的时期距今一百七八十万年，而真正艺术品的出现却是在旧石器时代的中晚期，距今至多不过数万年或十余万年。也就是说审美的人是在旧石器中晚期才出现的。

原始艺术的种类，大致可分为艺术品与半艺术品两类。

所谓半艺术品，就是借助并附着在生产和生活用具和用器之上，以实用为主兼含人类审美需求的作品。虽然最早的艺术品就是生产工具本身，但绝不是所有的生产工具都是艺术品。一个重要的事实，就是任何一项审美活动都不能脱离人的肉体感官产生的的愉悦情绪而独立存在。生产工具之成为艺术品，必须是灌注了并且折射着人类审美意识的灵光的。只有经过磨制和修饰（如钻孔等）的生产工具，才能使使用者产生舒适和愉快的情绪，因此，真正的作为艺术品的生产工具，只有在新人阶段，即旧石器时代才能产生。就人而论，没有艺术的生活是难以想象的，原始先民经过艰难的跋涉，终于走进了艺术，美神的爱箭射醒了他们昏睡了数百万年的心灵。人类从此过上了真正意义上的文明生活。

但是，那些被称为艺术品的生产工具，却只能令人遗憾地被称为半艺术品。它们无论如何，都无法脱离实用目的而单独存在。而实用常常是这种半艺术品的主要制作目的，审美只能是附着在实用目的之上，并依赖于这种目的而存在的。而完全意义上的艺术品，是必须专供玩赏、体味，从而愉悦情绪、丰富人生甚至是使生命因之而升华的东西。它以审美的目的替代了物品的实用价值，从而使人生在审美的情绪中实现沉醉，实现对生活和自我的超越，达到超越生命和实现自由的至高无上的精神境界。正因为这样，陶器也同生产工具一样，无论其多么精美，也只能是半艺术品。因为它无论如何脱离不了日常生活的实用目的。

半艺术品的最高成就当属陶器。我国出土的陶器，花样繁多，品种丰富，有红陶、灰陶、黑陶、白陶、印纹陶等，可谓琳琅满目，美不胜收，是埋藏在地下的金碧辉煌的艺术宝藏。这些陶器，无论在选配材料，成形技巧，艺术再造和烧成温度方面，都已达到了相当高的水平。它构成了后世瓷器的基础，并成为后世瓷器当之无愧的先祖。

值得一提的，就是半坡村等地出土的彩陶。彩陶花纹极其丰富，诸如人面纹、鹿纹、鱼纹、蚌纹、鸟纹、蜥蜴纹等，还有叶子纹、花辫纹、稻穗、稻粒纹等，也有水纹、指纹、漩涡纹和舞蹈纹之类。应当说，水纹、指纹、漩涡纹和舞蹈纹是人类在恬静的心绪下制造出来的，它们更具有审美的价值，尤其是舞蹈纹。舞蹈自然是了不起的艺术，而舞蹈纹则将过程艺术变为瞬间艺术，化动为静，缩大为小，融生命冲动的全过程于一个微小的瞬间，把视觉审美的片断变成整体，是审美对于艺术热恋的光彩照人的吻迹，是创造后的再创造，是对审美人生的辉煌壮阔的场面的微型符号缩写。它满足了人类审美的需求，同时也弥补了人类在审美过程中为器官所固有的，不能超越时空界限的缺憾，给人留下绵长而持久的回味。

其他动物纹和植物纹所表现的，更多的则是人类社会形态从狩猎和游牧向农耕种植的形式的转化过程，是生产方式发生变革的历史记录。

必须澄清的一个问题，就是关于彩陶上的所谓几何图案问题。如所谓菱形纹、椭圆形纹和三角形纹等。

笔者认为，考古学家认定这些图案为几何形也不过是权宜之计。须知，在那样遥远的时代里，几何学、逻辑学和哲学等还都是远在天边的事情。其实所谓三角形纹、菱形纹等多半是蛇类或蜥蜴类的鳞片的简化式组合，而椭圆形纹更像是鱼类鳞片排列抑或是鸟雉之卵的垒叠或堆积。类似于水波纹的线条可能是用来表现树皮褶皱的。因此，彩陶上的艺术花纹，只能是对具体事物及其情态的形象化模拟，它更像今天的“写生”。象征意义恐怕还谈不上，更不可能是所谓抽象的几何图案。这自然不是什么仿生学，但却是仿生画。

陶器之作为艺术品，“又以其光滑、对称、比例适中、平衡感强和富于曲线美，而对后世的工艺和绘画产生了深远的影响，它奠定了中国工艺美术图案的初步基础”（《中国艺术简史》第5页）。

从半艺术品到完全意义上的艺术品，就心理创作过程而论，是没有时间间隔的。客观上的时间间隔，多半是因为创作的物质条件的限制才表现出来。在生存还成为问题的时代，审美创作当然尚属后话。唯物史观的重要意义之一就在于它认识到了并且勇敢地承认了这一严酷的现实。说它严酷，是并不夸张的，因为它与人类企图超越现实生活，从而实现在精神和情感王国里的自由的美好愿望相冲撞。人类在心理上说，是不愿意接受这一事实的，因为这一事实既是人类所不能摆脱，却始终试图摆脱掉的。正是因为始终存在着这种指使崇高理想的善良心态，才阻碍了人类对真理的认识，致使人类直到马克思，才认识到这一极其普遍的客观现实。这是人类的可悲之处，也正是马克思的伟大之处。

在我国漫长的原始社会时期，作为完全意义上的艺术品的出现，大约是在陶器艺术产生或盛行的时代里。其种类也非常繁多，如雕塑、绘画、人体装饰、舞蹈、音乐、诗歌等。

雕塑与绘画艺术在我国原始社会，多半是以对自然物、生活环境和生存者的状态和行为的描摹为主，再加些换位和夸张的手法。换位方法，就是对画中人物的位置，按照作画者的意图进行移位和拼填。这种手法在今天多半已成为儿童淘气玩耍的手段，但在当时却是了不起的发明。现代西方某些“难解”的艺术品，其实也不过就是拼填移位所成，如砸碎一个大提琴，然后将碎片稍作移位整理之类。这种模仿原始的寻根现象，既表现了现代艺术在“穷途末路”时对现代本身的反叛，它通过溯源寻根式的手法，表现艺术及艺术家在创作激情找不到发泄门径时的焦躁和愤懑。同时也展示了原始艺术作为现代艺术创造的动力库藏所涵含的巨大能量。西藏日土县的任姆栋山岩画和内蒙古百岔川的广义岩画，以及其他的岩画，甚至澳洲土著人的岩画均可清晰地看出这种移位和拼填式手法的普遍运用情况。这些岩画，多以石器工具磨制，用矿物涂料平涂，线条粗犷清晰，内容形象生动，风格古朴逼真。场面多为追逐动物的狩猎过程，是对原始狩猎生活的惊心动魄的写照。其中虽多有夸张之处，但仍然具有相当的史料价值。

而像沈阳新乐文化遗址中的大鹏金翅鸟的木雕，以及辽宁喀左县东山嘴红山文化遗址的孕妇陶像、西拉木伦河南岸出土的三星他拉玉龙等，除换位手法以外，又多以夸张的方式表现艺术。大鹏金翅鸟，已经炭化并断为三截。由于木制品极难保存，这则木雕在地下埋藏了七千余年，整体形象尚且完好，自然也就成了珍品。它的形象虽然不很逼真，但却朴实、生动。夸张手法的使用，使得我们完全可以透过它长达尺余的躯干，领悟到它坚毅的目光中所表现出来的振翅欲飞的凌云壮志。这是原始先民倾慕自由生活的艺术写照，是借助艺术品来表达崇高理想的较为优秀的作品。东山嘴的孕妇陶像，均已丢失了头部，却个个腹隆如山，肥美而且丰满，并用压印三角纹突出女阴。女阴崇拜里，自然不含有满足性欲，从而实现肉体快感的成分，也并没有灌注对母亲的依恋情怀。它所表现的是人类对自身繁衍的需求，是人类对自身生存发展下去的决心和信心的自述。诚如《老子·六章》所言："谷神不死，是谓玄牝，玄牝之门，是谓天地根。"所谓"玄牝之门"，就是女性阴门。这些夸张得非常精美的小陶器，也可算是中国的断臂维纳斯了吧？所不同的只是中国维纳斯对于体型线条的描写略微寡淡，而注重生殖的目的过于明显罢了。

中国人自古就对自由充满着热切的渴望。如同庄子用语言塑造的鲲鹏形象一样，三星他拉的玉龙，则用玉雕表现了这种美好的愿望。这件五千多年前的大型墨绿软玉雕龙，"通体高达26厘米，猪首蛇躯，周身光洁，卷曲若勾，长吻修目，钢鬣飘立，蜷曲中隐含着升腾，安适中透露着威猛，使人望而敬畏，感到无比神秘。经专家认定，这条龙在当时是中国年代最早、制作最精的龙"（《红山文化》三星他拉玉龙节）。龙是中国的圣物。今天的龙子龙孙们之所以费尽心机地考证龙是否作为一个客观实体在中国大地上存在过，其意义完全在考证之外。上下四方无不崇龙，龙的凛凛威仪激励着一代又一代中国人顽强不屈地生存和发展下去。以至在世界范围内的古代文明之火递次熄灭的情况下，中国古老的文明依然焕发着勃勃生机，甚至造成了东学西渐的新倾向。这是有深刻的历史原因的，同时也是值得我们骄傲的。我们的文明不是用大炮发射出去，而是人家自己来拿的。这也就从侧面证明了中华古代文明的无穷的伟力。

夸张的艺术手法，在古代中国，更集中地表现在原始神话中。完全可以这样说，中国是神话艺术的王国。中国的神话是既多又广，但不成体系。其容量之大，数量之多，情节之奇特，想象力之超绝尘寰，都是世界其他民族中所绝无仅有的。中国的许多古书都记载了相当的神话故事，尤以《山海经》为甚。这部书堪称中国的原始神话大全。如盘古开天、神农鞭草、女娲补天、精卫填海、夸父逐日等的艺术描写，夸张地塑造了一个又一个战天斗地的伟岸形象，表现了先民对造福苍生的英雄的由衷感念和怀想，同时也展示了中国人征服自然、改造自然的坚定信心。还通过共工（古代神话人物）和刑天（神话人物）等形象的夸张性创造，表明了中国人不畏强暴，百折不挠的斗争精神和不怕牺牲、勇于献身的高尚情操。

应当说舞蹈、音乐和诗歌是原始艺术的最高成就和最集中的体现。遗憾的是我国并没有具有代表性的诗歌“出土”。出土最古的石、陶乐器也并不能再度奏出亢奋的原始乐章，我们只能通过文字的记载来从舞蹈的形式中体验音乐和诗歌韵律了。

诗歌之作为人类情感的最高表现形式，以及音乐之作为人类情绪的最高表现形式，虽然可以说是最高的艺术形式，但它们同样有着不易理解，或不易透彻理解的本性，因此，二者都是玄难的艺术。就其与现实生活的沟通与对话而言，舞蹈在一定意义上充当了翻译或媒介。

舞蹈，事实上是融音乐与诗歌于一体，合理想与现实于一身的艺术形式。尤其是原始舞蹈，它最能表现进而调动原始人的情绪，并使他们在激动而忘我的快乐情绪中，实现对以舞蹈形式表现出来的核心文化内质的自觉认同。舞蹈也因此而具有其他艺术形式所无法比拟的积极的世俗意义。诚然，现代舞蹈是原始舞蹈进化与发展的形式，但现代舞蹈随着它本身不断地添加一些诸如交际、谈情、消遣从而打发光阴等与艺术本身并无内在关系的内容，从而使得它愈来愈脱离艺术的本质而成为一种高雅的世俗庸品。

就舞蹈的特质在于调整动作节奏而论，它与音乐和诗歌是分不开的。所谓“载歌载舞”或“踏歌而舞”，所表现的正是舞蹈与诗歌、音乐的三位一体的品质。

青海省大通县上孙家寨曾经出土过一件“舞蹈纹彩陶盆”。这件彩陶上径

29厘米，腹径28厘米，底径10厘米，高14厘米，唇部和内外径均有彩纹。盆体画有三幅五人一组的舞蹈图案。舞蹈者手拉着手，面向一致，排列整齐。每个舞者的头侧系着像发辫一样的带子，摆动而有节奏，两腿弯曲呈踏歌状。这种情形，自然表明了先民在劳动闲暇时的惬意和青春活力。但它却是经过了提升并且规范化了的舞蹈形式，而原始舞蹈在起初时是由很多人参加的，颇似今天的篝火晚会。而且如格罗塞所说，它是属于男人的世界，女人只有坐在边上观看和和歌的权利。因为舞蹈在开始时多半是以对狩猎动作的模仿和调整为主要内容，同时也可能具有狩猎动作培训的性质。强壮而经验丰富的猎人是当时舞场上的明星，也是观众心目中的崇拜偶像。他们是生活中的强者。而今天的交际舞等，却多半是为了消遣而用，舞蹈者也不再是现实生活中的“楷模”，从而失去了“强者”的意义。教化和感召功能消失了。这是原始舞蹈者与现世舞蹈者的本质区别。现世舞蹈也因舞蹈者所怀的非艺术和教化目的而丧失了原始舞蹈的感召力和社会功用，从而丧失了作为艺术形式的生命力。

应当说，音乐是舞蹈的生命，虽然我们遗憾原始音乐并没有留传下来，但这是完全可能凭借想象力来弥补的。除此而外，我们有幸还能见到原始的石器、骨器乐器。这些现代乐器的祖先，虽然有的丧失了对其子孙的形象遗传，同时也喑哑了歌喉，但也仍有保存完整、音韵如初的原始骨笛血脉是相通的。如果将一支点燃的香烟放入其中，那飘逸出的袅袅细烟，就像古朴、庄重，激昂而又亢奋的原始乐章，令人油然产生幽古之玄想。

同样也可想见，当时是有大量的诗歌的，没有和歌的舞蹈是不易焕发激情，从而产生共鸣的。由此我们亦可推论，诗歌在当时，绝不是某个诗人的专利，而是全部落甚至是整个种族的同调合奏。它之与音乐联手共同融入舞蹈，对于产生对核心文化的共识，以及对此种文化的认同所产生的凝聚力，一句话，对祖国母体文化核心的形成，起到了不容低估的积极作用。因此，若无先民所创造的大量诗歌作为底基，《诗经》的产生是不可想象的。

概观我国原始艺术，约有以下几个特点。

第一，根植于现世生活，从中汲取丰富的养料。

原始人的生活，首先必须是社会性的，但却不能脱离所处的自然环境而独立存在。尤其是动植物的生存体系，对于早期从事采集和以狩猎行为为日常要务的原始时代而言，既是其生存所赖以存在的自然基础，又是其进一步发展不可一时或缺的条件。这一特殊的历史条件，造就和培养了中国人与动植物世界的天然的友善关系。

英国学者劳伦斯·比尼恩指出："我对中国艺术所要强调的一点，就是这种艺术将自己的根，深深植于大地上。""中国人从来也没有与这个生活的中间世界中断过联系"。"中国人似乎把他们早期与动物世界的友善关系，从遥远的上古一直带到了文明时代。"（《亚洲艺术中的人的精神》中国部分）

关于这一点，无论从原始宗教，图腾崇拜甚至原始巫术及日常审美中，都能找到足够的证据。

事实上，中国人不仅对动物世界有着良好的情感，对植物世界，也充满了同情和热爱，表现着艺术上无所不包的情怀和广袤无垠的宇宙生命意识。这是中国艺术最重要的特点之一。这种情形已经有了较为充分的体现，在后世的山水诗、田园诗，以及花卉、蜂虫等的绘画中表现得更为淋漓尽致。直到近现代，许多优秀的画家在绘画选题方面，依然表现着这种对自然事物的迷恋。如齐白石的虾，徐悲鸿的马，郑板桥的竹子，以及其他大画家的驴画、蜂蝶鸟虫画和草木花卉画等，都证明了和正在证明着这个事实。其所表现的正是中国传统文化的核心问题之一，即天人关系的和谐性。它表现了中国人"想作这个世界的宇宙公民的欲望"，表现着中国传统哲学天人合一的主体精神。

第二，以实用为主要目的和出发点，融实用与审美为一体，这既是中国原始艺术的特点之一，又是中国传统文化的显著特点。无论是陶器艺术还是工具艺术都表明了这一点。从这里我们可以看出原始艺术在文化形成过程中的意义和功用，同时也可以通过这一点，领悟艺术之与文化的关系，并借此给艺术以文化意义上的定位。

第三，缺乏对客观事物的本质进行探讨的好奇心。这一点与古希腊人努力追求事物的本质，形成了极为鲜明的对照。这个特点，因其在发展到一定程度时，容易使艺术丧失个性，从而限制其题材的扩展与深化。久而久之，艺术家便被完全融于客观事物的现象世界中，独立的人格从艺术品中消却了。这种自我的迷失，较之一般人，艺术家更为可悲。这也是中国之没有蒙娜丽莎的微笑的重要原因之一。

正如，任何事实都不能脱离本根而独立发展一样，中国的原始艺术在其发展进程中，对后世艺术造成了不可低估的深远影响，后世艺术也因之而表现着与原始艺术在血脉上的传承关系。最为典型的当属瓷器对于陶器的继承。它与诗歌、绘画等的传承是不同的，因为后者是具有相当普遍性的，世界各地的其他民族也多有类似的情形。而瓷器可以说是中国人献给世界的艺术精品。英文的China，原为小写，意为瓷器，后来大写转意为中国，并被其他许多种语言所接纳和采用（如德文也称中国为China），不过在读音上略有出入而已。可见，瓷器之作为媒介，使西方人认识了中国，并成了中国的代称。这也从客观上证明了瓷器艺术在中国文化中的重要地位。

原始艺术也如一般艺术一样，尤其在中国这样一个以农业文明为主体的文化国度里，它之对部落团结，协同劳动，增强民族凝聚力并进而构成核心文化，对于原始人产生对核心文化的认同，都起到了积极的巩固和扩展作用。同时也为确立该社会的文化伦理关系，起到了不可低估的作用。

（本文是作者 1993 年 11 月所撰糙文，主要参考了《中国艺术简史》，国内有关考古文献，英国劳伦斯·比尼恩的《亚洲艺术中的人的精神》之“中国艺术部分”，德国哲学家、艺术史家格罗塞的《艺术的起源》等。该文被收录在北京大学出版社 1996 年 10 月出版之《未名论集》中。）

养不足，则志不济——有感于荆公一言

王荆公在评价杨、墨之学的时候，曾经说过如下一段话：

“是以学者之事，必先为己；其为己有余，而天下之势可以为人矣，则不可以不为人。故学者之学也，始不在于为人，而卒可以为人也。今夫始学之时，其道未足以为己，而其志已在于为人也，则亦可谓谬有其心矣。谬有其心者，虽有志于为人，其能乎哉！”

其言可谓有明显的针对性。姑置北宋情况不论，以目下而言，仍然具有相当的借鉴意义。

很多青年学生在未开始向学问学之前，即已立下所谓的宏图远志，那志向高大得简直有些吓人。但若论所学，则空空如也。腹中无墨，何以能涂得江山锦绣？即便从政，也不是像想象的那样轻易。学力不到，遇事便不知如何处置。所谓学力者，非学历之谓也。南宋著名易学家朱震，学了20多年的周易，到了陈公辅上章请求高宗禁止程颐学术的时候，却一时不知所措，既怕士大夫议论自己没有坚守，又怕得罪当政者，于是左右为难，向人询问如何才好。等到别人想了一段来告诉他的时候，道学的禁令已经下达，事情已经无法挽回了！朱震因此受到老友胡安国的指责，胡安国质问他平日学易的功夫都到哪里去了，竟然在大是大非面前毫无主见且不能临机处断！连朱子发那样学养高深都不能临机处断，更何况寡学与无学者们呢？在这一点上朱子发远不及胡安国。胡安国见义之勇，处断之绝、行己之严和判事之明，正如《宋史》的评价一样：“如大冬严雪，百草萎死，而松柏挺然独秀者也。”

所谓学者，养己成物者也。自己没有在学习中通过生命的体会，所学就永远进入不了自己的生命中，像耳环一样，只是挂在那里给别人看的，对于自己来说，既不能成为自身的一部分，参与生命过程，反而徒增负荷，使自己担心并感觉沉重。善于学习的人，总是能努力把所学化为自己生命的一部分，使自己的生命成长起来，在此基础上立志，既可靠又坚实，行事也就有了原则和措施。

为学之弊，最在才力不足而先立鸿鹄，如此鸿鹄，不知将把人引向何方？同时即使方向偶或巧合，也不会有相应的妥善措施。初学者如果“谬用其心”，结果是很难想象的，不唯耽搁自己一人，一旦获得一定权力，就将贻害广土众民。还会造成后世初学者的效法，危害之深，绝非三言两语所能尽之。

学养是人的生命厚度的最重要标志，没有学养的人的所谓“志”，是假的，假得连他自己都不知道。学养不深的人，同样很难真正有宏图远志，即便有，也是极难实现的。未及有学而先立志，这是无法令人相信的自误，但在这个世界上，这样的事情还偏偏不少。这就是荆公一言的启发，而荆公本人的熙宁新政，之所以屡遭当代和后世学者非议，主要也是由他自己的学养不足，“见道不明”所致。

学之不易得，志之不易立，由此可见一斑矣。

（为湘潭大学机械工程系学生刊物《视窗》草作，2002 年 10 月 21 日。）

雏凤且乘秋意飞

经过近一年的紧张而繁忙的筹划与征稿、审稿，这本研究生的“杂志”终于要与朋友们见面了。这是一件很好的事情。研究生刊物，全国很多名校都有，湘潭大学实亦应该有之。有了她，研究生们就有了自己的说话Hyde Park（英国伦敦的海德公园，原本是英国国王的狩猎场，18世纪末辟为公园，其中的一角是自由讲演的场地。每到周日，只要不进行人身攻击，谁都可以站在那里演讲，阐述自己的各种观点和主张，至今仍是充满魅力和令人向往的自由讲演者之“家”），也有了培养和激发学术兴趣、锤炼学术、思想能力的精神园地。我想我们的研究生，肯定会珍视这来之不易的努力成果，认真对待，写出高质量的好文章来。

创办这样一份刊物，起初是方克立先生的意思，按照方先生的指示，我们应该按照纯学术的要求来选择文章，我希望不管将来出多少期，我们都不能违背纯学术的原则。这是我在这里最想说的一句话。

希望这本刊物能够充分反映同志们的研究实力和研究成果，坚定地坚持纯学术的原则并坚定地把住质量的关卡，而不要偏离方向或滥竽充数。

亲爱的作者同学们，中国学术未来的希望就在你们身上，只要坚定信心、坚持不懈，你们一定会成长起来，要有超过师长的自信心和责任感。

桐花万里丹山路，雏凤清于老凤声。

权以上面简短的文字，充当发刊词，请师友和同学们见谅。

（本文是作者于2003年5月30日，为湘潭大学哲学历史文化学院研究生自办刊物《楚天》所作发刊词。标题为近日所添加。）

泠然直上九重霄

当人类不再把精神视为无上的财富和价值之时，上帝和圣贤定会暗自哭泣。尤其是在一个先哲如群星布满历史天空的蓄龙栖凤之地。

哲学是今天最不时兴的专业，很多高校的哲学系都已经改弦更张，换了名目。有叫哲学与管理学院的，有叫哲学与历史学院的，有叫哲学与文化学院的，有叫哲学与社会学学院的，甚至有的早已泯灭在“人文学院”和“管理学院”、“行政学院”等名目里。不仅如此，哲学的生源也已成了很大的问题，而来校读书以后由哲学而转入其他如法律、经贸、外语、新闻等专业的学生也很多。哲学系在今天的高校中，总的说来越来越显得有些缺乏生气。

但人间往往有很多奇怪的事情，湘潭大学的哲学系就是个案之一，近年来，竟然有很多学生转入哲学系，并且哲学系的学生也在学校里表现得生龙活虎。他们思想活跃而又有相当深度，并且经常举办一些有意义、有影响的学术活动，真是令人感佩之至。

2001级同学刚刚入校还不及一年，就决定办班刊，实在是一件好事。班刊可以激发同学们写作交流的热情，也可以通过文字的表达来展示思想并锤炼思想的条理性和精确性。我国台湾著名学者韦政通先生曾经说，一切思想和学术上的收获，只有落在笔上才是可靠的。意思是如不能表达为文字，则其所学所思，总有云里雾里的感觉，不确实，也不牢固。因此，办班刊对于同学们巩固所学和确证所思，无疑是有重要意义的。我希望看到同学们在班刊上的好文字，这是你们的成就，同时也是你们未来难得的回忆。即使办成《齐谐》，也还可以借机展示“九万里”的凌云志气。

（本文为作者 2002 年 4 月 22 日给湘潭大学哲学系 2001 级同学所创班刊而作，标题为近日所添加。）

无用何妨心底忧

黄勇是一个很不一般的年轻人。他在常德师范学院（现为湖南文理学院）读本科期间就已经发表了若干论文。这些论文主要都是研究早期的图腾尤其是生殖崇拜的。现今他又将所写的有关此一方面的文字，整理一处，重新校订安排，成了现在的集子。应该说他的学术兴趣和学术耐力都是很可嘉许的。

两年前，黄勇和常德师范学院的另外两个同学“慕名”来到我的家里，我和他们谈了很久，我们从此相识。我深感黄勇的不易，因为今天的大学很难培养出真正的学术人，原因在于整体导向出了问题。现在的本科生甚至硕士研究生和博士研究生，只会考试，更多的甚至只会考外语。而这种不当用的“水平”，一遇到翻译和对话就登时哑然！考试一结束，所学的东西就都还给老师了。而真正如黄勇这样有自己独特的学术爱好，又能坚持研究，而且已经小有收获，这真是一件值得欣喜和庆幸的事情。在文凭不断升级，质量不断下降的整个中国教育界，像黄勇这样的年轻人并不多，因此也就显得更加可贵。我希望黄勇能够坚持下去，因为以现在的年龄取得现在这样的收获很不容易，一定不要轻易放弃。而且我也同样希望多出些黄勇这样的学生，尽管只是个本科生。

现在的本科生和硕士研究生甚至很多博士研究生，为学投机取巧，逢迎时兴，根本没有自己的研究领域，同时也没有愿望开辟自己的学术领域，因为这样做可以说是既劳累，又没有更大的经济效益，不如读研、读博来钱快，毕业就有单位要，而且工资、住房、安家费之类都随之而来。人们说读博相当于存款，至少等于每年存三四万元钱。所以很多好钱的人都去读博了。博士满天飞，有学无几人。这是十分令人忧虑的。长此以往，中国教育何以堪！并不是借为黄勇著的这部小书发感慨，只是对中国目前的教育表示自己无用的忧虑而已。教育不是名利场，学子一定不要为了名利而从事教育或研究活动，否则害了自己，使自己一生终无所成不说，危害社会，使人心风俗浮华邪劣却非小事。在这里，我也希望黄勇不因些许小获而沾沾，为学是慢工夫，需要长久坚持不懈的努力。借用五峰胡宏先生写给自己弟子的话告诫黄勇：为学“是终身事。天地日月长久，断之以勇猛精进，持之以渐渍熏陶。升高自下，致遐陟迩”，争取“有常而日新，日新而有常”，切忌“少有所得，则欣然以天地之美为尽在己，自以为至足矣”。黄勇不是我的学生，我更不敢以五峰自居，只是觉得五峰当年的话语，仿佛专门针对今日某些学者和时下学风而发，颇为感触，权此录下，说给黄勇，说给我自己，也说给一切正在为学和将要为学的青年朋友，妄图阻止急功近利和急切速成的现代弊端而已。虽然螳臂当车，不惜鲜血淋漓罢了。

我虽曾关注过生殖崇拜的问题，但对生殖崇拜和图腾崇拜也只是有所了解而已，真正说起来，实在缺乏深入的学习、研究，本无资格为该书写序，但黄勇之诚不能不使我感动，于是就信笔写了上面这样一段话，权当是对作者和我个人的希望和勉励，如此而已。

（本文是作者在2002年3月21日，于湘潭大学北斗村2栋401房间，为黄勇的《生殖崇拜与中国青铜器时代》所作序言，标题为本次整理时所改。该书由远方出版社2002年5月出版。）

宋代儒佛关系的相斥与相成
——李承贵新著《儒士视域中的佛教》简评

宋儒与佛教的关系问题，既是宋代儒学发展史中最重要的问题之一，也是宋明佛教发展史上的最重要的问题之一。

有关此一重大问题，学界一向不乏重视，但因佛教本身繁复艰涩，加以宋儒与佛教关系细密复杂，论者多半畏而转思，偶或涉及，往往浅尝辄止，挂一漏万。更有甚者，则断章取义，望文生义，人云亦云，凭臆想、驾虚设，各种情形不一而足。而真正扎扎实实，通过艰苦细致的研究，弄清新儒学与佛教关系的，却少之又少。这确实是宋代理学和宋代佛教关系研究中的一个重大的遗憾。承贵君的新著《儒士视域中的佛教》，实在堪为此一方面最值得称道的踏实之作。

新儒学何以产生？新儒学若何发展？新儒学为什么有那样的总体取向和基本特征？新儒学为什么能够成为宋代那个样子？还有，理学家们为什么能够怀有那般强烈的伦理热忱，满怀激情，投注心血甚至燃烧生命来复兴儒学？他们为什么满怀不平地奔走呼号于朝野之间，必以“辟邪说，正人心”为要务；为什么能够那般安贫乐道地处荒莽，甘寂寞，创书院，授生徒，讲诵儒家经典？而又以那样的方式去重新阐发传统儒家的义理，弘扬其精神，建立起那样一种形态的新儒学思想体系？如上种种，都是因为佛教在天下的盛行。佛教“来势之凶（汹），影响之广，为‘害’之大”，都是“亘古未遇者”。新儒家学者群体的出现，乃至新儒学得以产生的最重要的导因，实在就是受到了佛教的刺激。由于佛教盛行于原本是儒教的天下，儒者们受不了这种屈辱和刺激，他们将生命中最深的隐痛化为现实的拯救儒家历史命运的行动，他们在对佛教的批判中重新定位传统儒学，再度鼓荡起儒家人文主义和现世精神的理想，创建新儒学，将儒学的太阳从陨落中托起，推进到一个崭新的历史阶段。没有佛教的刺激，就不会有新儒学的产生，如此则我们不能不说：“感谢佛教！”

根据承贵君的研究，儒者们采取了“修本胜之”（欧阳修）、“异同相济”（李觏）、“远之置之”（二程等）、“化腐朽为神奇”（胡宏）、“反经固本”（张栻）、“理会自家事”、“救振往圣学”（朱熹）等方略，以应对佛教。尽管这些宋代的大儒们对于佛教所持的态度有所不同，如王安石、陆象山、叶水心等对佛教多所宽容与肯认，但他们在拒斥佛教的根本立场上，却保持着高度的一致。由于这种一致性，宋儒群体对佛教的了解存在很大的片面性，对佛教的认识很多是失真的，“‘儒学本位’和‘实用性’”，是“宋儒佛教观的两个基本特征”。这两个基本特征，“贯彻于宋代儒士认知、理解和批判佛教的所有方面”。从而造成宋儒对佛教理解的“隔膜”，使得他们对佛教的文本、教义和佛教特质的理解都与佛教的实际情况有相当的距离。

宋儒高居于审判者的地位上，佛教则只能被动地接受“正义”的审判；宋儒站在儒家本位的立场上，按照“同质相融，异质相斥”的取舍原则，将佛教作为可利用的资源，吸取与儒家基本原则相同或相近的，凡与此相背与相离者，尽在斥逐之列。“宋儒对佛教的批判、改造和诠释的过程，也就是改造佛教的特质”的过程和“使之儒学化的过程”。在适量地吸取佛教的思维方式、修行方式和教学方法等的同时，努力消解佛教，使之不断儒学化。按照承贵君的说法，“宋代新儒学在概念、范畴的运用，教学、修行方法，思维方式，表达方式等方面，的确与佛教、禅宗有很大关联”，这种关联，“不仅加速了儒家的理论化、体系化、形上化进程，而且为儒学的传播、发展开辟了道路”。宋儒在向外采取对佛教的斥逐与批判的同时，转向自身，加固儒学的理论基础，加深对儒家基本原则的重新理解，夯实基础，纯洁自身，从而开出了不同以往的发展道路，谱写了儒学发展历史的崭新篇章。

与宋儒受佛教的刺激，借助佛教和禅宗来重建新儒学的历程相辉映，佛教在对来自新儒学的批判做出必要的回应（如契嵩等）的同时，也反观自身，认真反思检省，改造自身，“（如智旭、真可、袾宏等）并由此提出了限制发展规模、重视佛教价值、善待文字作用、改正讲道方式、完善修养方法等极富价值的主张”。佛教也在新儒学批判的刺激下进一步走向“世俗化”和“伦理化”。

依据承贵君的研究，尽管儒家学者在很大程度上并没有真正深入到佛教思想的精深之地，但他们对于佛教的认知、理解与评价，却对佛教产生了重大而深远的影响，这种影响主要表现在以下5个方面，即：“允许佛教存活，但在空间上必须给予限制；承继佛教基本精神、基本内容，但有所删改、有所发挥、有所充实；继续推动佛教基本特质的中国化、儒式化、人间化转变，但反对任何与佛教相矛盾的走向；开掘出佛教中的入世、治世观念，以丰富佛教思想内涵和增加佛教应答人类社会问题的能力；实现佛教传播、发展的理性化、有序化。”

实际上宋代新儒学与佛教的关系是双向的，互斥互取，互利互惠的。

尽管宋儒出于捍守儒家独尊的价值文化本能，在心态上经常对佛教采取必欲斥之而后快的态度，但是他们通过对佛教的批判和吸收涵养了自己，佛教因此成了他们创建新儒学的最大动力和最有益的资源。佛教滋育了新儒学。

同样，由于儒者的批判和帮助，佛教也得到了进一步的发展，佛教的“完全”中国化的过程的完成，实亦仰赖于新儒家的佐助，没有新儒家的批判，佛教的中国化的进程，就不可能彻底完成。新儒家帮衬了佛教。

佛教与新儒家虽然在表面上和形式上互不相容，但在实质上却是互相激励、互相成就的。这正是宋代思想史上最美妙的奇观，也是人类思想史上少有的异质文化相融相助的典范。这既是思想史的事实，也是承贵君坚实的研究所告诉我们的。

（本文是作者为南京大学李承贵教授所著《儒士视域中的佛教——宋代儒士佛教观研究》所作书评，2008 年 1 月 31 日发表于《社会科学报》。）

硕士研究生的优秀著作

孟老夫子早就说过，“得天下之英才而教育之”，乃是人生一大幸事，尤其是像我们这些长期从事思想史研究和教学的“先生”们。多么希望有那样一些对人类的思想、历史和文化真正感兴趣的年轻人来到身边，与自己一道玩味、追索思想、历史和文化的深邃韵律，将这样一些人类最可宝贵的精神财富传承并发扬下去！章飚能够来到我身边，是我的庆幸，我首先得感谢我从前的学生刘依平博士，在他的大力推荐下，章飚才报考了我的研究生。

在中国这块一向重视做官的土地上，又赶上今天这样一个发疯似地重视挣钱的时代，有多少优秀的青年，就在家庭和社会的驱使和熏染下，迷迷糊糊地驶向了没有港湾的谋财、求官的汪洋大海之中，永远不知反身自省了。早年好不容易培养出来的一点点寻找自我和实现自我的人生理想，就这样跟着社会的潮流一道，渐渐地暗淡下去，甚至很快就消逝得精光了。加上发达的技术为人们戏耍人生、享受人生所提供的各种便利，使得更多、更多的年轻人甚至少年，在理想刚刚萌芽，或者还来不及萌芽的时候，就被游戏和享乐的强烈愿望带到爪哇国甚至“无何有之乡”里去，从此往而不返了。

章飚来到我身边的时候，还是一个懵懂的青年，但是一心向学，志力不小。读研三年，刻苦努力，认真思索，读书不少，收获颇丰。

起初，章飚是想以清朝的戴东原的思想作为研究对象，我感觉章飚的兴趣不在这个方面，戴东原本身似乎该说的也早已被人说尽，于是建议他去研究一下近现代的思想家。我还进一步建议他去读一读韦政通先生的著作，看看有没有兴趣。谁料他一读之后，竟然爱不释手，就这样，几乎把韦先生的所有著作都读完了。阅读之后，章飚选择了从自由主义的方向下手，写一篇关于韦政通与自由主义关系的硕士学位论文。经过一段时间的努力，章飚竟然写成了一篇将近八万字的学术论文。草稿送到我的手上，阅读之后，我是既高兴，同时也有些震惊。这哪像是一个硕士能写出来的东西？这篇文章作为博士学位论文，也一定是非常杰出的。于是我就建议他在论文的基础上，继续扩充，争取作成一部小书，果不其然，这部小书就这样出笼了。

该书把能够借用到的自由主义的思想资源差不多都借用来了，同时对韦政通先生的自由主义思想把握得也非常到位。阅读这部小书，不仅可以了解韦政通的自由主义思想，以及其在中国现代思想史中的意义和地位，还可以借此上溯，了解与中国和西方的自由主义相关的思想和历史。

作为章飚的硕士学位论文指导老师，我自然乐意接受请求，为这部小书写个序言。

当然，我的这个序言，肯定不是为了囊括章飚论文的全部内容，我也完全没有必要这样做。章飚的论文究竟作得怎么样，自然会仁者见仁，智者见智，优劣还得靠读者评价。我说多了也没用，还要靠读者诸君自己评判。我只是在这里替章飚高兴，同时也想借这个机会，提醒更多有志于思想文化研究的青年朋友：所有有意义的艰苦努力，都不会白费，一定会收到相应的喜悦和成果，一定都会成为自己向后人生的有意义的开端。开端好了，目标就明确了，人生的大方向就不会太偏失，一生都将受益无穷。

人生的道路都是自己走出来的，古往今来都是如此。没有任何一项成功，是别人可以替代完成的，也不是什么外在的力量所能剥夺掉和抢夺去的。

年轻人早立志，为立志而努力学习，艰苦奋斗，优异的成就和美好的未来，永远都只朝向辛勤努力的人们微笑，这是古今中外没有例外的“天条”。偷懒和侥幸，都是人生成长的巨大负面妨害，等待长者和师友们为自己创业，然后自己坐享其成，这不仅是枉费心机，而且也相当不道义，对不起他人，对不起自己，对不起自己的生命，对不起给予自己生命的皇天后土。

我还想在此告诫青年朋友们，艰辛的奋斗原本就是快乐，而单纯地追求物质生活的享乐，当下就是自我毁弃。像章飚这样，因为用心作好了一篇硕士毕业论文，从而就在这样的基础上出版了一本学术专著，真是可喜可贺，可效可法。而以硕士毕业论文为主体，并在此基础上形成一部学术专著，这在全国恐怕也是首例，作为他的导师，我必须再向章飚热烈地祝贺一次！

（本文是作者在 2004 年 5 月，为自己的研究生章飙同学所著《自由主义思想与中国传统的创造转化——韦政通自由主义思想研究》而作的序言，章飙在硕士学位论文的基础上，竟然在短近期间内做成这样一部力作，着实不易，欣然为作序言。该书由吉林文史出版社 2014 年 11 月出版。）

湘潭大学新校训的立意和内涵

（代李树丞校长作）

我校的新校训，是在动员全校教职工参与提议，并在广泛征询相关意见的基础上确立的。按照我们的立意，新的校训首先排除了积极进取、团结奋进、争创一流等用烂了的俗套。因为这些词汇，不仅可以用在大学身上，还可用于中小学甚至工厂、机关和企业、公司之类，显示不出大学的特色，也表达不了大学的使命。

我们的立意是借用传统中有内涵、有影响，能够突出反映大学教育特点，并代表其长远目标的格言、警语，来充当新的校训。

大学重在培养人文和科学的素质，提升人文品位，彰显人文和科学的精神。大学的理想主义色彩是十分浓烈的，这种人文理想自然包括为科学而献身的精神。科学的献身精神，来源于人文的理想，没有人文的理想，科学的工作就会失去目标，科学活动的意义和价值就不容易体现出来。古往今来，中外大学多半是以这样的立意来确定自己的办学方向和办学目标的。没有人文精神的科学，是无头脑的科学，是工具，是没有目的的随意可以使用的工具。如果是一个工匠，有工具足以赚钱谋生，应该说已经可以了。但作为大学里的科研人员和大学培养出来的科学工作者，仅有这一点，显然就是远远不够的了。大学是人类精神的传送带，她必须把人类的精神火炬接过来并且传下去；同时，大学是人类的未来，必须为人类的未来负起历史的责任。人类的未来不是工匠的时代，更不是无目的的街头流浪者的天堂。它是价值和精神完满的和被理想之光照彻的新世纪。理想之光不靠人文精神是点亮不起来的。因此，大学的校训，必须体现出足够的人文精神。

有史以来，人类就在寻找属于人和体现人的精神内涵，无数的先哲与前贤们，为此付出了前赴后继的不懈努力。我们不能也无法无视这样的努力！

工厂是生产产品的车间，大学是造人冶志的熔炉。产品不合格，不是好工厂；师生无品位，同样不是好学校。

什么是品位？依我个人的理解，品是级别，不是等级意义上的级别，而是品格和学养意义上的级别。无品之学是滥学，无学之品是虚假的商业广告，而“养”是最重要的。养德能够成仁，养学可以为师，养智可以成就科学，养品则能造就高贵的精神。无道德和审美之养的所谓学，事实上极可能变成贼学。有德、识美且有高贵的精神，就有人格的感召力；有深厚的学力，就有为师的资本和生活与工作的能力；有品则不会被人小视。这些都是大学最重要的责任目标，我们不希望学校和学校培养出来的学生在社会上被人小视，这不仅是学校的声誉的问题，也是对学生们负责，只有这样，才是真正的不误人子弟。而在实现这样的目的的过程中，校训是有着不容忽视的重要作用的。

中华民族有着数千年的历史文化传统，在与世界各大文明的对比中，又以注重人文精神，注重人的德行与审美能力的培养而著称。我们有足够的理由相信，在相当的程度上借鉴古代先哲的遗训，对确立我们今日大学的教育目标，是有着绝对优异的参照价值的。因此，我们在哲学系王立新教授、宣传部刘演林部长等的直接筛选和筹划下，认定以“博学笃行、盛德日新”作为校训是基本合于我们的原初设想的。

博学的意思，就是学要广博，而不能过于狭隘。大学教师和大学生，原则上都应该是通才，尤其在今天，教育越来越专业化，通才愈加难得，从而也就显得愈加重要和弥足珍贵。博学才能有见识，才能有辨别力，才能有涵容力。人生才会有宽度，有阔度，回旋的余地相对也就比较大。笃行是履行所学，只有甘愿履行的学问，才是真正的学问，才是学到自己心里的学问。言行不一，不履行所学，不是真学，所学也没有真正到位。盛德本即日新，日新才是盛德。盛德是成大业的标志，也是成大业的态度。盛德是道德的繁盛之貌。有盛德，才有气象，有气象才有魅力和感召力，人生才会有崇高感和自豪感。

一个大学的校训甚至对在这里从教或曾在这里受学的人有终生的影响，他们会记住这样的训诫，就像记住他们曾经读过大学一样。

相对来讲，我们的校训比清华大学的校训还有些逊色，这是实话。清华大学以“自强不息、厚德载物”为训，实在是道尽了中国文化的精神，同时也充分完美地表明了自己办学的极高宗旨。中国文化效法天地，天以强健之行引领人，人以不息的奋斗顺应天；地以仁厚养人生物，人则理应效法地的无私与宽厚、淳朴。大学者则应具有仁民爱物的情怀，否则就不是好的学者或者好的中国式学者。清华大学校训可以说是在体天效地的同时，又尽了人的责任和使命。三四十年代，社会形势那样危机，学校的教学和科研条件那样差，同时又那样不稳定，清华大学却出了那么多高重量级的人文和科学人才，清华大学的校训是有功劳的。“自强不息、厚德载物”的校训，一方面表现着清华大学的办学宗旨和原则，同时也进一步巩固和进一步凝聚着这种宗旨和原则。“大学者，非谓有大楼之谓也，乃谓有大师之谓也。”我们今天可以换一种说法：大学里的大楼不是装“机器”和机器人的，而是装大师和大学者、大学生的。大学生的意义，不应局限在比中学高一个等级的知识水平的教育，而是应当含有大的志节、大的抱负、大的学识、大的气魄、大的理想和大的胸怀等。

大学里必须有大楼，大学的大楼里必须有大师在。大学不是大饭店和大宾馆，更不应该成为大名利场。大学里的人和从大学里出来的人应该有大的气度、大的学识、大的眼界和大的理想。而绝不应该是大的要饭花子、大的政治投机商和大的学术骗子。假学术以牟利计功的行径，在办学的理念中，最为大学所不耻。

大学在今天的情况下，虽然必须谋求自己的生存，但是生存下去不是办大学的目的。就像人不吃饭就活不下去，但人活下去的目的绝不是为了吃饭一样。

大学必须首先在心理上保持自己的清洁，明确办学的理念，只有这样才会有眼光，有魄力，不徇私情，不瓜分利益，不垄断发展机遇，不苟且偷安于任何一地一隅。也只有这样，大学才能找到自己的特色，才能真正知道什么是最有意义、最有前途和最值得支持和投入的。才不会把有限的财力和人力用错，才会真正对得住大学的称号，朝向自己办学的目标，踏实而稳健地一步一步地向前迈进。

今天的大学，虽然不得不依从于整体的评价标准，按照量化的原则来取得社会的认同。但是大学这样做的目的，不是为了迎合这些，而是为了获得发展的更好机会。同样的一级刊物和同样级别的课题，同样大的社会反响，其意义和内涵可能相差很远，分清这些，要靠眼力，没有眼力办不好大学，反而会造成不良的习惯，使大家拼命追求级别和反响，而忘记责任和品位，久而久之，会丧失大学的实际声誉，使大学名存在与不存在，都不再具有更高、更大的实际意义。

我就新的校训说了如上一番话，也是对办大学的一些不很成熟的想法，不过我想目前大学的情况是应该有所改观了，否则中国未来的人才就会是病态的畸形儿，这是非常可怕的。

我希望，在新的校训的启发下，湘潭大学的整体办学水平有所提高，湘潭大学的品位有所提升，同志们，努力啊！

（本文是作者当年应湘潭大学校长李树丞之请，为其接待外宾，讲说校训之用。2002 年 7 月 22 日做成。当年湘潭大学为“制定”新校训，广泛征集全校师生员工意见，本文作者所上为“诚明不倚，盛德日新”，还为此专门作了一篇《诚明不倚，盛德日新——吾校校训之为词也》的文字，今已不知去向。当时的宣传部长刘演林先生作了修改，最后，湘潭大学的校训被确定为“博学笃行，盛德日新”，取了我跟刘演林先生各自一半，而后又由我跟刘演林先生合作撰文加以说明，说明文字的名称就叫《关于“博学笃行，盛德日新”》，两文都曾登载在《湘潭大学校报》上。本文是在校训确定之后，受当时的校长李树丞先生的委托，作上述文字，以介绍湘潭大学，鼓荡湘大精神。顺便想起一件事情，也说在这里。就是本文作者于 1997 年初，由东北林业大学调入湘潭大学。调离东北林业大学之前，林大的老先生和校党委宣传部，希望我能为林大作一首校歌，以为表征林大特色，凝聚林大人心之用。因为调离心情已现，无法宁静地表达林大的情怀，所以就婉言谢辞了。）

青年人要朝向理想的目标努力奋斗

一个有理想的青年，是一定要在实现理想的努力中成就自己的。这种努力，实际上就是在实现理想。理想如果不落在实际的努力中，是永远不会实现的。文汉是一个有学术理想的青年，他一直用认真不懈的学习和研究实现着自己的人生理想。

早在1997年下半年，他就以本科二年级学生的身份，旁听我专门为研究生开设的中国古代哲学和中国近现代哲学研究课程。当时我所使用的教材，分别是韦政通先生的《中国思想史》上下卷（台湾水牛图书出版事业有限公司出版）和《中国十九世纪思想史》上下卷（台湾东大图书公司出版）。而此前他就听过我开设的“知识分子的典范——韦政通的人生历程与学术思想”的专题讲座，这是他接触韦政通先生的开始。大学毕业以后，他到安徽池州师范专科学校教书，不久开始与韦政通先生通信。韦先生赴杭州讲学，文汉又乘汽车不远千里前往探望，对韦先生的学术思想和为人都有了更深入的了解。

与被研究的对象有过实际的接触，对于以这个人的思想为研究对象的研究者来说，无疑是一种幸运。同时，这种实际的接触，对于研究工作也有非常重要的意义。有意无意地，进入到被研究者的生活世界里，了解他心灵的趣向，了解他的经历，感受他与他的思想的关系，对于准确把握他的思想都具有不可低估的重要意义。中国思想家的思想在很大程度上就是他的人生，中国的思想家从来不会虚拟一种思想，或者设定一个单纯的理论目标，通过逻辑的演绎，使它成为一个有别于其他思想家的独特的理论体系。他总是通过自己实际的人生，体会出属于他自己的“独特的感受”，这就是他的思想。他的思想从生活实际中来，而不是从先验的理论设定而来。中国的思想家对于从先验的设定出发，从而推导出一种新的理论或学说并不很感兴趣，他们的目标主要在述说自己的体会。谁的生活体验能力强，对生活感受深挚，谁的心灵世界更丰富、更真切、更深入、更细腻，谁的思想就更实在，更能感动人和启迪人。逻辑的严整和体系的完备，都是为表达他的生活体会和人生理想服务的。中国的思想家都是生活的智者，而不单纯是思维的强者。他们的思想和学术首先都从生活中得来，而不是首先从思想的设定中推衍出来。这也许是中国的思想家与西方的思想家的一个很大的不同。因此，研究中国的思想家，无论是古代的还是近现代的，如果不能对他的人生实际有较为真切的了解，就不容易对他的思想有更准确、更真实的把握。

韦政通先生是当代中国最有活力的思想家之一，伦理思想又是最能体现他对生活的体会、表达他对生活世界的热爱和责任情怀的“战略要地”，他的目标在于为中国人的精神世界增添新的文化要素，进而引导国人走向民主、科学和伦理三足共鼎的崭新生活，真正加入到现代文明的世界行列中去。文汉选择韦先生的伦理思想作为目标和切入点来进行研究，应该说是很有学术眼力的。

1998年4月，韦先生回镇江省亲，我陪同先生游历南京，在莫愁湖畔，谈及道德修养问题，先生的话语至今依稀如在耳边：“道德是既往不咎的”，“道德是没有假期的”。这样的话语说起来平平常常，听起来却意蕴无穷。这个世界上恐怕没有人在道德上是无可指责的，除非乡愿。就连孔子都说“假我数年，五十以学易，则可以无大过矣”。如果追究既往，对曾经有过失的人的过失揪住不放，那么所有的人都不会有道德上的改正机会，这样的结果，就等于断送了所有有成德愿望的人的进步的可能性，这个世界将不再有真正有道德的人。但是这样的原则主要是用来对待别人的，而当面对自己的时候，其所使用的则便是“道德没有假期”的原则了。宋儒谢良佐曾经说过：“透得名利关，方是小休歇。”实际上，在成德的道路上，原本就没有驿站，歇下来就是停滞，停滞就是放弃进步。这虽不是残酷，但却实在是严峻。成德因为些小疏忽和片刻休歇，可能就会一落千丈，前功尽弃。道德没有终极的成功，所谓的成功，只是时时刻刻都能感到有所进步而已。圣人就是每每进步，从不停顿，而不是他已经达到了道德的顶点，因为道德没有顶点。如上两个原则，一个向内，一个向外，互相促动，交相辉映，共同推助人生走向善美的途程。而这样的思想，韦先生并没有写到任何一本书或一篇文章中，这是只依据文本的研究者所不知道的。没有真切的人生体会，是无论如何也悟不出这样深刻的道理的。仅此一点就足以表现韦政通先生体会人生的深刻，他的伦理思想就是这样体会出来的，而不是单纯地从典籍中或思想里演绎出来的。

体会生活的能力，是中国思想家最大的本领，可惜的是，这个不宣之密，并不是人所尽知的。一个真正的中国学者一定是一个生活体会深刻的智者。一个缺乏生活体会能力同时又缺少必要的生活体验的人，不论他在什么级别的刊物上发表多少篇文章，也不管他在什么样的出版社出版多少本专著，那也只是形式上的成果，并不能算作他真正的收获，因为不关涉人生的实际，所以就只能是概念的堆积和文字重新编排，根本就不是他的真实人生所得。严厉一点说，这样的人并不具备研究中国思想的基本素质。中国文化的命脉在心灵上，不在脑子里。我这样的话语绝没有贬低思维重要性的意图，而只是为了说明，思维和逻辑的作用，一定要在努力使心灵的体验更明晰、更确定、更真切的目标上使用，才能更加可信、可靠，更加有意义、有价值。

文汉此书，是在通读韦先生作品的基础上，慢慢咀嚼出来的，多年来，他一直没有停止阅读韦政通先生的著述，他虽然很年轻，但身体并不很好，太太的健康情况也较一般，工作负担不轻，生活压力不小。而韦先生见诸文字的东西，至少不下五百余万。在这样的情况之下，做成这样一件大事，确实不是很容易的。通观全书，可以看出作者对韦先生的伦理思想的把握是准确而全面的，他从对旧伦理的检省、建设新伦理的构想和自由人伦理的奉献等多角度、多层面地对韦先生的伦理思想进行了卓有成效的研究，取得了相当可观的收获。足见其用心之不偏、用力之不浅，真正是可畏的后生。

实际上任何学术研究，都是研究者借助研究对象实现自我成长的过程，研究的最重要的意义，也许并不在于弄通了什么思想，理清了什么系统，明白了什么关系，而是借助弄通思想家的思想，使自己不断地有思想。研究的过程，实际上就是自己的思想的成长过程。研究者可以受到研究对象的感染、启发，但是最终的目标还在于研究者个人的成长，在研究对象的启发和感召下，走出属于自己的学术、思想的道路，这才是研究的真正成功。走自己的人生道路，这是韦先生一贯的教诲，我愿于此与文汉共勉。

［本文是作者在 2003 年 3 月 31 日，为池州师范专科学校（现为池州学院）尹文汉教授所著《韦政通伦理思想研究》所作序言，标题为本次新加。该书由安徽人民出版社 2008 年 8 月出版，2008 年 7 月，台湾水牛图书出版事业有限公司出版繁体版。］

南书房——财富之河上的文化绿洲

没人不知道深圳的所有大街小巷里，都堆满了耀人眼目的黄金和白银，就像一条涌动着的物质财富之河。却不是所有人都知道，还有一座琉璃般的文化绿洲，佳人一般地，俏美地伫立在这条财富之河的“水之当央”。它，就是深圳市图书馆的南书房。

我有幸无数次地来到这里，跟各位学界、文化界的“先进”们一道，为穿梭在深圳这条财富之河上的淘金者、埋头建设的奋斗者，解说古代经典，释放原始能量，为他们鼓劲、给他们加油。呈献给读者诸君的这本论说文稿——《国学与诸子百家》，就是很多像我一样的精神文化的奉献者，“栖身”南书房这块绿洲，为奋斗前行着的深圳的创业者，积攒文化底气、鼓荡思想锐气的历史记录之一。

“南书房夜话”这一季的目标，是给读者讲解国学中的诸子百家，但不限于习惯性特指的先秦时期的“诸子百家”，因为“四书”“五经”的主要内容，已经在上一季结集出版。因此，有关孔子和孟子，就不再列入这一季的讲说内容。这一季中讲说的“诸子百家”，虽然不再包含孔子和孟子，但却涵盖先秦时期的老子、庄子等道家大宗师，同时也囊括了墨家和法家。

需要说明的是，这一季的讲说内容，还包括宋明理学和佛教等。看似有些越界，其实也都是中国古代思想史不可或缺的重要内容，都是国学。《图书馆与家庭经典阅读》，虽是一期特别策划内容，但也放在了本季的讲说之中，作为对普通大众在家庭中阅读古代经典的“引导参照”，同样没有越出南书房“引导民众阅读经典”的既定范围。

孟子说：“理义之悦吾心，犹刍豢之悦吾口。”

“悦口”虽然可以爽身，可沉迷于“悦口”，人就会“陷溺”其中忘记自拔，同时也会失去自拔之力。只求“悦口”，人就不会有高品质、高品位的生活。物质生活水平提高了，精神上也要有所提升。这是人的内在天性，也是人对生活的实在要求。因此，光靠“刍豢”“悦口”不行，还要靠“理义”“悦心”。诸子百家，就是“悦心”之“理义”，就是沉迷于“悦口”之中的当下中国社会，所必需和所急需的“悦心”之“理义”。

改革开放以来，多半国人家庭，都不再匮乏“刍豢”。“口”之“悦”，似乎已经越来越不是问题，只看微信圈里人们互相转发的吃喝场面，早已不是过去的“仨碟俩碗”了，那满桌子的鱼禽蛋肉、海味山珍，满杯子的美酒佳酿、琼浆玉液，早就已经超过了“生活的必需”，而有些近乎铺张，甚至浪费了。尽管大家的口腹之欲都得到了甚至有些“过量”的满足，可是国人的精神状态并没有太大的改观。因为在短近的时间内，忽然从贫困中走出来，从而一门心思陶醉在对物质欲望的追求和享用里。这种情况并不异常，物质富足而精神匮乏，是所有一夜之间从贫困走向富裕的社会的共同特征。只是当下中国的情况更加明显、更加畸形、更加严重一些而已。这种情况虽然令人惋伤，但改变这种状况需要时间，也需要耐性，尤其需要作为。深圳市图书馆正在为期待这种改变，做着沉潜而不懈的努力，他们在馆长张岩女士的倡导下，创建南书房，不仅供广大读者随时免费阅读，以刺激民众的求知欲望，增加社会的知识积累；还不时请来各级、各类的专家学者，来为有意于“悦心”的读者现场解说思想经典，以增重人生和生活的深度和厚度。为经济的进一步发展，尤其为社会的健康和进步、为人心风俗的改变，储备丰厚和充沛的精神能量。这本呈送给您的《国学与诸子百家》，不过只是其中很少很少的一部分。

对于人来讲，口不悦，生命就缺乏幸福感，甚至连动物都不如。但若只求“悦口”，人就会在根本的意义上，没法与动物“划清界限”了。要走出这种单纯“悦口”的人生误区，就需要在“悦心”上下功夫，就必须寻求对空匮心灵的文化和思想的填充，就必须想办法提升生活的精神品质。心里充实了，人生就不再空虚；想法深邃了，人生就不再肤浅；言行自觉了，人生就不再盲目；精神裕如了，人生就不再困顿。到得这种境地，“心”就无往而不“悦”了。“心”“悦”了，生活质量就提高了；生活质量提高了，精神也就安定了；精神安定了，心理感受就丰富了；心理感受丰富了，幸福的指数也就跟着上升了。

南书房，就是广大读者的“悦心”餐桌，本季夜话中的诸子百家及其思想，就是南书房为读者朋友们提供的“悦心”餐宴。至于这桌“悦心”餐宴的内容是否足够丰富，还需读者朋友们自己展卷，自己品嚼。如果通过阅读本季学者们为大家讲说的诸子百家，诱发了朋友们阅读古代经典的兴趣，从而亲身徜徉在诸子百家的心灵世界之中，体会闲适里展卷的高雅，享受安静中阅读的幸福，那就是南书房善莫大焉的一件功德了。你会在诸子百家的论说里，了解什么叫坚守，什么叫执拗；知道什么叫广博，什么叫孤陋；通晓什么叫隔挡，什么叫通透。那些号称“诸子百家”的先哲们，还会教你为什么读书、怎样读书，为你讲述读书跟人生到底有怎么样的密切关系。诸子百家，会把你带到一个海阔天空的精神世界里去，帮你厘清自己的想法，让你因为在精神世界里的遨游，感受自由人生的崇高与审美的快乐。你不妨斟上一壶小酒，慢慢地品读；也不妨仰卧在床上，细细地咂摸。时间久了，味道就会越来越浓，积累也会越来越厚。读书，尤其是阅读古代经典的热情，也许就会跟着高涨起来，不可抑止了。

其实我是没有资格为这本提供给大家“精神佳肴”的书写序文的，虽然这里面有我的参与，因为其他讲说的各位贤达，多半是我的学兄；同时相较于我而言，又都“先进于礼乐”，学养深厚，见识广博，且有丰富的人生经验和处世智慧。不似我一般浅薄而短见，只因盛邀难却，不得已才貂前狗尾地把自己拙劣的想法和文字撂在书端。“抛砖引玉”一词，如果用在这里，也许真的是再合适不过的场合了。倘使因为我的《序言》，影响了大家向下阅读的兴趣，我也就不便逃脱罪责了。

（本文是作者为《国学与诸子百家——深圳学人·南书房夜话第三季》所作序言，2016 年 7 月 25 日暑期，作成于家乡黑龙江省青冈县通肯河畔之小弟立强家中。《国学与诸子百家——深圳学人·南书房夜话第三季》，由中国社会科学出版社 2016 年 12 月出版。）

后　记

得缘拾掇旧文，感谢景海峰教授，感谢陈晨博士，感谢林楚腾同学，感谢出版社编辑。

谨为此记。

2017年11月30日